Hans-Dieter König
George W. Bush und der fanatische Krieg gegen den Terrorismus

W0105139

»Psyche und Gesellschaft«
Herausgegeben von Johann August Schülein
und Hans-Jürgen Wirth

Hans-Dieter König

George W. Bush und der fanatische Krieg gegen den Terrorismus

Eine psychoanalytische Studie
zum Autoritarismus in Amerika

Psychosozial-Verlag

Bibliografische Information Der Deutschen Nationalbibliothek
Die Deutsche Nationalbibliothek verzeichnet diese Publikation in der Deutschen
Nationalbibliografie; detaillierte bibliografische Daten sind im Internet über
<http://dnb.ddb.de> abrufbar.

Originalausgabe
© 2008 Psychosozial-Verlag
Goethestr. 29, D-35390 Gießen.
Tel.: 0641/77819; Fax: 0641/77742
E-Mail: info@psychosozial-verlag.de
www.psychosozial-verlag.de
Alle Rechte vorbehalten. Kein Teil des Werkes darf in irgendeiner Form (durch
Fotografie, Mikrofilm oder andere Verfahren) ohne schriftliche
Genehmigung des Verlages reproduziert oder unter Verwendung
elektronischer Systeme verarbeitet, vervielfältigt oder verbreitet werden.
Umschlagabbildung: George W. Bush mit Soldaten 2003 ©Reuters.
Umschlaggestaltung nach Entwürfen des Ateliers Warminski, Büdingen.
Satz: Hanspeter Ludwig, Gießen
Druck: Majuskel Medienproduktion GmbH, Wetzlar
www.majuskel.de
Printed in Germany
ISBN 978-3-89806-789-8

Inhalt

Einleitung

Der Wahlsieg von George W. Bush im November 2004 ist ein Beispiel dafür, wie irrational sich die Mehrzahl der Wahlberechtigten in den Vereinigten Staaten politisch verhalten kann: Warum haben 51 Prozent der Amerikaner und Amerikanerinnen einem Präsidenten zu einer zweiten Amtsperiode verholfen, in dessen Regierungszeit die Staatsverschuldung auf über vier Billionen Dollar stieg und sich der Haushaltsüberschuss von 236 Milliarden Dollar innerhalb von vier Jahren in ein Defizit von 420 Milliarden verwandelte (*Der Spiegel* 8. 11. 2004, S. 146)? Warum haben sie durch ihre Wahlentscheidung die gigantischen Aufrüstungsprogramme des Präsidenten unterstützt, von denen vor allem die Rüstungskonzerne profitieren? Warum hat die Mehrheit der Bürgerinnen und Bürger auf einen republikanischen Präsidenten gesetzt, der durch riesige Steuersenkungen die Reichen reicher und die Armen ärmer gemacht hat? Warum haben viele Wahlberechtigte einem Präsidenten das Vertrauen ausgesprochen, der sie belogen hat, um den Irakkrieg zu führen, und dessen moralischer Anspruch, »Freiheit und Demokratie« in den Nahen Osten zu bringen, spätestens durch die in Guantánamo Bay und Abu Ghureib praktizierten Foltermethoden widerlegt worden ist? Warum haben sie Bush geglaubt, dass der Afghanistankrieg und der Irakkrieg die Welt sicherer gemacht haben, obgleich die militärischen Interventionen im Nahen und Mittleren Osten dazu geführt haben, dass sich immer mehr Muslime dem fanatischen Kampf der islamistischen Terroristen gegen Amerika angeschlossen haben?

Eine Antwort auf diese Fragen gibt dieses Buch aus der Perspektive einer politischen Psychologie, die in der Tradition der von Max Horkheimer entwickelten kritischen Gesellschaftstheorie die Psychoanalyse als Forschungsinstrument nutzt, um Fragen nach der Bedeutung der Subjektivität zu untersuchen, welche die Soziologie in dieser Weise nicht beantworten kann[1]: Wenn die Mehrzahl der Bürgerinnen und Bürger in Amerika nicht ihren sozialen und politischen Interessen entsprechend rational gehandelt hat, dann hat man allen Grund, im Rückgriff auf die Einsichten der Psychoanalyse zu vermuten, dass das irrationale Wahlverhalten ein Resultat massiver Affekte der Angst, Ohnmacht und Wut ist, welche der Präsident im Wahlkampf zu wecken vermochte, um seine Landsleute für die Fortsetzung des Krieges gegen den Terrorismus einzunehmen. Hat der amerikanische Präsident nicht immer wieder im Rückgriff auf den christlichen Glauben die Vorstellung beschworen, dass Amerika den »Kampf gegen das Böse« fortführen müsse? Und hat er nicht unermüdlich davon geredet, dass die Vereinigten Staaten im Irak nicht kapitulieren dürften, weil die Sicherheit der Nation auf dem Spiel stehe und »Freiheit und Demokratie« auch im Nahen Osten verteidigt werden müssten? Das vorliegende Buch versucht diese Fragen einer kritischen politischen Psychologie zu beantworten, indem zwei Reden des Präsidenten – und eine Ansprache bin Ladens – sowie ihre Wirkung auf das Publikum exemplarisch mit Hilfe der Psychoanalyse untersucht werden. Auf diese Weise soll empirisch erforscht werden, wie sich solche politischen Führer durch ihre Worte und Inszenierungen an die Affekte des Publikums wenden, um es für ihre politischen Botschaften einzunehmen.

Der auf den folgenden Seiten entwickelte Gedankengang lässt sich folgendermaßen zusammenfassen: In Kapitel I wird die psychoanalytische Methode dargestellt, mit der Bushs Reden analysiert werden. Es handelt sich um die von Alfred Lorenzer begründete und von mir weiter entwickelte Tiefenhermeneutik, welche den hinter dem manifesten Sinn verborgenen latenten Sinn einer politischen Rede über die Wirkung auf das Erleben einer Gruppe von Forscherinnen und Forschern erschließt, die diesen Text gemeinsam diskutieren. Was damit gemeint ist und nach welchen Regeln die tiefenhermeneutische Rekonstruktion eines Textes konkret verfährt, wird anhand exemplarisch ausgesuchter Witze und Fehlleistungen von George W. Bush illustriert.

In Kapitel II wird die Rede analysiert, die Bush nach den Terroranschlägen am Abend des 11. September gehalten hat. Das ist nur in dem Maße sinnvoll, wie der Kontext dieser Ansprache berücksichtigt wird. Daher gehe ich ganz im Sinne der tiefenhermeneutischen Wirkungsanalyse davon aus, wie ich vor dem Fernsehapparat die Ereignisse des 11. September und die Ansprache von Bush erlebt habe, welche Gefühle mich unter dem Eindruck der Anschläge im Gespräch mit engsten Familienangehörigen und FreundInnen bewegt haben und wie ich emotional verarbeitet habe, wie die Patientinnen und Patienten in meiner psychoanalytischen Praxis auf die Attentate reagierten. Für die Erfassung des affektiven Klimas ist es zudem erforderlich, das durch die Attentate des 11. September entstandene Drama zu rekonstruieren, auf das Bush mit seiner abendlichen Ansprache reagierte. Die Analyse der Rede zeigt unter anderem, dass Bush auf die Attentate nicht besonnen, sondern fanatisch reagierte. Denn er sprach nicht davon, dass Terroristen Anschläge verübt hätten, sondern redete von einem *kriegerischen* Angriff. Aus diesem Grund wird die einen »Krieg« gegen den Terrorismus fordernde Präsidentenrede mit der auf Video-Tape aufgenommenen Ansprache verglichen, mit der Osama bin Laden nach Beginn des Afghanistankrieges zum fanatischen Krieg gegen Amerika aufrief. Die tiefenhermeneutischen Rekonstruktionen beider Reden werden anschließend sozialisationstheoretisch ausgewertet, um die Frage zu beantworten, wie der amerikanische Präsident und der Chef des Terroristennetzwerks al-Qaida das Bewusstsein und die Affekte ihrer AdressatInnen durch ihre Sprache und durch ihre Inszenierungen aufgreifen und im Dienste der von ihnen propagierten fundamentalistischen Weltanschauungen funktionalisieren.

In Kapitel III wird Justin Franks psychoanalytische Studie zu Bush untersucht, die vor dessen Wiederwahl im November 2004 verfasst wurde und daher die Lebensgeschichte des Präsidenten einschließlich seiner ersten Amtsperiode untersucht. Im Zuge der Auseinandersetzung mit dieser materialreichen Arbeit werden zwei Probleme deutlich: Auf der einen Seite stellt sich das methodologische Problem, wie man die Psychoanalyse jenseits der Couch anwenden kann. Denn Bush ist kein Patient, über dessen Krankengeschichte man als Analytiker berichten könnte. Vielmehr handelt es sich um den amerikanischen Präsidenten, den auch der Analytiker nur als eine Person des öffentlichen Lebens kennt. Die Analyse zeigt, wie Frank in die Sackgasse der Psychologisierung und Pathologisierung des amerikanischen Präsidenten gerät, weil er das methodologische Problem nicht reflektiert, dass es sich bei der politischen Psychologie um ein ganz anderes Forschungsfeld als bei der therapeutischen Arbeit handelt.

Auf der anderen Seite stellt sich die Aufgabe, das von Frank ausgewertete Datenmaterial einer tiefenhermeneutischen Sekundäranalyse zu unterziehen. So wird die Frage, was für eine Persönlichkeit sich hinter den Worten und

Inszenierungen des Präsidenten verbirgt, durch die szenische Rekonstruktion einer Reihe von Szenen beantwortet, die eine Schlüsselfunktion für die Entwicklung von Bushs Lebensgeschichte haben. Dabei wird deutlich, welche besondere Bedeutung dem Narzissmus des Präsidenten und seiner perversen Neigung zum Sadismus beizumessen ist.

Kapitel IV setzt sich mit einer Präsidentenrede aus der zweiten Amtsperiode auseinander. In der am 11. September 2006 gehaltenen Ansprache gedachte Bush der Landsleute, die fünf Jahre zuvor den in New York und Washington verübten Terroranschlägen zum Opfer gefallen waren. Anders als bei der Rede vom 11. September 2001, bei der ich zunächst auf mein Erleben und das meiner Patientinnen und Patienten nach den Attentaten eingegangen bin, die Ergebnisse der Gruppeninterpretation mit den Studierenden dagegen erst später im Verlaufe der tiefenhermeneutischen Interpretation der Ansprache eingebracht habe, wird bei der Rede zum fünften Jahrestag der Attentate zu Beginn rekonstruiert, wie sich der Prozess der Gruppeninterpretation aus den verschiedensten Assoziationen, Irritationen und Lesarten entfaltete, welche die Studierenden nach einer ersten Lektüre entwickelten. Diese unter dem Eindruck der Rede zustande gekommenen Eindrücke und Verstehenszugänge haben den Ausgangspunkt für die tiefenhermeneutische Untersuchung der Frage gebildet, wie sich Bush in dieser Ansprache durch seine Worte und Inszenierungen an seine Landsleute wendet und sie für seinen Krieg gegen den Terrorismus zu gewinnen sucht.

Es wird sodann untersucht, wie Bush die Attentate des 11. September darstellt und sich selbst als Retter inszeniert, der das amerikanische Volk aus dem Katastrophenfall herausgeführt hat. Wie er den Terroranschlägen nachträglich einen Sinn verleiht, indem er die Opfer der Attentate zu Märtyrern und zu den ersten Soldaten stilisiert, die im Krieg gegen den Terrorismus gefallen sind, so nimmt er als charismatischer Prediger den Kampf gegen »das Böse« auf und trägt als außergewöhnlicher Feldherr mit Amerikas »Feinden« den »Kampf der Kulturen« aus. Zudem sucht er als weltläufiger Staatsmann, der die Neuordnung der Welt durch den Krieg gegen den Terrorismus zur Jahrhundertaufgabe erklärt, die Warnung politischer Gegner und Gegnerinnen vor den unabsehbaren Folgen der Klimaerwärmung zu ignorieren und unbewusst zu machen. Sodann wird untersucht, wie Bush die Gedenkrede benutzt, um seinen in Afghanistan und im Irak geführten Krieg gegen den Terrorismus zu rechtfertigen. Diese manifeste Botschaft überzeugt viele Zuhörerinnen und

Zuhörer, weil er es im Interagieren mit ihnen versteht, mit seinen moralischen Ansprüchen unvereinbare Realitäten wie Guantánamo Bay oder Abu Ghureib auf eine latente Bedeutungsebene zu verbannen.

Zuletzt werden die Ergebnisse der Analyse theoretisch eingeordnet. In Anschluss an Theodor W. Adornos Autoritarismusstudie wird Bushs Krieg gegen den Terrorismus als Ausdruck eines Vorurteilsdenkens begriffen, das die Eigengruppe idealisiert und die Fremdgruppe entmenschlicht. Sodann wird am Beispiel der in der Gedenkrede zum 11. September 2006 arrangierten Szenen und Bilder erläutert, wie viele Amerikaner und Amerikanerinnen während der Regierungszeit dieses Präsidenten auf eine autoritäre Weise sozialisiert wurden. Zuletzt wird analysiert, dass Bush selbst die narzisstische Version einer autoritären Persönlichkeit verkörpert, deren Bedürfnisse im Interagieren mit seinem Publikum auf eine magische Weise inszeniert werden. So versteht es der Präsident, Zuhörerinnen und Zuhörer für seine Weltanschauung einzunehmen, die sich im Verlaufe seiner Regierungszeit radikalisiert hat. Denn während Bush zu Beginn seiner ersten Amtsperiode noch für die Weltanschauung der Neokonservativen und der christlichen Fundamentalisten warb, hat er den Krieg gegen den Terrorismus inzwischen in eine Weltanschauung verwandelt, mit der sich angeblich alle politischen und auch persönlichen Probleme lösen lassen.

Es ist unübersehbar, dass in meiner Argumentation gewisse Wiederholungen auftreten, weil das Buch das Resultat eines psychoanalytischen Forschungsprojektes ist, das sich aus drei Einzelfallstudien zusammensetzt (Kapitel II-IV), die zu drei unterschiedlichen Zeitpunkten unabhängig voneinander durchgeführt und deren Ergebnisse erst nachträglich miteinander vermittelt worden sind (vgl. Schluss). Diese Wiederholungen zeigen aber auch, dass in unterschiedlichen Datenmaterialien immer wieder dieselben Strukturen zutage treten, was ein wichtiges Kriterium für die Gültigkeit der Interpretation ist.

Ich möchte meine einleitenden Bemerkungen mit ein paar Hinweisen darauf beenden, wie meine Ausführungen gemeint sind:

Zunächst einmal sollte nicht übersehen werden, was es bedeutet, dass mit Hilfe der Psychoanalyse untersucht wird, wie politische Reden auf das bewusste und unbewusste Erleben der ZuhörerInnen wirken können. Eine solche sich systematisch mit der Macht irrationaler Affekte auseinandersetzende Analyse kann beim Lesen Widerstände auslösen, weil sich spontan der Einwand einstellt, dass das Gelesene doch kein vernünftiger Mensch denkt oder fühlt. Dabei ist zu beachten, dass sich die Analyse weniger damit beschäftigt, was wir für sinnvoll halten, wenn wir in aller Ruhe darüber nachdenken, als vielmehr damit, wie wir trotz der Einsicht, dass wir uns vernünftigerweise anders verhalten sollten, emotional reagieren, wenn wir durch eine äußere Situation oder durch einen inneren Konflikt unter Druck geraten. Gerade die psychoanalytische Untersuchung der Frage, wie meine Patientinnen und Patienten und ich auf die Attentate des 11. September reagiert haben, ist in dieser Hinsicht hilfreich. Denn diese Beispiele zeigen exemplarisch, dass die von den Terroranschlägen erzählenden Fernsehbilder nicht nur bei Amerikanerinnen, sondern auch bei Europäerinnen massive Ängste und aggressive Impulse auslösten, die augenblicklich irrationale Fantasien und autoritäre Verhaltensbereitschaften freisetzten. Entscheidend ist nun nicht, dass wir alle solche irrationalen Affekte teilen, sondern wie wir damit umgehen – ob sie verleugnet, einfach ausgelebt oder dadurch kontrollierbar werden, dass wir sie reflektieren und bewusst verarbeiten.

Es ist zudem zu beachten, dass Erträge empirischer Forschung vorgestellt werden, die nicht moralisierend missverstanden werden sollten. Wenn in diesem Buch über Bushs Amerika gesprochen wird, dann kommen diejenigen Bürger und Bürgerinnen zwangsläufig zu kurz, die über die aktuelle Lage in den Vereinigten Staaten seit Jahren besorgt sind und dagegen ankämpfen. Von ihnen ist im Rahmen dieses Buches nur am Rande die Rede, weil das Thema eben die Wählerinnen und Wähler sind, die den Krieg des Präsidenten gegen den Terrorismus für richtig halten und ihm deshalb eine zweite Amtsperiode ermöglicht haben. Hinzu kommt, dass es bei Bushs Amerika nicht einfach um etwas gänzlich Fremdes, sondern gerade auch angesichts der deutschen Vergangenheit um etwas unheimlich Vertrautes geht: Die Frage nach der autoritären Vereinnahmung der Mehrzahl der BürgerInnen einer Nation durch die öffentlichen Auftritte eines charismatischen politischen Führers weckt ja auch Erinnerungen an Hitlers Mobilisierung der Massen im Dritten Reich, die noch sehr viel verhängnisvollere Konsequenzen hatte als das, was Bush anrichtet. Die Frage, was unter diesen Umständen von Richard Sennetts Einschätzung zu halten ist, dass die amerikanische Demokratie entgleise und in einen »sanften Faschismus« umschlage, werde ich im Schlussteil zu beantworten versuchen.

Die dem Text unterlegten Abbildungen dienen nicht einfach der Illustration, sondern zeigen beispielhaft, dass der von Bush geführte Krieg gegen den

Terrorismus seine Bedeutung vor allem auf der Wirkungsebene der Bilder entfaltet: Die Attentate des 11. September wären nicht als so bedrohlich erlebt worden, wäre die Weltöffentlichkeit über das Fernsehen nicht immer wieder mit den Bildern des wie eine Rakete in den Südturm rasenden Flugzeugs und der in Feuerbällen explodierenden Zwillingstürme des World Trade Center konfrontiert worden. Bush hat es intuitiv verstanden, auf die Anschläge auf der Wirkungsebene der Bilder zu reagieren. Denn seine Ansprachen an das Publikum nehmen die Gestalt magischer Rituale an, die zur Aufnahme des Kampfes gegen »das Böse« auffordern oder nach »dem kriegerischen Überfall« eine militärische Gegenoffensive beschwören. Wenn in den Kriegen gegen Afghanistan und gegen den Irak immer wieder Fotos von Kampfflugzeugen gezeigt wurden, die von Flugzeugträgern starten, um die Bergwelt des Hindukuschs oder Bagdad durch den Abwurf von Bomben und das Abfeuern von Raketen mit Explosionen zu übersäen, die Flammenmeere und Rauchpilze hinterlassen, dann wurde die Weltöffentlichkeit auf eine sinnlich-bildhafte Weise auch mit der Wiederherstellung des amerikanischen Glaubens an die eigene Macht und Größe konfrontiert, der durch die Attentate erschüttert worden war. Und wenn am Ende die Folterbilder von Abu Ghureib durch das Internet und durch die Medien verbreitet wurden, dann wurde auf der Bedeutungsebene der Bilder inszeniert, welche fatalen Folgen Bushs Krieg gegen den Terrorismus hat und was er zutiefst bedeutet. Wenn auf den folgenden Seiten immer wieder von der Wirkung der politischen Reden von Bush und bin Laden auf die Zuhörerinnen und Zuhörer gesprochen wird, dann sollte nicht übersehen werden, dass damit auch die ZuschauerInnen der entsprechenden Fernsehreportagen gemeint sind. Die psychoanalytische Studie wird dieser Wirklichkeit dadurch gerecht, dass politische Reden weniger als Ausdrucksform einer diskursiven Sprachsymbolik, als vielmehr als Manifestation einer präsentativen Bildsymbolik begriffen werden (vgl. Kapitel I), die sich sehr unmittelbar an die Affekte der zuschauenden Zuhörerinnen und Zuhörer wendet.

Ich danke Hans-Jürgen Wirth, meinem Verleger, der sehr meine Idee unterstützt hat, zwei in den vergangenen Jahren entstandene Aufsätze zum Ausgangspunkt einer Monografie zu machen, und Leena Höhn, welche die Endfassung des Buches redigierte. Renate Jäckel danke ich für wichtige theologische Hinweise. Ich möchte auch den Studentinnen und Studenten danken, welche die Reden von Bush in zwei von mir an der Universität Frankfurt am

Main veranstalteten Seminaren auf sich wirken ließen und ihre Einfälle und Irritationen miteinander diskutierten, um erste Verstehenszugänge zu diesen politischen Texten zu entwickeln. Ich danke auch Lukas Pniocinski, der die Fotos computertechnisch aufbereitet hat. Ganz besonders danken möchte ich Julia König, welche den gesamten Text sehr eingehend gelesen hat und mir durch zahlreiche Anmerkungen und kritische Kommentare bei der Endfassung dieses Buches half. Schließlich danke ich Dagmar Bell-König für all das, was sich nicht einfach in Worte übersetzen lässt und was mir doch in der letzten Zeit dabei geholfen hat, die Arbeit fertig zu stellen.

Bochum, September 2007   Hans-Dieter König

I Die Methode der psychoanalytisch-tiefenhermeneutischen Kulturforschung

1 Methodologie der Tiefenhermeneutik

Um die Frage empirisch zu untersuchen, wie politische Führer durch ihre Reden auf das Bewusstsein und das Unbewusste ihrer AdressatInnen Einfluss nehmen, wird auf die von Alfred Lorenzer (1986) begründete und von mir weiter entwickelte (vgl. König 1996a, König 2000a, 2000b, König 2001) Methode der Tiefenhermeneutik zurückgegriffen, die einem sozialwissenschaftlichen wie auch einem kulturwissenschaftlichen Verständnis der Psychoanalyse entspricht, das sich in drei Forschungsetappen entwickelt hat:

1. Tiefenhermeneutik als Methode der psychotherapeutischen Psychoanalyse:

Im weiteren Sinne bezeichnet der Begriff der Tiefenhermeneutik, der mit Rückgriff auf eine Bezeichnung von Habermas (1968, S. 267f.) verwandt wurde, das Anliegen von Lorenzer (1974, S. 153ff.), dass es sich bei der Psychoanalyse nicht um eine nomologische Psychologie, sondern um eine interpretierende Sozialwissenschaft handele, welche auf die »Rekonstruktion der inneren Lebensgeschichte des Patienten« zielt (ebd., S. 154). Der Psychoanalytiker bediene sich eines von Lorenzer (1970) so bezeichneten »szenischen Verstehens«, mit dessen Hilfe sich die Mitteilungen, Träume und Erinnerungen des Analysanden als Inszenierung bewusster und unbewusster Lebensentwürfe verstehen lassen. Das szenische Verstehen vermag verdrängte Lebensentwürfe bewusst zu machen, weil der Analytiker die Mitteilungen des Analysanden über die sich zwischen ihnen szenisch entfaltende Beziehungssituation erschließt, wie sie sich im Zusammenspiel von Übertragung und Gegenübertragung entfaltet.

2.   Psychoanalyse als Interaktions- und Sozialisationstheorie:

Um die Metaphorik der psychoanalytischen Metapsychologie zu dechiffrieren und die Geschichts- und Gesellschaftsblindheit der Freudschen Begrifflichkeit aufzuheben, hat Lorenzer (1971, 1972, 1974) die Psychoanalyse als Interaktions- und Sozialisationstheorie reformuliert. Mit dem symbolischen Interaktionismus teilt die von Lorenzer entwickelte psychoanalytische Interaktionstheorie die Perspektive darauf, dass die Akteure und Akteurinnen den sozialen Interaktionen einen subjektiven Sinn beilegen und sich im Medium des kollektiven Symbolsystems der Sprache auf eine tentative Weise über individuelle Bedürfnisse, soziale Erwartungen und Normen verständigen (vgl. Turner 1962). Anders aber als beim symbolischen Interaktionismus, der die Motive der Akteure auf sprachlich artikulierte, bewusste Handlungsgründe reduziert (vgl. Strauss 1968), geht es in der Psychoanalyse auch um unbewusste Motive, die sich hinter den sprachlich artikulierten Motiven verbergen.

Über welche Handlungsqualifikationen die InteraktionspartnerInnen verfügen, versucht Lorenzer auf der Grundlage einer psychoanalytischen Sozialisationstheorie zu klären, welche die Freudsche Persönlichkeitstheorie interaktionstheoretisch reformuliert. Dabei durchläuft das Individuum im Verlaufe des frühen familialen Sozialisationsprozesses zwei verschiedene Entwicklungsniveaus von Handlungsentwürfen, die grundsätzlich den beiden Formen des Sozialverhaltens entsprechen, welche Mead (1934) im Rahmen seiner anthropologisch begründeten Kommunikationstheorie unterscheidet – das über einen Gestenaustausch regulierte Tierverhalten und das selbstreflexive Handeln von Menschen, welche aufgrund der Verfügung über Sprache signifikante Gesten austauschen:

a)   *Das Unbewusste*: Das auch als das Es bezeichnete Sinnsystem des Unbewussten bildet die sinnlich-unmittelbare Verhaltensorganisation des Individuums, die in jeder Lebensgeschichte von Grund auf hergestellt wird. Das Unbewusste bildet ein Reservoir für die Affekte. Mit Kernberg (1991) kann man zwischen den von der neueren Säuglingsforschung (vgl.

Dornes 1992, S. 106 – 163) empirisch untersuchten »primären Affekten«, die sich in den ersten zwei oder drei Lebensjahren entwickeln, und den von Freud analysierten libidinösen und aggressiven Triebimpulsen als den »abgeleiteten Affekten« unterscheiden. Die Triebe integrieren die weniger differenzierten primären Affekte in ein höheres Motivationssystem, bei dem »die erlebnismäßigen Aspekte [...] gegenüber den psychophysiologischen und kommunkativen Aspekten in den Vordergrund« treten (Kernberg 1991, S. 252). »Die Libido (bzw. der Sexualtrieb) entsteht aus der Integration positiver oder belohnender Affektzustände, wie beispielsweise gehobener Stimmung und sexueller Erregung. Aggression als Trieb entsteht aus der Integration negativer oder aversiver Affekte wie Hass, Wut und Ekel« (ebd.). Primäre und abgeleitete Affekte lassen sich sozialisationstheoretisch als intrapsychischer Niederschlag einer sich zwischen dem Kind und seinen primären Bezugspersonen herstellenden Interaktionspraxis begreifen: Kindliche Aktionen und elterliche Reaktionen schließen sich zu einem Verhaltenszirkel zusammen, der sich im sich entwickelnden menschlichen Organismus in sensomotorischen Verhaltensformeln niederschlägt, die Lorenzer (1972) als »Interaktionsformen« bezeichnet. Damit wird begrifflich fassbar, dass sich das Nacheinander der sich pränatal zwischen Embryo und Mutterleib und postnatal zwischen dem Kind und den primären Bezugspersonen herstellenden Interaktionen in der kindlichen Erfahrungsstruktur in einer Aufeinanderfolge von Interaktionsformen niederschlägt, die zugleich Entwürfe für das künftige Interagieren darstellen. Affekt- und Triebstruktur stellen damit ein Gefüge unbewusster Interaktionsformen dar, welche der intrapsychische Niederschlag eines über den Austausch von Gesten regulierten sensomotorischen Interagierens zwischen Säugling und primärer Bezugsperson sind, im Zuge dessen Reiz-Reaktionskomplexe ineinander greifen.

Die als ein Gefüge konkreter sozialer Interaktionsformen inhaltlich bestimmbare Struktur der primären und abgeleiteten Affekte organisiert sich auf einer neuen Erfahrungsebene, sobald sich auf der Grundlage dieser unbewussten Erlebnisorganisation das Ich konstituiert, ein Gefüge symbolischer Interaktionsformen, welches sich als intrapsychischer Niederschlag eines über den Austausch signifikanter Gesten regulierten Interagierens erweist und das Denken ermöglicht. Dabei lassen sich bei der Ichbildung zwei Bewusstseinsformen unterscheiden, die sich, wie es Piagets (1945) Analyse der kindlichen Entwicklung der Symbolfunktion verdeutlicht, nacheinander entwickeln:

b) *Das Vorbewusste*: Die Fantasie entwickelt sich auf der Bedeutungsebene des von Freud so bezeichneten »Vorbewussten«, das von dem Augenblick an wirksam wird, wie das Kind eine erste Eigenständigkeit dadurch entwickelt, dass es das eigene Erleben durch das Spiel mit Gegenständen zu inszenieren beginnt. So verarbeitet das von Freud (1920, S. 224ff.) im Alter von anderthalb Jahren beobachtete Kind die unlustvolle Erfahrung der zeitweiligen Trennung von der Mutter durch das Spiel mit der an einen Faden geknüpften Garnrolle, die es immer wieder hinter dem Bettrand verschwinden lässt und wieder hervorholt. Da die sinnlich-unmittelbare Interaktion (mit der Mutter) mit einer anderen sinnlich-unmittelbaren Interaktion (mit der Holzspule) verknüpft wird, spricht Lorenzer davon, dass sich das Vorbewusste aus »sinnlich-symbolischen Interaktionsformen« zusammensetzt (Lorenzer 1981, S. 159).

c) *Das Bewusste*: Was Freud als »das Bewusste« bezeichnet, entwickelt sich in dem Maße, wie das Kind seine Wünsche zu verbalisieren anfängt. Da in diesem Fall die unbewussten Interaktionsformen mit Wörtern verknüpft werden, bezeichnet Lorenzer diese zweite Form des Bewusstseins als ein Gefüge »sprachsymbolischer Interaktionsformen« (ebd., S. 160). Wie dem Kind das Spiel mit den Gegenständen ein Probehandeln auf der Basis sinnlich-symbolischer Interaktionsformen ermöglicht, mit deren Hilfe es sich auf eine persönlich-private Weise ausdrücken kann, so basiert die Entfaltung der Bedeutungsebene sprachsymbolischer Interaktionsformen auf einem kollektiv vereinbarten Zeichensystem, mit dessen Hilfe die eigene Lebenspraxis systematisiert, durchdacht und auf die eigene Identität reflektiert werden kann.[2]

3. Tiefenhermeneutik als Methode psychoanalytischer Kulturforschung:

Im engeren Sinne wird der Begriff der Tiefenhermeneutik für die von Lorenzer (1986) entwickelte Methode einer psychoanalytischen Kulturanalyse verwandt (vgl. Belgrad et al. 1987; Belgrad 1997; König 1996b; König 1998; Busch/Leuzinger-Bohleber/Prokop 2003; König 2006), eine Verfahrensweise, mit der sich der narrative Gehalt von Texten über die Wirkung auf das Erleben der InterpretInnen erschließt. Mit dieser Methode lassen sich sowohl natürliche Protokolle wie Interviews, Gruppendiskussionen und Dokumentationen als auch künstliche Protokolle wie literarische Texte und Spielfilme untersuchen. Dabei geht es um eine Inhalts- und Wirkungsanalyse, die ins Zentrum ihrer Aufmerksamkeit die Text-LeserInnen-Interaktion rückt. Der Text wird nämlich nicht nur als eine Objektivation eines symbolischen Interagierens aufgefasst, im Zuge dessen sich Personen im Medium der Sprache austauschen. Vielmehr geht es auch darum, welche Affekte und Triebregungen die Personen in der Interaktion inszenieren. Die Aufgabe, Interaktionen als Szenen zu verstehen, bedeutet also, dass sich die Forschenden die sinnlich-szenische Gestalt des Interagierens durch die Wirkung des Textes auf die eigenen Affekte erschließen. Szenisches Interpretieren geht daher von einem affektiven Verstehen aus, das im Zuge des Begreifens der Szene in ein kognitives Verstehen sozialer Interaktionen überführt wird.

Um eingehender zu verstehen, wie Texte in der Tiefenhermeneutik szenisch interpretiert werden, ist es sinnvoll, sich mit Susanne Langer (1942) zu vergegenwärtigen, dass der menschliche Geist über zwei Formen der Symbolbildung verfügt. Auf den Austausch von Argumenten setzende rationale Verständigungsprozesse bedienen sich des »diskursiven Symbolismus« der Sprache, der sich eines allgemein verständlichen Vokabulars bedient, dessen selbständige und abgrenzbare Bedeutungseinheiten übersetzbar sind und sich den Regeln einer syntaktischen Ordnung fügen. Dagegen erweisen sich Rituale und Mythen, aber auch Kunstwerke als Niederschlag eines »präsentativen Symbolismus«, der sich aus nicht einzeln übersetzbaren und nicht voneinander isolierbaren Bedeutungselementen zusammensetzt, die sich zu einem ganzheitlichen Bedeutungsgefüge zusammenschließen.

Unbewusste Affekte und Triebregungen, die nur im begrenzten Maße sprachlich artikulierbar sind, können sich daher im Zusammenspiel mit den präsentativen Angeboten kultureller Objektivationen einen sinnlich-symbolischen Ausdruck verschaffen. Was ist damit gemeint? Die Tatsache, dass die in einem konkreten Liebesverhältnis oder in einem Arbeitszusammenhang realisierten Praxisfiguren immer konkret und komplex, Sprachfiguren dagegen grundsätzlich allgemein und abstrakt sind, hat zwei Seiten: Dank der Sprache ist das Individuum dem imperativen Drängen der unbewussten

Affekte nicht mehr ausgeliefert, sondern vermag sich aus der Abhängigkeit einer partikularen Lebenspraxis zu befreien. Dadurch, dass das Individuum mit Hilfe der Sprache verschiedene Situationen zueinander in Beziehung setzen und seine Erfahrungen auf diese Weise generalisieren kann, vermag es das eigene Verhalten zu reflektieren und Autonomie durch ein soziales Handeln zu entwickeln, das bewusst intendiert ist. Die Sprache kann aber auch durch die in der Kultur herrschende Moral instrumentalisiert werden, so dass dem Individuum bestimmte soziale Verhaltensvorschriften aufgedrängt werden und es zur Unterdrückung von Triebansprüchen gezwungen wird, die im Verlaufe des Sozialisationsprozesses entstanden sind. Die faszinierende Wirkung von Musik, Malerei und Architektur beruht infolgedessen darauf, dass das Kunstwerk den unbewussten Triebimpulsen, die in dieser Weise noch niemals artikuliert worden sind oder die der diskursive Konsens ausgrenzt, einen präsentativen Ausdruck verschafft.

Im Unterschied zu diesen Formen ästhetischer Produktion besteht die Eigenart der Literatur darin, dass sie sich der Sprache bedient. Damit stoßen wir auf das schon von Langer erörterte Problem, dass Sprache nicht mit Diskursivität und Bildhaftigkeit nicht mit Präsentativität gleichzusetzen ist. Wie geometrische Formen und Grafiken Beispiele für bildhafte Darstellungen sind, die »stellvertretend für den Diskurs« stehen (ebd., S. 255), so illustriert die Metapher die Möglichkeit eines präsentativen Gebrauchs der Sprache (vgl. ebd., S. 143). Wenn aber diskursive Symbole präsentativ und präsentative Symbole diskursiv werden können, dann kann – wie Schmid Noerr (1991) im Rahmen seiner pragmatischen Reformulierung der Langerschen Symboltheorie feststellt – die Differenz zwischen Diskursivität und Präsentativität nicht an der Materialität der objektiven Bedeutungsträger festgemacht, sondern »letztlich nur im Rückgriff auf den Gebrauch bestimmt werden« (S. 15).

Auf der Basis von Lorenzers (1981) Sozialisationstheorie lässt sich begreifen, weshalb Langers Symboltheorie für das psychoanalytische Begreifen von Individuations- und Sozialisationsprozessen so wichtig ist: Der das Denken ermöglichende Sekundärprozess beruht darauf, dass diskursive Symbole es dem Individuum ermöglichen, die Triebimpulse des eigenen Unbewussten durch die Verknüpfung mit Worten in sprachsymbolische Interaktionsformen zu übersetzen, welche aufgrund ihrer Abstraktheit sehr affektarm sind, die Affekte aber gerade dadurch kontrollierbar und reflektierbar machen. Der die Fantasie ermöglichende Primärprozess basiert hingegen darauf, dass präsentative Symbole es dem Individuum erlauben, unbewusste Triebimpulse durch die Verknüpfung mit Mimik und Gesten, mit Bildern und Gegenständen in sinnlich-symbolische Interaktionen zu übersetzen, welche den Affekten einen sehr persönlichen und privaten Ausdruck verschaffen. Wenn man mit Hilfe der Tiefenhermeneutik szenisch interpretiert, dann geht es daher nicht um die diskursive, sondern um die präsentative Bedeutung von Texten und Bildern. Das präsentative Verstehen von symbolischen Interaktionen zwischen ego und alter bedeutet daher, dass dieses Interagieren über die Wirkung auf das Erleben der Forschenden als eine Szene interpretiert wird, die in ihrer sinnlich-bildhaften Bedeutung zu erfassen ist.

Somit richtet sich die Analyse auf das Verstehen der bewussten und un-bewussten Lebensentwürfe, welche die im Text auftretenden Personen durch ihr soziales Interagieren inszenieren. Dabei wird eine Doppelbödigkeit sozi-aler Handlungsabläufe unterstellt, der entsprechend sich die Bedeutung von Interaktionen in der Spannung zwischen einem manifesten und einem latenten Sinn entfaltet. Während der manifeste Sinn des Interagierens durch bewusste Lebensentwürfe bestimmt wird, die sich im Einklang mit der herrschenden Moral artikulieren, verschaffen sich auf der latenten Bedeutungsebene jene Lebensentwürfe einen Ausdruck, die noch nicht bewusst geworden sind oder aufgrund ihrer sozialen Anstößigkeit wieder verdrängt werden, sich jedoch in Konfliktsituationen hinter dem Rücken des Bewusstseins verhaltenswirksam durchsetzen können.

2 Szenische Interpretation der Witze und Fehlleistungen von George W. Bush

Wie in der Tiefenhermeneutik Interaktionssequenzen szenisch verstanden und in ihrer sich zwischen einem manifesten und einem latenten Sinn entfaltenden Doppelbödigkeit interpretiert werden, lässt sich anhand von Witzen und Fehlleistungen von George W. Bush illustrieren: Der Präsident hat einmal folgenden Witz zum Besten gegeben: »Was an Büchern mit am besten ist: Manchmal sind da ganz fantastische Bilder drin.« (Weisberg 2003a, S. 31). Der manifeste Sinn dieses Satzes erschließt sich, sobald man sich die Intention vergegenwärtigt, die Bush mit seinem Scherz verfolgt. Wie es der erste Satz offenbart, will er etwas dazu sagen, was er an Büchern gut findet, ja, was er an Büchern »mit am besten« findet. Denn es versteht sich für Bush von selbst, dass das »Lesen« von Büchern eine Grundlage »für jedes Lernen« darstellt (ebd.). Es ist der zweite Satz, der zum Lachen reizt, weil er Bushs erstem Satz eine verblüffende Wendung gibt. Sie kommt dadurch zustande, dass plötzlich etwas zusammengebracht wird, was sich widerspricht: Während Bücher gelesen werden, werden Bilder angeschaut. Wenn aber die »fantastischen Bilder«, die in manchen Büchern zu finden sind, mit das Beste an Büchern seien, dann macht Bush sich über das Lesen von Büchern lustig. Gelacht wird auf Kosten des Lesens von Büchern. Man könnte vermuten, dass Bush Bücher nur dann schätzt, wenn sich das mühselige Lesen dadurch ersparen lässt, dass man faszinierende Bilder anschauen kann. Der latente Sinn dieser Szenenfolge würde dann darin bestehen, dass Bush einem Widerwillen dagegen Ausdruck verleiht, Bücher zu lesen. Die Lust entstünde, weil Bush zugleich zweierlei gelingt. Einerseits entspricht er einer sozialen Norm, wenn er im Einklang mit den Wertvorstellungen des Bildungsbürgertums Bücher schätzt. Zugleich aber würde er einem aggressiven Affekt gegen Bücher Luft machen, indem er durch den Witz über das Lesen spottet. So würde Bush durch den Witz seinen ambivalenten Gefühlen Büchern gegenüber Ausdruck verleihen. Eben da, wo er ein Lob auf Bücher zum Ausdruck bringt (manifester Sinn), würde er sie zugleich durch eine abfällige Äußerung entwerten (latenter Sinn). Wenn er seine ZuhörerInnen mit diesem Witz zum Lachen bringt, dann hätte er es geschafft, sie zu Komplizen seiner Abneigung gegen Bücher zu machen. Und das wäre wiederum ein Lustgewinn für Bush, der durch den Witz aggressive Impulse (in diesem Fall gegen Bücher) unterdrücken und zugleich auf eine sozial anerkannte Weise ausdrücken kann.

Die szenische Interpretation dieses Witzes bleibt vorläufig, solange sie nicht durch andere Szenen bestätigt wird. Auf der Suche nach einer anderen Szene stößt man auf eine Erklärung, die Bush einem Biografen unterbreitet hat. Ihm gestand er nämlich, dass seine Generation der Familie Bush »keine wirklich ernsthaften, eifrigen Leser sind. Wir lesen aus Spaß.« (zitiert nach Frank 2004, S. 49). Was er damit meint, illustrieren zwei weitere Szenen: Die eine Szene wird durch die Selbstverständlichkeit bestimmt, mit der Bush »getippte Lageberichte« an seine BeraterInnen mit der Bitte zurückgibt, »das Material gründlicher zu bearbeiten« (ebd.). Die andere Szene offenbart sich in seiner wiederholt geäußerten Bemerkung, »dass er keine Zeitung liest« (ebd., S. 49). Es gebe ihm, wie er der Journalistin Diane Sawyer erklärte, »ein beruhigendes Gefühl […], wenn er sich auf seine Berater verlasse«, die ihm »[…]erzählen, was in den Zeitungen stehe« (ebd.). Wenn es Bush aber als Präsident widerstrebt, Zeitungen und getippte Lageberichte seiner MitarbeiterInnen zu lesen, dann wird deutlich, dass er seine Worte ernst meint, einer Generation der Bushfamilie anzugehören, die ungern liest. Das heißt auch, dass die szenische Interpretation des Witzes zutrifft, dass ihm an Büchern vor allem die Bilder gefallen. Wie er herrschenden Bildungsvorstellungen durch das Loben von Büchern entspricht (manifeste Botschaft), so drückt er zugleich durch die Begeisterung für fantastische Bilder seinen Widerwillen gegen das Lesen von Büchern aus (latenter Sinn).

Ein weiteres Beispiel stellt eine Bemerkung dar, die Bush im Oktober 2000 im Wahlkampf um das Präsidentenamt von sich gab: »Das Vertrauen ist riesig. Ich sehe das immer wieder, wenn Leute auf mich zukommen und zu mir sagen: ›Lassen Sie mich nicht noch mal im Stich.‹« (Weisberg 2003a, S. 26). Hierbei handelt es sich um eine Fehlleistung, welche die Zuhörer zum Lachen reizen kann. Der Kontext dieser Worte wird dadurch bestimmt, dass

Bush um Stimmen der Wahlberechtigten kämpft. Der manifeste Sinn dieser Sätze läuft darauf hinaus, dass er sich dafür begeistert, wie viel Vertrauen ihm als Präsidentschaftskandidat entgegengebracht wird. Wie bei dem Witz zuvor verbindet sich auch bei dieser Fehlleistung die bewusste Absicht mit einem ganz anderen Gedanken, der dieser Intention widerspricht. Als Beispiel dafür, wie sehr man ihm vertraut, führt Bush nämlich jene Leute an, die zu ihm sagen: »Lassen Sie mich nicht noch mal im Stich.« Damit bezieht er sich auf jene Leute, die ihm noch einmal vertrauen wollen, obwohl er sie schon einmal enttäuscht hat. Zu fragen ist, ob der latente Sinn nicht in dem Gedanken zum Ausdruck kommt, dass Bush Andere im Stich lässt und das Vertrauen, das er sich wünscht, gar nicht verdient. Eine andere Lesart, dass das Vertrauen der Leute in Bush so groß ist, dass sie zu ihm stehen, auch wenn er sie einmal im Stich gelassen hat, würde sich wiederum auf der manifesten Bedeutungsebene bewegen, weil sie sich mit Bushs Absicht deckt. Das Verhältnis von manifestem und latentem Sinn lässt sich daher folgendermaßen bestimmen: Eben da, wo Bush um das Vertrauen seiner Landsleute wirbt (manifester Sinn), unterläuft ihm eine Fehlleistung, welche die Frage aufwirft, ob er nicht einen Widerwillen dagegen empfindet, Verantwortung für diejenigen zu übernehmen, die ihm vertrauen. So würde er durch eine Fehlleistung sein ambivalentes Verhältnis seinen Wählerinnen und Wählern gegenüber offenbaren: Er wirbt um die Stimmen derjenigen, die ihm vertrauen sollen. Aber das Werben um die Gunst der Wahlberechtigten macht ihn zugleich aggressiv, weil er sich nicht durch das ihm entgegen gebrachte Vertrauen binden lassen und Verantwortung übernehmen will.

Die Frage, ob diese szenische Interpretation zutrifft, lässt sich anhand einer anderen Szene überprüfen. So unterlief Bush im September 2000 folgende Fehlleistung. »Jeder einzelne Amerikaner soll genau wissen, dass ich für meine Entscheidungen verantwortlich bin, und jeder von Ihnen ist es auch« (ebd., S. 21). Der manifeste Sinn dieser Worte lässt sich dahingehend zusammenfassen, dass der Präsidentschaftskandidat zum Ausdruck bringen wollte, dass er sich für die Entscheidungen, die er als Präsident fällen werde, auch verantwortlich fühlen werde. Das heißt aber, ein Präsident sein zu wollen, dem die Wahlberechtigten Vertrauen schenken und auf den sie sich verlassen können. Vielleicht wollte er mit dem darauf folgenden Satz die Absicht zum Ausdruck bringen, dass er in seinem Amt als Präsident genau so verantwortlich handeln wolle, wie alle Bürger und Bürgerinnen gewissenhaft ihren Beruf ausüben würden.

Doch eben das sagt Bush dann doch nicht. Stattdessen unterläuft ihm die Fehlleistung, dass nicht nur er selbst, sondern auch sein Publikum für die Entscheidungen des Präsidenten verantwortlich sei. Die Irritation, dass dieser Gedanke unsinnig ist, erschließt einen Zugang zum latenten Sinn dieser Worte. Zwar will Bush den Wahlberechtigten gegenüber zum Ausdruck bringen, dass er ein verantwortungsbewusster Präsident sein will, auf den sie sich verlassen können (manifester Sinn). Aber sein Aufbegehren dagegen, Verantwortung zu übernehmen (latenter Sinn), scheint so groß zu sein, dass ihm der widersinnige Satz unterläuft, dass ja jede Zuhörerin und jeder Zuhörer genau so verantwortlich wie er selbst dafür sei, was er als Präsident tue.

In einer ähnlichen Weise irritiert eine dritte Szene, die denselben Konflikt zum Ausdruck bringt: »Egal, ob es gut oder schlecht läuft, der Präsident kriegt immer die Schuld. Das verstehe ich.« (ebd., S. 56). Der manifeste Sinn dieses Witzes aus dem Mai 2001 lässt sich in die Intention übersetzen, dass Bush zum Ausdruck bringen will, dass er im Weißen Haus schon spüre, dass er immer verantwortlich sei, ob die Dinge nun gut laufen oder schlecht. Die Irritation entsteht in diesem Fall durch Bushs Wortwahl: Er redet wie ein Jugendlicher, der darüber klagt: »Immer hab ich die Schuld!«, wenn er sich dagegen wehrt, dass die Eltern ihn zur Verantwortung ziehen wollen. Die Doppelbödigkeit dieser Szene lässt sich daher folgendermaßen beschreiben. Eben da, wo Bush als Erwachsener launig bemerkt, er »verstehe« schon, dass er immer die Verantwortung habe, egal, ob die Geschäfte gut oder schlecht laufen (manifester Sinn), verrät er durch seine Wortwahl, er habe »immer die Schuld«, dass er in diesem Augenblick auf die Erlebnisebene eines Pubertierenden regrediert, der trotzig gegen diese Last aufbegehrt (latenter Sinn). Indem er durch das Verwenden des Begriffs »Schuld« die mit dem Präsidentenamt verbundenen Konsequenzen in ein schlechtes Licht rückt, wehrt er sich auf eine kindlich-jugendliche Weise dagegen, was Erwachsene üblicherweise erwarten. Wenn Bush mit diesem Witz die Zuhörer zum Lachen bringt, dann gelingt ihm das, weil er sie dazu einlädt, mit ihm auf die Erlebnisebene aufbegehrender Jugendlicher abzutauchen, die keine Lust dazu haben, sich von Erwachsenen sagen zu lassen, sie sollten doch Verantwortung übernehmen.

Als letztes Beispiel in dieser Serie von Szenen soll eine Situation betrachtet werden, die sich in Anschluss an die Kritik des damaligen Bundeskanzlers Schröder entwickelte, dass Bush gegen internationale Gesetze verstoße, wenn er nach der Besetzung des Iraks Frankreich und Deutschland daran hindere, in

das Zweistromland zu investieren. Als er zu dieser Einschätzung des Bundeskanzlers befragt wurde, »spöttelte Bush sarkastisch: ›Internationales Gesetz?
Ich rufe besser meinen Anwalt an!‹« (ebd., S. 119). Der manifeste Sinn dieser
Worte lässt sich folgendermaßen umreißen: Wenn Schröder ihm mit einem
Verstoß gegen internationale Gesetze komme, dann beeindrucke Bush das gar
nicht, vielmehr werde er sich dagegen einfach juristisch zur Wehr setzen. Auf
diese Weise signalisiert der Präsident Stärke und Autonomie: Er halte sich nicht
damit auf, sich inhaltlich mit einer Kritik von Schröder auseinanderzusetzen,
sondern ergreife stattdessen entsprechende juristische Maßnahmen. Irritierend
ist, dass Bush diesen ersten Gedanken mit

*Abb. 1 (Weisberg 2003a, S. 112): Während des Wahlkampfes im Jahr 2000
lobten selbst Kritiker George W. Bushs Humor, »seine Bescheidenheit und
allgemeine Umgänglichkeit. Seine ausgelassene Freundlichkeit und Unge-
zwungenheit [...]; er zwinkert und albert herum, scherzt mit den Reportern
des Wahlkampftrosses, würzt seine unvorbereiteten Kommentare [...] mit
großem Humor und hat die Lacher auf seiner Seite, wenn er sich selbst aufs
Korn nimmt oder andere freundlich aufzieht« (Frank 2004, S. 39).*

einer zweiten Überlegung verbindet, die einer ganz anderen Lebenspraxis zuzurechnen ist. Denn wenn er mit seinem Anwalt telefonieren will, dann tut er so, als wenn Schröder ihn persönlich angegriffen hätte, und als ob er schon wisse, wie er diese Privatsache in die eigenen Hände nehmen könne. Der Witz entsteht durch den Widerspruch, dass es eigentlich um Politik geht und Bush diesen Konflikt zu einer persönlichen Abrechnung zwischen zwei Männern stilisiert. Während der manifeste Sinn dieses Witzes lautet, dass Bush sich schon zu wehren weiß, wenn der deutsche Bundeskanzler seine Politik kritisiert, signalisiert er auf der latenten Bedeutungsebene, dass er keine Lust hat, Verantwortung für die Folgen einer politischer Entscheidung zu übernehmen, und diese Auseinandersetzung lieber ganz persönlich durch einen Anruf bei seinem Anwalt austrägt. Wenn Bush sein Publikum mit diesem Witz zum Lachen bringt, dann gelingt ihm das, weil er sich ihm als ein menschlich wirkender Kumpan präsentiert, den das ganze Geschäft der Politik leicht nervt und der sich lieber darum kümmert, dass er ganz persönlich zu seinem Recht kommt.

Die szenischen Interpretationen erweisen sich dadurch als stimmig, dass sich die anhand von vier Szenen entwickelten Verstehenszugänge gegenseitig bestätigen. Wie verschieden diese Szenen auch sind, sie erhellen denselben Strukturkonflikt: Dem Werben um die Stimmen der Wahlberechtigten widersetzt sich der Widerwille, das ihm entgegengebrachte Vertrauen durch die Übernahme von Verantwortung einzulösen. Der Absicht, ein verantwortungsbewusster Präsident sein zu wollen, widerspricht, dass er die Verantwortung an seine Landsleute abgeben will. Der Einsicht, dass ein Präsident immer die Verantwortung hat, egal, ob die Regierungsgeschäfte gut oder schlecht laufen, widersetzt sich der an der Wortwahl ablesbare jugendliche Protest dagegen, nicht »immer Schuld sein« zu wollen. Und der Erklärung, er werde sich aufgrund von Schröders Kritik juristischen Beistand holen, widerspricht, dass er keine Lust hat, für seine Politik Verantwortung zu übernehmen und deshalb diese Angelegenheit privat regeln will.

Szenisches Interpretieren heißt also, dass soziale Interaktionen als eine präsentative Symbolik begriffen werden, die sich in der Spannung zwischen einem manifesten und einem latenten Sinn entfaltet. Auf der manifesten Bedeutungsebene artikulieren sich die Intentionen der Akteure und Akteurinnen. Damit sind jene Lebensentwürfe gemeint, derer sich der Einzelne bewusst ist und über die er sich mit Anderen im Einklang mit der herrschenden Moral verständigt. Mit der herrschenden Moral unvereinbare Lebensentwürfe unterdrückt das Bewusstsein dagegen und verbannt sie auf eine latente Bedeutungsebene. Gerät der Handelnde in eine Konfliktsituation, welche an unterdrückte Lebensentwürfe appelliert, besteht die Gefahr, dass sich die verpönten Affekte hinter dem Rücken des Bewusstseins verhaltenswirksam durchsetzen. Das ist etwa der Fall, wenn Bush sich durch das Werben um das Vertrauen der Wähler und Wählerinnen so übernimmt, dass ihm eine Fehlleistung unterläuft, die seine Abneigung dagegen offenbart, sich durch das ihm entgegengebrachte Vertrauen gebunden fühlen und Verantwortung für die Wahlberechtigten übernehmen zu müssen. Im Falle eines Witzes stellt Bush sich souveräner dar, weil er sich seiner Gefühlsambivalenz bewusst ist und mit ihr daher kontrollierter umgehen kann. So gelingt ihm ein Witz, der durch das Lob auf Bücher soziale Anpassung und durch die Begeisterung für Bilder zugleich seine Abneigung gegen Bücher ausdrückt.

Derart wird fassbar, was die beiden Sinnebenen sozialen Handelns unterscheidet: Auf der manifesten Bedeutungsebene geht es darum, dass der Einzelne Absichten und Wünsche bewusst kontrollieren, reflektieren und kommunizieren kann, weil sie in Sprache oder in Gesten und Bilder übersetzt werden. Auf der latenten Bedeutungsebene verschaffen sich dagegen jene Wünsche und Triebregungen Ausdruck, welche unterdrückt und aus dem Bewusstsein ausgegrenzt (desymbolisiert) worden sind. Nur dann, wenn Konfliktsituationen das Wiederauftauchen der unterdrückten Lebensentwürfe provozieren, können diese Triebimpulse auf eine symptomatische Weise ausgelebt werden. Die Tiefenhermeneutik lässt sich daher als eine Methode der qualitativen Kulturforschung beschreiben, die auf eine methodologisch und methodisch kontrollierte Weise die in sozialen Interaktionen enthaltenen Inkonsistenzen, Widersprüche und Brüche rekonstruiert, um den hinter dem manifesten Sinn verborgenen latenten Sinn aufzudecken.

Damit unterscheidet sich die Tiefenhermeneutik von einer naiven Form der subsumtionslogischen Anwendung der Psychoanalyse auf die Kultur, die klinische Diagnosen an kulturellen Erscheinungen bloß illustriert und damit so zur Psychologisierung und Pathologisierung des sozialwissenschaftlichen Forschungsgegenstandes führt, wie das in der Studie von Justin Frank (2004) zu George W. Bush der Fall ist (vgl. Kapitel III). Frank ignoriert das methodologische Problem, das mit der Anwendung der Psychoanalyse auf die Kultur verbunden ist. Die psychoanalytischen Begriffe, die in einer therapeutischen

Praxis entwickelt wurden und auf sie zugeschnitten sind, lassen sich nicht einfach auf die Kultur übertragen, weil es sich hierbei um ein ganz anderes Forschungsfeld handelt.

Wenn man die Freudsche Theorie als Sozialwissenschaft systematisch entfalten will – ohne die sich in einem Textprotokoll niederschlagende Interaktionspraxis unvermittelt unter psychoanalytische Theoriebruchstücke zu subsumieren – dann kann es nur um eine szenische Interpretation in der Umgangssprache gehen, die anschließend theoretisch im Rückgriff auf die psychoanalytische Begrifflichkeit ausgewertet wird, der in diesem Rahmen eine andere Bedeutung zukommt als bei klinischen Studien. Es stellt sich also die Aufgabe, die weit fortgeschrittene Methode der therapeutischen Psychoanalyse aufzugreifen, sie in Auseinandersetzung mit dem neuen Forschungsfeld weiterzuentwickeln und in Anschluss daran eine eigenständige Theorie der Kultur zu entwerfen. Dementsprechend geht die Tiefenhermeneutik von der methodologischen Überlegung aus, wie die in der therapeutischen Praxis entwickelte Methode der psychoanalytischen Hermeneutik – die Verfahrensweise des von Lorenzer (1970) so bezeichneten »szenischen Verstehens« – so zu modifizieren ist, dass sie einer sozialwissenschaftlichen Forschungspraxis entsprechend dazu geeignet ist, Neues zu entdecken.

3 Die Regeln der tiefenhermeneutischen Methode

Die Frage, nach welchen Regeln die Tiefenhermeneutik bei der Interpretation von Texten oder Bildern verfährt, zu denen auch die Bilderwelten von Filmen zu rechnen sind, lässt sich folgendermaßen umreißen:[3]

1. Die in einem Text oder in einem Bild objektivierte Interaktionspraxis wird als ein Drama begriffen, in dem Personen auf einer mit bestimmten Kulissen und Requisiten ausgestatten Bühne auftreten, um mit Hilfe von Sprache und Gesten bewusste und unbewusste Lebensentwürfe zu thematisieren und zugleich zu unterdrücken.

2. Der Text oder das Bild werden so voraussetzungslos wie möglich aus sich selbst heraus verstanden. Aus diesem Grunde wird ein theoretisches Begreifen zurückgestellt. Der Text oder das Bild werden mit Hilfe der Lebensentwürfe erschlossen, über welche die TeilnehmerInnen der Gruppeninterpretationen aufgrund ihrer Lebenserfahrungen im Alltag verfügen. Eigene lebenspraktische Vorannahmen werden so lange in die Szenen des Textes oder die Szene des Bildes eingesetzt und korrigiert, bis sich die fremden Lebensentwürfe in ihrer konkreten szenischen Gestalt verstehen lassen. In dem Maße, wie dieser sich in der Umgangssprache vollziehende Interpretationsprozess gelingt, können sich die GruppenteilnehmerInnen das sich im Text oder Bild entfaltende Drama vor ihrem inneren Auge sinnlich-anschaulich vorstellen.

3. Das Schauspiel, das die Personen im Text oder im Bild inszenieren, lassen die InterpretInnen wie TheaterbesucherInnen auf das eigene Erleben wirken. Ob begeistert oder gelangweilt reagiert wird, sie übertragen auf den Text oder auf das Bild Affekte, aufgrund derer die uneingestandenen Lebensentwürfe spürbar werden, welche die Personen auf der

Bühne hinter offen zum Ausdruck gebrachten Intentionen, Wünschen und Ängsten verbergen und in ihrem Interagieren doch ungewollt zum Ausdruck bringen.

4. Das affektive Verstehen, das aufgrund dieser emotionalen Teilhabe an den Szenen des Textes oder des Bildes zustande kommt, lässt sich fruchtbar machen, sofern man Freuds (1912) Ratschlägen für das psychoanalytische Verstehen folgt. Einerseits werden die InterpretInnen dazu aufgefordert, »sich nichts besonders merken zu wollen«, und dem Text oder dem Bild gegenüber eine Haltung »gleichschwebender Aufmerksamkeit« einzunehmen (S. 171). Andererseits werden sie darum gebeten, Freuds Regel der freien Assoziation zu folgen und »ohne Kritik und Auswahl alles zu erzählen«, was ihnen zum Text oder zum Bild »einfällt« (ebd., S. 172). Das bedeutet auch, dass es den eigenen Einfällen überlassen bleibt, auf welche Interaktionsszenen sich die gleichschwebende Aufmerksamkeit richtet und was man verstehen will. Denn wie bereits ausgeführt wurde, wird der Text wie das Bild nicht als ein diskursives Symbolsystem aufgefasst, bei dem man wie bei einer Sequenzanalyse eine Interaktionssequenz nach der anderen untersucht. Vielmehr werden Text oder Bild als ein präsentatives Symbolsystem betrachtet, das in seiner Ganzheit auf die ZuhörerInnen Einfluss nimmt.

5. Von besonderem Interesse sind jene Assoziationen zum Text oder zum Bild, welche an irritierenden Interaktionssequenzen ansetzen. Der von Lorenzer (1990) eingeführte Begriff der »Irritation« (vgl. auch König 1996a, S. 353ff.) hebt darauf ab, dass bestimmte Interaktionsszenen befremden, weil sie Lesarten widersprechen, die sich aufgrund des manifesten Sinns im Zuge eines routinisierten Verstehens des Textes oder Bildes aufdrängen. Irritationen stellen vor allem affektive Reaktionen auf Interaktionssequenzen dar, die aufgrund ihrer Widersprüchlichkeit und Inkonsistenz einen Zugang zu einer zweiten Sinnebene erschließen.

6. Das Verstehen des Textes oder Bildes geht zwar vom je eigenen Erleben aus, wird jedoch – wie bereits ausgeführt – in einer Gruppe von InterpretInnen zur Sprache gebracht und mit den anderen TeilnehmerInnen diskutiert (vgl. König 1993). Dabei stellen die InterpretInnen das intellektuelle Verstehen zunächst zurück und lassen sich von ihrem affektiven Verstehen leiten, das davon ausgeht, wie man Text oder Bild erlebt hat. Da sehr persönliche Texterlebnisse oder Bildeindrücke ausgetauscht werden,

entwickelt sich häufig eine lebhafte Kontroverse über verschiedene Lesarten. Der sich durch das Aufeinanderprallen konkurrierender Lesarten entzündende Konflikt lässt sich als eine zwischen den InterpretInnen Gestalt annehmende Szene begreifen, die Rückschlüsse auf die szenische Struktur des Textes oder des Bildes erlaubt. Denn es ist der Text oder das Bild, die derart unterschiedliche emotionale Reaktionen freisetzen.

Um im späteren Verlauf auf die Gruppeninterpretationen über den Text oder das Bild zurückgreifen zu können, werden sie von den TeilnehmerInnen als Gedächtnisprotokolle verschriftet. Während die Verstehenszugänge der Studierenden, welche die Reden von Bush und bin Laden aus dem Jahre 2001 auf sich wirken ließen, in den tiefenhermeneutischen Interpretationsprozess eingeblendet werden, werden die in der zweiten Gruppe von Studierenden entwickelten Verstehenszugänge zur Rede vom 11. 9. 2006 vor Beginn der systematischen Textrekonstruktion im Zusammenhang dargestellt (vgl. Kapitel IV, 3.2).

7. Da Text oder Bild eine ästhetische Ausdrucksgestalt bilden, deren Bedeutung sich in der Spannung zwischen einem manifesten und einem damit verschlungenen latenten Sinn entfaltet, kann man mit Freud (1900) davon sprechen, dass kein Element dieses präsentativen Symbolgefüges zufällig, sondern jedes seiner Elemente »überdeterminiert« ist (S. 286). Wie die intrapsychische Welt des Traumes werden daher auch die durch kulturelle Sinngebilde konstituierten symbolischen Interaktionszusammenhänge als das Resultat einer »großartigen Verdichtungsarbeit« begriffen (ebd., S. 282). Wie unauffällig auch in Text oder Bild auftretende Inkonsistenzen, Widersprüche und Lücken erscheinen, wie nebensächlich auch Worte, Gesten und Fehlleistungen wirken, alle diese Elemente bilden szenische Bestandteile einer doppelbödigen Interaktionsstruktur, die aufgrund der Verbindung von Manifestem und Latentem auf mehrfache Weise bedeutsam sein kann.

8. Da das Verstehen des Textes oder Bildes über die Wirkung auf das eigene Erleben zugänglich wird, werden die InterpretInnen dazu aufgefordert, ein Forschungstagebuch anzulegen, in das sie regelmäßig die den eigenen Arbeitsprozess bestimmenden Einfälle, Fragen und Verstehenszugänge eintragen sollen. So entstehen Protokolle, welche die Lesarten festhalten, mit denen sich die InterpretInnen einen persönlichen Zugang zum Text oder zum Bild erschließen.

9. Das szenische Verstehen beginnt mit der Auslegung einer Interaktionsszene, welche aufgrund von Assoziationen und Irritationen die gleichschwebende Aufmerksamkeit auf sich zieht. Wie es die szenische Interpretation von Bushs Witzen und Fehlleistungen gezeigt hat, wird das an einer Szene befremdend Bleibende durch die Hinzuziehung anderer Szenen erläutert, welche benachbart sind oder in einem ganz anderen Handlungszusammenhang des Textes stehen, jedoch auf eine vergleichbare Weise irritieren. Solche Szenen, welche bei eingehender Analyse die gleiche oder eine ähnliche szenische Interaktionsfigur aufweisen, lassen sich zu Szenenfolgen zusammenstellen, denen dieselbe situative Struktur zugrunde liegt.

10. Der Prozess des *szenischen Interpretierens* stellt das erste Feld eines hermeneutischen Verstehensprozesses dar, im Rahmen dessen die GruppenteilnehmerInnen sich der Umgangssprache bedienen. Lassen sich die InterpretInnen auch beim Lesen eines Textes oder beim Betrachten eines Bildes von ihrem Erleben leiten, der Rekurs auf subjektive Erfahrungen ist kein Selbstzweck, sondern steht im Dienste der szenischen Rekonstruktion einer präsentativen Symbolik, die als ein komplexes Gefüge sinnlich-anschaulicher Szenen mit zahlreichen »Knotenpunkten« zu begreifen ist (Freud 1900, S. 286), in denen sich manifester und latenter Sinn auf vielfältige Weise miteinander verbinden. Dabei entfaltet sich das szenische Interpretieren in der Spannung zwischen drei Interaktionsebenen (vgl. Abb. 2): Das szenische Gefüge des Textes oder des Bildes (I) wird über die Wirkung auf die InterpretInnen erschlossen. Das emotionale Reagieren bedeutet eine szenische Teilhabe der Studierenden (II) an der im Text oder im Bild arrangierten szenischen Gestalt, deren latenter Sinn sich über die Szenen erschließt, welche in der Gruppe aufgrund der Kontroverse über verschiedene Lesarten oder unterschiedliche Bildeindrücke Gestalt annehmen (III).

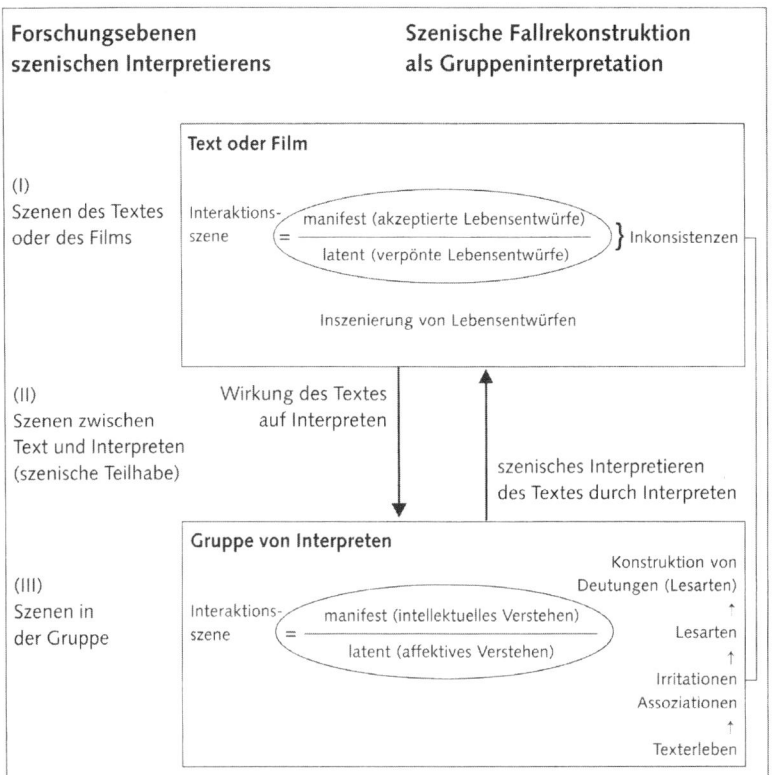

Abb. 2: Die Tiefenhermeneutik erforscht die Doppelbödigkeit der in einem Text arrangierten Interaktionspraxis, ein Gefüge von Interaktionsszenen, deren Bedeutung sich in der Spannung zwischen einem manifesten und einem latenten Sinn entfaltet (I). Der Zugang zum latenten Sinn, der über Schlüsselszenen zugänglich wird, die sich als inkonsistent erweisen, erschließt sich dadurch, dass die Interpretierenden den Text auf das eigene Erleben (»szenische Teilhabe«) wirken lassen (II). Indem die InterpretInnen in einer Haltung gleichschwebender Aufmerksamkeit den sich einstellenden Assoziationen und Irritationen folgen, gewinnen sie Zugang zu Lesarten, welche das routinisierte Verstehen des Textes unterlaufen. Diese sich auf die Entdeckung von Neuem richtenden Lesarten werden in der Gruppe diskutiert (III), um den latenten Sinn zu erfassen, der sich hinter dem manifesten Sinn des szenisch entfalteten Textes verbirgt (I).

11. Das zweite Feld des hermeneutischen Verstehensprozesses wird durch das *theoretische Begreifen* der Fallrekonstruktion konstituiert. Wie die dem Forschungsprojekt zugrunde liegende theoretische Fragestellung aufgrund von Erkenntnissen sozialwissenschaftlicher und psychoanalytischer Theoriebildung entwickelt wurde, so wird nun auf diese Einsichten zurückgegriffen, um das Neue, das durch die szenische Fallrekonstruktion entdeckt wurde, zu typisieren und auf einen angemessenen Begriff zu bringen.

12. Das *Schreiben* lässt sich als das dritte hermeneutische Feld der tiefenhermeneutischen Fallrekonstruktion begreifen. Für die InterpretInnen bedeutet das, dass sie durch die Auseinandersetzung mit einem Text oder einem Bild, durch die Lektüre der durch die Gruppe produzierten Lesarten – die durch die Verlaufsprotokolle der Gruppensitzungen verfügbar sind – und des eigenen Forschungstagebuches sowie durch die Vergegenwärtigung der in Anschluss daran entworfenen Überlegungen zum theoretischen Begreifen der Fallrekonstruktion als Hausaufgabe einen Text erstellen sollen, der Leserinnen und Leser zu überzeugen vermag und den Forschungsprozess selbstkritisch reflektiert. Eben dieser Aufgabe habe ich mich anschließend in Auseinandersetzung mit den politischen Reden von Bush und bin Laden sowie mit den ihnen zugrunde liegenden Handlungskontexten gestellt.

13. Zwischen der weitläufigen Gruppeninterpretation und der knappen Darstellung der Interpretationsergebnisse im Rahmen einer Buchpublikation besteht vor allem der folgende Unterschied: Im Rahmen der Gruppeninterpretation lässt sich erst gegen Ende, wenn der Text oder das Bild in seiner szenisch-anschaulichen Struktur ausgebreitet ist, die Frage beantworten, welche Sinnzusammenhänge als *manifest* und welche als *latent* zu bezeichnen sind und wie ihr Verhältnis zueinander zu bestimmen ist. Die Darstellung der Interpretationsergebnisse, welche LeserInnen und BildbetrachterInnen zu überzeugen versucht, beginnt hingegen mit dem leicht nachvollziehbaren manifesten Sinn und eröffnet Schritt für Schritt einen Zugang zu den verborgenen Bedeutungsfacetten des latenten Sinns, die LeserInnen und BildbetrachterInnen erst im Zuge zunehmender Vertrautheit mit dem szenischen Gefüge des Textes oder Bildes plausibel erscheinen können.

14. Auch wenn das Verstehen des Textes oder des Bildes auf einem gleichsam

voraussetzungslosen Einsatz eigener lebenspraktischer Vorannahmen basiert, so setzt es doch ein gewisses Vorverständnis voraus. Szenisches Interpretieren beruht auf einer Kompetenz der Forschenden, die einerseits auf dem Einüben des tiefenhermeneutischen Interpretierens in Gruppen beruht. Andererseits wird die sensible Offenheit gegenüber dem Text oder dem Bild und dem eigenen Erleben, die Fähigkeit, sowohl die Inhalte als auch die Beziehungssituation zu erfassen, und die flexible Bereitschaft, Vorurteile zu korrigieren, die sich im Verlaufe des Verstehensprozesses aufgrund neurotischer und ideologischer Verblendungen einschleichen, dadurch möglich, dass die eigenen Vorannahmen durch die lebendige Aneignung des sozialwissenschaftlichen Theoriewissens aufgeklärt sind, das vor allem durch die Einsichten psychoanalytischer Kulturtheorie und kritischer Gesellschaftstheorie bestimmt wird.

15. Im Unterschied zu den analytisch-empirisch verfahrenden Sozialwissenschaften, die sich der Deduktion und Induktion als Formen logischen Schließens bedienen, setzt die Tiefenhermeneutik wie die Adornosche Methodologie (vgl. Bonß 1983) auf das von Peirce (1903) so bezeichnete abduktive Schließen, demzufolge uns neue Einsichten »wie ein Blitz« überfallen, weil es sich um einen »unbewussten Prozess« handelt, »der nicht kontrollierbar und infolgedessen nicht völlig bewusst ist« (S. 366). So richtig es ist, wenn Reichertz (1993) feststellt, dass beim abduktiven Schließen »der bewusst arbeitende, mit logischen Regeln vertraute Verstand ausmanövriert wird« (S. 277), so wird doch seine Schlussfolgerung, es handele sich beim abduktiven Schließen nicht um eine Methode, sondern um »die Erlangung einer Haltung, alte Überzeugungen aufzugeben und nach neuen zu suchen« (ebd., S. 279), der Sache selbst nicht gerecht.

Worum es dabei eigentlich geht, habe ich untersucht (vgl. König 1996a), indem ich in Anschluss an Reichertz noch einmal die beiden Situationen rekonstruiert habe, die nach Auffassung von Peirce das Auftreten abduktiver Blitze erleichtern: Wenn es sich bei abduktiven Blitzen auch nicht um eine Methode logischen Schließens handelt, weil sie »nicht den Bahnen der Grammatik einer Sprache« folgen, so übersieht Reichertz doch, dass Freud die abduktive »Haltung, tatsächlich etwas lernen zu wollen und nicht Gelerntes anzuwenden« (Reichertz 1993, S. 279f.) zur Methode erhoben hat. Denn die Regeln der freien Assoziation und der gleichschwebenden Aufmerksamkeit sowie das auf die Analyse der Gegenübertragung setzende Deutungskonzept offenbaren, dass Freud ein Setting geschaffen hat, das es erlaubt, die abduktive Aufdeckung unbewusster Sinnzusammenhänge systematisch durchzuführen. In der Tiefenhermeneutik kommt das abduktive Schließen somit auf doppelte Weise zur Geltung: Einerseits werden im Zuge der szenischen Text- oder Bildinterpretation wechselnde Versuchsanordnungen derart durchgespielt, dass sich im Zuge eines abduktiven Schließens die verschiedenen Szenen zu einer szenischen Konstellation zusammenschließen, die das Rätsel der im Text oder im Bild arrangierten Lebenspraxis blitzartig erhellen. Andererseits werden die Ergebnisse der tiefenhermeneutischen Fallrekonstruktion so lange im Lichte sozialisationstheoretischer Klärungsversuche betrachtet, bis sich die zueinander in Beziehung gesetzten theoretischen Konzepte zu einer begrifflichen Konstruktion zusammenschließen, die der Eigenart des Textes oder Bildes gerecht wird und sie zugleich auf einen verallgemeinerungsfähigen Begriff bringt.

16. Die Zuverlässigkeit (»Reliabilität«) der Interpretation wird dadurch sichergestellt, dass die verschiedenen Ebenen der Bedeutungskonstruktion weitestgehend auseinander gehalten werden – die Ebene des durch Texte und Bilder bestimmten Datenmaterials, die Ebene der szenischen Wirkungsanalyse in der Umgangssprache und die Ebene eines affektdistanzierten Begreifens der Fallrekonstruktion in der Theoriesprache. Inhaltlich wird die Zuverlässigkeit der Interpretation dadurch gewährleistet, dass die anhand einzelner Szenenkomplexe entwickelten Interpretationen anhand anderer Szenenzusammenhänge so lange überprüft und korrigiert werden, bis sich die Interpretationen der verschiedenen Szenenfolgen zu einer in sich stimmigen szenischen Konstellation zusammenschließen – eine sich in der Spannung zwischen Manifestem und Latentem entfaltende doppelbödige Sinngestalt mit zahlreichen Bedeutungsfacetten.

17. Die Geltung der Interpretation (»Validität«) wird dadurch sichergestellt, dass der Methode verschiedene Strategien der Triangulation inhärent sind, die in Anschluss an Flicks (2000) Darstellung der von Denzin entwickelten Vorschläge kurz umrissen werden sollen: Eine »Daten-Triangulation« (S. 310) wird im vorliegenden Forschungsprojekt dadurch gewährleistet, dass Daten aus drei unterschiedlichen Quellen kombiniert werden: Die

2001 gehaltenen Reden von Bush und bin Laden wurden 2002 ausgewertet, das durch Franks biografische Studie zu Bush erschlossene Datenmaterial wurde 2006 im Rahmen einer Sekundäranalyse interpretiert und Bushs Rede zum 11. September 2006 wurde im Sommer 2007 analysiert. Die »Investigator-Triangulation« (ebd.) wird dadurch gesichert, dass die Wirkungsanalyse der Reden in zwei Seminaren mit Gruppen von Studierenden entwickelt wurde, deren Assoziationen, Irritationen und Lesarten den Ausgangspunkt für die systematische Fallrekonstruktion bildeten. Von einer »Theorien-Triangulation« kann gesprochen werden, weil die Ergebnisse der tiefenhermeneutischen Fallrekonstruktionen sowohl aus der Perspektive psychoanalytischer Persönlichkeits- und Kulturtheorie als auch aus der Perspektive kritischer Gesellschaftstheorie betrachtet werden. Schließlich wird die »methodologische Triangulation« (ebd.) in besonderer Weise der Eigenart der Methode gerecht. Denn innerhalb der Methode werden zwei Formen des Verstehens und Interpretierens miteinander kombiniert: Das kognitive Verstehen, im Zuge dessen der Text als ein diskursives Symbolsystem aufgefasst wird, wird nämlich mit dem affektiven Verstehen verknüpft, das der Text wie das Bild als ein präsentatives Symbolsystem über die Wirkung auf das eigene Erleben entfaltet. Ganz in diesem Sinne wird das auf einem affektiven Verstehen beruhende szenische Interpretieren mit einem theoretischen Begreifen der Fallrekonstruktion kombiniert, das auf einem kognitiven Verstehen basiert.

Zusammenfassend heißt das, dass die szenische Interpretation der unterschiedlichen Datenmaterialien über die Wirkung auf Gruppen von InterpretInnen erschlossen wird, die sich über ihre unterschiedlichen Lesarten verständigen und sich auf eine Deutung einigen, die sich aus einer Konstruktion verschiedener Lesarten zusammensetzt. Zu diesem Interpretationsprozess gehört auch, dass die im Zuge der Wirkung auf das Erleben der Gruppenmitglieder erschlossenen Lesarten anhand der szenisch entfalteten Inhalte des Textes oder Bildes daraufhin überprüft werden, wie nachvollziehbar und überzeugend sie sind. Die so von einem affektiven Verstehen ausgehende und dann in ein kognitives Begreifen überführende Interpretation stellt daher eine szenische und begriffliche Konstruktion dar, welche den Anspruch erhebt, die Wirklichkeit auf eine in sich stimmige, plausible und überzeugende Weise darzustellen.

II Der von Bush und bin Laden
    zelebrierte »Kampf der Kulturen«.
    Tiefenhermeneutische Rekonstruktion
    der politischen Reden des Präsidenten
    und des Terroristenführers nach dem
    11. September 2001

1 Einleitung

Die Terroranschläge auf New York und Washington stellten für die Welt-öffentlichkeit bewegende Medienereignisse dar, welche die politischen Akteurinnen und Akteure in den westlichen Industriegesellschaften und in der arabisch-islamischen Welt ganz unterschiedlich kommentierten. Wie die durch die Geschehnisse des 11. September aneinander geratenen politischen Gegner George W. Bush und Osama bin Laden sich der Attentate bedienten, um im Interesse der von ihnen verfochtenen Politik Einfluss auf verschiedene Publika zu nehmen, wird in diesem Kapitel anhand exemplarisch ausgewählter Reden des amerikanischen Präsidenten und des Terroristenführers untersucht.

1.1 Mein Erleben der Attentate und meine Erfahrungen mit Patientinnen und Patienten meiner psychoanalytischen Praxis nach den Terroranschlägen

Angesichts einer Methode, welche die Bedeutung von Texten über ihre Wirkung auf die InterpretInnen erschließt, kommt der Frage eine besondere Bedeutung zu, aufgrund welcher subjektiven Erfahrungen sich die Fragestellung entwickelt hat. Sie entfaltete sich unter dem Einfluss einer Reihe heftiger Affekte und ihnen zumindest teilweise widersprechender Gedanken, mit denen ich auf die Ereignisse des 11. September reagiert hatte:

Ich war über die Terroranschläge auf New York und Washington schockiert, empfand Mitgefühl für die Opfer und spürte zugleich ein diffuses

Schuldgefühl: Genießen wir in den westlichen Industrieländern nicht einen Wohlstand auf Kosten der in den Entwicklungsländern herrschenden Armut? Hatte Marcuse (1969, 1972) nicht schon lange vor dem Ende des kalten Krieges prognostiziert, dass der Ost-West-Konflikt überholt sei und sich die Kriege der Zukunft zwischen den reichen Ländern des Nordens und den armen Ländern des Südens zutragen würden? Wie irrational auch der islamistische Terrorismus erschien, war er nicht ein erstes Symptom für den Eintritt ins 21. Jahrhundert, in dem die durch die entwickelten Industrieländer kolonialisierten Entwicklungsländer anfangen würden, sich durch den Einsatz der Waffen – mit denen die Länder des Nordens sie beliefern – gegen die wirtschaftliche und militärische Hegemonie des Westens zur Wehr zu setzen? Diesen kritischen Überlegungen widersprachen die in mir ausgelösten Affekte, die durch eine überwältigende Sympathie für die Amerikaner (Fühlten wir uns nicht auf einmal alle als Amerikaner?) und durch eine große Angst und eine ohnmächtige Wut gegenüber dem durch die islamischen Terroristen verkörperten Fremden bestimmt waren.

Der Widerspruch zwischen dem kritischen Nachdenken über die Anschläge und der emotionalen Parteinahme für Amerika und gegen die Terroristen stellte das Gegenstück zu den Erfahrungen dar, die ich als Psychoanalytiker mit Patientinnen und Patienten gemacht habe, die auf der Couch unmittelbar nach den Attentaten über ihre emotionalen Reaktionen sprachen:

Ein 35 Jahre alter Pfarrer, der sich nach seiner ersten Anstellung eine »Auszeit« nahm, weil er an Gott und an seinem Beruf zweifelte, erzählte mir in der 18. Stunde einen Traum, in dem er eine Meditationstagung auf dem Gelände des »Ground Zero« veranstaltet, auf dem die Trümmer des World Trade Center beseitigt sind. Der Traum des Patienten und seine Einfälle ließen mich an die archaische Angst vor Vernichtung denken, die ich vor dem Fernsehapparat bei der Betrachtung der implodierenden Türme momentan empfunden, aber kaum zugelassen hatte. Das World Trade Center hatten meine Frau und ich noch im Oktober 2000 besichtigt. Die steil in den Himmel ragenden Zwillingstürme hatten mir imponiert, und beim Betreten des Gebäudes hatte ich ein erhebendes Gefühl gespürt, wie man es vom Betreten einer Kathedrale her kennt. Die Konfrontation damit, dass diese Wolkenkratzer, welche die Skyline Manhattens jahrzehntelang geprägt hatten, auf einmal zerbrachen und Tausende von Menschen unter sich begruben, hatte in mir das Gefühl geweckt, dass etwas Starkes und Mächtiges eingestürzt war, was ich während meines

Besuches des World Trade Center für unzerstörbar gehalten hatte. Aufgrund der Anschläge erwies sich diese großartige Vorstellung als so illusionär wie der Glaube der Passagiere der *Titanic* an deren Unsinkbarkeit.

Vor dem Hintergrund der Einfälle des Patienten und der in mir angerührten Ängste und Unsicherheitsgefühle entwarf ich in der Therapiestunde folgende Deutung: Er habe ja seinen eigenen Worten zufolge den Glauben an seine Berufung verloren und sich deshalb eine »Auszeit« genommen. Vielleicht gebe es in seinem unbewussten Erleben ein verzweifeltes Gefühl in der Richtung, dass das Haus der Seele, das aufgrund seiner besonderen Verbindung zu Gott bis in den Himmel reiche, in sich zusammengestürzt sei. Das Katastrophenbild, auf das seine Seele im Traum zurückgegriffen habe, verweise möglicherweise darauf, dass er sich selbst irgendwie als ein Terrorist fühle. Schließlich habe er mit seiner Wut über im Arbeitsleben erlebte Frustrationen nicht anders umgehen können, als dass er sich mitsamt seiner beruflichen Existenz in die Luft gesprengt habe. Freilich sei er mit dem Leben noch einmal davon gekommen. Betroffen erzählte der Pfarrer daraufhin, er sei vor Therapiebeginn in der Tat so verzweifelt gewesen, dass er daran gedacht habe, sich umzubringen.

Während der Patient sich durch die Traumdeutung zum ersten Male der Gefährlichkeit seiner selbstzerstörerischen Impulse bewusst wurde, unter deren Einfluss er seine berufliche Existenz aufs Spiel setzte, spürte ich dem Schrecken und der Angst nach, welche die Terroranschläge auf New York und Washington in mir momentan ausgelöst hatten.

Ein 41 Jahre alter iranischer Computerfachmann, der wegen der Schwere seiner psychischen Erkrankung arbeitsunfähig war, erklärte in der 107. Stunde, dass er »Freude« über den Massenmord empfunden habe, auch wenn bei den Attentaten unschuldige Menschen umgekommen seien. Denn er hasse den »amerikanischen Imperialismus«. Schließlich habe diese Supermacht Atombomben auf Hiroshima und Nagasaki geworfen. Er könne die »Eitelkeit« dieser Nation nicht ertragen, die »überall den Weltgendarmen spielen« müsse und sich überall mit ihren Flugzeugträgern einmische. Während er angesichts des Sterbens von Menschen in der Dritten Welt weinen müsse, empfinde er schlichtweg Freude über die Anschläge auf das World Trade Center. Denn dabei seien auch viele reiche Leute umgekommen.

Wie sehr ich mir auch zu vergegenwärtigen versuchte, dass aus diesem Borderline-Patienten mir längst vertraute aggressive und destruktive Impulse hervorbrachen, es erschreckten mich doch seine von ohnmächtiger Wut erfüllten Ausfälle gegen Amerika. Und zugleich erlebte ich ihn als einen von blindem Hass auf die westliche Kultur besessenen Iraner, von dem ich mich heftig angegriffen und momentan bedroht fühlte.

Auch eine 53 Jahre alte Sozialarbeiterin, die unter depressiven Verstimmungen litt, brachte angesichts der Attentate ihre Wut auf Amerika zur Sprache. Sie berichtete in der 38. Stunde, die von ihr betreuten psychisch Kranken hätten mit Angst reagiert, nachdem Amerika erklärt habe, dass es aufgrund der Attentate Krieg gegen den Terrorismus führen wolle. Auch ihr Mann erlebe es als Lehrer täglich, dass die Kinder mit Angst reagieren. Als sie in einer Fernsehsendung bin Laden gesehen habe, den die Amerikaner ja aufgebaut hätten, habe sie eine Parallele zu ihren Eltern gezogen: Wie die Amerikaner würden auch Eltern nur ihre eigenen Interessen verfolgen und so tun, als ob sie nur das Gute wollen. Bin Laden wolle doch nur, dass die Amerikaner sich nicht überall einmischen und aus den arabischen Ländern rausgehen! Ihre sich ständig in ihre Angelegenheiten einmischende Mutter mache sie genau so wütend wie die Amerikaner, die nichts anderes als »Herrenmenschen« seien, die »alles besser wissen und nur ihre taktischen, materiellen Interessen verfolgen.«

Wenn ich mich auch angesichts der von der Patientin zur Sprache gebrachten Wut nicht bedroht fühlte, so ließ mich ihr Zorn auf Amerika doch an Trittbrettfahrer denken, die nach den Attentaten auftraten. Ich erinnerte mich an den Betrunkenen aus Bochum – der Stadt, in der ich wohne –, der sich bei der Polizei mit den Worten meldete, als nächstes sei der Frankfurter Messeturm dran. Zu diesem Vorfall fiel mir eine Szene mit meiner damals noch in Frankfurt a. M. studierenden älteren Tochter ein, die mich nach den Anschlägen am Telefon fragte, ob sie weiterhin die U-Bahn benutzen könne, die unterhalb des Messeturms durchführe, oder ob sie lieber umsteigen und eine andere Strecke benutzen sollte. Hatte das Telefongespräch bei mir eine Angst vor weiteren Angriffen und die Sorge um meine Tochter geweckt, so konnte ich mich erst nach Rücksprache mit meiner Frau zu der Einschätzung entschließen, dass es übertrieben wäre, so vorsichtig zu sein. Wie es die Bürgerinnen und Bürger New Yorks demonstrierten, dürfe man sich nicht einschüchtern lassen; und im übrigen würden die Anschläge dokumentieren, dass es auf der Welt keinen Ort mehr gebe, an dem man vor Terroraktionen sicher sein könnte.

Die von der Patientin zum Ausdruck gebrachte Wut bewegte mich auch deshalb, weil mir nun einfiel, dass ich einen ähnlichen Zorn auf Amerika vor zwanzig Jahren empfunden hatte. Damals hatte ich mich mit Ronald Reagan und mit den medialen Inszenierungen des Präsidenten auseinandergesetzt, der im Rückgriff auf dem Mythos des Westens seine Landsleute für seine Politik der militärischen Konfrontation einzunehmen verstand (vgl. König 1984, 1989). Mir ging nach der Therapiestunde durch den Kopf, wie es möglich sei, dass ich unter dem Eindruck der Attentate ganz anders reagierte als damals. Warum betrachtete ich Bushs Inszenierungen im Fernsehen nicht mit mehr kritischer Distanz, sondern erlebte ihn eher als sympathisch – ein aufrechter Amerikaner, der über die Anschläge erschüttert war, jedoch keinen Zweifel daran aufkommen ließ, dass er sich nicht unterkriegen lässt, sondern den Kampf gegen den Terrorismus entschlossen aufnimmt.

Ein schüchterner, unsicherer und unter depressiven Verstimmungen leidender Mann von 40 Jahren, der als Organisationsprogrammierer in der IT-Branche arbeitete, berichtete in der 55. Stunde., dass die Anschläge auf New York »ein furchtbarer Schock« gewesen seien: Seine Frau und seine beiden Kinder hätten Dienstagabend und Dienstagnacht nur geweint. In seinem Wohnzimmer hänge die New Yorker Skyline mit den beiden Türmen, die nun nicht mehr da seien. Auch wenn das vielleicht rassistisch klinge, so habe er doch als Reaktion auf die Anschläge eine große Wohnung nicht an die Moslems vermietet, die sich dafür interessiert hätten. Ihnen habe er einfach gesagt, die Wohnung sei schon vergeben. Er sei einfach »tief enttäuscht« über diese fanatischen Moslems, die vier Flugzeuge gekapert hätten, sechzehn Selbstmörder, die Tausende von Menschen kaltblütig und gemein töteten.

Weil es ein Attentat von Moslems gegen Christen sei, die als Ungläubige verdammt würden, habe er nach den Anschlägen einen Moment lang daran gedacht, ob er aus Solidarität mit den Opfern nicht wieder in die Kirche eintreten sollte. Das habe er dann angesichts der von der katholischen Kirche zu verantwortenden Kreuzzüge und Hexenverbrennungen doch wieder gelassen. Auf meine Bemerkung hin, dass die Täter islamistische Terroristen seien und er einer moslemischen Familie eine Wohnung verweigere, erwiderte der Patient, dass sich hier in Deutschland ja Terroristen als völlig unauffällige »Schläfer« aufhalten würden. Er wolle sich kein Kuckucksei ins Nest legen. Schließlich habe er vor zwei Jahren einen Iraker aus einer kleinen Mietwohnung »rausgeschmissen«, weil er vier Monate lang keine Miete gezahlt habe. Die Kriminalpolizei habe das Haus wochenlang observiert, weil der Iraker mit einem Mörder befreundet war und zwei deutsche Frauen zur Prostitution anhielt. Der Iraker hatte die Wohnung in ein Matratzenlager verwandelt, in dem ständig vier Männer übernachteten, die er als seine Cousins ausgab. Angesichts der Erfahrung mit dem irakischen Mieter und den Anschlägen in Amerika habe er einfach Angst davor, an Moslems Wohnungen zu vermieten.

Zwar empfand ich ein Unbehagen angesichts dieser fremdenfeindlichen Reaktion auf einen moslemischen Wohnungssuchenden. Jedoch erinnerte ich mich im Zuge der Identifizierung mit dem Patienten daran, was ich am Tag nach den Attentaten empfunden hatte, als ich mit dem Rad zur Praxis fuhr. Mir fiel nämlich ein, dass ich beim Vorbeifahren die Passanten daraufhin unterschied, ob sie Deutsche oder AraberInnen zu sein schienen.

So richtete die Sichtweise des Patienten meine Aufmerksamkeit auf eigene Affekte: Die Anschläge hatten bei mir eine solche Angst vor islamistischen Terroristen ausgelöst, dass ich danach dazu neigte, auf der Straße auftretende Araber spontan als gefährliche Fremde auszugrenzen, um die ich lieber einen Bogen machen wollte. Die durch die Anschläge ausgelösten Ängste brachten also nicht nur bei diesem Patienten, sondern auch bei mir die Tendenz mit sich, auf Araber und Moslems mit Vorurteilen und Ressentiments zu reagieren.

Am meisten wühlte mich jedoch eine Therapiesitzung mit einer 31 Jahre alten Sozialarbeiterin auf. Aufgeregt eröffnete sie die 162. Stunde mit den Worten, dass sie den Terroristen Ziad kenne, der die United Airlines 93 geflogen habe. Sie habe mit ihm an einem Tisch zu Abend gegessen.

Als sie am Vortag die Zeitung aufgeschlagen und von der türkischen Medizinstudentin Aysel gelesen habe, sei ihr ein kalter Schauer über den Rücken gelaufen. Denn sie kenne Ziads türkische Freundin Aysel sehr gut, weil sie mit ihr auf einer Etage im Studentenwohnheim in Bochum gewohnt habe. In der Zeitung stehe, Ziad sei ein »unauffälliger und gern gesehener Nachbar« gewesen. Ihr sei er aber gar nicht sympathisch gewesen, auch wenn er ihr einmal geholfen habe, eine Wasserkiste zu tragen. Er habe auf sie kalt gewirkt und habe so fundamentalistische Ansichten gehabt. Er habe sich darüber geäußert, was Frauen dürfen und was nicht.

> »Seine Freundin sollte sich am besten verschleiern. Er verbot ihr, sich im Bade-anzug ins Freibad zu legen. Er hat sie sehr unterdrückt. [...] Ihre Eltern durften das nicht wissen, dass sie mit einem Libanesen zusammen war.

> [...] Das ist ein Schock. Erst [die Anschläge in] Amerika, dann [die Schläfer in] Hamburg, dann [Ziad] bei uns im Studentenwohnheim. Was hat denn Aysel alles

nicht gemerkt? Sie wunderte sich, dass er sich letzten Dienstag nicht meldete. Dann sagte sie, er würde in den USA studieren. Aber er käme auch wieder nach Hamburg zurück. Vielleicht hätte ich aufmerksamer sein können.«

Die Patientin habe Ziad seit Jahren gekannt. Er habe auch mal eine ganze Woche im Studentenwohnheim gewohnt, wenn Aysel nicht da war.

Ziad und Aysel hätten sie ja zum Abendessen eingeladen. Da habe sie mit einem Massenmörder in der Küche zusammen gesessen. Sie habe sich nur kurze Zeit dazu gesetzt. Er habe nicht viel geredet. Er sei nicht gut drauf gewesen, vielmehr etwas gedämpft.

»Wir haben uns gewundert, warum Aysel mit dem Typen zusammen war. Was ist denn in ihr vorgegangen? Die hat sich da doch was versaut. Sie hat sich verlobt mit ihm. Sie überlegte mehrmals, Schluss zu machen. Sie sagte, er habe sehr komische Freunde in Hamburg.«

Sie hätten sich in Greifswald kennen gelernt, er sei dann nach Hamburg, sie nach Bochum gezogen. Am Wochenende habe er sie dann im Studentenwohnheim in Bochum besucht.

»Ich fand es sehr komisch, dass er auf einmal in den USA studierte. Er studierte noch gar nicht in Hamburg. Sie sagte, er komme noch ein paar Male nach Hamburg zurück. Aysel erzählte das in der Küche. Ziemlich komisch. Dann seine suspekten Freunde in Hamburg. Seine Radikalität. Er war tierisch eifersüchtig. Er vernachlässigte sie total, kontrollierte sie aber aus der Ferne über Telefongespräche.

[...] Und der hat die Maschine geflogen, die bei Pittsburgh abstürzte. Hm. Er wollte aufs Weiße Haus oder nach Camp David fliegen. Ein Topterrorist.«

Während die Patientin sprach, hielt ich den Atem an. Ich glaubte, meinen Ohren nicht zu trauen, weil sich auf einmal Verknüpfungen herstellten, gegen die ich mich innerlich wehrte: Was die Patientin mir über den Terroristen Ziad Jarrah erzählte, stellte nämlich das Gegenstück dazu dar, was meine jüngere Tochter mir am Abend zuvor über Alan Beaven, einen Nachbarn der Gastfamilie in Oakland berichtet hatte, bei der sie im Frühjahr und Sommer

2001 gewohnt hatte, als sie in San Francisco zur Schule ging. Das Verbindende wurde durch die Boeing 757 der United Airlines hergestellt, die von Newark gestartet war und nach San Francisco fliegen sollte: Die Patientin sprach von Ziad Jarrah, der die Maschine mit drei Kämpfern aus Saudi-Arabien gekapert hatte. Und meine Tochter kannte Alan, der in dieser Unglücksmaschine saß. Er war ein guter Freund und Nachbar der Gastfamilie unserer Tochter, die wir im Juli und August 2001 besucht hatten. Wie ich nun von meiner jüngeren Tochter erfuhr, war Alan Rechtsanwalt, der mit dieser Maschine flog, um einen Gerichtstermin wahrzunehmen.[4] Ich habe nach den Anschlägen mit unseren amerikanischen FreundInnen telefoniert. Die älteste Tochter und Freundin meiner jüngeren Tochter brach am Telefon aus Angst vor einem Krieg in Tränen aus. Und Seth, ihr Vater, äußerte sich mir gegenüber besorgt über heftige Reaktionen einiger Amerikaner, die, wie ein Nachbar, gemeint hätten, man solle eine Atombombe auf die Taliban werfen. Am Telefon war die Angst der ganzen Familie vor weiteren Terroranschlägen spürbar. Seth ergänzte, dass man an der Westküste Angriffe auf die Golden Gate Bridge befürchte, über die wir einen Monat zuvor unbeschwert geschlendert waren.

Unter dem Eindruck dieser Einfälle schien sich im Therapieraum ein Erleben auszubreiten, in dem ich mich auf einmal wie in der von einem libanesischen Terroristen gekaperten Unglücksmaschine fühlte, in der unter den entführten Passagieren auch ein guter Nachbar von amerikanischen Freunden saß. Das Durcheinander der mich aufwühlenden Gefühle kulminierte in Verfolgungsängsten, denen entsprechend mein Erleben die Wirklichkeit in eine Welt von bösartigen Verfolgern und unschuldigen Verfolgten zu spalten schien: Dort der libanesische Selbstmordattentäter, hier der amerikanische Rechtsanwalt, mit dessen Tod die Frau den Ehemann und die Tochter den Vater verlor; dort die mir Angst machende Wut eines iranischen Patienten auf Amerika, hier amerikanische Freunde, die Angst vor Krieg und weiteren Anschlägen erfüllte, dort das von Afghanistan aus operierende Terrornetzwerk al-Qaida, das im Namen des Islams Terroristengruppen trainiert und bewaffnet, um sie in die westliche Welt einzuschleusen; hier das Mitgefühl mit den Opfern der Anschläge auf New York und Washington und die Drohung weiterer Anschläge, aufgrund derer sich die Angst ausbreitete, jeder Araber könnte ein Schläfer sein und sich von einem Tag zum anderen in einen Selbstmordattentäter verwandeln.

Die Affekte, mit denen ich auf die Attentate reagierte, und die Affekte, welche die Patientinnen und Patienten auf der Couch auf mich übertrugen, ließen mich spüren, wie sehr ich mich in die Ereignisse nach dem 11. September verwickelt fühlte. Die Auseinandersetzung mit dem Widerspruch zwischen meinem kritischen Nachdenken über die politischen Ereignisse und meiner emotionalen Parteinahme für Amerika und gegen die Terroristen und die arabisch-islamische Welt wurde zum Katalysator der mich zusehends interessierenden Frage, wie es dazu kam, dass in der westlichen Welt mit der von Schröder (2001) so bezeichneten »uneingeschränkten Solidarität« auf den von Bush angekündigten Krieg gegen den Terrorismus reagiert wurde. Und was bedeutete es unter diesen Umständen, dass in der arabisch-islamischen Welt, aus der die Selbstmordattentäter stammen, mit Gefühlen »klammheimlicher Freude« auf die Attentate reagiert wurde? Vor dem Hintergrund dieser subjektiven Reaktionen auf die Anschläge vom 11. September entwickelte ich die auf den folgenden Seiten entfaltete Fragestellung.

1.2   Die Fragestellung

Zweifellos hat es sowohl in der westlichen Welt als auch in der arabischen Welt sehr unterschiedliche Reaktionen auf die Anschläge gegeben. Jedoch setzten sich in den Wochen und Monaten nach den Attentaten mehr und mehr ganz bestimmte emotionale Reaktionen durch. Betrachten wir zunächst die Lage in Amerika: Zwar waren nach den Attentaten auch die kritischen Stimmen der Intellektuellen zu hören. So gab der amerikanische Schriftsteller Stewart O'Nan (2001) zu bedenken, dass »die meisten von uns [...] sich keine Rechenschaft darüber« ablegen, »warum wir diese Feinde haben« (S. 41). Und Susan Sontag (2001) warf die Frage auf, wo »das Eingeständnis« sei, dass der Terrorangriff »als Konsequenz der Politik, Interessen und Handlungen der Vereinigten Staaten unternommen wurde«, deren Kampfflugzeuge »immer noch Bomben auf den Irak werfen?« (S. 33). Diese kritischen Stimmen gingen in den Vereinigten Staaten jedoch schon bald in einer sich aufheizenden Stimmungslage unter, in der Gefühle von Angst und Entsetzen, von Schmerz, Demütigung und Ohnmacht eine maßlose Wut zur Folge hatten, welche die in New York lebende Schriftstellerin Irene Dische (2001) folgendermaßen kommentierte: In den Fernsehstudios wurde ein »Ruf nach Vergeltung« erzeugt (S. 29). Wie alle Fernsehsender tagelang die »Endlosschleifen der explodierenden

55

New Yorker Türme« sendeten, so wurden auf allen Kanälen immer wieder die Bilder von Amerikanern eingeblendet, »die Flaggen kaufen, Vergeltung fordern, Rache und Gottes Segen« (ebd., S. 29 u. S. 31). Zudem fällt auf, dass die Terroranschläge der geringen Popularität Bushs Auftrieb gaben.[5] Wie der 11. September bewirkte, dass sich die über die Attentate schockierten Amerikaner schlagartig hinter ihren Präsidenten stellten, so schienen die Terroranschläge zugleich die Notwendigkeit der von Bush geforderten Politik der militärischen Aufrüstung zu bestätigen.

In der arabisch-islamischen Welt fielen die Reaktionen auf die Terroranschläge hingegen ganz anders aus. Autoren wie Jörg Armbruster (2002), Kai Hafez (2002) und Stefan Wild (2002) haben darauf hingewiesen, dass die Menschen in den Ländern der Arabischen Liga die Attentate des 11. September häufig ganz anders einschätzten als ihre Regierungen. Während die autokratischen Herrscher der islamischen Welt die Attentate entschieden verurteilten, weckten die Anschläge in der Bevölkerung nicht selten eine »klammheimliche Freude« (Armbruster 2002, S. 98). Für viele Araber wurde bin Laden durch die Attentate vom 11. September zum »Robin Hood der Machtlosen« (El-Gawhary 2002, S. 112). Deshalb wurde er für sie »zur arabisch-islamischen Ikone eines Helden, der ›den Islam‹ gegen die USA und den Westen verteidigt« (Wild 2002, S. 155).

Wie das konkret geschah, veranschaulicht eine Szene aus dem Alltagsleben der ägyptischen Hauptstadt: Die Sympathie für den Terroristenführer war nach den Attentaten so groß, dass im Oktober 2001 auf dem Dattelmarkt in Kairo die edelsten Früchte unter dem Namen »Bin Laden« angeboten wurden, während der Ausschuss der ägyptischen Dattelpalmen unter dem Namen »George Bush« verkauft wurde (vgl. El-Gawhary 2002, S. 104). Ein weiteres Beispiel für die dem Terroristenführer entgegengebrachte Begeisterung ist das Auftauchen erster arabischer Gedichte über bin Laden. So erwähnt Karim El-Gawhary das Gedicht eines jordanischen Lehrers, der unter dem Titel *Der Löwe vom Golf* unter anderem die Zeile verfasste: »Bin Laden, du hast versucht, die Verzweiflung in uns zu töten« (zitiert nach El-Gawhary 2002, S. 114). Beide Szenen illustrieren, dass bin Laden »eine gewisse Faszination auf viele Bürger« der arabisch-islamischen Welt ausübte, weil er »der Weltmacht USA aus der Position der für die arabische Welt paradigmatischen Schwäche und Unterlegenheit heraus einen Schock zu versetzen« vermochte (Hafez 2002, S. 233).

Damit stellt sich unter anderem die politpsychologische Fragestellung, wie der amerikanische Präsident und der Chef des Terroristennetzwerks al-Qaida auf die öffentliche Meinung einwirkten, indem sie ihr Publikum für ihre Sicht der Terroranschläge zu gewinnen suchten. Es geht dabei um die Frage, wie bin Laden und Bush durch mediale Inszenierungen die durch die Terroranschläge freigesetzten Affekte ihrer ZuhörerInnen aufgriffen und sie für die von ihnen propagierten Weltanschauungen gewannen.

1.3 Theoretische Vorannahmen und die methodische Anlage des Forschungsprojektes

Die theoretischen Vorannahmen, die der Durchführung des Forschungsprojektes zugrunde lagen, lassen sich in aller Kürze folgendermaßen umreißen:

Mit Sigmund Freud (1921) geht es um die Untersuchung der Frage, weshalb Menschen in einer Masse nicht der Stimme ihrer Vernunft folgen und »das Interesse der Selbsterhaltung« wahren (S. 72), sondern sich, wie es schon Le Bon beobachtet hat, »unbewussten Triebregungen« überlassen (ebd., S. 69). Freud gibt zwei Erklärungen dafür, weshalb Menschen in einer Masse zu »willenlosen Automaten« werden (ebd., S. 71). Wie sich die libidinöse Bindung an den Führer als eine Art »Verliebtheit« beschreiben lasse (ebd., S. 104), aufgrund derer sich das Massenindividuum ihm unterwerfe und ihn idealisiere, so komme »die gegenseitige Bindung der Massenindividuen« dadurch zustande, dass sie sich aufgrund des gemeinsamen Ich-Ideals miteinander »identifizieren« (vgl. ebd., S. 100). Freuds Überlegung, dass die Menschen in diesem Falle einer »Regression zu einer primitiven Seelentätigkeit« zum Opfer fallen (ebd., S. 114), läuft darauf hinaus, dass Individuen in einer Masse nicht mehr als vernünftige Erwachsene denken und fühlen, sondern in die von starken Affekten bestimmte Erlebnisweise von Kindern zurückfallen. In der Masse vertrauen sie blind dem Führer, der an die Stelle ihres Ich-Ideals tritt und damit die Macht über sie gewinnt, die in der Kindheit dem idealisierten Vater zufiel.

Mit Theodor W. Adorno und seinen MitarbeiterInnen (1950), die in den vierziger Jahren des vergangenen Jahrhunderts die Verbreitung von Antisemitismus und Ethnozentrismus in Amerika erforschten, lassen sich die in die Persönlichkeitsstruktur eingelagerten Verhaltensbereitschaften beschreiben, aufgrund derer Menschen in westlichen Industriegesellschaften für antidemokratische Propaganda anfällig sind: Wer aufgrund einer konventionellen Bindung an tradierte Werte für Vorurteile und Stereotypien anfällig ist, wer sich aufgrund einer Ichschwäche und einer mangelnden Integration des Über-ichs sozial und politisch Mächtigen unterwirft und sich leicht an sie libidinös bindet, und wer die Aggression, mit der er auf den unbedingten Gehorsam verlangenden Führer reagiert, bereitwillig auf dessen Feinde verschiebt, weist das von den AutorInnen beschriebene autoritäre Syndrom auf, das anfällig macht für die politische Agitation von »falschen Propheten« (Löwenthal 1949), welche Massen für irrationale Heilsbotschaften einzunehmen suchen.

Mit Günther Anders (1956) lässt sich die Massensituation, auf welche politische Akteure wie Bush und bin Laden setzen, genauer bestimmen: Während Le Bon noch der Auffassung war, dass sich eine Masse nur in Massenversammlungen bilden kann, macht Anders darauf aufmerksam, dass das Radio und das Fernsehen Medien sind, die eine neue Form der Massen-bildung bewirken: Die sich etwa durch den häufigen Konsum der Angebote des Fernsehens vollziehende Massenbildung finde »in der Einsamkeit« der eigenen Wohnung statt und wende sich an die Familie, die in der Freizeit vor dem Bildschirm Unterhaltung suche. Weil das Fernsehen die Familie »in ein Publikum en miniature« verwandelt und das »Wohnzimmer zum Zuschauer-raum en miniature« macht (ebd., S. 106), würden sich die Menschen in einen »infantilen« Typus des Massenindividuums verwandeln, der »selbst nicht mehr spricht, nichts mehr zu sagen hat«, weil er nur noch schweigend zuhört (ebd., S. 109). Das Fernsehen nehme den Zuschauern daher das Denken ab: Obwohl die Welt aufgrund zunehmender Komplexität und Unübersichtlich-keit immer schwerer zu durchschauen sei, stelle das Fernsehen die Welt und fremde Menschen als etwas »Vertrautes« dar (ebd., S. 117). Die Fernseh-Ins-zenierungen des Präsidenten und des Terroristenführers lassen sich daher mit Anders folgendermaßen beschreiben: Obgleich Bush und bin Laden politische Akteure sind, die viele Tausende von Kilometern entfernt operieren, treten sie ihren unterschiedlichen Publika in der westlichen und islamischen Welt als »Kumpane« entgegen, die mit ihnen im Wohnzimmer plaudern (ebd., S. 119). Zwar ist den unterschiedlichen Gruppen von ZuschauerInnen fremd, was Bush und bin Laden in der Welt in Gang setzen, wie sie handeln und welche Taten sie zu verantworten haben, jedoch schickt das Fernsehen ihnen Bilder ins Haus, die ihnen von einem jungenhaft-freundlichen Präsidenten oder von einem gelassenen Terroristenführer mit ruhigen und warmen Augen erzählen,

Kumpanen, welche die Zuschauerinnen und Zuschauer für einen Vertrauen erweckenden Kampf des Guten gegen das Böse einnehmen wollen.

Auf der Grundlage von Alfred Lorenzers (1972, 1981) psychoanalytischer Sozialisationstheorie soll untersucht werden, wie Bush und bin Laden durch mediale Inszenierungen die bewussten und unbewussten Wünsche und Ängste ihrer AdressatInnen aufgreifen und in den Dienst des von ihnen propagierten Kampfes der Kulturen stellen. Es wird mit Lorenzer (1981) angenommen, dass sich Bush und bin Laden als Massen mobilisierende politische Führer nicht an die Vernunft ihrer ZuhörerInnen wenden, sondern punktuelle Beschädigungen der Subjektivität aufgreifen, um das Publikum durch den Appell an irrationale Affekte für ihre jeweilige Weltanschauung (Neokonservativismus, Islamismus) einzunehmen.

Wie schon angedeutet wurde, ist das Datenmaterial, das in den exemplarisch ausgewählten Reden von Bush und bin Laden besteht, mit Hilfe der von Lorenzer (1986) entwickelten Methode der tiefenhermeneutischen Kulturanalyse ausgewertet worden. Da sich die Bedeutung der Reden von Bush und bin Laden, wie sie sich in der Spannung zwischen einem manifesten und einem latenten Sinn entfaltet, nur durch die Wirkung auf das eigene Erleben erschließen lässt, habe ich diese politischen Texte im Sommersemester 2002 in einem am Fachbereich Gesellschaftswissenschaften der Frankfurter Johann Wolfgang Goethe-Universität durchgeführten Seminar gemeinsam mit Studentinnen und Studenten interpretiert. Sie nahmen an dieser für SoziologInnen und PolitologInnen bestimmten Veranstaltung teil, um das Auswerten von Datenmaterial mit Hilfe einer qualitativ-interpretativen Methode der Psychoanalyse zu erlernen. Das Seminar fand in einer Gruppe von siebzehn Studierenden statt, die ich dazu aufforderte, die Wirkung dieser politischen Reden auf das eigene Erleben zur Sprache zu bringen, es zu reflektieren und miteinander zu diskutieren, um sodann gemeinsam mit mir verschiedenste Lesarten zu deren Verständnis zu entwickeln. Diese im Seminar zur Sprache gebrachten Assoziationen und Irritationen sowie die in Anschluss daran entfalteten Verstehenszugänge sind der Ausgangspunkt für die in diesem Kapitel entfaltete tiefenhermeneutische Rekonstruktion der beiden Ansprachen von Bush und bin Laden gewesen.

Das sozialisationstheoretische Begreifen der szenischen Rekonstruktion ausgewählter Reden von Bush und bin Laden zielt darauf zu begreifen, wie Bush und bin Laden durch ihre politischen Reden die Affekte ihrer ZuhörerInnen aufgreifen und instrumentalisieren. Wie sich der Präsident und der Terroristenführer primitiver Abwehrmechanismen wie »Verleugnung«, »Projektion« und »Spaltung« bedienen, lässt sich zeigen, sobald man die sich in der Spannung zwischen einem manifesten und einem latenten Sinn entfaltende Bedeutungsstruktur der politischen Reden analysiert: Verleugnung bezieht sich darauf, dass Akteure und Akteurinnen die Lebensentwürfe, die mit den auf der manifesten Bedeutungebene eines politischen Diskurses in Anspruch genommenen Moralvorstellungen unvereinbar sind, dementieren und auf dessen latente Bedeutungsebene verbannen. Verschiebung und Projektion bedeuten, dass sozial anstößige Lebensentwürfe, die auf die latente Bedeutungebene des eigenen Diskurses verwiesen werden, der Fremdgruppe angelastet werden. Spaltung heißt zweierlei: Einerseits erhebt die Eigengruppe einen Alleinvertretungsanspruch auf die Verteidigung von Moralvorstellungen, die beide Gruppen auf der manifesten Bedeutungsebene ihres Diskurses geltend machen. Andererseits bedeutet Spaltung, dass die Fremdgruppe zum Container für die anstößigen Lebensentwürfe wird, welche beide Gruppen aufgrund der geltenden Moral auf die latente Bedeutungsebene ihrer Diskurse verbannen.

Damit sind die Fragestellung, die theoretischen Vorannahmen und die methodische Anlage dieses Forschungsprojektes so weit umrissen, dass zur Vergegenwärtigung der Attentate des 11. September übergegangen werden kann, um das der Rede von Bush zugrunde liegende emotionale Klima zu erfassen.

2 Die Attentate des 11. September 2001 und die durch sie transportierten Botschaften der Terroristen

2.1 Der Hergang der Terroranschläge

Der Morgen des 11. September 2001 ist ein ganz normaler Arbeitstag, an dem über New York ein strahlend blauer Himmel scheint. Während sich die Büros des World Trade Center allmählich mit Menschen füllen, kapern mit Teppichmessern bewaffnete Terroristen vier Linienflugzeuge, die sich auf dem Weg von der Ostküste nach San Francisco und Los Angeles befinden, und steuern mit den entführten Passagieren neue Ziele an. Um 8.45 Uhr rast eine Maschine der American Airlines in den Nordturm der über 400 Meter hohen Zwillingstürme und explodiert in einem Feuerball. 18 Minuten später – inzwischen richten sich die Objektive von Fernsehteams und AmateurfilmerInnen auf den brennenden Turm –, fliegt vor laufenden Kameras eine Maschine der United Airlines in den Südturm, durchschlägt ihn fast und zerbirst an der gegenüber liegenden Seite. Ein Feuerball schießt aus den in den Turm gerissenen Löchern hervor, schwarzer Rauch entweicht und hüllt die Spitzen beider Türme ein. Was viele Zuschauer als so unwirklich wie das Feuerwerk eines von Explosionen und Bränden erzählenden Action-Films erleben, weicht dem Entsetzen, als sich verzweifelte Menschen aus Angst vor dem Flammentod von den Zwillingstürmen in die Tiefe stürzen.

Abb. 3: Der Spiegel sprach auf der Titelseite seiner Ausgabe vom 4. 9. 2006
von dem »Tag« der »die Welt erschüttert« hat: Indem Terroristen US-Linien-
flugzeuge als Waffe zur Zerstörung der Zwillingstürme einsetzten, wandten
sie »unsere eigene Technik [...] gegen uns.« (O'Nan 2001, S. 45)

Um 9.43 Uhr schlägt in Washington ein weiteres Flugzeug der American
Airlines im Südflügel des Pentagon ein (vgl. Abb. 3). Kurz darauf detoniert
vor dem Außenministerium eine Autobombe. Allein das Flugzeug der United
Airlines, das auf Camp David, den Landsitz des US-Präsidenten, gesteuert
werden sollte, verfehlt das Ziel. Die Passagiere, die über Handys von den Terroranschlägen auf das World Trade Center erfahren, schließen sich zusammen
und überwältigen die Terroristen, so dass die Maschine ziellos in der Nähe
von Pittsburgh abstürzt.

   Indessen erreicht das Drama der Terroranschläge in New York seinen grau-
sigen Höhepunkt: Eine Stunde nach dem Einschlag der beiden Flugzeuge in
die Zwillingstürme erschüttert eine gewaltige Explosion die Stadt. Dann fällt
der Südturm wie ein Kartenhaus in sich zusammen. Einige Minuten darauf
folgt eine weitere Explosion, auch der Nordturm stürzt wie in Zeitlupen-
tempo ein. Tausende von Menschen werden unter Stahl und Schutt begraben,
Betonbrocken und Glassplitter fliegen durch die Luft, eine gewaltige Lawine

aus dichtem Staub und giftigem Rauch breitet sich aus, bedeckt Gebäude, Menschen und Straßen mit einem grauen Puder. Die Überlebenden rennen um ihr Leben – auf der Flucht vor der riesigen Staubwolke, die sich in den Straßenschluchten ausbreitet.

2.2 Die Botschaften der Terroristen

In einem Video-Tape, das am 29. November 2001 im afghanischen Jalabad aufgenommen worden sein soll, erklärte Osama bin Laden, dass die Terroristen sich durch die Attentate auf das World Trade Center und das Pentagon einer weltweit verständlichen Sprache bedient hätten, »Reden, die alle anderen Reden, die irgendwer sonst auf der Welt hielt, überstrahlten« (Das bin Laden Tape, S. 284). Derart brachte bin Laden zum Ausdruck, dass es sich beim modernen politischen Terrorismus um »eine Kommunikationsstrategie« handelt, »mit der Terroristen ihre ›Botschaften‹ verbreiten wollen« (Hafez 2002, S. 224). Die Botschaften, welche die Terroristen durch die Anschläge des 11. September zu inszenieren versuchten, lassen sich folgendermaßen zusammenfassen:

Seit den siebziger Jahren ist der Öffentlichkeit das Auftreten von Selbstmordattentätern vertraut, die im Nahen Osten als Anhänger der Hamas um den Leib gebundene Sprengstoffgürtel zur Explosion bringen, um umstehende Israelis zu töten. Wenn Mohammed Atta und seine Gefährten sich als Studenten an einer Hamburger Fachhochschule jahrelang auf ihren Einsatz in Amerika vorbereitet haben, wenn sie sich an Flugschulen in Florida zu Piloten ausbilden ließen und anschließend von Boston, New Jersey und Washington aus startende Flugzeuge mit Teppichmessern in ihre Gewalt brachten, um das World Trade Center und das Pentagon anzugreifen, dann gibt es in der westlichen Welt keinen Ort mehr, an dem man noch vor Anschlägen dieses globalen Terrorismus sicher ist. Die Terroranschläge, bei denen Peter Waldmann (2002) zufolge mehr Menschen gestorben sind, als bisher bei sämtlichen zum internationalen Terrorismus zählenden Anschlägen zusammen, die Evakuierung amerikanischer Regierungsgebäude, die Sperrung des nordamerikanischen Luftraums, das Schließen der New Yorker Börse, das Ausrufen der höchsten Sicherheitsstufe in zahlreichen Ländern Amerikas, Europas, des Nahen Ostens und Asiens, die Feststellung des Bündnisfalles für die NATO, alarmierende Berichte über die Möglichkeit weiterer Entführungen von Flugzeugen, die in

Amerika oder auch in Deutschland nicht genügend gesicherte Kernkraftwerke
ansteuern könnten, mit Milzbranderregern infizierte Briefe, an denen in Amerika eine Reihe von Menschen sterben, Trittbrettfahrer, die in Deutschland mit
Waschpulver versehene Briefe verschicken oder sich anonym bei der Polizei
mit den Worten melden, als nächstes sei der Frankfurter Messeturm dran – alle
diese Nachrichten verbreiten Angst und Schrecken in der westlichen Welt,
deren Bewohnerinnen und Bewohner auf einmal spüren, dass der bislang an
der Peripherie der westlichen Welt beobachtete internationale Terrorismus
nun in deren Metropolen hineingetragen wird.

Auf die Frage, was die Terroristen wollen, geben die Ziele der Terroranschläge eine deutliche Antwort: Das World Trade Center in New York und
das Pentagon in Washington bilden zentrale Einrichtungen der Vereinigten
Staaten, denen eine besondere symbolische Bedeutung zukommt, weil sie die
wirtschaftliche und militärische Vorherrschaft der einzigen verbliebenen Supermacht der Welt verkörpern. Wie sich der Anschlag auf das Pentagon gegen das
Hauptquartier des militärischen Apparates richtet, dessen die Washingtoner
Administration sich in den vergangenen Jahrzehnten immer wieder bediente,
um in Krisenregionen der Dritten Welt mit Waffengewalt zu intervenieren, so
bildete das World Trade Center das Zentrum der von den USA angeführten
wirtschaftlichen Globalisierung, welche – wie die Kritikerinnen und Kritiker
der Globalisierung einwenden – den Welthandel auf Kosten der Länder der
Dritten Welt organisiert. Die Terroranschläge des 11. September lassen sich
damit auch als Ausdruck einer Auflehnung gegen die ökonomische und militärische Vorherrschaft der einzigen Supermacht betrachten.

Die Idee zu den Terroranschlägen kam aus einem der ärmsten Entwicklungsländer der Welt, dem von den Taliban beherrschten Afghanistan, das
Osama bin Laden Unterschlupf gewährt hatte, der mit der al-Qaida ein
globales Terrornetzwerk »antiwestlicher und insbesondere antiamerikani-
scher Militanz« aufgebaut hat, das auf »die Vertreibung ›des Westens‹ aus
der islamischen Welt« zielt (Steinbach 2002, S. 124). Und verübt wurden die
Terroranschläge von einer eigenständig operierenden Gruppe von arabischen
Islamisten, die davon überzeugt waren, ihr Leben für Gottes Willen zu opfern. Der Umstand, »dass auf das Inferno nicht nur in der islamischen Welt,
sondern auch im christlichen Lateinamerika, in China, in Indien und in der
gesamten Dritten Welt mit Gleichgültigkeit, klammheimlicher Freude oder gar
offener Zustimmung reagiert wurde« (Massarrat 2002, S. 59), offenbart, dass

die Terroranschläge auch als Ausdruck eines gewaltsamen Widerstandes der Dritten Welt gegen die durch Amerika ausgeübte strukturelle Gewalt begriffen wurden. Ganz in diesem Sinne weist der iranische Autor Bahman Nirumand (2001) darauf hin, dass die demokratisch gewählte Regierung Mossadegh im Iran 1953 durch einen von der CIA organisierten und finanzierten Putsch gestürzt wurde und Amerika anschließend die Schah-Diktatur zu einer regionalen Supermacht militärisch aufrüstete. Zugleich hat der chilenische Autor Ariel Dorfmann daran erinnert, »dass der Putsch gegen Salvador Allende wie die Anschläge in New York und Washington an einem Dienstag, 11. September, stattfand« (zitiert nach Nirumand 2001, S. 116). Dieser ebenfalls von Pentagon und CIA organisierte Putsch brachte in Chile die blutige Militärdiktatur Pinochets an die Macht. Das heißt aber, dass Amerika sowohl im Iran als auch in Chile demokratisch gewählte Regierungen gestürzt und die Errichtung von Militärdiktaturen ermöglicht hat. Angesichts der politischen Dominanz der Vereinigten Staaten, die im Nahen Osten die Macht autokratischer Regime stützt, um die Rohstoffvorräte dieser Region auszubeuten, kann man daher mit Udo Steinbach (2002) davon sprechen, dass die Terrorakte vom 11. September aus der Sicht von InterpretInnen aus der Peripherie Befreiungsschläge darstellen.

Zur Inszenierung der in New York verübten Terroranschläge gehört auch, dass das zweite Flugzeug eine Viertelstunde nach der ersten Maschine in das World Trade Center stürzte: Da die Attentäter den Menschen auf der Welt Zeit genug ließen, um sich vor den Fernsehapparaten zu versammeln, konnten die Zuschauer den zweiten Terroranschlag life miterleben. Dabei übernahmen die Fernsehgesellschaften die Aufgabe, die Lektion, welche die Terroristen den Amerikanerinnen und Amerikanern erteilen wollten, in endlosen Wiederholungen in alle Welt auszustrahlen. So gelang es den Terroristen mit Hilfe der Medien, das Bild vom Kollabieren der Zwillingstürme »für immer in das kollektive Gedächtnis der Menschheit ein[zu]brennen« (Herzinger 2001, S. 87) (vgl. Abb. 4). Die Botschaft, welche die Terroristen der Weltöffentlichkeit derart übermittelten, ist unübersehbar: Wie übermächtig die einzige Supermacht auch erscheine, wenn man nur entschlossen den Kampf gegen die Vereinigten Staaten aufnehme, dann werde deren hegemoniale Herrschaft so einstürzen wie das World Trade Center.

Abb. 4 (Chronik aktuell 2001, S. 35): Die Bilder vom Kollabieren der Zwillingstürme, die ein Symbol der wirtschaftlichen Macht Amerikas waren, erschütterten den amerikanischen Glauben an die eigene Größe und Unverletzbarkeit.

Die Terroristen haben, so schrieb der amerikanische Schriftsteller Stewart O'Nan, das »stolze« und »mächtige« Amerika auch dadurch »gedemütigt«, dass sie sich für ihre Anschläge des Flugzeugs und der Wolkenkratzer bedienten. Denn derart hätten sie »unsere eigene Technik [...] gegen uns gewandt« (O'Nan 2001, S. 45).[6] Das Inferno, dass durch die in den Gebäuden explodierenden Flugzeuge und durch die brennenden, qualmenden und anschließend einstürzenden Wolkenkratzer bestimmt war, zeugt davon, dass die vom Westen entwickelte high technology nicht gegen Anschläge sicher ist, weil es sich um leicht verletzbare Aggregate handelt, die aufgrund ihrer Explosivität Tausende von Menschen töten können. Auf diese Weise erschütterten die Terroristen den amerikanischen Glauben an die eigene Unverletzbarkeit, eine Illusion, die Bush auch durch die Schaffung des von ihm gewünschten Raketenabwehrschildes sicherstellen will.

Das New York und Washington heimsuchende Inferno erschien vielen Amerikanern so unfassbar, dass es ihnen »wie in einem Film« vorkam. Tatsächlich hatten sich die Terroristen eines Plots bedient, der in Hollywoods Traumfabriken erfunden wurde. Denn die Attentate folgten dem Skript jener Spielfilme, in denen amerikanische Großstädte durch Katastrophen, durch Angriffe von Terroristen und Außerirdische verwüstet werden (vgl. Hage/ Wolf 2001). Wie in dem Film *King Kong und die weiße Frau* von 1933 die Polizei und das Militär gegen einen riesigen Gorilla kämpfen, der Manhattan überfallen hat, so stürzen sich in dem Film *Independence Day* von 1996 fliegende Untertassen aus dem Himmel, um New York und Washington zu attackieren. Und in demselben Jahr erscheint auch der Film *Einsame Entscheidung*, in dem »Terroristen eine voll besetzte Boeing 747 als Kamikazeflieger mit Giftgas an Bord über Washington zur Explosion bringen« wollen (S. 16). Womit sich die Konsumenten der westlichen Kulturindustrie in der Freizeit unterhalten, daraus wurde am 11. September ein reality-tv, ein zur Wirklichkeit gewordener Albtraum, der Amerika und die westliche Welt das Fürchten lehrte. Die von den Terroristen inszenierte Botschaft lautete daher auch: Das, was in den Traumfabriken Hollywoods produziert wird, sei die Ausgeburt der dekadenten Kultur des Westens, die es aufgrund ihrer Gottlosigkeit und Amoralität verdiene, zugrunde zu gehen. Während die AmerikanerInnen jahrzehntelang die Bedrohungs- und Zerstörungsfantasien genossen hatten, von denen sie sich als KinobesucherInnen nicht vorstellen konnten, dass sie einmal blutige Realität werden könnten, führten ihnen am 11. September mit

Teppichmessern bewaffnete Islamisten vor, dass sie die in Hollywood produzierten Schreckenszenarien nicht nur in die Realität zu übersetzen, sondern auch zu übertreffen vermochten.

Die Inszenierung der Attentate wurde dadurch vervollständigt, dass es keinen Absender gab. Denn niemand bekannte sich zu den ungeheuerlichen Terroranschlägen. Nach Auffassung von Herzinger (2001) ließ diese »Anonymität« die Attentate »wie Sendboten einer unmenschlichen, überirdischen Gewalt erscheinen« (S. 88). In eben dieser Weise scheint die New Yorker Schriftstellerin Irene Dische (2001) empfunden zu haben. Sie schildert, dass sie am Morgen des 11. September zitternd vor Furcht im Autostau steckte, als vor ihr »die babylonischen Doppeltürme in Feuer und Asche versanken: Irgendjemand wollte uns«, so dachte sie in diesem Augenblick, »eine Lektion erteilen« (S. 24). An dieser Stelle konvergiert die Fantasie einer Amerikanerin mit den kollektiven Fantasien von Arabern: Wenn New York ein neues Babylon wäre, das sich durch das Errichten bis an den Himmel reichender Wolkenkratzer und durch die Konstruktion ihn durchfliegender Flugzeuge so gegen Gottes Schöpfung versündigt hätte wie das den moralischen Verfall spiegelnde Fernsehen, das die Zuschauer immer wieder mit Sexualität, Pornografie, Gewalt und Verbrechen unterhalte, dann würden sich gläubige Muslime eben dadurch bewähren, dass sie sich in einen Arm von Gottes Zorn verwandeln. Indem sie sich eines Plots der Traumfabriken Hollywoods bedienen, um in New Yorks höchste Wolkenkratzer Passagiermaschinen amerikanischer Fluggesellschaften stürzen zu lassen, würden sie ein Gottesgericht exekutieren, von dem auch das amerikanische Fernsehen erzählen soll. Unter diesen Umständen wären die Terroranschläge des 11. September zu einem von dem iranischen Autor Nirumand (2001) so bezeichneten »apokalyptischen Ereignis« geworden, das »ein Beben« auslöste, »dessen Erschütterungen überall auf der Welt die Menschen aufgerüttelt haben« (S. 120). »Nichts bleibt wie es ist«, hieß es daher in den Tagen nach dem 11. September (Aust/Schnibben 2002, S. 8). Und der New Yorker Schriftsteller Paul Auster (2001) erklärte, dass »jetzt erst [...] das 21. Jahrhundert begonnen« habe (S. 15).

3 Tiefenhermeneutische Rekonstruktion der Rede von George W. Bush zum 11. September

Nachdem das Leben von George W. Bush dadurch geschützt worden war, dass die *Air Force One* stundenlang die Vereinigten Staaten auf einem Zickzack-Kurs überflogen hatte, kehrte die Präsidentenmaschine nach Washington zurück. So wandte sich Bush am Abend des 11. September vom Weißen Haus aus in einer ersten Fernsehansprache auf die folgende Weise an seine Landsleute:

»Guten Abend.

Heute sind unsere Mitbürger, unsere Lebensweise, unsere Freiheit selbst durch eine Reihe vorsätzlicher und tödlicher Terrorakte angegriffen worden. Die Opfer befanden sich in Flugzeugen oder in ihren Büros; Sekretärinnen, Geschäftsleute, Angehörige des Militärs und Angestellte von Bundesbehörden, Mütter und Väter, Freunde und Nachbarn. Tausende Leben wurden plötzlich durch böse, verabscheuungswürdige Terrorakte beendet.

Die Bilder von Flugzeugen, die in Gebäude fliegen, von brennenden Feuern, von riesigen zusammenbrechenden Konstruktionen haben uns mit Ungläubigkeit, schrecklicher Traurigkeit und einer leisen, unnachgiebigen Wut erfüllt. Diese Akte des Massenmordes sollten unsere Nation ängstigen, in Chaos stürzen und ihren Rückzug auslösen. Aber sie haben versagt, unser Land ist stark.

Ein großartiges Volk wurde dazu angetrieben, eine großartige Nation zu verteidigen. Terroristische Angriffe können die Fundamente unserer größten Gebäude erschüttern, aber sie können nicht die fundamentalen Werte Amerikas angreifen. Diese Akte haben Stahl zertrümmert, aber sie können keinen Riss in der stahlharten Entschlossenheit Amerikas verursachen.

Die Vereinigten Staaten wurden für den Angriff als Ziel ausgesucht, weil sie das hellste Leuchtfeuer für Freiheit und Chancen auf der Welt sind. Und niemand wird dieses Licht vom Leuchten abhalten.

Heute hat unsere Nation das Böse gesehen, das Allerschlimmste des menschlichen Wesens. Und wir haben in der Reaktion das Beste an Amerika gesehen – den Mut unserer Rettungsarbeiter, die Sorge von Fremden und Nachbarn, die kamen, um Blut zu spenden und zu helfen, wo sie konnten.

Unmittelbar nach dem ersten Angriff setzte ich die Notfallreaktionspläne unserer Regierung in Kraft. Unser Militär ist mächtig, und es ist vorbereitet. Unsere Notfallteams arbeiten in New York und Washington, um den örtlichen Rettungsarbeitern zu helfen.

Unsere oberste Priorität ist es, den Verletzten zu helfen und alle Vorsichtsmaßnahmen zum Schutz unserer Bürger im Inland und auf der ganzen Welt vor weiteren Anschlägen zu treffen.

Die Arbeit unserer Regierung wird ohne Unterbrechung fortgesetzt. Die Bundesbehörden in Washington, die heute evakuiert werden mussten, werden für unverzichtbare Mitarbeiter heute Abend wieder geöffnet und morgen für das Tagesgeschäft. Unsere Finanzinstitutionen bleiben stark, und die amerikanische Wirtschaft wird ebenfalls morgen ihre Geschäfte aufnehmen.

Die Suche nach denjenigen, die hinter diesen bösartigen Angriffen stehen, hat bereits begonnen. Ich habe die vollständigen Ressourcen unserer Nachrichten- und Strafverfolgungsbehörden für die Suche nach den Verantwortlichen und ihrer gerechten Bestrafung eingesetzt. Wir werden keine Unterscheidung treffen zwischen den Terroristen, die diese Akte begangen haben, und denjenigen, die ihnen Zuflucht gewähren.

Ich weiß es sehr zu schätzen, dass Mitglieder des Kongresses gemeinsam mit mir diese Angriffe aufs Schärfste verurteilen. Und im Namen des amerikanischen Volks danke ich den vielen Staats- und Regierungsoberhäuptern, die anriefen, um ihr Beileid und ihre Unterstützung auszusprechen.

Die Vereinigten Staaten und ihre Freunde und Bündnispartner stehen gemeinsam mit allen, die Frieden und Sicherheit auf der Welt wollen, und wir stehen zusammen, um den Krieg gegen den Terrorismus zu gewinnen. Heute Abend bitte ich um Ihre Gebete für alle, die trauern, für die

Kinder, deren Welt zerstört wurde, für alle, deren Gefühl der Sicherheit bedroht ist. Und ich bete, dass sie durch eine größere Macht als unsere getröstet werden, die seit allen Zeiten durch Psalm 23 ausgedrückt wird: ›Und ob ich schon wanderte im finsteren Tal, fürchte ich kein Unglück, denn du bist bei mir.‹

Dies ist ein Tag, an dem alle Amerikaner aus allen gesellschaftlichen Bereichen in ihrer Entschlossenheit zu Gerechtigkeit und Frieden vereint sind. Die Vereinigten Staaten haben schon früher Feinde besiegt, und wir werden es auch dieses Mal tun. Niemand von uns wird diesen Tag je vergessen. Dennoch schreiten wir voran zur Verteidigung der Freiheit und alles Guten und Gerechten auf der Welt.

Vielen Dank. Gute Nacht, und Gott segne Amerika.« (Bush 2001a, S. 122)

Die unter dem Eindruck der tiefenhermeneutischen Gruppeninterpretation mit den Studierenden entwickelte szenische Interpretation dieser Rede lässt sich folgendermaßen zusammenfassen: Der Präsident eröffnet seine Rede mit den Worten, dass durch eine Reihe »verabscheuenswürdiger Terrorakte«, die Tausende von Menschen in Flugzeugen und Büros das Leben gekostet haben »unsere Lebensweise« und »unsere Freiheit« angegriffen worden seien. Da es sich um einen »Angriff« auf »die fundamentalen Werte Amerikas« handele, stehe in der Auseinandersetzung mit dem Terrorismus die »Verteidigung der Freiheit und alles Guten und Gerechten auf der Welt« auf dem Spiel:

»Heute hat unsere Nation das Böse gesehen, das Allerschlimmste des menschlichen Wesens. Und wir haben in der Reaktion das Beste an Amerika gesehen – den Mut unserer Rettungsarbeiter, die Sorge von Fremden und Nachbarn, die kamen, um Blut zu spenden und zu helfen, wo sie konnten.«

So ruft Bush seine Landsleute dazu auf, angesichts der bösartigen Terroranschläge nicht zu verzagen, sondern sich auf eigene Stärken zurückzubesinnen und alle Kräfte zur Verteidigung des Guten zu mobilisieren.

Die durch die Terroranschläge eingetretene Katastrophenlage versucht Bush folgendermaßen zu beschreiben:

»Diese Akte des Massenmordes sollten unsere Nation ängstigen, in Chaos stürzen und ihren Rückzug auslösen. Aber sie haben versagt, unser Land ist stark.«

Die Attentäter hätten die Intention verfolgt, die Amerikaner durch Terroranschläge in Angst und Schrecken zu versetzen.[7] Dieses Ziel hätten sie jedoch verfehlt, weil Amerika »stark« sei, eine »großartige Nation«, hinter der ein »großartiges Volk« stehe. Der Gedanke, dass die Terroristen trotz der verheerenden Attentate gescheitert seien, ist dem Präsidenten so wichtig, dass er ihn noch einmal mit anderen Worten wiederholt:

»Terroristische Angriffe können die Fundamente unserer größten Gebäude erschüttern, aber sie können nicht die fundamentalen Werte Amerikas angreifen. Diese Akte haben Stahl zertrümmert, aber sie können keinen Riss in der stahlharten Entschlossenheit Amerikas verursachen.« (vgl. Abb. 5)

Abb. 5: Unter der Schlagzeile »Die verwundete Stadt« präsentierte der Spiegel am 22. 11. 2001 das Foto eines in den Himmel ragenden Stahlskeletts, das von einem Zwillingsturm übrig geblieben war. Bush (2001) versuchte die Terroranschläge durch die Worte zu beschönigen, die Attentate hätten »die Fundamente unserer größten Gebäude erschüttert«.

Bush bringt die Terroranschläge auf die Formel, dass sie zwar erheblichen materiellen Schaden angerichtet haben, jedoch hätten sie den Glauben der Amerikaner an die »fundamentalen Werte« Amerikas nicht erschüttern können. Vielmehr manifestiere sich deren Stärke darin, dass sie ihren Feinden mit »stahlharter Entschlossenheit« entgegentreten.

Seine durch die Anschläge erschütterten und beunruhigten Landsleute versucht Bush sodann durch die Erklärung zu beruhigen, dass die Regierung die erforderlichen Notfallreaktionspläne veranlasst habe, dass das Militär vorbereitet sei, Vorsichtsmaßnahmen zum Schutz vor weiteren Anschlägen eingeleitet seien, die Bundesbehörden und Finanzinstitutionen ihre Geschäfte wieder aufnehmen würden und die Strafverfolgungsbehörden bereits mit Ermittlungen gegen die Täter begonnen hätten. So übermittelt der Präsident den Amerikanern die Botschaft, dass sie sich keine Sorgen zu machen brauchen, weil die Regierung alles im Griff und die für die Wiederherstellung von Recht und Ordnung erforderlichen Maßnahmen eingeleitet habe.

Die Rede gipfelt in dem Lösungsvorschlag, den Bush seinen Landsleuten für das durch die Attentate aufgeworfene Problem des Terrorismus unterbreitet. Seine wie beiläufig fallenden Worte, dass wir »zusammenstehen«, »um den Krieg gegen den Terrorismus zu gewinnen«, lenken die Aufmerksamkeit darauf, dass Bush sogleich an militärische Interventionen denkt. Anders als andere Regierungschefs,[8] die dem amerikanischen Präsidenten nach den Anschlägen ihr Mitgefühl und ihre Solidarität aussprechen, spricht Bush nicht von der Notwendigkeit eines »Kampfes gegen den Terrorismus«, sondern redet von einem zu führenden »Krieg gegen den Terrorismus«. Derart signalisiert Bush seinen Landsleuten, dass es nicht um eine international zu organisierende Polizeiaktion gegen eine Gruppe von Terroristen geht, sondern dass Amerika wie nach dem japanischen Überfall auf Pearl Harbor von einer feindlichen Macht bedroht werde, einer Gefahr, die man nur durch den entschlossenen Einsatz der gigantischen Militärmaschinerie Amerikas bannen könne.

> »Die Vereinigten Staaten haben schon früher Feinde besiegt, und wir werden es auch dieses Mal tun. Niemand von uns wird diesen Tag je vergessen. Dennoch schreiten wir voran zur Verteidigung der Freiheit und alles Guten und Gerechten auf der Welt.«

Bush lässt keinen Zweifel daran aufkommen, dass die Amerikaner mit dem Eintritt in einen neuen Krieg das Richtige tun:

> »Heute Abend bitte ich um Ihre Gebete für alle, die trauern, für die Kinder, deren Welt zerstört wurde, für alle, deren Gefühl der Sicherheit bedroht ist. Und ich bete, dass sie durch eine größere Macht als unsere getröstet werden, die seit allen Zeiten durch Psalm 23 ausgedrückt wird: ›Und ob ich schon wanderte im finsteren Tal, fürchte ich kein Unglück, denn du bist bei mir‹.«

Mit diesen Worten schlüpft der Präsident in die Rolle eines Predigers, der seine Landsleute im Rückgriff auf ein Bibelzitat dazu auffordert, Trost durch ein an Gott zu richtendes Gebet zu suchen. Wenn er seine Ansprache mit den Worten beendet »Gute Nacht, und Gott segne Amerika«, dann verabschiedet der Präsident sich nicht nur in aller Form von seinen Landsleuten, sondern unterstreicht durch diesen väterlichen Gute-Nacht-Gruß auch die Vorstellung, dass Amerika ein von Gott gesegnetes heiliges Land ist, dessen Bewohnern die Mission zufällt, dem Rest der Welt notfalls mit Waffengewalt »Freiheit«, »Frieden und Sicherheit« zu bringen.

So wird die Rede durch die moralische Kraft getragen, mit der Bush den durch die Terroranschläge eingetretenen Katastrophenfall im Rückgriff auf die Kategorien des »Guten« und des »Bösen« beurteilt: Er spricht nicht nur von »bösartigen Angriffen«, sondern auch davon, dass »unsere Nation das Böse, das Allerschlimmste des menschlichen Wesens« gesehen habe. Die Vereinigten Staaten würden im Gegensatz dazu »das hellste Leuchtfeuer für Freiheit und Chancen auf der Welt« darstellen. Wie man in der Reaktion auf die Attentate »das Beste an Amerika« gesehen habe, so werde man zur »Verteidigung der Freiheit und alles Guten und Gerechten auf der Welt« voranschreiten.

Wie ernst es Bush (2001b) mit seinem Kampf gegen das Böse ist, erläuterte er in einer Rede, die er vierzehn Tage nach den Attentaten vor Mitarbeitern des FBI hielt:

> »Die Menschen, die diese Anschläge gegen Amerika verübt haben und mögliche weitere Anschläge planen, sind böse Menschen. Sie stehen weder für eine Ideologie noch für eine legitime Gruppe von Menschen. Sie sind ganz einfach böse. Das Böse ist alles, woran sie denken können. Und als eine Nation guter

Menschen werden wir auf sie Jagd machen, und wir werden sie finden, und wir werden sie ihrer gerechten Strafe zuführen.« (S. 129)

Wie unmenschlich und grausam die Terroranschläge auch waren, Bush übersieht, dass die Attentäter nicht die Verkörperung eines metaphysisch Bösen gewesen sind, sondern fanatische Überzeugungstäter, die für ihren islamistischen Glauben ihr Leben geopfert haben. Wie der Präsident keinen Platz für das Nachdenken über die Frage erlaubt, welche Motive arabische Muslime dazu verleitet haben mögen, in einen Heiligen Krieg gegen Amerika zu ziehen, so spitzt er die durch die Attentate eingetretene Krisensituation durch eine Dämonisierung des Feindes zu, eine Perhorreszierung, die nicht beruhigend wirkt, sondern durch die Anschläge geweckte archaische Ängste und Ohnmachtsgefühle verstärkt. Denn die Worte, »unsere Nation« habe »das Böse« gesehen, wiederbeleben eine biblische Vorstellungswelt, der entsprechend der Eindruck entsteht, als hätte Amerika am 11. September den leibhaftigen Teufel zu Gesicht bekommen, ein Dämon, der sich in Mördern einer fremden Ethnie materialisiert hätte.

So legt Bush seinen Landsleuten die Vorstellung nahe, dass sich der in den Anschlägen zum Ausdruck kommende Hass auf Amerika dadurch erklärt, dass das Böse sich der Attentäter bediente, um das durch die Vereinigten Staaten repräsentierte Gute zu vernichten. Die dieser Vorstellung zugrunde liegende Gewissheit, dass Amerika »das Gute« verkörpert, bezieht Bush (2001a) aus dem Glauben daran, dass die Vereinigten Staaten das »hellste Leuchtfeuer für Freiheit und Chancen auf der Welt« darstellen und von Gott auserwählt seien. Mit dieser Vorstellung greift Bush auf den puritanischen Glauben der Einwanderer zurück, die den Atlantik in der Überzeugung überquert hatten, Gott würde sie als das neue Volk Israel »durch ein anderes Meer hindurch ins gelobte Land« führen (Erikson 1974, S. 39). Dass er die religiöse Vision der Einwanderer teilt, »die Möglichkeiten der Schöpfung auf diesem Kontinent zu verwirklichen« (ebd., S. 37), hat Bush auch durch seine Selbstinszenierung als Westerner unterstrichen, die sich im Präsidentschaftswahlkampf etwa in folgendem Werbespot niederschlug:

»Ein Film, der auf riesigen Leinwänden im ganzen Stadion läuft, stellt Bush an diesem Abend zunächst als einfachen Sohn Texas' vor, der im Geländewagen durch weite Ebenen braust, den Hund neben sich. Lässig hängt der Ellenbogen aus dem Fenster, das Auto hält, und Bush sagt in die Kamera: ›Ich lache gerne, auch über das, was ich selbst sage.‹« (Pinzler/Wessel 2001, S. 109)

Abb. 6 (Der Spiegel 17. 2. 2003, S. 102): Wenn Bush sich als Cowboy mit Texashut inszeniert, der mit dem Auto über seine Ranch fährt, um nach dem Rechten zu sehen, dann reinszeniert er den amerikanischen Traum, dass in der Neuen Welt der WASP (White Anglo-Saxon Protestant) die Freiheit hat, sich durch die Arbeit seiner Hände in Auseinandersetzung mit der Wildnis neu zu schaffen.

Durch solche Inszenierungen (vgl. Abb. 6) empfahl sich Bush seinen Landsleuten schon im Wahlkampf als ein gut gelaunter Cowboy, der menschlich wirkt, weil er über eigene Schwächen lachen kann. Dass dieser Cowboy noch andere Züge aufweist, hat er als Gouverneur von Texas gezeigt. Denn kein anderer Gouverneur hat je so viele Todesurteile von Straftätern unterschrieben wie Bush. Zudem wurde Texas während Bushs Amtszeit zum einzigen Bundesstaat, in dem die Todesstrafe auch an geistig behinderten Menschen vollzogen wurde (vgl. ebd., S. 91f.). Und wie aggressiv dieser Cowboy ist, lässt sich auch daran ablesen, dass er als Gouverneur keine Gesetze zur Waffenkontrolle duldete, vielmehr das versteckte Tragen von Waffen wieder erlaubte (vgl. ebd., S. 80).

Was Bushs Selbstinszenierungen als Cowboy für seine Landsleute bedeuten, lässt sich erst verstehen, wenn man sich die Bedeutung der um den Westen entstandenen Mythenbildung vergegenwärtigt: Die jenseits der Siedlungsgrenze gelegene Wildnis bildete für den WASP (White Anglo-Saxon Protestant) eine Herausforderung, noch einmal neu anzufangen und einen Jahrhunderte alten Traum zu verwirklichen, um eine auf den Prinzipien der Freiheit und des Individualismus basierende Gesellschaft zu errichten. Der Frontier, der »frei von den sozialen, politischen und geografischen Grenzen der Alten Welt, aus eigenem Antrieb ein Vermögen verdienen oder ein Empire schaffen konnte« (Spatz 1969, S. 12), bewährte sich als ein »Self-made-man«, der aus dem Umgang mit der Wildnis und den sich ihm dort erschließenden Möglichkeiten »die Formel für die soziale Wiedergeburt« schuf: Die »Freiheit des Einzelnen, seinen eigenen Weg zu gehen.« (ebd., S. 13)

Wie der amerikanische Traum die Männer der Pionierzeit beflügelt hatte, im Kampf mit der äußeren Natur eine ihren eigenen Bedürfnissen entsprechende Welt zu schaffen, so verblasste er mit dem Untergang des wilden Westens. Denn der in den Weiten der Wildnis mögliche Individualismus und die dort erlebbare Freiheit machten im Zuge der Industrialisierung Amerikas der Erfahrung von Unfreiheit und Vermassung Platz. Und die im Westen erlebte Gleichheit verkam zu einem »Massenreflex auf den riesengroßen Apparat der Reklame und der Propaganda« (ebd., S. 14). »Aber«, so fährt Spatz fort,

> »in Südkalifornien, an der westlichen Grenze der Frontier hat die Illusion in der Schönheit und Üppigkeit seiner natürlichen Umgebung und in den Tagträumen seiner Filme überlebt. In diesem konservierten Zustand ist der Traum von einem realistischen Glauben an menschliche Neugestaltung und Fortschritt in eine romantische Fantasie der Flucht verwandelt worden, in der es wieder möglich ist, in einer Welt des freien Willens zu leben [vgl. Abb. 7]. Derart besteht der größte Einwand gegen die Anbetung dieses Ideals in der Geltung des Mythos über die Realität und sein daraus resultierendes Scheitern, die ungelösten Probleme des modernen Lebens unbefangen zu verstehen.« (ebd.)

Abb. 7 (Weisberg 2003b, S. 65): Wenn Bush auf seiner Ranch den Cowboy spielt, der mit der Kettensäge Bäume fällt, dann pflegt er den Mythos des Westens als einer der Reichen des amerikanischen Südwestens, die sich in der Schönheit einer weiten Natur immer noch als »die letzten Pioniere der Nation« fühlen.

Da der amerikanische Traum den Glauben propagierte, dass im Westen jeder Mann eine Chance habe und es von ihm allein abhänge, was er daraus mache, handelt es sich um eine die sozialen Gegensätze in hohem Maße beschwichtigende Ideologie. Denn so, wie dieser Traum den sozial Schwachen das Gefühl vermittelt, dass sie versagt haben, so bestärkt er die wirtschaftlich Mächtigen in der Vorstellung, dass sie ihren Erfolg allein ihrer eigenen Hände Arbeit verdanken. Davon sind vor allem die Reichen des amerikanischen Südwestens überzeugt, die sich als die »letzten Pioniere« der Nation verstehen. Schon Parsons hat diese Pioniermentalität der an der Pazifikküste lebenden Reichen beschrieben. Denn er hat Texas und Südkalifornien als »Regionen« bezeichnet, »wo trotz rasant anwachsender Stadtbevölkerung« immer noch

»die Illusion gepflegt wird, ländliche Frontier zu sein« (zitiert nach Naumann 1983, S. 89).

Wenn Bush durch seine Selbstpräsentation als texanischer Cowboy inszeniert, dass er dem »Ideal des Selfmademans« entspricht, der sich dank seiner Hände Arbeit »aus eigener Kraft geschaffen hat« (Erikson 1974, S. 40), dann nimmt er seine Landsleute über alle sozialen Unterschiede hinweg für den amerikanischen Traum ein, dem die Klassen- und Schichtenunterschiede der Alten Welt fremd sind.

Doch die Aggressivität und Kälte, mit der Bush als Gouverneur Straftäter und behinderte Menschen zum Tode verurteilte und sich gegen jede Einschränkung des Waffenbesitzes verwahrte, verrät auch die Gewaltbereitschaft des Cowboys, die ein fester Bestandteil der Geschichte des wilden Westens ist. Denn als die Kehrseite der Geschichte der Landnahme stellte sich der an der indigenen Bevölkerung begangene Völkermord dar, »für den der Dauereinsatz der eigens für den Indianerkampf geschaffenen U.S. Cavalry« (*Der Spiegel*, 19. 11. 1979, S. 216) so typisch war wie das Kopfgeld von 100 Dollar, das der Staat jedem Bürger für einen gefangenen oder getöteten »Indianer« zahlte – gleichgültig, ob es sich um Krieger, Frauen oder Kinder handelte (vgl. Biegert 1976, S. 21). Gerechtfertigt wurde der Genozid, der in der zum geflügelten Wort gewordenen Devise General Sheridans gipfelte, das »nur ein toter Indianer [...] ein guter Indianer« sei (Brown 1970, S. 172), durch die von Joe O'Sullivan entworfene Weltanschauung der »Manifest Destiny«, der zufolge die weißen Amerikaner aufgrund ihrer überlegenen politischen und wirtschaftlichen Organisation von Gott dazu auserwählt seien, ihrer überlegenen Rasse die Kontrolle »über ganz Nordamerika« zu verschaffen, um »der Welt den Weg zu Demokratie, Freiheit und rechtem Glauben zu weisen« (zitiert nach Bruhn 1983, S. 13).

Obgleich die Amerikaner als Freiheitskämpfer für sich das Naturrecht auf Widerstand in Anspruch nahmen und in ihrer Unabhängigkeitserklärung »Freiheit« und »Gleichheit« proklamierten (vgl. Kilian 1979, S. 92ff.), um sich von der Kolonialherrschaft der Engländer zu befreien, sprachen sie der indigenen Bevölkerung der Neuen Welt jedes Menschenrecht ab. Da die in der Gründerzeit praktizierte »Politik des Rassenhasses und des Völkermordes« unvereinbar war mit dem »Ethos der Demokratie und Gleichheit« (Jacobs u. a. 1971, S. 32), war die spätere Idealisierung der Pioniere der Landnahme nur dadurch möglich, dass der Völkermord verleugnet und abgespalten wurde. So

kam es dazu, dass das Bild der von »Rothäuten« bewohnten Wildnis durch
das Bild menschenleerer Weiten ersetzt wurde, die von mutigen Siedlern in
Besitz genommen worden seien.[9]
   Wenn Bush sich aber als ein Cowboy in Szene setzt, der sich als ein Nachfahre der Helden der Pionierzeit begreift, dann weckt seine Rede auch mit dem
Mythos des Westens verbundene kollektive Fantasien: Mit den Worten, dass
die Amerikaner »schon früher Feinde besiegt« haben, und dass sie das »auch
dieses Mal tun« werden, ruft Bush seine Landsleute auch dazu auf, sich auf die
Tugenden des kämpferischen WASP (White Anglo-Saxon Protestant) zurückzubesinnen, der den Kampf gegen die Terroristen so entschlossen aufnehmen
kann wie einst die Gefechte gegen die indigene Bevölkerung (vgl. Abb. 8).

Abb. 8: Der Spiegel warb in Heft Nr. 17 vom 23. 4. 2001 für seinen Leit-
artikel über den neuen Präsidenten mit einer Karikatur auf dem Titelblatt,
das George W. Bush als schießwütigen Sheriff präsentiert, der mit seinen
großen Westernstiefeln über die Weltkugel schlurft. Die aus der kritischen
Perspektive Europas entworfene Karikatur machte sich darüber lustig, was
die Mehrzahl der Amerikaner nach dem 11. September beeindruckt hat.
Denn der Präsident hat seinen Landsleuten durch seine Selbstinszenierung
als Westerner zu signalisieren versucht, dass sie nach der Demütigung durch

die Anschläge auf New York und Washington im Rückgriff auf die Tugenden der Pionierzeit ihr Selbstvertrauen, ihren nationalen Stolz und ihre moralische Stärke zurückgewinnen könnten, wenn sie nur entschlossen genug zu den Waffen greifen.

Wenn er erklärt, die Terroranschläge hätten seine Landsleute »mit Ungläubigkeit, schrecklicher Traurigkeit und einer leisen, unnachgiebigen Wut« erfüllt, man trete den Feinden jedoch mit »stahlharter Entschlossenheit« entgegen, und werde – wie er am 11. September bei einer Zwischenlandung in Lousiana gegen 11. 00 Uhr vormittags erklärte – »diejenigen jagen und bestrafen, die verantwortlich sind für diese feigen Angriffe« (zitiert nach *Chronik aktuell* 2001, S. 45), dann redet er wie ein Cowboy in einem Westernfilm. Denn auch der Sheriff eines beliebigen Cowboyfilms reagiert zunächst »ungläubig«, »traurig« und mit »leiser, unnachgiebiger Wut« auf die in der Westernstadt von »Indianern« oder Gangstern verübten Morde, ahndet sie aber dann, indem er gegen die Bösewichte mit »stahlharter Entschlossenheit« vorgeht und sie nach einem Kampf auf Leben und Tod ihrer gerechten Strafe zuführt.

Die Selbstinszenierung als Westerner bewirkt zudem, dass sich die vor dem 11. September belächelten Schwächen des Präsidenten in Stärken verwandeln. Denn ein Cowboy ist kein guter Redner, er überlegt auch nicht lange, ob es nun sinnvoll ist, im Kampf gegen die Bösewichte zu den Waffen zu greifen, vielmehr tut er das einfach. Schließlich vermag ein Cowboy im wilden Westen nur zu überleben, weil er keine Sekunde zögert, zu den Waffen zu greifen, sobald er angegriffen wird. Und wenn Bush Wochen später in die Debatte, ob es sinnvoll sei, in Afghanistan gegen al-Qaida und die Taliban Krieg zu führen, mit dem Scherz eingreift, dass wir schon »nicht mit einer Rakete für zwei Millionen Dollar auf ein leeres 10-Dollar-Zelt schießen, um ein Kamel in den Hintern zu treffen« (ebd., S. 87), dann übermittelt er seinen Landsleuten durch einen Witz die Botschaft, dass man sich als Westerner nicht mit überflüssigem Nachdenken aufhalten darf, sondern ganz selbstverständlich weiß, dass man mit seiner Munition vernünftig umgeht und sein Pulver nicht voreilig verschießt. Darüber hinaus legt Bush seinem Publikum durch diesen Scherz nahe, dass sie den auf sie wartenden Waffengang nicht zu fürchten brauchen. Denn der WASP ist heutzutage ein mit erstklassigen Bomben und Raketen ausgestatteter Mann, der seinen Kamele hütenden und in Zelten lebenden Feinden waffentechnisch so überlegen ist wie früher, als er noch mit dem Gewehr gegen den Büffel jagenden und in Wigwams wohnenden »roten Mann« kämpfte.

Die Begeisterung, mit der die Rede von Bush und seine Selbstinszenierung als Westerner aufgenommen wurde, spricht dafür, dass sich die Mehrzahl seiner Landsleute nach wie vor als die ihren Vorvätern folgenden Cowboys verstehen, für die das Tragen von Waffen Ausdruck von »Freiheit und Demokratie« ist und die sich in Amerika sicher fühlen, weil sie Haus und Boden jederzeit mit einem Gewehr in der Hand verteidigen können. Dass die Botschaft, die Bush seinen Zuhörerinnen und Zuhörern übermittelte, von seinen Landsleuten verstanden wurde, illustriert beispielhaft ein Plakat, das bin Laden als einen Gangster zeigte, auf den der Sheriff des wilden Westens Jagd machen lässt (vgl. Abb. 9).

Abb. 9 (Knüpfer/Berke 2001, S. 119): Das aus einer New Yorker Zeitung stammende Fahndungsplakat weckt durch Schrift und Text die Welt des wilden Westens zu neuem Leben. Denn der in dieser Welt das Gute verkörpernde Sheriff heftete in der Westernstadt Flugblätter an Häuserwände, um

die Jagd auf einen Banditen zu eröffnen, der ihm »tot oder lebendig« aus-
zuliefern sei. Das Plakat stilisiert die Metropole an der Ostküste zur Bühne
für die New Yorker Polizisten, die wie einst der Sheriff des wilden Westens
»Recht und Ordnung« wiederherstellen, indem sie nach dem Überfall wach-
sam nach dem Bösen Ausschau halten.

So lässt sich die manifeste Bedeutung von Bushs Ansprache folgendermaßen zusammenfassen: Indem Bush die durch die Terroranschläge eingetretene
politische Krisenlage als Bühne für seine Selbstinszenierung als starker und
entschlossener Präsident nutzt, der sich in dieser Grenzsituation auf die Tugenden der Pionierzeit zurückbesinnt und dem Bösen mutig ins Auge schaut,
um zu dem Schluss zu gelangen, dass Amerika als das von Gott auserwählte
neue Volk Israel gegen den Terrorismus Krieg führen muss, setzt er sich ganz
im Sinne von Max Weber (1922b) als ein charismatischer Führer in Szene, der
mit »spezifisch außeralltäglichen, nicht jedem andern zugänglichen Kräften
oder Eigenschaften (begabt)« erscheint (S. 140). Indem er mit wenigen Worten
umreißt, dass Amerika gegen den Terrorismus Krieg führen werde, verschafft
er sich das Charisma des »Kriegshelden« (ebd.), der entschlossen ist, die gigan-
tischste Militärmaschinerie der Welt einzusetzen. Und indem er einen Psalm
aus der Bibel zitiert und sich darauf bezieht, dass Amerika als das von Gott
auserwählte Volk »das hellste Leuchtfeuer für Freiheit und Chancen auf der
Welt« darstellt, setzt er zugleich auf das Charisma eines Predigers (vgl. ebd.),
der weiß, dass Gott seinen Kampf gegen das Böse segnen wird.

So verdampft der soziale und politische Kontext, aus dem es zu den Terroranschlägen gekommen ist, über dem Feuer der archetypischen Situation,
die unter Bushs Regie Gestalt annimmt: Angesichts der Attentate vom 11.
September finden sich die Amerikaner als WASP an der Grenze zu einer
neuen Wildnis wieder, an der die Zivilisation mit der Waffe in der Hand
gegen dunkelhäutige Araber verteidigt werden muss, welche amerikanische
Flugzeuge mit Teppichmessern entführen und sie mitsamt ihrer Passagiere in
Wolkenkratzer so stürzen, wie einst die »Rothäute« die Siedlungen des weißen
Mannes in Brand gesetzt und ihre Frauen entführt hätten. In dieser Lage wird
Bush Charisma zugesprochen, weil er sich als ein kriegerischer Nachfahre der
Pioniere des Westens erweist, der als mit dem Glauben an Gott aufgewach-
sener Mann den Kampf mit »stahlharter Entschlossenheit« führen wird. Der
Krieg gegen die feindliche Macht, welche die Terroranschläge durchgeführt

hat, avanciert damit zu dem schon von Huntington (1996) als unausweichlich beschriebenem »Kampf der Kulturen«, den der WASP so siegreich bestehen werde wie einst die »Indianerkriege«.

Wie es in den Ausführungen zur Methode (Kapitel I) umrissen wurde, wird der Zugang zum latenten Sinn der Rede über verschiedene Irritationen zugänglich, welche die Studierenden zur Sprache brachten, die an meinem an der Universität Frankfurt am Main durchgeführten Seminar teilnahmen:

Bushs (2001a) Satz, dass »unser Militär […] mächtig und […] vorbereitet« sei, irritierte in zweierlei Hinsicht: Einerseits befremdeten diese Worte, weil die Terroranschläge das FBI und den CIA völlig unvorbereitet getroffen haben. So wird deutlich, was der Präsident unbewusst zu machen versucht: Die Wahrheit, dass auch die Geheimdienste durch die Attentate überrascht wurden, wird auf die latente Bedeutungsebene der Ansprache verbannt, um den Eindruck zu erwecken, dass der Präsident und die Regierungsbehörden alles unter Kontrolle haben und mit den durch die Terroranschläge aufgeworfenen Problemen auf der Basis einer Politik der militärischen Stärke fertig werden. Andererseits irritierte dieser Satz, weil nicht zur Sprache gebracht wird, worauf das Militär vorbereitet ist. Das ergibt sich erst aus dem weiteren Verlauf der Ansprache, wenn Bush in einer ähnlich befremdenden Weise über den »Krieg gegen den Terrorismus« redet. Beide Szenen verbindet nämlich, dass verschwiegen wird, worauf es nach den Attentaten ankommt: Wie in der ersten Szene nicht ausgesprochen wird, worauf das Militär vorbereitet ist, so wird in der zweiten Szene übergangen, weshalb »Krieg« als das einzige Mittel der Wahl erscheint. Wo aber nicht mehr Ziele und Gründe erörtert werden, da soll das Nachdenken über verschiedene Optionen auf die latente Bedeutungsebene einer Rede verbannt werden, deren manifester Sinn zu einem tatkräftigen Handeln auffordert, das auf militärische Interventionen und »Krieg gegen den Terrorismus« einstimmt.

Die Studierenden irritierte auch die Erklärung, die Bush für die Terroranschläge vom 11. September gibt: Die Vereinigten Staaten wurden für den Angriff als Ziel ausgesucht, weil sie »das hellste Leuchtfeuer für Freiheit und Chancen auf der Welt« seien (ebd.). Bushs Einschätzung, dass die Terroristen Amerika hassen, weil sie neidisch sind auf das Land der Freiheit und der unbegrenzten Möglichkeiten, übersieht, was schon die indische Schriftstellerin Arundhati Roy (2001) bemerkt hat: Dass die Terroristen nicht die Freiheitsstatue, sondern mit dem World Trade Center und dem Pentagon die Zentren der wirtschaftlichen und militärischen Macht angegriffen haben. Wenn Bush auf der manifesten Bedeutungsebene der Rede darauf insistiert, dass die Terroristen das Böse verkörpern und den Amerikanern Freiheit und Demokratie neiden, dann versucht er zu verleugnen und unbewusst zu machen, was amerikanische Schriftsteller wie O'Nan kritisieren. Zwar wissen die Amerikaner, dass sie Feinde haben, sie denken aber nicht darüber nach, »warum wir diese Feinde haben« (O'Nan 2001, S. 41). Was Bush auf eine latente Bedeutungsebene seiner Rede zu verbannen sucht, ist daher zweierlei: Durch die Worte, dass die Terroristen das Böse verkörpern, unterschlägt Bush, dass die Vereinigten Staaten bin Laden und die Taliban auf dem Umweg über den pakistanischen Geheimdienst ein Jahrzehnt lang mit Geld und Waffen unterstützt haben. Denn die Islamisten, die gegen die sowjetischen Besatzer kämpften, waren für die Amerikaner Waffenbrüder im Kampf gegen den Kommunismus und Verhandlungspartner für den Bau einer Gas-Pipeline durch Afghanistan. Mit der Betonung darauf, dass »Freiheit und Demokratie« angegriffen worden seien, versucht Bush daher unbewusst zu machen, dass die Attentate auch ein Symptom der Auflehnung gegen die Hegemonialpolitik der einzigen Supermacht sind, die sich am Persischen Golf und am Kaspischen Meer vor allem deshalb militärisch engagiert, weil die Washingtoner Regierung weiterhin ihre Rohstoffversorgung durch die Öl- und Gasvorkommen der arabisch-islamischen Länder sichern will.

Schließlich befremdete auch der folgende Satz des Präsidenten:

>»Terroristische Angriffe können die Fundamente unserer größten Gebäude erschüttern, aber sie können nicht die fundamentalen Werte Amerikas angreifen. Diese Akte haben Stahl zertrümmert, aber sie können keinen Riss in der stahlharten Entschlossenheit Amerikas verursachen.«

Was Bush über die Folgen der Terroranschläge sagt, irritierte die Studierenden, weil seine Worte in zweierlei Hinsicht unangemessen, widersprüchlich oder irreführend sind:

Einerseits befremdete, dass Bush lediglich von einer »Erschütterung« der »Fundamente unserer größten Gebäude« spricht, obwohl die Zwillingstürme bis in ihre Fundamente hinein zerstört wurden. So entsteht auf der präsentativen Symbolebene dieser Worte der falsche Eindruck, als ob ein Erdbeben die Hochhäuser lediglich zum Schwanken gebracht, jedoch insgesamt unversehrt gelassen hätte. Diese euphemistische Redewendung spricht dafür, dass der Präsident die eingetretene Katastrophe zu relativieren versucht.

Andererseits fällt folgender Widerspruch auf: Obschon Bush zu Beginn seiner Ansprache erklärt hat, dass durch die Attentate »unsere Lebensweise« und »unsere Freiheit« angegriffen worden seien, redet er sieben Sätze später davon, dass die Terroranschläge »nicht die fundamentalen Werte Amerikas angreifen« können. Dass er einmal von einem Angriff auf »unsere Freiheit« und das andere Mal von der Unangreifbarkeit unserer »moralischen Prinzipien« spricht, ist ein eklatanter Widerspruch, der sich als Ausdruck des Gegensatzes zwischen dem manifesten und dem latenten Sinn der Rede begreifen lässt: Der manifeste Sinn des ersten Satzes lautet, dass Bush die Anschläge als Angriff auf die Moralprinzipien der USA begreift. Damit versucht er auf die latente Bedeutungsebene der Rede zu verbannen, dass sich die Anschläge gegen die wirtschaftliche und militärische Vorherrschaft Amerikas richten. Der zweite Satz, dass die Anschläge die moralischen Prinzipien der USA nicht angreifen können, ist daher ein missglückter Satz, ein Symptom, das sich als Resultat einer Kompromissbildung begreifen lässt: Bush will damit sagen, die moralischen Prinzipien der Vereinigten Staaten seien so stark, dass die Attentate sie gar nicht erschüttern können. Er verrät freilich mit dieser Bemerkung etwas, was er dementieren will: Nämlich die Wahrheit, dass man von einem Angriff auf die Moralprinzipien der USA eigentlich gar nicht sprechen kann, weil die Terroristen sich nicht gegen »Freiheit und Demokratie«, sondern vielmehr gegen die ökonomische und militärische Hegemonie der einzigen Supermacht gewandt haben.

Damit wird fassbar, weshalb die Rede des Präsidenten bei seinen Landsleuten ankam: Indem er durch seine euphemistische Schilderung der Attentate das Ungeheuerliche der viele Fragen aufwerfenden Katastrophe entwirklichte, versuchte er seine ZuhörerInnen gegen kritische Einwände der Vernunft und gegen Irritationen des Unbewussten zu immunisieren, aufgrund derer sie auf Bushs Entschlossenheit zum Krieg mit Unbehagen hätten reagieren können. Ganz in diesem Sinne wirkten auch die Worte des Präsidenten, dass die Regierung alles im Griff habe und die Behörden wieder zur Tagesordnung übergehen würden. Wie betroffen Bush sich auch angesichts der Terroranschläge gab, die Attentate wurden im Rückgriff auf die um den Westen entstandene Mythenbildung als Überfälle einer bösen Macht aufgefasst, gegen die der kämpferische Amerikaner (WASP) in den Krieg ziehen müsste. Derart sollte so schnell wie möglich die Normalität wieder hergestellt werden, die durch das Leben in einer durch die wirtschaftliche und militärische Vorherrschaft der USA geprägten Weltlage bestimmt wird.

Die szenische Rekonstruktion der Bush-Rede erhellt, welche Sozialisationsaufgabe die Ansprache des amerikanischen Präsidenten am Abend des 11. September übernahm. Indem auf der manifesten Bedeutungsebene der Rede von Amerikas mächtigem Militärapparat gesprochen wurde, der »vorbereitet« sei, indem vom politischen Neid der Terroristen auf Freiheit und Demokratie die Rede war, indem vom Kampf Amerikas, das Gott segnen möge, gegen das Böse gesprochen wurde, stellte die Bush-Rede einen politischen Diskurs her, der den durch die Attentate ausgelösten Ängsten seiner Landsleute und ersten Übergriffen auf muslimische MitbürgerInnen entgegenwirkte. Denn Bush appellierte an patriotische Gefühle, indem er zum nationalen Zusammenhalt aller Amerikaner aufrief, die gemeinsam Opfer für den Krieg gegen den äußeren Feind bringen müssten. Zugleich entzog dieser politische Diskurs der öffentlichen Diskussion die vor allem von amerikanischen Intellektuellen aufgeworfenen heiklen Fragen, die zu einer kritischen Auseinandersetzung mit der amerikanischen Sicherheits- und Außenpolitik hätten führen können. So wurden die Probleme des Versagens von FBI und CIA, der jahrelangen militärischen Unterstützung für Osama bin Laden und seine Mudschahedin und der amerikanischen Globalisierungspolitik – die eine internationale Arbeitsteilung auf Kosten der Länder der Dritten Welt durchsetzt – auf die latente Bedeutungsebene der Bush-Rede verbannt. Stattdessen verlieh der Präsident dem manifesten Sinn seiner Rede eine charismatische Qualität, indem er auf den amerikanischen Traum zurückgriff, demzufolge Amerikaner starke Westerner seien, die an das Gute glauben und bei einem Überfall zu den Waffen greifen, um den Kampf gegen das Böse aufzunehmen.

4 Tiefenhermeneutische Rekonstruktion der Rede von Osama bin Laden zum 11. September

Als Amerika den Krieg gegen bin Laden und die Taliban durch erste militärische Angriffe auf Ziele in Afghanistan eröffnete, wurde dem arabischen TV-Sender al-Dschasira ein Video-Tape mit dem Chef des Terroristennetzwerks al-Qaida zugespielt.[10] Der Wortlaut dieser Rede, die am 7. Oktober ausgestrahlt wurde, ist folgender:

>»Ich bezeuge, dass es keinen Gott außer Allah gibt, und Mohammed ist sein Prophet. Da ist Amerika, von Gott getroffen an einer seiner empfindlichsten Stellen. Seine größten Gebäude wurden zerstört, Gott sei Dank dafür. Da ist Amerika, voll Angst von Norden nach Süden, von Westen nach Osten. Gott sei Dank dafür.
>
>Was Amerika jetzt erfährt, ist unbedeutend im Vergleich zu dem, was wir seit etlichen Jahren erfahren. Unsere Gemeinschaft erfährt diese Erniedrigung und diese Entwürdigung seit mehr als 80 Jahren.
>
>Ihre Söhne werden getötet, ihr Blut wird vergossen, ihre Heiligtümer werden angegriffen, und niemand hört es, und niemand nimmt Notiz. Als Gott eine der Gruppen des Islams segnete, Speerspitzen des Islams, zerstörten sie Amerika. Ich bete zu Gott, dass er sie erhöhen und segnen möge.
>
>Während ich spreche, werden Millionen unschuldiger Kinder getötet. Sie werden in Irak getötet, ohne Sünden zu begehen, und wir hören keine Verurteilungen oder eine Fatwa von der Führung. Dieser Tage suchen israelische Panzer Palästina heim – in Jenin, Ramallah, Rafah, Beit Jalla und an anderen Orten im Land des Islams, und wir hören niemanden, der seine Stimme erhebt oder sich einen Schritt bewegt.
>
>Wenn das Schwert niedergeht, nach 80 Jahren, richtet die Heuchelei ihr hässliches Haupt auf. Sie trauern und sie klagen um diese Mörder,

die das Blut, die Ehre und die Heiligtümer der Muslime missbraucht haben. Das Geringste, was man über diese Leute sagen kann, ist, dass sie verderbt sind. Sie sind der Ungerechtigkeit gefolgt. Sie haben dem Schlachter den Vorzug vor dem Opfer gegeben, dem Unterdrücker vor dem unschuldigen Kind. Möge Gott ihnen seinen Zorn zeigen und ihnen geben, was sie verdienen.

Ich sage, dass die Lage klar und offensichtlich ist. Nach diesem Ereignis, nachdem die Regierungsvertreter in Amerika gesprochen haben, angefangen mit dem Kopf der Ungläubigen weltweit, Bush und seinen Begleitern, sind sie mit Macht mit ihren Männern angetreten und haben sogar die Länder, die zum Islam gehören, zu diesem Verrat bewogen, und sie wollen Gott ihre Kehrseite zeigen, um den Islam zu bekämpfen, um Menschen im Namen des Terrorismus zu unterdrücken.

Als Menschen am Ende der Welt, in Japan, zu Hunderttausenden getötet wurden, Junge und Alte, wurde das nicht als Kriegsverbrechen betrachtet, sondern es gilt als etwas, das gerechtfertigt ist. Aber wenn sie Dutzende Menschen in Nairobi und Daressalam verlieren, wird Irak angegriffen und Afghanistan angegriffen. Die Heuchelei stand mit ganzer Macht hinter dem Kopf der Ungläubigen weltweit, hinter den Feiglingen dieses Zeitalters, Amerika und denen, die auf dessen Seite sind. Diese Ereignisse haben die ganze Welt in zwei Lager geteilt: das Lager der Gläubigen und das Lager der Ungläubigen, möge Gott euch von ihnen fern halten. Jeder Muslim muss danach drängen, seiner Religion zum Sieg zu verhelfen. Der Sturm des Glaubens ist gekommen. Der Sturm der Veränderung ist gekommen, um die Unterdrückung von Mohammeds Insel auszumerzen, Friede sei mit ihm. An Amerika und sein Volk richte ich nur wenige Worte. Ich schwöre bei Gott, der den Himmel ohne Säulen errichtet hat, weder Amerika noch die Menschen, die dort leben, werden von Sicherheit träumen, bevor wir diese in Palästina leben und nicht bevor alle ungläubigen Armeen das Land Mohammeds verlassen, Friede sei mit ihm.« (Bin Laden 2001, S. 138)

Die vor dem Hintergrund einer tiefenhermeneutischen Gruppeninterpretation mit Studierenden zustande gekommene szenische Rekonstruktion der Rede des Terroristenführers lässt sich folgendermaßen zusammenfassen:

Abb. 10 (Der Spiegel 4. 9. 2006, S. 86): Indem Osama bin Laden mit warmen Augen freundlich in die Kamera schaut, signalisiert er, dass er im Einklang mit Gott das Gute will. Dass er entschlossen ist, seinen Worten auch Taten folgen zu lassen, signalisiert das Gewehr neben ihm. Es ist ihm als einem überzeugten Gotteskrieger so vertraut, dass es wie eine Braut auf einem Kissen neben ihm liegt.

Bin Laden (vgl. Abb. 10) eröffnet seine Ansprache mit den Worten: »Ich bezeuge, dass es keinen Gott außer Allah gibt, und Mohammed ist sein Prophet.« Auf diese Weise setzt sich bin Laden als ein Gott ergebener Muslim in Szene, für den allein der Islam Anspruch darauf erheben kann, der wahre Glaube zu sein. Sodann nimmt bin Laden zu den Ereignissen des 11. September Stellung:

> »Da ist Amerika, von Gott getroffen an einer seiner empfindlichsten Stellen. Seine größten Gebäude wurden zerstört, Gott sei Dank dafür. Da ist Amerika, voll Angst von Norden nach Süden, von Westen nach Osten, Gott sei Dank dafür.«

Die Botschaft, dass die Terroranschläge als ein göttliches Strafgericht zu begreifen seien, kleidet bin Laden in die Form eines an Allah gerichteten Dankgebetes. Was Amerika unter dem Eindruck der Attentate vom 11. September widerfahre, sei »unbedeutend« im Vergleich zu der »Erniedrigung« und »Entwürdigung«, welche die Muslime seit vielen Jahrzehnten erlebt hätten. Mit diesen Worten spielt bin Laden auf die »inzwischen über ein halbes Jahrhundert andauernde Geschichte angloamerikanischer Interventionen im Nahen und Mittleren Osten« an. Hatten zunächst Engländer und Franzosen in der Golfregion »wegen der dort lagernden ergiebigsten Ölquellen der Welt« ihre geopolitischen Interessen verfolgt, so traten an deren Stelle nach dem Zweiten Weltkrieg die Vereinigten Staaten, die durch die Verfügung über die fossilen Energieressourcen dieser Region »die eigene Hegemonialpolitik gegenüber Russland, China und den westlichen Verbündeten Japan und Europa« zu sichern suchen (Massarat 2002, S. 59ff.).

Ganz im Sinne der Terroranschläge auf New York und Washington konzentriert bin Laden seine Angriffe auf den Westen auf die Auseinandersetzung mit den Vereinigten Staaten, denen er dreierlei vorwirft:
1. Wie es niemand »verurteile«, dass im Irak »Millionen unschuldiger Kinder getötet« werden, so »erhebe niemand seine Stimme« dagegen, dass Israels Panzer palästinensische Städte besetzen. Bin Laden kritisiert, dass sich die Politik der Amerikaner durch große »Ungerechtigkeit« auszeichnet. Während die USA »seit einem Jahrzehnt mit aller Härte, einschließlich wiederholter Luftangriffe, versuchen, die vom Sicherheitsrat der Vereinten Nationen verhängten Sanktionen gegen den Irak durchzusetzen«, würden die Vereinigten Staaten es Israel erlauben, »so ziemlich jede Resolution des Sicherheitsrats und anderer internationaler Organisationen ungestraft« zu missachten (Büttner/

Hamzawy 2002, S. 1999). Bin Laden wendet sich dagegen, dass Amerika im Umgang mit dem Irak und mit Israel zweierlei Maß verwendet. Und er weckt Ohnmachtsgefühle und Wut, mit denen viele Araber und Muslime in der ganzen Welt darauf reagieren, dass Israel, die mit einer Vielzahl von Atomraketen ausgerüstete größte Militärmacht im Nahen und Mittleren Osten, die Palästinenser seit Jahrzehnten durch eine repressive Besatzungspolitik demütigt und unterdrückt. Büttner und Hamzawy blenden freilich die offen antisemitische Weltanschauung bin Ladens aus und reproduzieren sie in gewisser Weise. Denn die Autoren unterschlagen den ganz entscheidenden Grund dafür, weshalb sich das Verhältnis zwischen Israel und den USA, zwischen dem Staat Israel und den palästinensischen Autonomiegebieten sowie zwischen Israel und den umliegenden muslimischen Staaten nicht auf ökonomisch und militärisch unterschiedliche Machtverhältnisse reduzieren lässt. Sie ignorieren nämlich, dass die Vereinigten Staaten im Nahen Osten auch als eine Schutzmacht für Israel fungieren, dessen militärische Hochrüstung eine leider notwendige Bedingung seiner Existenz in der arabischen Welt ist, in welcher der Antisemitismus häufig tief im Denken und Fühlen der Bevölkerung verankert ist.

2. Wenn die Amerikaner um die Opfer des 11. September trauern, dann erhebe »die Heuchelei ihr hässliches Haupt«. Denn durch die Angriffe auf das World Trade Center und das Pentagon seien Amerikaner getötet worden, die »Mörder« seien, weil sie »das Blut, die Ehre und die Heiligtümer der Muslime missbraucht haben«. Zweifellos setzt bin Ladens Agitation auf die Mobilisierung von Vorurteilen und auf eine Hetze gegen die Amerikaner: Daher unterscheidet er nicht zwischen Republikanern und Demokraten, nicht zwischen amerikanischer Regierung und amerikanischem Volk, nicht zwischen Militärs und Zivilisten, nicht zwischen Männern, Frauen und Kindern. Vielmehr sind für ihn auch die Opfer der Attentate schuldig, weil sie dem »Lager der Ungläubigen« angehören, wohingegen allein die Attentäter dem »Lager der Gläubigen« zuzurechnen seien. Wie irrational diese politische Agitation auch ist, der Vorwurf der »Heuchelei« beeindruckt viele Araber und Araberinnen, weil die amerikanische Empörung darüber, dass die Terroranschläge sich gegen »Freiheit und Demokratie« richten würden, unterschlage, dass sich die Attentate gegen die Vorherrschaft der einzigen Supermacht im Nahen und Mittleren Osten richten. Wenn bin Laden sich auch an einer anderen Stelle seiner Rede darüber empört, dass »die Heuchelei [...] mit ganzer Macht hin-

ter dem Kopf der Ungläubigen« stehe, weil Amerika in seinen Kriegen viele Menschen getötet habe, aber selbst nur eigene Opfer beklage, dann hebt er bei aller Irrationalität seiner Angriffe doch auf eine Doppelmoral ab, die der amerikanischen Politik im Nahen und Mittleren Osten eigen ist: Obwohl Amerika unablässig fordert, »die Menschenrechte zu respektieren sowie Konflikte und Differenzen in demokratischem Kontext zu lösen« (Steinbach 2002, S. 141), haben die Vereinigten Staaten im Nahen und Mittleren Osten seit Jahrzehnten die Herrschaft autokratischer Regime als Gegenleistung dafür sichergestellt, dass sie billiges Erdöl erhalten. Nach Einschätzung von Gernot Rotter (2002) kritisiert eine »gemäßigte Mehrheit« in der arabischen Welt eben diese »Doppelzüngigkeit, Einäugigkeit und zuweilen auch die schlichte Heuchelei der westlichen Nahostpolitik«[11] (S. 35), die bin Laden in seiner politischen Agitation aufgreift.

Bin Laden empört sich über den »Verrat«, der darin bestehe, dass »Bush und seine Begleiter [...] sogar die Länder, die zum Islam gehören« für einen Kampf gegen den Islam eingenommen haben, »um Menschen im Namen des Terrorismus zu unterdrücken«. Wenn bin Laden von einem »Verrat« spricht, dann müsste sich sein Zorn eigentlich auf die arabischen Regierungen richten, die durch den Anschluss an die Antiterrorkoalition ihre muslimischen Brüder verraten würden. Doch für bin Laden sind wiederum die dem Lager der Ungläubigen zuzurechnenden Amerikaner die Schuldigen, welche die dem Lager der Gläubigen zuzuzählenden Araber zum Verrat anstiften. Wie der Vorwurf der »Heuchelei« zielt auch die Anklage der Anstiftung zum Verrat darauf, die Doppelmoral und angebliche Wertelosigkeit des Westens anzuprangern, in dessen Demokratien »der pure Materialismus herrsche, der individuelle Egoismus alles Handeln bestimme, Gewalt und Kriminalität die Normalität seien, [...] vor dem Hintergrund einer generellen Promiskuität alle Familienstrukturen in Auflösung begriffen seien und [...] die Frauen sich halbnackt durch die Straßen bewegten und Freiwild für jedermann seien« (Rotter 2002, S. 34). So versuche der Westen die islamische Welt nicht nur militärisch, sondern auch durch das Propagieren seiner Unwerte »in das moralische und physische Verderben zu reißen« (ebd.).

3. Wenn bin Laden erklärt, dass der »Sturm des Glaubens« gekommen sei, »um die Unterdrückung von Mohammeds Insel auszumerzen« und der Kampf gegen Amerika nicht aufhören werde, »bevor alle ungläubigen Armeen das

Land Mohammeds verlassen« haben, dann fordert er zu einem Heiligen Krieg der von Gottes Willen erfüllten Muslime gegen die Ungläubigen auf. Die Ungläubigen werden vor allem durch die als unmoralisch und gottlos fantasierten Vereinigten Staaten verkörpert, die »in Saudi-Arabien zehn Jahre nach dem Ende des zweiten Golfkrieges immer noch große Truppenkontingente auf geheiligtem muslimischen Boden« unterhalten, »obwohl sie sich nach islamischem Recht an den heiligen Stätten beziehungsweise auf der Arabischen Halbinsel nur als Nothelfer kurzfristig aufhalten dürften« (Büttner/ Hamzway 2002, S. 199f.).

Wie bin Laden durch seine Hetze gegen Amerika die Vorurteile und Ressentiments vieler AraberInnen weckt, mit denen sie auf die im Nahen Osten ihre geopolitischen Interessen verfolgenden Vereinigten Staaten reagieren, die als einzige westliche Schutzmacht das Existenzrecht Israels im Nahen Osten verteidigen und den Krieg gegen den Irak als Chance genutzt haben, um auf der arabischen Halbinsel Militärstützpunkte zu errichten, so versucht er einen blinden Hass auf die USA auch durch den Verweis darauf anzustacheln, dass in Amerika ja auch das Töten von Hunderttausenden von Japanern »nicht als Kriegsverbrechen betrachtet« werde. Bin Laden spielt mit diesen Worten darauf an, dass Amerika im Zweiten Weltkrieg durch das Abwerfen zweier Atombomben Hunderttausende von Zivilisten in Hiroshima und Nagasaki tötete.

Angesichts der ohnmächtigen Wut, mit der viele Araberinnen und Araber auf die Dominanz und Präsenz der Amerikaner im Nahen und Mittleren Osten reagieren, vermag bin Laden die Terrorakte des 11. September als Befreiungsschlag darzustellen. Wenn Amerika seine geopolitischen Interessen in der Golfregion und nun auch am Kaspischen Meer mit Waffengewalt auf Kosten der arabisch-islamischen Völker durchsetzt, dann kann man mit Steinbach (2002) davon reden, dass sich die Anschläge des 11. September aus der Sicht bin Ladens als »Gegengewalt« darstellen (S. 148), aufgrund derer die AraberInnen Gott für das Gelingen der Anschläge dankbar sein könnten. Die Terroranschläge auf New York und Washington seien geglückt, weil Gott die Attentäter »segnete«, Muslime, welche bin Laden als »Speerspitzen des Islams« feiert.

Was durch diese Worte beschworen wird, lässt sich in seinem ganzen Umfang erst verstehen, wenn man sich vergegenwärtigt, was es bedeutet, dass der

Führer des Terroristennetzwerks al-Qaida selbstbewusst im Namen Allahs spricht und auf einen Gründungsmythos Bezug nimmt, den er (1998) schon in einer vor Jahren gehaltenen Ansprache entworfen hat, als er zum »Heiligen Krieg gegen Juden und Kreuzfahrer« aufrief:

> »Die Arabische Halbinsel ist niemals – seit Gott sie zur Ebene machte und ihre Wüste erschuf und sie mit Meeren umgab – von irgendwelchen Streitmächten so erstürmt worden wie von den Kreuzritterheeren, die sich darin wie Wanderheuschrecken ausbreiten, ihre Reichtümer vertilgen und ihre Pflanzungen verwüsten. [...]
>
> Seit mehr als sieben Jahren halten die Vereinigten Staaten von Amerika die Länder des Islam und seine heiligsten Stätten, die Arabische Halbinsel, besetzt, plündern ihre Reichtümer aus, bevormunden ihre Herrscher, demütigen ihre Menschen, terrorisieren ihre Nachbarn und machen ihre Militärbasen auf der Halbinsel zu einer Speerspitze, um die benachbarten muslimischen Völker zu bekämpfen [...].
>
> Trotz der großen Verwüstungen und Zerstörungen, die dem irakischen Volk von der Allianz der Kreuzfahrer und Zionisten zugefügt wurden, und trotz der riesigen Anzahl der Getöteten, die eine Million überschritten hat [...] trotz alldem versuchen die Amerikaner, abermals diese entsetzlichen Massaker zu wiederholen, als könnten sie sich nicht mit der lang anhaltenden Blockade zufrieden geben, die sie nach dem grausamen Krieg und der Zerstörung und Verwüstung verhängt haben. [...]
>
> Alle diese von den Amerikanern begangenen Verbrechen und Sünden sind eine eindeutige Kriegserklärung gegen Gott, seinen Propheten und die Muslime. Und in der gesamten islamischen Geschichte sind die Ulema (Rechts- und Religionsgelehrte) einstimmig der Ansicht, dass der heilige Krieg eine persönliche Pflicht ist, wenn der Feind die muslimischen Länder zerstört. [...] Auf dieser Grundlage und gemäß Gottes Gebot erlassen wir die folgende Fatwa an alle Muslime: Der Beschluss, die Amerikaner und ihre Verbündeten – Zivilisten und Militär – zu töten, ist eine persönliche Pflicht für einen jeden Muslim, und er kann sie in jedem Land, wo dies möglich ist, erfüllen, um die Al-Aksa-Moschee und die heilige Moschee (Mekka) aus ihrem Griff zu befreien und damit sich ihre Armeen – geschlagen und außer Stande, noch irgendwelche Muslime zu bedrohen – aus allen islamischen Ländern entfernen. Dies steht im

Einklang mit den Worten des Allmächtigen Gottes: ›[…] und bekämpft die Ungläubigen allesamt so, wie sie euch alle bekämpfen‹ […].

Wir rufen – mit Gottes Hilfe – jeden Muslim auf, […] nach Gottes Gebot zu handeln und die Amerikaner zu töten und ihr Geld zu rauben, wo und wann immer sie zu finden sind. Wir appellieren auch an muslimische Ulema, Führer, Jugendliche und Soldaten, den Angriff auf des Satans US-Truppen und auf die mit ihnen verbündeten Unterstützer des Teufels zu unternehmen und jene zu verjagen, die hinter ihnen stehen, auf dass es ihnen eine Lehre sein möge.

[…]

Der Allmächtige Gott sagt auch: ›O ihr, die ihr glaubt, wie ist es um euch bestellt, dass ihr, wenn ihr aufgerufen seid, für die Sache Gottes einzutreten, euch so sehr an diese Erde klammert! Zieht ihr das Leben auf dieser Welt dem in der jenseitigen vor? Wo doch das Wohlergehen auf dieser Welt so viel geringer ist im Vergleich zu dem im Jenseits. Wenn ihr euch nicht voranwagt, wird Er euch mit schweren Strafen belegen und andere an eurer statt nehmen‹ […]. Der Allmächtige Gott sagt auch: ›So verliert nicht den Mut und verzweifelt nicht. Denn ihr müsst die Oberhand gewinnen, wenn ihr fest im Glauben seid.‹« (S. 118)

Ohne dass es im Rahmen dieses Beitrags möglich wäre, diese Rede eingehend zu interpretieren, soll doch rekonstruiert werden, wodurch bin Ladens Worte eine Wirkung auf sein Publikum entfalten:

Bin Laden eröffnet die Rede damit, dass er eine Schöpfungsgeschichte erzählt: Indem er davon erzählt, dass die Arabische Halbinsel als eine »Ebene« gestaltet worden sei, die der Schöpfer mit Wüsten und Meeren umgeben habe, hebt er darauf ab, dass Gott den Arabern eine Erde geschaffen habe, auf der sie durch natürliche Grenzen vor feindlich gesinnten Eindringlingen geschützt seien. Diese von Allah geschaffene natürliche Ordnung der Welt sei aber durch die Amerikaner gestört worden, welche seit sieben Jahren wie »Wanderheuschrecken« über das Heilige Land hergefallen seien, um seine »Pflanzungen zu verwüsten« und im Zuge der Ausbeutung seiner Ölfelder seine »Reichtümer zu tilgen«. Derart rekurriert bin Laden auf die biblische Geschichte, der zufolge Gott sieben Jahre lang über die Ägypter Plagen wie die Heuschreckenschwärme schickte, um sie dafür zu bestrafen, dass sie das von Moses geführte Volk Gottes – das dieser Geschichte des Alten Testaments zufolge freilich durch die Juden verkörpert wird – nicht aus der Gefangenschaft entließen. Und schließlich spricht er davon, dass die Amerikaner wie die Kreuzritter des Mittelalters die islamische Welt mit Krieg überziehen, »Massaker« verüben und die eroberten Gebiete »zerstören und verwüsten«. So gelingt es bin Laden mit wenigen Worten, die Amerikaner zur aktuellen Verkörperung des Bösen zu stilisieren, durch dessen Auftreten die Araber aus dem von Gott geschaffenen Paradies vertrieben werden sollen.

Wenn aber die wie die Kreuzfahrer ins Heilige Land eingefallenen Amerikaner über eine Million irakischer Muslime getötet haben und mit ihren »entsetzlichen Massakern« fortfahren, dann begehen sie Verbrechen, die eine »Kriegserklärung gegen Gott, seinen Propheten und die Muslime« bedeuten. Unter diesen Umständen erscheint bin Ladens Aufruf zum Dschihad, zum Heiligen Krieg gegen die Amerikaner unausweichlich, weil sie wie die in biblischer Vorzeit von Gott gestraften Ägypter und die Kreuzfahrer der mittelalterlichen Eroberungsfeldzüge auf Seiten des Teufels stehen. Und nur durch den Kampf gegen diese neue Macht Satans lasse sich das Paradies wiederherstellen, das Allah mit der Arabischen Halbinsel für das von ihm auserwählte Volk geschaffen habe. Ob durch den Verweis auf die Kreuzritter die Erinnerung daran geweckt wird, dass der Westen schon im Mittelalter Krieg gegen die islamische Welt führte, oder ob durch die Rede von den »Wanderheuschrecken« der Feind seiner menschlichen Gestalt beraubt wird, um ihn in einen Parasiten zu verwandeln, einen Schädling, den man ausrotten muss, um die die eigene Ernährung sichernden Pflanzungen zu retten, – in beiden Fällen wird auf die in einer Schöpfungsgeschichte zum Ausdruck gebrachte Mythenbildung rekurriert. So werden die biblische Geschichte über die von Gott über die Ägypter verhängten Plagen, die Geschichte der Kreuzzüge und die aktuellen Konflikte mit Amerikanern und Israelis zu einzelnen Etappen einer großen Schlacht stilisiert, welche die Araber führen müssen, um das Böse zu bekämpfen und das Paradies wiederherzustellen, das Gott ihnen mit dem Leben auf der Arabischen Halbinsel geschenkt hat. Auf diese Weise entwirft bin Laden ganz im Sinne von Rotter (2001) eine die Geschichte in »Heilsgeschichte« auflösende Welt, »die mit Muhammad begann, bis heute andauert und gegen westliche Hegemonialbestrebungen verteidigt werden muss« (S. 33). Bin Laden erklärt die Moderne damit zu einem Sündenfall, einem Projekt der westlichen Welt, die sich schon vor vielen Jahrhunderten gegen die islamische Welt verschworen habe und sie vernichten wolle (vgl. ebd.).

Abb. 11: (Chronik aktuell 2001, S. 138): Wenn bin Laden mit warmen Augen ruhig und ernst ins Mikrofon spricht und dabei einen Kampfanzug trägt und sich in Griffweite neben ihm ein Gewehr befindet, dann versteht er es, als Gotteskrieger das Heilige mit dem Kämpferischen zu verknüpfen.

So stilisiert bin Laden die Attentate vom 11. September zu einer Schlacht des Glaubens im Heiligen Krieg gegen die Ungläubigen, zu dem er 1998 aufgerufen hat. Das am 7.10. 2001 ausgestrahlte Video-Tape unterstreicht diese Botschaft durch die Art und Weise, wie bin Laden redet. Navid Kermani (2001) hat darauf aufmerksam gemacht, dass bin Laden »ein schönes Arabisch« spricht (S. 38): »Er wählt altertümliche Worte, die den gebildeten Arabern aus der religiösen Literatur und der klassischen Poesie vertraut sind, und hütet sich vor Neologismen« (ebd.). Bin Laden rede nicht »wie ein Fanatiker, sondern leise, behutsam, in einem schlichten, überzeugenden Arabisch« (ebd., S. 41). Wie »die bemühte Bescheidenheit des Ausdrucks […] ans Herz der Glaubensbrüder zu rühren trachtet« (ebd., S. 38), so künde seine Rhetorik »noch im Fehlen von Betonungen […] vom puritanisch-wahabitischen Geist, der angeblich mit jenem des göttlich Gesandten identisch ist« (ebd.).

Dem Inhalt und der Form seiner Rede verleiht bin Laden zudem durch seine telegene Selbstinszenierung Nachdruck (vgl. Abb. 11): Er trägt vor der Videokamera einen Kampfanzug und hat eine Kalaschnikow bei sich, die hinter ihm an der Felswand lehnt. So setzt er sich als ein Gotteskrieger in Szene, der sich in einem Heiligen Krieg gegen die Ungläubigen befindet. Wie Büttner und Hamzawy (2002) festgestellt haben, wird diese Selbstinszenierung auch durch den Ort unterstrichen, von dem aus sich bin Laden an seine Zuhörerinnen und Zuhörer wendet. Denn dass bin Laden sich aus einem Versteck in den Bergen Afghanistans zu Worte meldet, erinnert viele Muslime an das Versteck des Propheten Mohammed, der sich 622 bei seiner Auswanderung von Mekka nach Medina in der Höhle von Hira verbarg. Indem er wie Mohammed, der sich vor den auf der Vielgötterei bestehenden Mekkanern versteckte, in einer Höhle Zuflucht sucht, verschafft bin Laden sich die Aura eines Propheten. Wie Mohammed in einer Höhle verweilte, bevor er auf der Grundlage göttlicher Weisungen in Medina eine islamische Gemeinde aufbaute und von dort aus Mekka eroberte und die gesamte Arabische Halbinsel dem göttlichen Willen unterwarf, so zieht auch bin Laden in eine Berghöhle des Hindukusch, bevor er an der Spitze seiner Gotteskämpfer erneut den Kampf gegen die Ungläubigen aufnimmt.

Der manifeste Sinn dieser Rede lässt sich daher folgendermaßen zusammenfassen: Indem bin Laden Gott dafür dankt, dass er das World Trade Center zerstört hat, und indem er davon redet, dass Gott den Attentätern seinen Segen gegeben habe, tritt auch er als ein charismatischer Führer auf, der sich ganz im Sinne Max Webers (1922b) als mit »außeralltäglichen Kräften« begabt und als »gottgesandt« darstellt (S. 140). Charisma nimmt bin Laden sowohl als Prediger, der im Namen Gottes zum Heiligen Krieg gegen die Ungläubigen aufruft, als auch als Kriegsheld in Anspruch, der sich mit seinen arabischen Glaubenskriegern im afghanischen Krieg gegen die Sowjetunion bewährt hat und nun auch den Kampf mit Amerika aufnimmt. Seine außeralltägliche Herrschaft wird auch durch den opferbereiten Einsatz der Selbstmordattentäter bestätigt, die durch ihren Märtyrertod »eine aus Begeisterung [...] und Hoffnung geborene gläubige, ganz persönliche Hingabe« an den charismatischen Führer zum Ausdruck bringen (ebd.).

Durch bin Ladens charismatische Selbstinszenierung gewinnen die Anschläge vom 11. September eine besondere Qualität: Wenn die Wolkenkratzer von Heiligen Kriegern zerstört worden sind, die ihr Leben aufopferten, um als

Diener Allahs die Ungläubigen zu strafen, dann stellen die von Amerikanern errichteten Wolkenkratzer New Yorks einen neuen Turmbau zu Babel dar, der eine Gotteslästerung darstellt. Mit den Worten, dass Gott »den Himmel ohne Säulen errichtet hat«, bringt bin Laden feierlich zum Ausdruck, dass Allah eine Erde geschaffen habe, auf der die Gläubigen leben sollen, ohne sich durch das Errichten von Wolkenkratzern an Gottes Schöpfung zu versündigen. Wie Gott das babylonische Volk für die Freveltat bestrafte, dass sie ihm durch einen bis zum Himmel reichenden Turm gleich sein wollten, so haben die Terroristen im Namen Allahs die Amerikaner dafür bestraft, dass sie sich im Nahen und Mittleren Osten als Herrgötter aufführen, die in ihrem Sündenbabel New York bis in die Wolken ragende Zwillingstürme errichtet haben.

Über die Irritation, mit der in christlichen und muslimischen Elternhäusern aufgewachsene Studentinnen und Studenten auf die Inkonsistenzen und Widersprüche der Ansprache von bin Laden reagierten, ließ sich ein Zugang zu dem latenten Sinn erschließen, der sich hinter dem manifesten Sinn der Rede verbirgt:

Eine erste Irritation ergibt sich aus dem fanatischen Eifer, mit dem bin Laden die Gottergebenheit aller Muslime und die Gottlosigkeit seiner politischen Feinde beschwört. Indem er darauf besteht, dass es »keinen Gott außer Allah gibt«, und er »die ganze Welt in zwei Lager« spaltet, »das Lager der Gläubigen«, die Gottes Willen folgen, und »das Lager der Ungläubigen«, die sich versündigen und Gottes Zorn auf sich ziehen, macht er unbewusst, dass der Islam eine unter mehreren Weltreligionen ist, die auf unterschiedliche Weise zu ein und demselben Gott beten. Wenn er zu einem »Sturm des Glaubens« gegen die »Ungläubigen« aufruft, wenn er daran appelliert, dass jeder Muslim »seiner Religion zum Sieg zu verhelfen« habe, dann ruft er mit dem Dschihad zu einem von den Islamisten beschworenen Heiligen Krieg gegen den Westen auf. Aber dieser kriegerische Aufruf zum Kampf gegen die Ungläubigen widerspricht dem Selbstverständnis des Islams, der von gläubigen Muslimen als eine »Religion des Friedens« begriffen wird (Pohly/Durán 2001, S. 20). Die Islamisten missbrauchen den Begriff des Dschihad, mit dem in der islamischen Welt in Wahrheit »eine moralische und geistige Anstrengung« (Saksuk 2002, S. 259) der »Selbstüberwindung und Selbstläuterung« gemeint ist, die nur in Grenzfällen zum Kampf mit Waffen werden kann; nämlich dann, wenn »Gläubige [das schließt Juden und Christen mit ein] an der Ausübung ihrer Religion gehindert werden« (Pohly/Durán 2001, S. 19). Islamisten wie bin Laden funktionalisieren den Begriff des Dschihad, indem sie ihn in einen »Heiligen Krieg [...] zur Verbreitung des Glaubens und zur Unterwerfung der Ungläubigen« verwandeln[12] (ebd., S. 41). Mahmoud Hamdi Saksuk (2002), Islamwissenschaftler und Präsident des Höchsten Islamischen Rates in Ägypten, ist der Auffassung, dass sich aus der Sichtweise des Islam »die Mörder« vom 11. September »versündigen«, wenn sie sich auf Koranzitate berufen (S. 259). Bin Ladens Argumentation sei schon deswegen »verbrecherisch«, weil es im Koran heiße: »Wer einen einzigen unschuldigen Menschen tötet, tötet die ganze Menschheit« (ebd., S. 260).

Befremdend ist auch die Behauptung, dass die durch die Terroranschläge Getöteten keine Opfer, sondern »Mörder« seien, »die das Blut, die Ehre und die Heiligtümer der Muslime missbraucht haben«. Auf diese Weise unterstellt bin Laden den Opfern der Anschläge eben das, wozu die Attentäter des 11. September durch das Ermorden von Tausenden von Menschen geworden sind. Das heißt, dass bin Laden die Verantwortung der Täter für die Anschläge des 11. September unbewusst zu machen versucht, indem er sie zu Vollstreckern eines göttlichen Willens stilisiert und die Opfer in Verbrecher verwandelt, die eine von Allah verhängte Kollektivschuld treffe.

Eine weitere Irritation ergibt sich aus dem Gedanken von bin Laden, dass die Amerikaner »die Heiligtümer« des Islam »angreifen«, ja, dass »die Heiligtümer der Muslime« von ihnen »missbraucht werden«. Wie unübersehbar es auch ist, dass es für Muslime nicht akzeptabel ist, dass amerikanische Truppen dauerhaft auf geheiligtem muslimischem Boden stationiert sind, die Irrationalität dieser Anklage verdeutlicht auch die Überlegung, dass in den Vereinigten Staaten kein einziges Heiligtum der Muslime von Amerikanern angegriffen worden ist. Die Unhaltbarkeit der von bin Laden erhobenen Unterstellungen verweist darauf, dass er einen »Angriff auf« und einen »Missbrauch von Heiligtümer(n)« unbewusst zu machen sucht, den er selbst zu verantworten hat. Denn im Frühjahr 2001 überredete bin Laden die Taliban, die Buddhastatuen von Bamyan zu zerstören (vgl. Pohly u. a. S. 60). Was bin Laden und die Taliban zu verantworten haben, die in Afghanistan buddhistische Heiligtümer zerstört haben, eben das wird dadurch auf eine latente Bedeutungsebene verbannt, dass den Amerikanern unterstellt wird, islamische Heiligtümer anzugreifen und zu missbrauchen.

Wie die Analyse des manifesten Sinns gezeigt hat, ist es ohne Zweifel nachvollziehbar, weshalb bin Laden den Amerikanern »Heuchelei« unterstellt.

Obgleich sie immer wieder die Einhaltung von Menschenrechten und die Installierung demokratischer Prozesse fordern, verletzen sie diese universalen Moralprinzipien, sobald es um die eigenen geopolitischen Interessen in der Golfregion und am Kaspischen Meer geht. Das Befremdende an dem Vorwurf der »Heuchelei« ist freilich, dass bin Laden sich selbst der Heuchelei schuldig macht. Denn wenn er davon spricht, nur den Willen Allahs vollstrecken zu wollen, dann heuchelt er einen Glauben an Gott, über den er sich hinwegsetzt, indem er die Mörder der Attentate des 11. September zu Gott ergebenen Muslimen stilisiert, Gefühle der Wut und des Hasses gegen Amerika lenkt und zu einem Heiligen Krieg gegen die Ungläubigen aufruft.

Die szenische Rekonstruktion zeigt, welche Sozialisationsleistung bin Ladens Rede nach den Attentaten vom 11. September übernimmt: Indem er die Terroranschläge zu einer Schlacht in einem Heiligen Krieg gegen die Ungläubigen stilisiert, trägt er seinen Teil zur Etablierung eines politischen Diskurses bei, der mit dem Dschihad zu einem Kampf der Kulturen aufruft. Dabei versucht er der öffentlichen Diskussion heikle Fragen und Einwände gegen seine charismatische Botschaft zu entziehen, indem er die zynische Instrumentalisierung des Islam, die eigene Heuchelei, das Verbrecherische der Attentate, die Schuld der Täter und das Leiden der Opfer auf die latente Bedeutungsebene seiner Rede verbannt. All das verbirgt sich hinter dem manifesten Sinn einer Ansprache, die zum Heiligen Krieg gegen die Ungläubigen aufruft, die Täter als den Märtyrertod auf sich nehmende Diener Allahs feiert, die Opfer als »Mörder« beschimpft und die Trauernden als »Heuchler« verhöhnt.

5 Die autoritäre Vereinnahmung der Massen durch Bush und bin Laden

Bevor die Reden von Bush und bin Laden in sozialisationstheoretischer Absicht miteinander verglichen werden können, sollen sie in ihrer Eigendynamik begriffen werden.

5.1 Bin Ladens autoritäre Mobilisierung der AdressatInnen für den Dschihad

Beginnen wir mit der Frage, welche theoretischen Schlussfolgerungen sich aus der szenischen Rekonstruktion der doppelbödigen Bedeutungsstruktur von bin Ladens Rede ziehen lassen:

Zunächst einmal kann man davon sprechen, dass die von bin Laden verfochtene Weltanschauung des Islamismus das Leiden vieler Araberinnen und Araber unter ökonomischen und sozialen Missständen aufgreift und zugleich eine irrationale Lösung anbietet: Nicht die in Luxus lebenden autokratischen Herrscher werden für das Leiden unter gesellschaftlichen Widersprüchen verantwortlich gemacht, die wie in Saudi-Arabien auf Kosten ihrer Völker leben und die soziale Entwicklung und Demokratisierung des politischen Lebens durch die rigide Auslegung der islamischen Rechtsprechung (Scharia) blockieren. Vielmehr befänden sich die Länder der Arabischen Liga deshalb in einer schweren Krise, weil die durch den Westen eingeleiteten Modernisierungsprozesse die tradierten Normen und Werte islamischer Kulturen zerstören würden. Statt durch gesellschaftliche Veränderungen soll das Leiden unter ökonomischen und sozialen Missständen durch einen »Kampf der Kulturen« gelöst werden, der auf die Vernichtung des Westens im Allgemeinen und auf die Auslöschung Amerikas und Israels im Besonderen zielt.

Wie die von bin Laden verfochtene Weltanschauung des Islamismus persönliche Konflikte des Publikums aufgreift, lässt sich anhand der Abwehrmechanismen ablesen, auf die er in seiner Ansprache zurückgreift: Bin Laden ist der Aufruf zum Heiligen Krieg gegen die Ungläubigen nur dadurch möglich, dass er die Aggressivität und Destruktivität der Terroranschläge verleugnet, unbewusst macht und projektiv Amerikanerinnen und Amerikanern unterstellt. Erst durch diese Projektion der eigenen Feindseligkeit auf die Fremdgruppe wird aus dem politischen Gegner, der im Nahen Osten hegemoniale Interessen durchsetzt, der politische Feind, der sich gegen die arabischen Völker verschworen habe und die islamische Kultur vernichten wolle. Der Aufruf zum Heiligen Krieg gegen die Ungläubigen beruht daher auf einer Spaltung der Welt in Gut und Böse, der entsprechend die Eigengruppe »Gottes Gebot« vollstreckt und die Fremdgruppe als »des Satans« Mächte perhorresziert wird (bin Laden 1998, S. 118). Indem er in seiner Rede die Abwehrmechanismen der Spaltung, der Verleugnung und der Projektion benutzt, erzeugt bin Laden in seinen Anhängern paranoide Gefühle des Sich-Bedroht- und Verfolgt-Fühlens, von denen er sie durch das weltanschaulich-wahnhafte Angebot zu befreien verspricht, dass das Böse durch den »Heiligen Krieg« gegen Amerika und die mit ihm »verbündeten Unterstützer des Teufels« (ebd.) ausgerottet werden könne.

Zudem kann man zeigen, wie sich bin Laden in seiner Ansprache des autoritären Syndroms bedient, dessen Kernbestandteile sich mit Theodor W. Adorno (1950) folgendermaßen beschreiben lassen:

> »Konventionalismus, autoritäre Unterwürfigkeit und autoritäre Aggression berühren alle das Moralproblem – die Verhaltensnormen, die Beziehungen zu den Mächten, die sie uns auferlegen, [und die Beziehungen] zu denen, die gegen sie verstoßen und daher Strafe verdienen.« (S. 52)

Vergegenwärtigen wir uns, auf welche Weise bin Laden auf dieses autoritäre Syndrom zurückgreift:

1. Wenn bin Laden sich darauf beruft, »dass es keinen Gott außer Allah gibt und Mohammed [...] sein Prophet« sei, wenn er die Terroranschläge als eine Schlacht im Heiligen Krieg gegen die Ungläubigen begreift, dann

setzt er auf eine autoritäre Unterwerfung unter die »konventionellen Normen« des Islams. Dieser Konventionalismus manifestiert sich auch in seinem Willen, wie unter der Herrschaft der Taliban in Afghanistan einen Gottesstaat schaffen zu wollen, in dem die Scharia streng und engstirnig befolgt wird: »Unterdrückung jedweder demokratischer Freiheiten, Verbannung der Frau aus dem öffentlichen Leben und nicht zuletzt die Diskriminierung von Christen, Juden und anderen Konfessionen bei physischer Ausschaltung von ›Atheisten‹« (Windfuhr 2002, S. 273). Zudem setzt bin Laden sich als ein charismatischer Führer des Islams in Szene, obwohl er als Führer des Terrornetzwerkes al-Qaida auf Selbstmord und Mord setzt, verbrecherische Handlungen, welche der sich als eine Religion des Friedens begreifende Islam verbietet. Das bedeutet aber, dass er sich selbst an die von ihm in Anspruch genommenen konventionellen Normen innerlich nicht gebunden fühlt, sondern sie im Dienste der Mobilisierung der Massen für seine kriminellen Ziele funktionalisiert.

2. Wenn bin Laden eine Fatwa erlässt, die den Heiligen Krieg gegen die Ungläubigen »zur persönlichen Pflicht für einen jeden Muslim« erklärt (bin Laden 1998, S. 118), wenn er den Märtyrertod zur höchsten Form der Selbstläuterung (Dschihad) erklärt, im Zuge dessen die ihr Leben aufopfernden Gotteskrieger zu Helden werden, und wenn er ganz in diesem Sinn dazu auffordert, dem Ruf des allmächtigen Gottes zu folgen, sich nicht »an die Erde zu klammern« und das »Leben auf dieser Welt« nicht dem Jenseits vorzuziehen (ebd.), dann verlangt er von seinen ZuhörerInnen die von Adorno (1950) beschriebene »autoritäre Unterwürfigkeit«, die mit einem »übermäßigen, totalen, emotionalem Bedürfnis« nach »Gehorsam« einhergeht (S. 49). Was den AdressatInnen der Rede an Gewissensbildung, an innerer Autorität fehlt, das soll »die Unterwürfigkeit äußeren Mächten gegenüber« ersetzen, die in diesem Fall durch den Führer des Terrornetzwerks al-Qaida verkörpert werden (ebd.).

3. Durch die Forderung, sich seinem Willen bedingungslos zu unterwerfen und durch Selbstmordattentate das eigene Leben zu opfern, weckt bin Laden in seinen Anhängern »feindliche Gefühle« gegen sich, die ganz im Sinne der von Adorno so beschriebenen »autoritären Aggression« (ebd., S. 51) auf die zu Feinden erklärten AmerikanerInnen zu verschieben sind.

Durch den Heiligen Krieg gegen die Ungläubigen sollen die Bewohnerinnen und Bewohner der westlichen Welt dafür bestraft werden, dass sie durch Freiheit und Demokratie, durch Bildungschancen und den Konsum massenhaft auf den Markt geworfener Waren und Unterhaltungsangebote, durch die Frauenemanzipation und durch das Praktizieren einer hedonistischen Sexualität Lebensentwürfe realisieren, welche die Muslime unter der Herrschaft der Scharia verleugnen und unterdrücken müssen. Wie durch die autoritäre Aggression »die ursprünglich durch die Autoritäten der Eigengruppe« geweckte Feindseligkeit auf die durch den Westen verkörperte Fremdgruppen verschoben wird (ebd.), so erscheint das Ausleben dieser aggressiv-destruktiven Impulse gegen den Feind moralisch gerechtfertigt. Denn »zu verurteilen« und »zu bestrafen« sind die Völker der westlichen Kulturen, welche die durch die Scharia gesicherte konventionelle Bindung an die tradierten Normen der islamischen Kultur missachten und verletzen.

5.2 Bushs autoritäre Mobilisierung der AdressatInnen für den Krieg gegen den Terrorismus

Wenden wir uns nun der Frage zu, wie sich die szenische Rekonstruktion der sich in der Spannung zwischen einem manifesten und einem latenten Sinn entfaltenden Ansprache des amerikanischen Präsidenten theoretisch begreifen lässt:

Die am 11. September 2001 gehaltene Rede ist ein Beispiel dafür, wie Bush Amerikanerinnen und Amerikaner durch seine Ansprachen und Inszenierungen für die neokonservative Weltanschauung der republikanischen Partei einnimmt. Wie einst Ronald Reagan will Bush seine Landsleute für eine Wirtschafts-, Sozial-, Umwelt- und Außenpolitik einnehmen, die vor allem den ökonomischen Interessen der Großindustrie dient, deren VertreterInnen seinen Präsidentschaftswahlkampf großzügig finanziert haben (vgl. Simons 2001, S. 134). Durch das Fernsehen ausgestrahlte Bilder wie die, auf denen Bush im Gespräch mit Jugendlichen sehr ernst von »no sex, no drugs, no alcohol« spricht (Der Spiegel 23. 4. 2001, S. 137), sind ein Beispiel für die neokonservative Botschaft, Amerika durch die Wiederbelebung der puritanischen Religion geistig und moralisch erneuern zu wollen. Dieses weltanschauliche Angebot wirkt um so glaubwürdiger, als Bush in seinem Buch *A Charge to Keep* davon erzählt hat, wie er als junger Mann von seinen Alkoholexzessen durch den Glauben an Gott geheilt worden sei. Damals habe ihm der Fernsehprediger Billy Graham das »Gefühl« gegeben, »von Gott geliebt zu werden« (zitiert nach Pinzler/Wessel 2001, S. 63). Seither lese er jeden Tag in der Bibel. Indem Bush sich als ein »wieder geborener Christ« präsentiert (vgl. ebd., S. 102), setzt er sich als Angehöriger des protestantischen Fundamentalismus in Szene, jener »Neuen christlichen Rechten« (vgl. Kepel 1991, S. 155), die in Amerika gegen Abtreibung, Homosexualität, Pornografie, für die Familie und für das Schulgebet kämpft. (vgl. ebd., S. 172, 186). Ganz in diesem Sinne propagiert Bush in seiner Wirtschaftspolitik das Modell des von dem religiösen Fundamentalisten Olasky entwickelten »mitfühlenden Konservativismus«, der den Kapitalismus von sozialstaatlichen Belastungen befreien und die Aufgabe, sich um die sozial Schwachen zu kümmern, den Kirchen übertragen will (vgl. Pinzler/Wessel 2001, S. 100ff.). Die von Bush betriebene Demontage von staatlichen Sozialleistungen – die Kürzung von Gesundheitsprogrammen, von Beihilfen zur Kinderbetreuung und von Erziehungsfonds für Kleinkinder – geht mit einer drastischen Senkung von Steuerzahlungen einher, aufgrund derer der Ökonomieprofessor Paul Krugman von einer Art neuen Klassenkampfes »derer da oben« gegen »die da unten« spricht (vgl. Fleischhauer/Schäfer 2001, S. 141). Die Empörung über den Abbau der staatlichen Wohlfahrtspflege war in Ohio vor dem 11. September schon so groß, dass empörte AfroamerikanerInnen in Cincinnati Krawalle veranstalteten (vgl. Der Spiegel 23. 4. 2001, S. 142f.).

Zur neokonservativen Botschaft des amerikanischen Präsidenten gehört es auch, dass die im Rückgriff auf die Bibel zu leistende moralische Aufrüstung durch eine neue militärische Aufrüstung Amerikas ergänzt werden soll. Wie zu Zeiten von Ronald Reagans Vision eines »Kriegs der Sterne« will auch Bush die einzig verbliebene Supermacht durch den Bau einer nationalen Raketenabwehr gegen alle Feinde unangreifbar machen. Wie schockiert der Präsident auch über die Terroranschläge des 11. September war, sie bestätigten doch die Notwendigkeit der von ihm propagierten Politik der militärischen Aufrüstung. Und für eben diese weltanschauliche Botschaft versucht Bush seine Landsleute am Abend des 11. September einzunehmen: Da die Attentäter mit den Terrorakten einen Anschlag auf »unsere Freiheit« und »unsere Lebensweise« verübt hätten, sei eine Wiederbelebung der Tugenden der Pionierzeit erforderlich (Amerika als das »hellste Leuchtfeuer für Freiheit und Chancen auf der Welt«), um mit »stahlharter Entschlossenheit« einen »Krieg gegen den Terrorismus« zu führen, damit das »Gute« über das »Böse« siege.

Wie die von Bush vertretene Weltanschauung des Neokonservativismus die durch die Terroranschläge ausgelösten Gefühle der Angst, Ohnmacht und Wut aufgreift, lässt sich anhand der Abwehrmechanismen beurteilen, derer er sich in seiner Rede bedient: Bushs (2001a) Aufforderung, »zur Verteidigung der Freiheit, alles Guten und Gerechten auf der Welt« voranzuschreiten, basiert auf der Verleugnung der Aggressivität und Skrupellosigkeit, mit der die Washingtoner Administration politisch und militärisch interveniert, sobald Amerikas geopolitische Interessen im Nahen Osten gefährdet erscheinen. So unübersehbar islamistische Terroristen als politische Feinde agieren, vor deren kriminellen Machenschaften die westliche Welt sich schützen muss, erst durch die Projektion der Aggressivität und Rücksichtslosigkeit, mit der die amerikanische Regierung ihre hegemonialen Interessen in der Dritten Welt durchsetzt, verwandeln sich die Terroristen in eine metaphysische Macht des Bösen. Bush spricht den Attentätern daher jede Ideologie ab. So vermag er zu verleugnen, dass die Attentäter durch die islamistische Agitation indoktriniert sind. Die Terroristen waren für diese Weltanschauung anfällig, weil sie als Pendler zwischen der islamischen und der westlichen Zivilisation ihrer Identität unsicher waren und in der fundamentalistischen Orientierung Halt und Sicherheit suchten. Zudem setzt Bush nicht auf einen Kampf gegen die Terroristen, vielmehr will er sogleich einen Krieg führen. Derart wird deutlich, dass auch Bush auf eine Spaltung in Gut und Böse setzt, die durch Amerika, das Gott segnen möge, und durch die Terroristen verkörpert wird, die »ganz einfach böse« seien (ebd.). Indem er sich in seiner Rede der Abwehrmechanismen der Spaltung, der Verleugnung und der Projektion bedient, heizt auch Bush in seinen Landsleuten paranoide Ängste des Sich-Bedroht- und Verfolgt-Fühlens an, aufgrund derer sie leicht für seine Politik der kriegerischen Konfrontation zu gewinnen sind.

Hinzu kommt, dass auch Bush auf das autoritäre Syndrom zurückgreift, dessen Kernbestandteile sich an folgenden Beispielen ablesen lassen:

1. Wenn Bush sich als ein wieder geborener Christ in Szene setzt, der durch den Glauben an Gott vom Alkohol geheilt wurde und ganz im Sinne der religiösen Fundamentalisten eine moralisch-geistige Erneuerung Amerikas durch die frohe Botschaft der Bibel anstrebt, jedoch eine die Reichen reicher und die Armen ärmer machende Wirtschaftspolitik und eine auf

militärische Konfrontation setzende Außenpolitik verficht, dann wird deutlich, dass er sich auf eine autoritäre Weise auf die konventionellen Werte der christlichen Religion beruft, weil er sich innerlich an die damit in Anspruch genommene Moral nicht gebunden fühlt, sondern sie lediglich im Dienste seiner neokonservativen Politik funktionalisiert. Dieser konventionalistische Rückgriff auf tradierte Werte zeigt sich auch in Bushs Rede: Wenn er angesichts der Terroranschläge davon spricht, dass Gott Amerika segnen möge, er jedoch zugleich zum »Krieg gegen den Terrorismus« aufruft und sich damit über das christliche Gebot der Nächstenliebe hinwegsetzt, dann dient der Rekurs auf den Glauben nur dem Gewinn einer überlegenen Position des Guten, von der aus der Präsident sich jedes Recht herausnimmt, das verdammenswerte Böse zu »jagen«.

2. Wie Bush (2001c) das Bedürfnis nach autoritärer Unterwerfung weckt, lässt sich anhand seiner Rede zur Eröffnung des Krieges gegen das Taliban-Regime illustrieren. In dieser Ansprache verlangt er von seinen Soldaten die Bereitschaft, »das höchste Opfer, ihr Leben, zu geben« (S. 2). Denn diese bedingungslose Opferbereitschaft – so erklärt der Präsident, der sich als Pilot dem Vietnamkrieg durch einen Posten bei der texanischen Nationalgarde entzog (vgl. Der Spiegel 23. 4. 2001, S. 139) – sei »ehrenvoll« (Bush 2001c, S. 2). Bushs Ansprache gipfelt in den Worten, er habe einen »bewegenden« Brief erhalten, der »viel über den Zustand Amerikas in diesen schwierigen Zeiten aussagt« (ebd.):

»Ein Brief von einer Viertklässlerin mit einem Vater bei der Armee: ›So wenig ich es möchte, dass mein Dad kämpfen geht‹, schreibt sie, ›so sehr bin ich bereit, ihn Ihnen zu geben‹. Dies ist ein wertvolles Geschenk. Das größte, das sie [das Madchen] geben könnte. Dieses junge Mädchen hat das Wesen Amerikas verinnerlicht.« (ebd., S. 3)

Die Begeisterung des Präsidenten für die Opferbereitschaft einer Zehnjährigen illustriert, dass er das Verlangen nach autoritärer Unterwerfung unter seinen Oberbefehl als Kriegsherr im Kampf gegen den Terrorismus nicht nur bei Soldatinnen und Soldaten, sondern auch bei Eltern und Kindern wecken will. So gelingt es dem Präsidenten, ambivalente Gefühle gegenüber seiner Person zu steuern, mit denen seine Landsleute auf die Kriegspläne reagieren: Da »unterschwellige feindselige und rebellische

Impulse«, mit denen die Betroffenen auf das Risiko reagieren, dass das
eigene Leben oder das Leben der Ehepartner und Eltern Kriegshandlun-
gen zum Opfer fallen könnte, durch den Respekt vor dem Präsidenten
im Zaum gehalten werden, der zum Kampf der von Gott auserwählten
Nation gegen das Böse auffordert, kommt es zu einer allseitigen Identifizierung mit Bush und daher auch zu einem Umschlagen von aggressiven Impulsen in »Ehrfurcht, Gehorsam, Dankbarkeit und ähnlichem«
(Adorno 1950, S. 50). Die Psychoanalyse spricht in diesem Falle vom
Abwehrmechanismus der Reaktionsbildung.

3. Indem Bush gegen die Terroristen militärisch mobil macht, lädt er
   Amerikanerinnen und Amerikaner dazu ein, auf den Feind die uneingestandene Aggression zu verschieben, mit der sie auf seine Forderung
   reagieren, notfalls das »höchste Gut«, das Leben der eigenen Soldaten,
   im Krieg gegen den Terrorismus zu opfern. Die Indienstnahme der von
   Adorno (1950) so bezeichneten »autoritären Aggression«, im Zuge
   derer durch die Eigengruppe geweckte aggressive Triebimpulse auf eine
   als Sündenbock fungierende Fremdgruppe verschoben werden (S. 51),
   zeigt sich auch darin, wie sich unter dem Einfluss des 11. September die
   Einstellung der Amerikaner zu ihrem Präsidenten verändert: Die oben
   erwähnten Krawalle in Ohio lassen sich als Folge einer ohnmächtigen
   Wut begreifen, mit der sozial Diskriminierte wie die Afroamerikane-
   rInnen auf die neoliberale Wirtschaftspolitik reagieren, vermittels derer
   Bush die Reichen auf Kosten der Armen reicher macht. Auch die über
   Bush in den ersten Monaten nach dem Amtsantritt kursierenden Witze,
   die in der Schlagzeile des Magazins »Ist Bush blöd?« gipfelte (zitiert nach
   Widmann 2001, S. 138), sind ein Indiz für aggressive Impulse gegen den
   Präsidenten, dessen neokonservative Innen- und Außenpolitik zahlreiche
   Amerikanerinnen und Amerikaner verärgerte.

Da »das Individuum, das zum Verzicht auf fundamentale Wünsche und in einem System strenger Selbstbeschränkung zu leben gezwungen« wird und »sich
betrogen fühlt«, dazu neigt, »nach einem Objekt zu suchen, an dem es ›sich
schadlos halten‹ kann« (Adorno 1950, S. 50), eröffneten die Terroranschläge auf
New York und Washington dem amerikanischen Präsidenten die Möglichkeit,
die aufgrund seiner neokonservativen Politik entstandenen feindseligen Gefühle
gegen die Washingtoner Regierung auf bin Laden und die ihn nicht ausliefern-

den Taliban zu verschieben. Hatte die amerikanische Regierung die von den Taliban gegen die afghanische Bevölkerung verübten Verbrechen billigend in Kauf genommen, solange es um die Unterstützung des Kampfes gegen die sowjetische Besatzungsmacht ging und Aussicht darauf bestand, eine eigene Pipeline durch Afghanistan zu bauen, so wurden die Medien im Zuge der militärischen Mobilisierung gegen bin Ladens Terrornetzwerk und die hinter ihm stehende Regierung in Kabul von einem Tag zum anderen mit Berichten über die von den Taliban begangenen Verbrechen gegen die Menschlichkeit überschüttet, um die autoritäre Aggression gegen die Fremdgruppe durch die Vorstellung zu rechtfertigen, dass die Taliban die von den Amerikanern propagierten konventionellen Normen und Moralvorstellungen missachten und verletzen. Diese »Neigung, andere aus moralischen Gründen zu verdammen« (ebd., S. 52) ist dadurch begründet, dass der Autoritäre »die eigenen, ihm unakzeptabel scheinenden Triebe auf andere« verschiebt, »um diese dann verurteilen zu können« (ebd.). So setzte die Regierung Bush die von den Taliban gegen die afghanische Bevölkerung verübte Gewalt medienwirksam in Szene, um die amerikanische Gewaltbereitschaft, die sich in der auf militärische Interventionen setzenden Außenpolitik so zeigt wie in den auf Amerikas Straßen verübten Gewalttaten, zu verleugnen und dem Feind vorzuhalten.

5.3 Autoritarismus und fundamentalistische Weltanschauungen bei Bush und bin Laden

Die einer psychoanalytisch-tiefenhermeneutischen Rekonstruktion unterzogenen Reden von Bush und bin Laden sind Bestandteil zweier politischer Diskurse, die sich nach den Attentaten vom 11. September im Westen und in der arabischen Welt entwickelt haben. Zwar hat es, wie Hafez (2002) schildert, nach den Anschlägen »einen Konsens bei der Verurteilung des Terrorismus« gegeben, jedoch ist »auf beiden Seiten der Terrorismus, der einem selbst zugefügt wird – hier das World Trade Center, dort die israelische Besatzung usw. – tendenziell als gravierender eingestuft« worden (S. 243). Halten wir uns nicht damit auf, dass die Perspektive von Hafez voreingenommen und ressentimentgeladen ist, weil man die von arabischen Islamisten verübten Terroranschläge auf New York und Washington nicht mit Israels repressiver Außenpolitik im Umgang mit den PalästinenserInnen gleichsetzen kann. Vielmehr kommt es

hier darauf an, dass Hafez die Situation in einer Hinsicht doch auf den entscheidenden Punkt bringt: Der Umstand, dass der Westen und die arabische
Welt nach den Attentaten »hochgradig isolierte Mediendiskurse« gepflegt
haben, »die an den entscheidenden Punkten die Fähigkeit vermissen lassen,
die Rezeption ›des anderen‹ in die eigene Perspektive zu integrieren« (ebd.),
spiegelt sich darin, dass Bush sich an die westliche Öffentlichkeit wendet und
bin Laden an die islamische Öffentlichkeit appelliert.

Wenn Bush und bin Laden aufeinander Bezug nehmen, dann geht es allein
um Angriffe auf den politischen Feind, die durch den Rückgriff auf unterschiedliche kulturelle Traditionsbestände untermauert werden. Im Zuge dieses
auf der Bedeutungsebene verbaler Konfrontationen ausgetragenen »Kampfes
der Kulturen«, dementsprechend auf beiden Seiten das Gute gegen das Böse
kämpft, stellt sich die Auseinandersetzung mit dem Feind auch deshalb als
gefährlich dar, weil er das den eigenen Diskurs beherrschende Verhältnis von
manifestem und latentem Sinn auf den Kopf zu stellen droht: Während Bush
auf die westliche Öffentlichkeit mit dem Gedanken einwirkt, man müsse um
der Verteidigung von »Freiheit« und »Demokratie« willen gegen den Terrorismus Krieg führen (manifester Sinn), täuscht er seine Zuhörer, weil er durch
sein Eintreten für die weltweit zu realisierenden Menschenrechte Amerikas
skrupellose Machtpolitik verleugnet (latenter Sinn). Bin Laden versucht wiederum, auf die islamische Öffentlichkeit Einfluss zu nehmen, indem er die
Araber zum Kampf gegen das übermächtige Amerika auffordert, das durch
seine militärische Präsenz auf der Arabischen Halbinsel seine geopolitischen
Interessen in der Golfregion sichert (manifester Sinn). Zugleich führt er sein
Publikum in die Irre, weil er durch seine Selbstinszenierung als charismatischer
Führer die verbrecherischen Intentionen und Taten des von ihm geführten
Terrornetzwerkes al-Qaida verleugnet (latenter Sinn).[13]

Während sich ein aufgeklärter Diskurs dadurch bestimmen lässt, dass die
Akteure den sich hinter dem manifesten Sinn des eigenen Diskurses verbergen-
den latenten Sinn selbstkritisch reflektieren, sind die durch die neokonservative
oder die islamistische Weltanschauung kolonialisierten Diskurse Ausdruck
eines von Marcuse (1964) so bezeichneten »eindimensionalen Denkens«:
Während die Weltanschauung auf dem manifesten Sinn des eigenen Diskurses
besteht und sich gegen Irritationen immunisiert, weil sie die Existenz eines
latenten Sinns bestreitet, werden die vom politischen Feind auf der manifesten Bedeutungsebene seiner Rede erhobenen Ansprüche und Intentionen als

Vorwände abgetan und deren Diskurs insgesamt auf dessen latenten Gehalt reduziert, um ihn seiner Bösartigkeit zu überführen.

Zwar ist es unübersehbar, dass die von Bush und bin Laden propagierten Weltanschauungen inhaltlich sehr unterschiedlich sind. Jedoch bildet die fundamentalistische Orientierung den gemeinsamen Nenner beider Weltanschauungen: Wie Bush auf die mythische Vorstellung zurückgreift, Amerika sollte als das von Gott auserwählte »neue Jerusalem« einen Krieg gegen den Terrorismus führen, so bedient sich bin Laden eines Mythos der Schöpfungsgeschichte, dem entsprechend Gott die arabische Halbinsel für das von ihm ausersehene Volk geschaffen habe, das nun in einen Heiligen Krieg gegen Amerika eintreten soll. Indem Bush und bin Laden »Geschichte in Natur verwandeln«, produzieren sie ganz im Sinne von Roland Barthes (1957) Mythen, um die herrschenden Verhältnisse gegen die Notwendigkeit gesellschaftlicher Modernisierung zu verteidigen. Wie Bushs protestantischer Fundamentalismus lässt daher auch bin Ladens wahabitischer Fundamentalismus die »Geschichte als Degeneration« erscheinen, »als Abfall von den Ordnungsprinzipien des ewigen, geoffenbarten, göttlichen Gesetzes« (Riesebrodt 2000, S. 90):

> »Das Heil liegt nicht in der Überwindung der Gegenwart durch künftigen Fortschritt, sondern in der Rückkehr zur Vergangenheit. Der gegenwärtige Konflikt ist demzufolge auch kein wirtschaftlicher oder politischer Interessenkonflikt im Sinne eines ökonomischen Verteilungskampfes oder eines systemimmanenten Machtkampfes, sondern ein apokalyptischer Kampf zwischen den göttlichen und den satanischen Mächten.« (ebd.)

Wie bin Laden inszeniert auch Bush die Unausweichlichkeit eines »Kampfes der Kulturen«, den Huntington (1996) damit rechtfertigt, dass der Westen sich der Bedrohung durch die islamische Kultur erwehren müsste.

Mit Lorenzer (1981) kann man davon sprechen, dass die Eigenart der von Bush und bin Laden propagierten Weltanschauungen[14] darin besteht, dass sie sich anders als klassische Ideologien nicht an die Vernunft der Menschen, sondern an irrationale Affekte wenden. Dabei verknüpfen Weltanschauungen die antimoderne Antwort auf soziale Probleme – die ökonomischen und sozialen Widersprüche von Gesellschaften durch einen Kampf gegen andere Kulturen lösen zu wollen – mit der autoritären Antwort auf ungelöste Triebkonflikte: Doch Bush und bin Laden greifen nicht nur auf die Kernbestandteile des autoritären Syndroms zurück, die alle das Moralproblem berühren – schließlich geht es um das starre Einhalten konventioneller Verhaltensnormen (1), um die autoritäre Unterwerfung unter die Mächte, welche die tradierten Werte auferlegen (2), und um die autoritäre Aggression gegen diejenigen, die diese Moralvorstellungen verletzen (3) –, vielmehr setzen sie auch auf weitere Formen der autoritären Konfliktverarbeitung, unter denen nur die drei auffälligsten hervorgehoben werden sollen:

(4)   Wenn Bush und bin Laden auf die *Spaltung* der Welt in Gut und Böse setzen, dann ist das auch die Folge der autoritären Neigung, sich durch einen »Aberglauben« dem »Glaube[n] an mystische oder fantastische äußere Determinanten des individuellen Schicksals« und durch »Stereotypie« der »Disposition« zu überlassen, »in starren Kategorien zu denken« und auf »primitive, vereinfachende Erklärungen von Geschehnissen« zurückzugreifen (Adorno 1950, S. 55). Wenn Bush und bin Laden sich darauf berufen, dass ihr Volk von Gott dazu ausersehen sei, das Gute gegen das Böse in der Welt zu verteidigen, dann setzen sie auf die autoritäre Neigung, mit Hilfe eines »Aberglaubens« die »eigene Verantwortung äußeren, der eigenen Kontrolle entzogenen Kräften zuzuschieben« (ebd., S. 56).

(5)   Ob bin Laden zum Heiligen Krieg der Muslime gegen die Ungläubigen aufruft oder Bush durch Kriege gegen den Terrorismus das »Böse« weltweit bekämpfen will, beide Führer setzen auf die autoritäre Neigung, Konflikte auf der Basis von »Machtdenken» und »Kraftmeierei« zu lösen (ebd., S. 56). Wie mit »Kraftmeierei« die autoritäre Neigung gemeint ist, durch den Einsatz von Waffen Stärke zu zeigen und auf diese Weise den Feind einzuschüchtern, so bezieht sich »Machtdenken« auf die autoritäre Tendenz, menschliche Beziehungen »unter Kategorien wie stark – schwach, überlegen – unterlegen« zu betrachten (ebd., S. 57). Die Anwendung des Machtdenkens auf Gruppen und Kollektive führt dazu, dass wie bei Bush und bin Laden zwischen der »höher stehenden« Eigengruppe und der »minderwertigen« Fremdgruppe unterschieden wird. Wie für bin Laden die amerikanischen Truppen zu auszurottenden »Wanderheuschrecken« werden, so offenbart der schon erwähnte Witz des Präsidenten (»Wir werden nicht mit einer Rakete für zwei Millionen Dollar auf ein leeres 10-Dollar-Zelt schießen, um ein Kamel in den Hintern zu treffen«) die Arroganz, mit der die einzige Supermacht im

Zuge militärischer Interventionen dem Entwicklungsland Afghanistan entgegentritt.

(6) Wenn für bin Laden Amerika ein Verbündeter Satans ist und wenn Bush die Terroristen zur Verkörperung eines schlechthin Bösen erklärt, dann bringen sie damit auch die autoritäre Tendenz zum Ausdruck, eigene »unterdrückte Impulse auf andere Menschen zu projizieren, um diese dann prompt anzuklagen« (ebd., S. 60). Der Mechanismus der Projektion bewirkt, dass die Neigung, die Fremdgruppe zur Verkörperung böser Mächte zu stilisieren, um so intensiver ist, je stärker die eigenen »unbewussten [...] destruktiven Triebe« sind (ebd.). Zweifellos lässt sich diese autoritäre Neigung zur Projektion leicht bei bin Laden entdecken, der offen davon spricht, dass sich der Westen gegen die islamische Kultur verschworen habe und sie zu vernichten trachte. Auf diese Weise unterstellt er dem Feind, was er selbst wünscht, wenn er zum Heiligen Krieg gegen Amerika aufruft. Bei Bush zeigt sich diese autoritäre Tendenz zur Projektivität beispielsweise in der Bemerkung, welche die *Chicago Tribune* in ihrer Ausgabe vom 31. 1. 2000 zitierte:

»Als ich aufwuchs, war die Welt gefährlich und wir wussten genau, wer die anderen waren. Es war: wir gegen die, und es war klar, wer ›die‹ waren. Heute sind wir nicht so sicher, wer ›die‹ sind; aber wir wissen, es gibt sie.« (zitiert nach Riesebrodt 2000, S. 142)

Wenn aber aufgrund der autoritären Neigung, aggressive Impulse zu projizieren, die Welt als gefährlich fantasiert wird, dann wird es nachvollziehbar, dass Bush einen Raketenabwehrschirm für erforderlich hält, um Amerika vor den vielen – von ihm imaginierten – Feinden in der Welt zu schützen.

Zusammenfassend kann man daher davon sprechen, dass bei aller inhaltlichen Differenz der demokratisch gewählte Präsident und der selbsternannte Terroristenführer fundamentalistische Weltanschauungen propagieren, die eine antimoderne Antwort auf die sozialen Fragen mit der autoritären Lösung von Triebkonflikten verknüpfen, die zur bedingungslosen Unterwerfung des Einzelnen unter den politischen Führer auffordert und für die abverlangten Opfer dadurch entschädigt, dass alle unterdrückten aggressiven Impulse im Kampf gegen den zum Sündenbock erklärten Feind ausgelebt werden können.

6 Sozialisationstheoretisches Begreifen der Wirkung der Attentate auf mein Erleben und auf die PatientInnen meiner psychoanalytischen Praxis

Nachdem rekonstruiert worden ist, wie Bush und bin Laden sich der Attentate bedienten, um verschiedenste Gruppen von AdressatInnen für die von ihnen propagierte Weltanschauung einzunehmen, soll die Frage erörtert werden, welchen Stellenwert meinen Emotionen und den Affekten meiner PatientInnen beizumessen ist, mit denen sie auf die Anschläge reagierten.

Begonnen werden soll mit den emotionalen Reaktionen der Patientinnen und Patienten auf die Terroranschläge:

Der Hass auf Amerika, den der iranische Computerfachmann nach dem 11. September aus sich herausgeschrien hatte, stellte sich als der Anfang einer immer schwieriger werdenden Therapie dar, im Zuge derer aggressiv-feindselige Impulse zusehends ausagiert wurden. Ich fühlte mich immer wieder körperlich bedroht und spürte in der Gegenübertragung Affekte der Ohnmacht und Wut: Alles, was der Patient durch die Analyse gelernt hatte, führte er auf seinen außergewöhnlichen Scharfsinn und seine Fähigkeit zur Traumdeutung zurück, bei der er auf geniale Weise Freud und Jung miteinander verknüpfe. Ich sei völlig auf Freud fixiert und könnte den Patienten auch deshalb nicht verstehen, weil sich dessen Unbewusstes in der Bildersprache und den Mythen des persisch-muslimischen Kulturkreises ausdrücke. Verärgert meinte der Patient, dass die Analyse ein »Zwang« sei, dem er sich widerwillig unterwerfe. Jedoch stelle sein Ertragen der Therapie seine einzigartige Stärke unter Beweis. Als er auch noch die Vorstellung entwickelte, meine falschen Deutungen seien ein Gift, das ich ihm einpflanzen wollte, um ihn um seinen Verstand zu bringen, sah ich mich gezwungen, die Analyse abzubrechen.

Der iranische Patient erinnert in mehrerlei Hinsicht an die Attentäter: Wie die Terroristen, die in der arabisch-islamischen Welt aufgewachsen sind und in Deutschland studierten, ist auch der iranische Patient ein Grenzgänger zwischen zwei Kulturen: Er war am Kaspischen Meer im strengen Elternhaus eines Fischers aufgewachsen und entwickelte nach der Emigration das quälende Schuldgefühl, für den Tod der Mutter und des kranken Bruders verantwortlich zu sein, die er im Iran zurückgelassen hatte. Es fiel ihm sehr schwer, in Deutschland, wo er sich sehr allein fühlte, Fuß zu fassen. Nach dem Abbruch des Studiums wurde er nur des Geldes wegen Computerfachmann. Seinen Arbeitsplatz verlor er, nachdem er gedroht hatte, die Firma in Brand zu setzen, wenn man seine berechtigte Beschwerde über deutsche Arbeitskollegen, die ihn als »faulen Ausländer« beschimpft hätten, nicht ernst nehme.

Die weltanschauliche Botschaft bin Ladens, dass die Attentate eine erste Schlacht im Heiligen Krieg gegen die Ungläubigen darstellten, weckte die aggressiv-feindseligen Impulse des iranischen Patienten, der sich durch die momentane Identifizierung mit dem Terroristenführer eine negative Identität verschaffte, die ihm neue Sicherheit und neuen Halt gab. So trug er den von bin Laden propagierten »Kampf der Kulturen« in die Therapie hinein, indem er seine ohnmächtige Wut gegen den ihn behandelnden Analytiker richtete, der zur Verkörperung westlicher Arroganz und Inkompetenz avancierte. Wie die Terroristen das Flugzeug als Rakete benutzt hatten, um das World Trade Center in Brand zu setzen, so bediente sich der iranische Patient psychoanalytischer Begriffe als einer Waffe, um das therapeutische Angebot zu zerstören. Und wie die Terroristen über Amerika durch Selbstmordattentate triumphierten, so opferte der iranische Patient für den Triumph über den Analytiker die Chance, das eigene Leiden durch eine erfolgreiche Langzeittherapie zu lindern.

Auch die in der Lebensmitte stehende Sozialarbeiterin, welche die Auffassung vertreten hatte, dass Amerika sich die Terroranschläge selbst eingebrockt und bin Laden sich nur gewehrt habe, übertrug mit voran schreitender Analyse ihre aggressiven Impulse auf mich. Wiederholt erklärte sie, eine unüberwindbare Distanz mir gegenüber zu empfinden. Auch bezweifelte sie, ob die Therapie ihr wirklich etwas bringe. Die 132. Stunde eröffnete sie mit den Worten, dass sie sich nach der letzten Stunde, in der sie wieder einmal ihrem Ärger Luft gemacht hatte, sehr wohl und innerlich befreit fühlte. Ich erwiderte, dass ich dagegen noch ein Gefühl des Ärgers darüber spüren würde, weil sie in der vergangenen Stunde die Arbeit mit mir so niedergemacht habe. Die Patientin stutzte einen Augenblick und ging dann zu einem anderen Thema über.

In der 134. Stunde erzählte sie mir, über meine Reaktion zu Beginn der vorletzten Stunde zuerst so wütend gewesen zu sein, dass sie an Therapieabbruch gedacht habe. Sie lasse sich von mir doch nicht den Mund verbieten! Aber dann habe sie sich am Wochenende die Zeit genommen, alle ihre Aufzeichnungen zu ihrer Analyse – Träume, Einfälle und Deutungen – zu lesen. Da sei ihr bewusst geworden, was für ein Erfahrungsschatz das sei, den sie durch die Therapie gewonnen habe. Da habe sie erst gespürt, dass sie eine sehr starke gefühlsmäßige Bindung zu mir entwickelt habe, die sie bisher aus falschem Stolz heraus verleugnet habe. Erst jetzt werde ihr bewusst, wie aggressiv und verletzend sie mit anderen Menschen umgehe, wenn sie sich als Opfer fühle und über ihr Unglück klage.

Die von ihr zum Ausdruck gebrachte »klammheimliche Freude« über die Attentate ist ein Beispiel für die Reaktion einer deutschen Sozialarbeiterin, die mit bin Laden und seinen Anschlägen vorübergehend sympathisierte. Die weltanschauliche Propaganda des Terroristenführers mobilisierte allzu lange unterdrückte aggressive Triebimpulse. Die Patientin identifizierte sich bereitwillig mit bin Laden, weil er sich gegen das übermächtige Amerika so auflehnte, wie sie gegen die überprotektive Mutter aufzubegehren wünschte. Das politische Urteil, das sie aufgrund ihres Zorns auf Amerika und ihrer Parteinahme für bin Laden fällte, erwies sich als die Folge der durch die Attentate aufgewühlten inneren Konflikte, die freilich durch die therapeutische Arbeit so bearbeitet werden konnten, wie es oben geschildert wurde.

Der deutsche Computerprogrammierer war wie seine Frau und seine Kinder, die vor dem Bildschirm in Tränen ausbrachen und heftig weinten, über die Terroranschläge zutiefst erschüttert. Angesichts des Umstandes, dass die Terroristen die Attentate in Deutschland als »Schläfer« vorbereitet hatten, reagierte er mit massiven Verfolgungsängsten, aufgrund derer er es fortan strikt ablehnte, an Moslems eine Wohnung zu vermieten.

Wie sehr dieser Patient sich für den amerikanischen Traum begeistert, lässt sich an der in seinem Wohnzimmer hängenden Skyline von Manhattan ablesen. Daher war er empfänglich für Bushs weltanschauliche Botschaft, dass die Vereinigten Staaten das Opfer der Anschläge einer metaphysischen Macht des Bösen geworden seien. Die in ihm ausgelösten Verfolgungs- und Vernichtungsängste versuchte er im Rückgriff auf das eurozentrische Vorurteil unter Kontrolle zu bringen, dass die Muslime aus dem Morgenland schon wieder die Christen aus dem Abendland angreifen würden. Ohne sich dessen bewusst zu sein, schloss sich der Computerprogrammierer dem von Bush propagierten

Kampf der Kulturen in seinem Alltagshandeln durch den Entschluss an, keine Wohnungen mehr an Muslime zu vermieten.

Die spätadoleszente Sozialarbeiterin, die sich Gedanken darüber machte, was es für die türkische Medizinstudentin Aysel bedeutet haben mag, die Freundin eines libanesischen Terroristen des 11. September gewesen zu sein, der sie als Frau unterdrückt habe, vermochte von der 214. Stunde an die Gefühle der Angst, Verzweiflung und ohnmächtigen Wut zuzulassen, unter denen sie in der gewalttätigen Beziehung mit ihrem ersten Freund gelitten hatte. Nun fing sie an zu verarbeiten, was es für sie bedeutet hatte, von ihm geschlagen zu werden, wenn er betrunken war oder sie mit ihm nicht hatte schlafen wollen.

Die von Bush und bin Laden propagierten weltanschaulichen Botschaften blieben dieser Patientin fremd, weil sie sich aufgrund ihrer persönlichen Erfahrungen mit einem der Selbstmordattentäter ein eigenes Urteil bildete. Sie kritisierte, dass Ziad Jarrah von den Medien als ein freundlicher und sympathischer Student dargestellt wurde. Denn sie habe ihn als einen düsteren und emotionslosen Muslim erlebt, dessen fundamentalistische Einstellung zu Frauen sie schockiert habe. Die Konfrontation mit den Attentaten und die Auseinandersetzung mit dem seine Freundin unterdrückenden Selbstmordattentäter führten im weiteren Verlauf der Analyse zur Durcharbeitung der eigenen Verstrickung in die Beziehung mit einem gewalttätigen Freund.

Der arbeitslose Pfarrer, der davon träumte, auf den Trümmern des World Trade Center zu meditieren, verschaffte sich durch Meditationsübungen einen neuen Zugang zu seinem verschütteten religiösen Erleben. Wie sehr er darum kämpfte, seine Identitätsproblematik zu überwinden, zeigt sich darin, dass er in seiner früheren Gemeinde ab und zu Gottesdienste hielt und sich nach einem halben Jahr »Auszeit« wieder mit Erfolg um eine Pfarrstelle bemühte. Dieser Patient setzte sich nicht mit den Attentaten auseinander und stand daher auch den von Bush und bin Laden verbreiteten politischen Diskursen gleichgültig gegenüber. Denn er war vollauf damit beschäftigt, die eigene Identitätskrise zu bewältigen.

Die Affekte, mit denen ich auf die Terroranschläge reagierte, lassen sich zusammenfassend folgendermaßen umreißen: Der Umstand, dass mich das Implodieren der Zwillingstürme, die Tausende von Menschen unter sich begruben, innerlich erschütterte; das mit meiner jüngeren Tochter geteilte Erschrecken über den Tod eines Nachbarn von amerikanischen Freunden, der mit einer der Unglücksmaschinen abstürzte; die mit amerikanischen Freunden am Telefon geteilte Angst vor einem Angriff auf die Golden Gate Bridge; die Angst um meine ältere Tochter in Frankfurt a. M., die überlegte, ob sie noch die unter dem Messeturm durchfahrende U-Bahn nehmen könnte – lösten massive Ängste der Verfolgung und Vernichtung aus, ein Chaos archaischer Affekte, das sich spontan auf einem primitiven Organisationsniveau ordnete: Die Terroristen stellten sich als »das Böse« verkörpernde Verfolger dar, und die AmerikanerInnen erwiesen sich als die das Gute repräsentierende Opfer der Anschläge. Wie sehr meine Vernunft auch durch kritische Überlegungen wie die bestimmt wurde, dass Amerika zum Krieg gegen den Terrorismus aufrief, nachdem es bin Laden und die Taliban für den Krieg gegen die Sowjetunion militärisch aufgerüstet hatte, spontan sympathisierte ich mit Bush, der im Fernsehen die Auffassung vertrat, dass Amerika mit Gottes Segen den Kampf gegen das Böse aufnehmen werde. Die durch die Attentate geweckten archaischen Affekte hatten daher zur Folge, dass meiner Angst und Hilflosigkeit eine ohnmächtige Wut auf die Terroristen folgte, die sich wie bei dem deutschen Computerprogrammierer spontan gegen alle AraberInnen verallgemeinerte.

Vergleicht man die unterschiedlichen emotionalen Reaktionen auf die Attentate und die sie kommentierenden Inszenierungen von Bush und bin Laden, so kann man zwischen autoritären Verhaltensreaktionen auf die Terroranschläge und Versuchen einer selbstreflexiven Auseinandersetzung mit den eigenen autoritären Verhaltensbereitschaften und Vorurteilen unterscheiden: Der iranische Computerfachmann, der sich als Kind einem prügelnden Vater bedingungslos unterworfen und seinen Hass auf ihn auf Schwächere (die von ihm gegängelten Schwestern) verschoben hatte, reagierte auf eine autoritätsgebundene Weise auf die Attentate, indem er sich mit dem Terroristenführer bin Laden identifizierte und seine aggressiven Impulse auf Amerika projizierte und im Kampf mit dem Analytiker ausagierte. Die Sozialarbeiterin in der Lebensmitte, die sich in der Kindheit einer gewalttätigen Mutter unterworfen und ihre Wut auf sie gegen die eigene Person gerichtet hatte (als Jugendliche unternahm sie einen Selbstmordversuch), reagierte ebenfalls autoritär, indem sie die von bin Laden propagierte Weltanschauung (die Muslime als Opfer der Amerikaner) übernahm und ihre durch die Attentate ausgelöste blinde Wut auf das übermächtige Amerika verschob. Der deutsche Computerprogrammierer, der als Kind von seinem Vater häufig geschlagen und nieder gemacht worden war und seine Wut gegen den jüngeren Bruder gerichtet hatte, mit dem er sich täglich geprügelt hatte, reagierte auf eine autoritäre Weise, indem er sich seinem Glauben an den amerikanischen Traum entsprechend mit Bush identifizierte und die durch die Attentate ausgelöste Wut auf die Araber verschob, die er seine Macht spüren ließ, indem er ihnen fortan keine Mietwohnung mehr zur Verfügung stellte.

Für die spätadoleszente Sozialarbeiterin waren die Attentate der Anstoß, um sich kritisch mit autoritären Geschlechterverhältnissen auseinander zu setzen: Das Nachdenken über das Verhalten ihrer Freundin Aysel, die alles tat, was der islamistische Terrorist Jarrah von ihr verlangte, setzte sich im weiteren Verlauf der Analyse in der Durcharbeitung ihrer Beziehung zu ihrem ersten Freund fort, dem sich die junge Frau aufgrund seiner Unberechenbarkeit und Gewalttätigkeit ängstlich unterworfen hatte. Der Pfarrer interessierte sich nicht für die Attentate. Daher war sein Bewusstsein auch nicht für die Botschaften Bushs und bin Ladens empfänglich. Allein das unbewusste Erleben des Patienten griff auf das Bild der implodierenden Zwillingstürme zurück. Wie sehr er die eigene Identität dadurch gefährdete, dass er den Pfarrberuf aufgeben wollte, verriet der Traum dadurch, dass er den Patienten in Beziehung zu den islamistischen Selbstmordattentätern setzte.

Durch die Konfrontation mit den durch die Attentate des 11. September ausgelösten eigenen Affekten, durch die mit engsten Familienangehörigen und FreundInnen geteilten Gefühle sowie durch die Auseinandersetzung mit den Emotionen, welche die PatientInnen in der therapeutischen Praxis zur Sprache brachten und auf mich übertrugen, wurde mir meine Neigung bewusst, auf die Terroranschläge autoritär zu reagieren. Denn ich hatte mich spontan mit dem amerikanischen Präsidenten und seinem weltanschaulichen Angebot identifiziert und die ohnmächtige Wut auf die Terroristen einem eurozentrischen Vorurteilsdenken entsprechend auf alle Araber verschoben. Der Widerspruch zwischen den durch die Terroranschläge aufgewühlten Affekten und der Stimme der Vernunft, die danach fragte, ob die Attentate nicht das Symptom einer asymmetrischen Globalisierung seien, wurde zum Stachel, aufgrund dessen ich dieses Thema wissenschaftlich untersuchen wollte.

Die irrationalen Affekte, mit denen ich auf die Ereignisse des 11. September reagiert hatte, veränderten sich unter dem Einfluss des Schreibens: Von besonderer Bedeutung für die emotionale Verarbeitung der Geschehnisse des 11. September war nicht nur die Rekonstruktion der Bush-Rede, sondern auch die Analyse der Rede von bin Laden, dessen irrationale Hetze gegen den Westen nicht auf Resonanz gestoßen wäre, wenn nicht viele Araberinnen und Araber eine große Wut auf die Vereinigten Staaten empfunden hätten, welche den Nahen und Mittleren Osten seit Jahrzehnten ihren geopolitischen Interessen unterwerfen. Mit der genaueren Untersuchung der sozialen und politischen Krisenlage im Nahen Osten veränderten sich meine Gefühle erheblich: Ich vermochte den Zorn vieler Muslime auf die Vereinigten Staaten nachzuempfinden, welche von der Verteidigung von Freiheit und Demokratie reden und aus geopolitischen Interessen zugleich die autokratischen Regime der Arabischen Liga unterstützen. So verdampften die durch die Attentate geweckten aggressiven Triebregungen und Vorurteile durch das Schreiben an diesem Text und wichen einer differenzierteren Erlebnisweise, die sich fortan im Einklang mit den durch das Nachdenken über die Attentate gewonnen Einsichten organisierte.[15]

7 Zwischenergebnis zur politpsychologischen Relevanz der vorliegenden tiefenhermeneutischen Kulturanalyse

Das Forschungsprojekt hat eine Frage offen gelassen: Wie weit reicht die Erklärungskraft dieser empirischen Studie und wodurch unterscheidet sich diese psychoanalytische Untersuchung einer kritischen politischen Psychologie von einer soziologischen oder politologischen Studie?

Die Grenzen der vorliegenden Fallrekonstruktion lassen sich folgendermaßen beschreiben: Akteure wie Bush und bin Laden lassen sich nicht vergleichen, solange man darauf rekurriert, dass ihr politisches Handeln das Resultat ganz unterschiedlicher sozialer und politischer Systeme ist: Bin Laden ist der Führer einer international operierenden Terrororganisation, die Selbstmordattentäter ausbildet, indoktriniert und bewaffnet. Bush ist dagegen der Repräsentant einer republikanischen Administration, welche in Abstimmung mit den Vertretern der judikativen und der legislativen Gewalt die einzige Supermacht vor allem in der Absicht regiert, deren ökonomische und politische Vormachtstellung in der Welt zu verteidigen. Wenn im vorliegenden Beitrag Bush und bin Laden als politische Agitatoren miteinander verglichen werden, dann geht es dagegen um die politpsychologische Fragestellung, den amerikanischen Präsidenten und den Führer des Terroristennetzwerks al-Qaida als politische Führer zu betrachten, welche Massen für ihre auf einen »Kampf der Kulturen« setzenden Weltanschauungen zu mobilisieren vermögen.

Was die tiefenhermeneutischen Fallrekonstruktionen zeigen, lässt sich mit Lorenzer (1981) folgendermaßen beschreiben: Bush und bin Laden erweisen sich als Massen mobilisierende politische Führer, die sich tatsächlich nicht an die Vernunft ihrer Zuhörer wenden, sondern punktuelle Beschädigungen ihrer Persönlichkeit aufgreifen, um irrationale Wünsche und Ängste in den Dienst einer weltanschaulichen Propaganda zu stellen. Durch die Verheißung eines

Krieges versprechen beide Massenführer verleugneten und abgespaltenen Wünschen, Ängsten und Fantasien eine Ersatzbefriedigung, die den ursprünglichen Triebimpulsen zwar keine unmittelbare Befriedigung, auf dem Umweg über das Symptom jedoch einen sozialen Ausdruck verschaffen. Das Fehlverhalten der Symptombildung, das in dem imperativen Verlangen zum Ausdruck gelangt, Wut und Hass ohne Rücksicht auf Andere auszuleben, wird mit einem falschen Namen – der »Fremde«, der die feindseligen Impulse auf sich zieht – verknüpft. So wird das blinde Ausagieren destruktiver Triebimpulse durch das weltanschauliche Angebot gerechtfertigt, das der christliche oder islamistische Fundamentalismus offeriert. Während sich der Einzelne durch einen Hass auf Fremde sozial isoliert, erschließt ihm die durch Bush oder bin Laden propagierte Weltanschauung die Möglichkeit, das Symptom und den damit kurz geschlossenen falschen Namen (»Ich hasse Fremde.«) durch einen sozial anerkannten Namen inhaltlich auszufüllen – »das Böse« verkörpernde islamistische Terroristen oder Amerikaner, die des Teufels sind. Wenn aber die Weltanschauung den falschen Namen für unbewältigte Triebkonflikte mit der falschen Antwort aufs soziale Problem – ökonomische und soziale Widersprüche sollen durch einen »Kampf der Kulturen« statt durch gesellschaftliche Veränderung gelöst werden – verknüpft, dann treten »objektive Verblendung und individuelle Pathologie […] zu einem stabilen Kurzschluss« zueinander (S. 122).

Die tiefenhermeneutische Kulturanalyse zeigt daher, wie leicht sich im Zuge des von Bush und bin Laden propagierten »Kampfes der Kulturen« sowohl im Westen als auch in der islamischen Welt ein politischer Diskurs ausbreitet, der die Welt durch den Rückgriff auf Stereotypien, Vorurteile und Ressentiments in ein gutes Reich der Verfolgten und in ein böses Reich der Verfolger spaltet. Arundhati Roys (2001) Satz, bei Osama bin Laden handele es sich um den »dunklen Doppelgänger des amerikanischen Präsidenten«, den »brutalen Zwilling alles angeblich Schönen und Zivilisierten« erweist sich daher als wahr und falsch zugleich:

Roys Satz bringt den Umstand auf den Begriff, dass sich die von Bush propagierte fundamentalistische Weltanschauung bin Ladens bedient, um zum Krieg gegen »das Böse« aufzurufen. Wer wie Richard Herzinger (2001) angesichts der Terroranschläge von einem »Angriff auf die Idee der Zivilisation« (S. 89) spricht oder wie Mohr u. a. (2001) meint, dass es nun die »geistige Tradition« Europas »gegen den Islam« zu verteidigen gelte (S. 50), konstruiert ganz im Sinne dieses von Bush initiierten politischen Diskurses eine Verschwörungstheorie, welche die Kulturleistungen der arabischen Welt so ignoriert wie die antizivilisatorischen Impulse der Washingtoner Administration, die nicht nur aus geopolitischen Interessen autokratische Regime im Nahen Osten unterstützt, sondern auch das Klimaabkommen von Kyoto und den ABM-Vertrag blockiert, biochemische Waffen weiter entwickelt, sich dagegen wehrt, dass amerikanische Soldaten wegen Kriegsverbrechen vor dem Internationalen Gerichtshof in Den Haag zur Verantwortung gezogen werden können, oder als einziges Land ein Veto dagegen einlegt, dass für die Dritte Welt billigere pharmazeutische Medikamente hergestellt werden, um etwa den Kampf gegen Aids erfolgreicher aufnehmen zu können.

Doch auch die Umkehrung von Roys Satz gilt: Vergegenwärtigt man sich nämlich, dass bin Laden eine fundamentalistische Weltanschauung propagiert, die Amerika zur Verkörperung des Teufels stilisiert, dann stellt sich Bush als der »dunkle Doppelgänger« des in der arabisch-islamischen Welt gefeierten Osama bin Laden dar und erweist sich somit als der zu den Waffen greifende Zwilling des von dem Terroristenführer beschworenen Heiligen Krieges gegen die Ungläubigen. Wer etwa in der Globalisierung »ein Komplott des Westens« sieht (Steinbach 2002, S. 142) oder glaubt, hinter den Attentaten vom 11. September stünden der CIA oder der israelische Geheimdienst, reproduziert ganz im Sinne des durch bin Laden initiierten politischen Diskurses eine Verschwörungstheorie (vgl. Hafez 2002, S. 238ff.), die davon ablenkt, dass die Wurzel des Leidens der Menschen in den Ländern der Arabischen Liga darin liegt, dass deren autokratische Herrscher die ökonomischen und sozialen Widersprüche dieser Gesellschaften nicht durch eine den eigenen kulturellen und religiösen Traditionen entsprechende Modernisierung zu lösen versuchen.

Zusammenfassend heißt das, dass die Zukunft des 21. Jahrhunderts weniger durch den islamistischen Terrorismus überschattet wird, der durch seinen Aufruf zum Heiligen Krieg gegen den Westen auf eine pervertierte und menschenverachtende Weise eine Form der Gegengewalt gegen die durch die westlichen Industrienationen ausgeübte strukturelle Gewalt (asymmetrische Globalisierung) über die Dritte Welt darstellt. Vielmehr wird der Eintritt in ein neues Zeitalter der Freiheit und des Friedens vor allem durch politische Akteure wie Bush verhindert, die in die politischen Handlungspraktiken des 20. Jahrhunderts durch das Propagieren einer neokonservativen Weltanschauung zurückfallen, welche die durch die neoliberale Demontage des Sozialstaats erzeugten innenpolitischen Spannungen durch eine Außenpolitik aufzulösen versucht, welche mit Huntington zum »Kampf der Kulturen« stilisiert wird. Als wie unerlässlich sich daher auch der Kampf gegen den Terrorismus darstellt, Bush versucht durch das Reden über »Freiheit« und »Demokratie« vor allem darüber hinwegzutäuschen, dass die von ihm propagierte Politik der militärischen Konfrontation dazu dient, die ökonomische, militärische und politische Vorherrschaft Amerikas in der Welt zu festigen.

III »Bush auf der Couch«? Zur Kritik
von Justin Franks pathologisierender
Biografiestudie. Zugleich eine
tiefenhermeneutische Sekundäranalyse
zu Bushs Persönlichkeitsstruktur

Die Auseinandersetzung mit Justin Franks Studie zu George W. Bush konfrontiert mit zwei Fragestellungen: Einerseits geht es darum, dass Franks Interpretation in eine Sackgasse gerät, weil er das methodologische Problem nicht reflektiert, was eine politpsychologische Untersuchung der Interaktion zwischen dem amerikanischen Präsidenten und seinen Landsleuten von einer psychoanalytischen Untersuchung des Interagierens zwischen PatientIn und AnalytikerIn unterscheidet. Andererseits wirft die Studie von Frank die Frage auf, wie sich denn die Persönlichkeit von Bush angemessener untersuchen lässt, die hinter den publikumswirksamen Reden und Inszenierungen steht.

Die folgenden Ausführungen setzen sich aus drei Teilen zusammen: Zunächst wird analysiert, wie Justin Frank den amerikanischen Präsidenten dadurch pathologisiert, dass er ihn zu einem psychisch kranken Mann erklärt (Abschnitt III, 1). Sodann wird alternativ eine psychoanalytische Sekundäranalyse entworfen, im Zuge derer lebensgeschichtlich bedeutsame Inszenierungen Bushs rekonstruiert werden, die für das Verständnis seiner Persönlichkeit von besonderer Bedeutung sind. In Anschluss daran wird die szenische Interpretation der Biografie im Rückgriff auf die psychoanalytische Begrifflichkeit theoretisch eingeordnet (Abschnitt III, 2). Schließlich wird das von Frank ebenso pathologisierend erörterte Problem untersucht, wie Bush seine Landsleute für sich und seine Politik einnimmt (Abschnitt III, 3).

1 Bush auf der Couch bei Justin Frank

Wie Frank (2004) einleitend erklärt, analysiert er den amerikanischen Präsidenten aus der Perspektive von Melanie Klein (vgl. ebd., S. 14f.). Ganz in diesem Sinne meint Frank, dass Bush zur Projektion negativer Affekte und zu einer Spaltung der Welt in Gut und Böse neige, weil er unter den Folgen einer unbewältigten frühen Kindheit leide. Infolge dieser frühen Störung habe er ein Aufmerksamkeits-Defizit-Syndrom (ADS) und eine damit einhergehende Legasthenie entwickelt. Vor allem aufgrund seiner Lernstörungen sei Bush dem Alkoholismus verfallen, den er nie überwunden habe. Diese Argumentation entwickelt Frank in den ersten drei Kapiteln seines Buches auf die folgende Weise:

1.1 Die Pathologie der Mutter-Kind-Dyade und das theoretische Erklärungsmuster Melanie Kleins

Im ersten Kapitel leitet Frank aus der Besonderheit des Elternhauses von G. W. Bush eine pathologische Mutter-Sohn-Beziehung ab: Da der Vater meistens abwesend gewesen sei, weil er als Student durch sportliche und akademische Verpflichtungen, als Erwachsener durch das Ölgeschäft und die politische Karriere in Anspruch genommen wurde, sei die Aufgabe der Kindererziehung der Mutter überlassen worden. Barbara Bush sei das nicht leicht gefallen. Denn wie sie in ihren Memoiren berichtet, habe sie als Kind selbst unter einer Mutter gelitten, die sie »oft mit einer Bürste oder Holzkleiderbügeln schlug« (S. 24). Ihre Mutter, die ihr leider nie »Dinge wie Kochen, Putzen und Waschen« beigebracht habe, ist nach Auffassung von Frank »chronisch depressiv« gewesen (ebd., S. 26). Wie Barbara Bush freimütig schildert, habe sie in der eigenen Familie »immer für Zucht und Ordnung gesorgt« (ebd., S. 22). Deshalb wurde sie von ihren Kindern auch »die Vollstreckerin« genannt (ebd.). Aber die Schläge, die sie ihren eigenen Kindern verabreicht habe, seien, so Barbara Bush, nicht so hart gewesen wie die Schläge ihrer Mutter (ebd., S. 24). Zusammenfassend meint Frank, die Mutter des jetzigen Präsidenten sei »eine kalte Erzieherin« gewesen (ebd.).

Wie schon angedeutet wurde, versucht Frank im Rückgriff auf die Theorie Melanie Kleins zu begreifen, wie sich das Aufwachsen mit einer solchen Mutter auf das Seelenleben von George W. ausgewirkt habe: Wenn der Säugling libidinöse und aggressive Impulse spalte, um gute Erlebnisse vor gefährlichen Affekten zu schützen, die auf die Außenwelt projiziert werden, dann sei es wichtig, dass die Mutter diese destruktiven Impulse aushalte. Die Mutter müsse also die Aufgabe des »containing« übernehmen, bis der Säugling dazu imstande sei, gute und negative Erfahrungen mit ihr zu integrieren. Wenn aber eine Mutter so distanziert und aggressiv sei wie Barbara Bush, dann vermöge sich der Säugling nicht zu beruhigen, seine Ängste bestünden fort und die Spaltung der Affekte in gute und böse Erfahrungen werde nicht überwunden.

> »Es gibt also guten Grund, George W. Bushs Drang, die Welt von gefährlichen Menschen zu befreien, nicht einfach als die politische Haltung eines Präsidenten zu sehen – sondern als den Drang eines vernachlässigten und emotional behinderten Kindes, das schreckliche Angst davor hat, den Gefahren seiner eigenen Psyche gegenüberzutreten.« (ebd., S. 32f.)

Der Umstand, dass der amerikanische Präsident davon redet, dass Amerika eine Macht des Guten sei, die mit dem Krieg gegen den Terrorismus den Kampf gegen das Böse aufnehme, lässt sich Frank zufolge darauf zurückführen, dass Bush seit frühester Kindheit an nicht aufhören kann, uneingestandene negative Affekte zu projizieren und seine Welterfahrung in Gut und Böse zu spalten.

1.2 ADS und Legasthenie als Ursache für Bushs Lernhemmungen und für seine sprachlichen Entgleisungen

Im zweiten Kapitel des Buches entwickelt Frank die Einschätzung, dass der Präsident unter einem Aufmerksamkeits-Defizit-Syndrom (ADS) (vgl. ebd., S. 45ff.) und unter Legasthenie leide (vgl. ebd., S. 48ff.), eine Diagnose, die er anhand von Bushs widersprüchlichem Auftreten in der Öffentlichkeit festmacht: Einerseits trete Bush freundlich und ungezwungen auf, albere mit den Reportern herum, mache sich über sich selbst lustig und nehme Andere hoch. Andererseits könne seine Stimmungslage von einem Augenblick zum anderen umkippen. Dann zeige er »häufig einen leeren Blick wie ein Tier, das in die Scheinwerfer eines Autos starrt« (ebd., S. 39). Zudem könnten einfache Fragen Bush so verwirren, dass er unsinnige Antworten gibt. Oder ihm unterlaufen sprachliche Entgleisungen, was so häufig geschieht, dass sie im Internet regelmäßig als »bushism« veröffentlicht und anschließend so lange gesammelt werden, bis sie sich zu einer Buchpublikation eignen (vgl. Weisberg 2001, 2003a, 2003b).

Nach Einschätzung von Frank lassen sich die frühesten Beschreibungen des possenhaften Verhaltens von Bush auf die Zeit nach dem Tod seiner jüngeren Schwester zurückführen. Da seine Mutter mit dem Tod der Tochter nicht fertig geworden sei, habe George W. im Alter von sieben Jahren angefangen, die Mutter durch clowneskes Verhalten aufzumuntern. Wie Reporter recherchiert haben, fiel der Junge fortan in der Grundschule auf, weil er »immer unter Strom« gestanden habe. Deshalb habe er in der Schule den Spitznamen »Bushtail« erhalten (Frank 2004, S. 42). Frank vermutet, Bush habe damals angefangen, unter Hyperaktivität zu leiden. So habe er seine Ängste bewältigt, die zunahmen, weil die Beziehung zu der distanzierten Mutter durch deren Trauer um die Schwester belastet wurde. Im Anschluss an Melanie Klein führt Frank aus, dass ein Kind im Falle einer frühen Störung der Mutter-Kind-Dyade die Projektionen eigener Anteile auf die Mutter nicht zurücknehmen könne und so auch das Lernen beeinträchtigt werde, das auf der Fähigkeit beruhe, »unangenehme Projektionen zurückzubringen« (ebd. S. 43). Frank gelangt zu der Schlussfolgerung, Bush habe schon als Grundschüler unter einem Aufmerksamkeits-Defizit-Syndrom und unter einer Hyperaktivitätsstörung gelitten,[16] Krankheitsbilder, die auch noch den Präsidenten belasten würden.

Ein Beispiel dafür, wie rastlos, impulsiv und kindisch Bush auch als Erwachsener sei, entnimmt Frank dem Bericht eines Reporters aus der Zeit, als Bush noch Gouverneur in Texas war: Nachdem Bush bei einer Pressekonferenz zu einer fatalen Hitzewelle einen Forstbeamten dazu aufgefordert hatte, über die damit einher gehenden Waldbrände zu sprechen, habe er auf seinem Stuhl nicht still sitzen können, vielmehr mit den Journalisten herumgealbert, »die Zunge heraus« gestreckt und »witzige Grimassen« geschnitten, »indem er seine Backen aufblies wie ein Kugelfisch« (ebd., S. 46). Der Umstand, dass die Arbeitstage des Präsidenten sehr kurz seien, dass Konferenzen höchstens 30-45 Minuten dauern und regelmäßig durch Trainingspausen abgefedert werden, spreche zudem dafür, dass die Arbeit des Präsidenten einer kurzen Aufmerksamkeitsspanne angepasst wird, damit er »impulsives Verhalten« vermeiden kann, »das ansonsten aufkommen könnte« (ebd.).

Frank vermutet darüber hinaus, dass ADS bei Bush mit einer Legasthenie kombiniert sei. Die geringe Aufmerksamkeitsspanne, die Impulsivität und die Ruhelosigkeit, die mit ADS verbunden seien, erschwere nämlich das Lesen. Die Lese- und Rechtschreibeschwäche lasse sich an den sprachlichen Entgleisungen ablesen, in die Bush sich ständig verwickele, wenn er Pronomen vertausche, Worte durch andere ersetze und die positive und negative Bedeutung von Worten verwechsele. Zudem lassen sich nach Auffassung von Frank die mit einem gewissen Stolz häufig wiederholten Worte von Bush, dass er keine Zeitung lese, als Ausdruck einer Abwehr gegen die Leseschwäche deuten (vgl. ebd., S. 49).

Da Bush das Studieren aufgrund der Legasthenie schwer gefallen sei, habe er sich an den Universitäten der Ostküste nur dadurch hervortun können, dass er seine Kommilitonen durch Albernheiten zum Lachen brachte und durch seine Fähigkeit auffiel, »sich Namen und Gesichter merken zu können« (ebd., S. 54). Zudem avancierte er zum Präsidenten einer studentischen Vereinigung und ernannte sich selbst zum obersten Leiter einer Stickball-Mannschaft. Durch diese geselligen Aktivitäten suchte Bush nach Auffassung von Frank seine Lernschwäche zu verbergen, die mit dem Schmerz verbunden gewesen sei, »vom Denken, von Ausdrucksfähigkeit, Kreativität, Büchern und Worten ausgeschlossen zu sein« (ebd., S. 50).

1.3 Der Alkoholismus als Ursache für Bushs Weigerung, Verantwortung zu übernehmen

Im dritten Kapitel des Buches leitet Frank die Diagnose, Bush leide an den Folgen eines unbehandelten Alkoholismus, aus folgenden Überlegungen ab: Wer unter ADS und Legasthenie leide, sei auch anfällig für Suchterkrankungen (vgl. ebd., S. 45). Tatsächlich habe Bush im Alter von 18 bis 40 Jahren übermäßig getrunken. Mit 30 Jahren wurde er wegen Trunkenheit am Steuer verhaftet (vgl. ebd., S. 62). Bush hat in seiner Autobiografie berichtet, den Alkoholismus durch Gespräche mit dem Prediger Billy Graham und durch das Studium der Bibel überwunden zu haben. Frank bezweifelt, dass Bush den Alkoholismus jemals hinter sich gelassen habe. Denn die Alkoholabhängigkeit sei nur überwindbar, wenn man sich die Sucht so eingestehe, wie das Anonyme Alkoholiker praktizieren. Doch als Bush im Wahlkampf um die Präsidentschaft 1999 gefragt wurde, ob er alkoholabhängig gewesen sei, habe er das verneint. Er erklärte der *Washington Post*, »nicht wirklich abhängig« gewesen zu sein, aber Freunde gehabt zu haben, die zu den Anonymen Alkoholikern hätten gehen müssen (vgl. ebd., S. 60). Frank gelangt zu dem Schluss, dass Bush ein »trockener Alkoholiker« sei (ebd., S. 63), der zwar nicht trinke, aber »die Persönlichkeit eines Alkoholikers« nicht überwunden habe (ebd., S. 64). Denn man könne an Bush doch wie bei einem Alkoholiker Charakterzüge wie »Grandiosität, einen Hang zum Aburteilen, Intoleranz, Distanziertheit, dem Ablehnen von Verantwortung, eine Tendenz zur Überreaktion und eine Abneigung gegen Introspektion« beobachten (ebd., S. 63).

Das zeige vor allem das folgende Verhalten des Präsidenten: Wie Bush grundsätzlich bestreite, ein Alkoholiker gewesen zu sein, so falle immer wieder die für einen Alkoholiker typische »Angewohnheit« auf, »Schuld und Verantwortung von sich zu weisen« (ebd., S. 64). Der drastischste Beleg hierfür sei das Verhalten des Präsidenten nach dem Irakkrieg. Denn nach dem militärischen Sieg über den Irak stellte sich heraus, dass sich die von Bush angeführten Gründe für den Krieg nicht mehr aufrecht erhalten ließen: Weder hatte Saddam Hussein Massenvernichtungswaffen besessen noch hatte er das Terrornetzwerk al-Qaida unterstützt. Trotzdem bestand Bush darauf, dass ihm kein Fehler unterlaufen sei, er vielmehr »das Richtige im Irak getan« habe (ebd., S. 66). Frank kommentiert, dass der Präsident sich in dieser Lage wie ein »unbehandelter Alkoholiker« verhalten habe, für den der »Selbstschutz« wichtiger als die Realitätsprüfung sei (ebd., S. 67).

1.4 Zur Kritik der Analyse von Justin Frank, der Bush infantilisiert, psychologisiert und pathologisiert

Wie fragwürdig Franks Analyse ist, lässt sich in drei Punkten zusammenfassen:

1. Wenn man dem Erklärungsmodell des Kleinianers Frank folgt, dann gibt es in Bushs Lebensgeschichte nur ein dramatisches Ereignis – die traumatische Erfahrung einer aggressiven und affektdistanzierten Mutter, aufgrund derer er nicht gelernt habe, das Projizieren destruktiver Anteile aufzugeben, und daher lebenslang daran festhalte, die Welt in Gut und Böse zu spalten. Derart infantilisiert Frank den amerikanischen Präsidenten, dessen angeblich durch ADS, Legasthenie und Alkoholismus bestimmte Lebensgeschichte in einer monokausalen Weise als die unmittelbare Folge einer pathologischen Mutter-Kind-Beziehung begriffen wird. Infantilisierend ist diese Deutung, weil durch die Reduktion der politischen Einstellung des Präsidenten auf unbewältigte Erfahrungen des Säuglingsalters von der Bedeutung lebensgeschichtlicher Erfahrungen abstrahiert wird, die Bush im Verlaufe des ödipalen Dramas, während der Latenzzeit, während Adoleszenz und Erwachsenenalter gemacht hat. Denn wie es schon Eriksons (1968) Theorie des Lebenszyklus gezeigt hat, kann in all diesen Lebensphasen die in der frühen Kindheit einsozialisierte Triebstruktur bestätigt und verstärkt, aber auch revidiert und korrigiert werden.

Hinzu kommt, dass Franks Studie psychologisiert, weil er davon abstrahiert, dass Bushs Denken in Dichotomien wie Gut und Böse auch das Resultat seiner politischen Sozialisation durch die neokonservative Weltanschauung der republikanischen Partei ist, die Amerika mit dem Guten identifiziert und in Kritikern oder politischen Gegnern die Verkörperung des Bösen sieht. Ebenso ignoriert Frank die religiöse Sozialisation des Präsidenten durch die Weltanschauung des christlichen Fundamentalismus, der Amerika als das von Gott auserwählte Volk und die Welt als die künftige Bühne für einen apokalyptischen Kampf der göttlichen Mächte gegen den Teufel betrachtet.

2. Frank *pathologisiert* den Präsidenten, weil er sein Denken und Handeln unter die Krankheitsbilder ADS und Legasthenie subsumiert, obwohl keine entsprechenden Tests erhoben werden konnten und das angeführte Datenmaterial insgesamt spärlich ist. George W. scheint ein Schüler gewesen zu sein, der gern den Clown spielte, sehr impulsiv war, aber Frank kann keinen Beleg dafür anführen, dass er schon als Kind unter Lese- und Rechtsschreibeproblemen litt. Zwar scheint Bush ein Präsident zu sein, der Intellektuelle nicht mag, der arbeitsfaul und impulsiv ist, zudem in der Öffentlichkeit Sprachprobleme hat; aber das reicht nicht aus, um ihm ADS und Legasthenie zu attestieren. Dabei handelt es sich um riskante Annahmen, die unter Umständen zutreffen könnten, vielleicht aber auch nicht.

3. Auch die Diagnose, Bush habe seinen Alkoholismus nicht überwunden, sondern lebe ihn als »trockener Alkoholiker« aus, ist gewagt. Frank ignoriert, dass Bushs Satz, er sei kein Alkoholiker gewesen, nicht in der Privatpraxis eines Psychotherapeuten, sondern in der Öffentlichkeit während der Präsidentschaftswahlen gefallen ist, in welcher der Kandidat sich vermutlich vor zudringlichen Journalisten schützen wollte. Und wenn Bush – wie Frank einräumt – nach der Wahl zum Präsidenten religiösen Führern gestand, dass er »Alkoholprobleme hatte«, und sie deshalb darum bat, für ihn zu beten (Frank 2004, S. 60), dann gesteht er damit durchaus ein, unter einer Alkoholabhängigkeit gelitten zu haben. Zudem liefert Frank ein gutes Argument dafür, weshalb Bushs Worte, dass der Glaube ihn von der Alkoholabhängigkeit befreit habe, vertrauenswürdig erscheinen. Da die Erforschung neurochemischer Prozesse des Gehirns gezeigt hat, dass die wie Alkohol wirkenden Endorphine »auch nach dem tiefen Ausdruck religiösen Glaubens freigesetzt werden können« (ebd., S. 80), kann »die Vorfreude« auf ein Gebet einen genau so Ängste »beruhigenden« und Begierden »befriedigenden« Effekt« haben wie die Lust auf Alkohol (ebd.). Wenn aber der religiöse Glaube genau so als Droge wirken kann wie Alkohol, dann stellt sich Bushs Erklärung, der Glaube an Gott habe ihn vom Alkoholismus geheilt, als durchaus nachvollziehbar und überzeugend dar. Auch Franks Einschätzung, Bush habe seinen Alkoholismus nicht überwunden, ist daher Ausdruck einer den Präsidenten stigmatisierenden Pathologisierung, mit der ihm eine Suchtpersönlichkeit unterstellt wird, die er unter Umständen aufweist, vielleicht aber auch nicht.

Die Psychologisierung und Infantilisierung des Präsidenten, der infolge einer nicht genügend guten Mutter sein Leben lang unter einer Störung der frühesten Objektbeziehungen leide, und die aus spärlichem Datenmaterial abgeleitete Pathologisierung, er habe anschließend Symptombilder wie ADS, Legasthenie und Alkoholismus entwickelt, erklären sich aus Franks Erkenntnisinteresse: Er wollte die US-Bürger vor der Wiederwahl eines Präsidenten warnen, der »eine Reihe multipler, ernst zu nehmender und unbehandelter Symptome aufweist« (ebd., S. 10), die seine »geistige Gesundheit« beeinträchtigen und seine »Regierungsfähigkeit« in Frage stellen (ebd.). Doch wäre Bush psychisch so krank, wie Frank vermutet, dann hätten die Republikaner und die Öffentlichkeit ihm längst das Vertrauen entzogen.

Was Frank aufgrund seiner Psychologisierung und Pathologisierung des Präsidenten nicht erklären kann, das ist die Frage, warum Bush so erfolgreich ist, dass er trotz der Irakkrise mit einer beträchtlichen Mehrheit an Stimmen wiedergewählt wurde. Franks Studie ist zum Scheitern verurteilt, weil er das methodologische Problem ignoriert, das mit der Anwendung der Psychoanalyse auf das jenseits der Couch gelegene Forschungsfeld der Politischen Psychologie verbunden ist, das eigenen Strukturzusammenhängen folgt. Es geht nämlich nicht um die Interaktion eines Psychotherapeuten mit einem Patienten, den man – wie der Titel des Buches suggeriert – »auf der Couch« analysieren kann, sondern um die Interaktion des Präsidenten mit seinen Landsleuten, die im Rahmen einer medienvermittelten Öffentlichkeit stattfindet. Eben da Frank die Unterschiede zwischen beiden Forschungsfeldern missachtet, gerät seine Argumentation in die Sackgasse des Psychologisierens und Pathologisierens komplexer politpsychologisch fassbarer Bildungsprozesse.

2 Die Geburt eines Helden. Psychoanalytisch-tiefenhermeneutische Sekundäranalyse der biografischen Studie von Justin Frank

Auch die folgende Fallrekonstruktion bedient sich der von Alfred Lorenzer (1986) entwickelten Methode der tiefenhermeneutischen Kulturanalyse, die das Problem der Anwendung der Psychoanalyse auf Kultur und Politik methodologisch reflektiert, sich der in der therapeutischen Praxis entwickelten Methode des »szenischen Verstehens« (vgl. Lorenzer 1970) bedient und sie dem neuen Forschungsfeld entsprechend so modifiziert, wie das in Kapitel I ausgeführt wurde. Dabei wird im Allgemeinen von der Wirkung des Textes auf das Erleben einer Gruppe von InterpretInnen ausgegangen, die sich über ihre Leseerfahrungen den Regeln der freien Assoziation und der gleichschwebenden Aufmerksamkeit entsprechend austauschen. Zudem lassen sie sich von den Irritationen leiten, mit denen sie auf die Widersprüche und Inkonsistenzen des Textes in der Absicht reagieren, einen Zugang zum hinter dem manifesten Sinn verborgenen latenten Sinn zu gewinnen. Schließlich wird stets zwischen der konkreten szenischen Rekonstruktion des Textes in der Umgangssprache und dem abstrakten Begreifen der Fallrekonstruktion in der Sprache der psychoanalytischen Theoriebildung unterschieden.

Ein erstes Problem stellt sich der tiefenhermeneutischen Sekundäranalyse dadurch, dass die in Franks biografischer Studie eng miteinander verzahnten lebenspraktischen Beziehungsfiguren und die ihnen zugeordneten theoretischen Erklärungsmuster wieder voneinander getrennt werden müssen, um Prozesse des szenischen Interpretierens und des theoretischen Begreifens systematisch unterscheiden zu können. Hinzu kommt, dass diese Sekundäranalyse bruchstückhaft bleibt, weil sonst der Rahmen dieses Kapitels gesprengt würde. Infolgedessen kann nur anhand einzelner szenischer Bedeutungskomplexe exemplarisch gezeigt werden, wie eine psychoanalytisch-tiefenhermeneutische Biografieforschung im Falle von George W. Bush verfährt.

Dabei wird anhand des entsprechenden szenischen Materials zunächst untersucht, wie sich unter dem Einfluss der Mutter die Perversion des Sadismus entwickelte, die im Erwachsenenalter eine besondere Bedeutung gewinnen sollte. Anschließend wird auf der Grundlage einer szenischen Rekonstruktion der konfliktreichen Beziehung zum Vater fassbar, dass Bush unter einer narzisstischen Störung der Persönlichkeit leidet, der entsprechend er Andere als Selbstobjekte funktionalisiert. Sodann wird untersucht, wie Bush eine narzisstische Wunde durch eine sein Denken und Fühlen beherrschende Perversion zu schließen sucht. Zudem wird analysiert, wie sich Bush mit Hilfe des christlichen Fundamentalismus eine strahlende Fetischwelt konstruiert, aufgrund derer er verleugnen kann, was er durch seine schmutzige Politik der militärischen Konfrontation anrichtet. Und am Ende wird rekonstruiert, wie sich die verschiedenen von Frank beschriebenen Symptome vor dem Hintergrund einer narzisstisch gestörten Persönlichkeit mit einer perversen Neigung zum Sadismus begreifen lassen.

2.1 Der Sadismus in George W. Bushs Persönlichkeit

Wenn man die Fülle des Materials sichtet, das Frank in seiner biografischen Studie zu Bush zusammengetragen hat, und es auf das eigene Erleben wirken lässt, dann irritiert vor allem ein Charakterzug des amerikanischen Präsidenten. Es handelt sich hierbei um Bushs Lust zu quälen, mit der sich Frank im 6. Kapitel unter dem Titel *Das blöde Grinsen* auseinandersetzt. Zwar wirke der amerikanische Präsident bei öffentlichen Auftritten häufig sympathisch und gut gelaunt. Aber zugleich lasse ein »markenzeichenähnliches blödes Grinsen«, zu dem Bush in unpassenden Situationen neige, »seinen Sadismus […] gut erkennen« (Frank 2004, S. 129). Was damit gemeint ist, sollen vier Szenen veranschaulichen, die zeigen, dass sich Bushs Sadismus wie ein roter Faden durch seine Biografie zieht:

1. »Als Kind stopfte er Frösche mit Knallkörpern voll, steckte die Zündschnur an und ließ die Kreaturen explodieren.« (ebd., S. 129)
2. Während des Studiums in Yale avancierte Bush zum Präsidenten einer

Studentenverbindung. Neue Anwärter, die in diese Verbindung aufgenommen werden sollten, unterzog er dabei folgendem Initiationsritual:
Er brandmarkte »jeden Neuling zwischen den Pobacken, ein Stück
oberhalb, mit der rot glühenden Spitze eines Drahtkleiderbügels« (ebd.,
S. 134).

3.   »Als Gouverneur von Texas wurde er dabei beobachtet, wie er bei
     Hinrichtungen von Todeskandidaten grinste, deren Rechtsbeistand sich
     später oft als unzureichend herausstellte.« (ebd., S. 129) Bush führte in
     der Tat den Vorsitz »über mehr Hinrichtungen [...] als jeder andere
     Gouverneur in der amerikanischen Geschichte. Selbst, als er weiterhin
     ihre Gnadengesuche ablehnte, fühlte sich Bush in der Position, Karla
     Faye Tucker in einem Gespräch mit dem konservativen Reporter Tucker
     Carlson nachzuäffen: ›Bitte‹, wimmerte Bush, seine Lippen in gespielter
     Verzweiflung geschürzt, ›bringen Sie mich nicht um‹. [...] Es wurde
     gehört, wie er lässige Kommentare oder Nebenbemerkungen über meh-
     rere andere Opfer fallen ließ und, wie berichtet wurde, kicherte er, als
     er gefragt wurde, wie er einen Gefangenen in den Tod schicken könne,
     dessen Anwalt während der Verhandlung geschlafen habe.« (ebd., S.
     141)

4.   Als Präsident der Vereinigten Staaten ordnet Bush »Bombardierungen
     in Bagdad an, zeigt stolz die entsetzlichen Bilder der Körper von Sad-
     dams Söhnen herum und fordert die Welt praktisch dazu heraus, weg-
     zuschauen. Sein Publikum bei der Ausstrahlung von Saddam Husseins
     Demütigung in Gefangenschaft ist noch größer, und er demonstriert ein
     persönliches Triumphgefühl über dessen Ergreifung und Vergnügen über
     die Aussicht auf dessen Hinrichtung« (ebd., S. 129).

Der in den geschilderten Szenen zum Ausdruck kommende Sadismus irritiert
in mehrerlei Hinsicht:
1. Die erste Irritation lässt sich in die Frage übersetzen, warum Bush als Gouverneur eine sadistische Lust daran hatte, die Hinrichtung von Todeskandidaten durchzusetzen, und warum er als Präsident so viel Freude daran hatte, dass
Hussein gefangen genommen und seine Hinrichtung damit absehbar wurde?
Eine Antwort auf diese Fragen lässt sich in dem Maße geben, wie man die Geschichte der Kindheit begreift, in der solche Triebregungen wie der Sadismus
durch das gewaltförmige Interagieren mit Mutter und Vater einsozialisiert

werden. Denn die familialen Interaktionen schlagen sich in der subjektiven Erfahrungsstruktur des Kindes dadurch nieder, dass sie die sich entwickelnden Triebimpulse formen. Dieser Prozess der Sozialisation der Triebstruktur hat eben deshalb eine so nachhaltige Wirkung, weil sie die Basisschicht der Affektstruktur des Erwachsenen bildet. Im vorliegenden Fall liegt es nahe, sich in Erinnerung zu rufen, wie die Mutter ihren Sohn George W. erzogen hat. Wie bereits ausgeführt wurde, habe sie »immer für Zucht und Ordnung gesorgt«, indem sie den beiden Söhnen Schläge verabreicht habe (ebd., S. 22). Deshalb wurde die Mutter auch von den Kindern »die Vollstreckerin« genannt (ebd.). Diese Namensgebung irritiert und stellt eine Verbindung zu Bush her, der als Gouverneur und als Präsident eben diese Rolle eines »Vollstreckers« übernommen hat. Dieser szenische Zusammenhang wirft folgende Fragen auf: Haben die Schmerzen und die Demütigungen, welche die Mutter dem Sohn in der Kindheit zugefügt hat, vielleicht zur Entwicklung einer sadistischen Aggressivität beigetragen, von der noch der Gouverneur im Umgang mit Todeskandidaten und der Präsident in der Interaktion mit dem gefangen genommenen Regierungschef Hussein bestimmt wird? Was der Sohn unter den quälenden Schlägen der Mutter zu erleiden hatte, hätte er dann erst einmal durch das Quälen von Fröschen bewältigt, die er mit Sprengstoff voll stopfte und explodieren ließ. Als Erwachsener würde er die sadistische Lust als Macht über die Todeskandidaten genießen, die nun vor ihm so Angst haben, wie er einst Angst davor hatte, von der Mutter mitleidlos bestraft zu werden.

2. Die zweite Irritation, welche die geschilderten Szenen auslöst, lässt sich in die Frage übersetzen, weshalb Bush als Präsident einer Studentenverbindung Neuankömmlinge ausgerechnet mit einem Drahtkleiderbügel brändete. Auch diese Szene führt zu der durch die Schläge der Mutter bestimmten Szene zurück. Denn Barbara Bush berichtet, dass ihre Schläge nicht so hart gewesen seien wie die Schläge, welche ihr die eigene Mutter mit Holzkleiderbügeln zugefügt habe (vgl. ebd., S. 24). Die szenische Ähnlichkeit beider Situationen – beide Male geht es um körperliche Gewalt, bei der Kleiderbügel zum Einsatz kommen – legt die Vermutung nahe, dass es um Misshandlungen geht, die transgenerationell weitergegeben werden: Indem Bush den Mitstudenten mit einem glühenden Drahtkleiderbügel Schmerzen zufügte, scheint er unter dem Druck des Wiederholungszwangs das reproduziert zu haben, was die Großmutter der Mutter durch das Verprügeln mit einem Holzkleiderbügel zugefügt hatte. Bushs Grau-

samkeit würde dann offenbaren, dass er sich nicht nur mit der Mutter, sondern auch mit dem sadistischen Überich der Mutter identifiziert, in dem sich auch der sadistische Umgang der Großmutter mit der Mutter spiegelt.

3. Diese szenische Interpretation wird durch eine dritte Irritation bestätigt, welche die Frage aufwirft, weshalb die Brandverletzung den Studenten am Hinterteil und nicht wie beim Bränden von Fohlen am Hals zugefügt wurde. Das dem studentischen Initiationsritual unterzogene Körperteil spricht für eine Identifizierung mit der Mutter, die dem Sohn in der Kindheit häufig »den Hintern versohlte« (ebd., S. 22).

Die Aufnahme in eine Studentenverbindung hätte Bush somit von einem Initiationsritual abhängig gemacht, bei dem er die Neuankömmlinge so in Besitz nahm, als würde es sich um Fohlen auf seiner Ranch handeln. Indem er den Studenten das Brandzeichen der Großmutter ins Hinterteil einbrannte, agierte er in der Identifizierung mit der prügelnden Mutter die Gewalt aktiv aus, unter der er einst als Junge gelitten hatte. Plausibel erscheint diese Deutung deshalb, weil die aufgrund der zweiten und dritten Irritation entfaltete szenische Interpretation die aufgrund der ersten Irritation entwickelte szenische Interpretation bestätigt. Das Ergebnis dieser Analyse, dass Bushs Sadismus auf der Grundlage der Identifizierung mit einer sadistischen Mutter und mit derem sadistischen Überich – in das das Bild der sadistischen Großmutter introjiziert wurde – zustande gekommen zu sein scheint, verrät, welche Bedeutung den Worten von Jeb Bush beizumessen ist, er und sein Bruder George W. seien in einer »matriarchalischen Familie« aufgewachsen (ebd., S. 176). Da der Vater aufgrund seines beruflichen Engagements und seiner gesellschaftlichen Verpflichtungen in der Regel abwesend war, wurde die rigide Erziehungspraxis der Mutter nicht durch dessen Eingreifen abgefedert oder korrigiert. So scheinen die mangelnde Empathie und die Misshandlung durch die Mutter, die ganz allein für »Zucht und Ordnung« in der Familie sorgte, zu einer narzisstischen Störung der Persönlichkeit von George W. Bush geführt zu haben. Die Wunde, welche die mit Gefühlen von Ohnmacht und Minderwertigkeit einhergehende narzisstische Beschädigung hinterließ, vermochte er wohl durch die Entwicklung einer Perversion zu schließen, aufgrund derer er als Erwachsener das Quälen Anderer und die Macht über sie genießt.

2.2 Bush – ein gegen den Vater rebellierender Ödipus oder ein die eigene Heldenhaftigkeit zelebrierender Narziss?

Wie sehr sich der einer kalten und sadistischen Mutter ausgelieferte Sohn nach einer Rettung durch den Vater sehnte, lässt das achte Kapitel erahnen, in dem Frank unter dem Titel *Ödipus, der Zerstörer* zeigt, dass Bushs Lebensgeschichte durch eine lebenslange Auseinandersetzung mit dem Vater bestimmt wurde. Wie sich diese Vater-Sohn-Beziehung entfaltet hat, sollen die wichtigsten Szenen illustrieren, die zeigen, wie der Sohn immer wieder dem Vater auf seinem Lebensweg folgte, sich ihm aber auch ständig widersetzte: Zweifellos scheint der Vater George H. W., dem der Sohn George W. seinen Vornamen verdankt, stets ein Vorbild für den Heranwachsenden gewesen zu sein. Schließlich war schon der Vater zum Präsidenten der USA gewählt worden, nachdem er zwei Amtszeiten lang Ronald Reagans Vizepräsident gewesen war. Wie der Biograf Minutaglio festhält, soll schon der junge Bush gesagt haben: »Ich will Kampfpilot werden, weil mein Vater einer war« (zitiert nach Frank 2004, S. 173). Aber anders als der Vater, der im Zweiten Weltkrieg als Kampfpilot hoch dekoriert und anschließend als Kriegsheld bewundert wurde, vermied es der Sohn, als Soldat nach Vietnam eingezogen zu werden. Stattdessen schaffte er es mit Hilfe seines einflussreichen Vaters, als Pilot bei der Nationalgarde in Texas unterzukommen. Zudem verhalf der Vater ihm zu einer vorzeitigen Entlassung aus der Nationalgarde, so dass er für einen Freund des Vaters in Alabama den Wahlkampf führen konnte (vgl. ebd., S. 180). Wie der Vater besuchte auch der in Texas aufgewachsene Sohn die an der Ostküste gelegenen Eliteschulen Andover und Yale. Aber während der Vater ein Baseballstar wurde, entwickelte der Sohn keinen sportlichen Ehrgeiz. Stattdessen irritiert der Umstand, dass er bei Spielen einer bekannten Baseball-Mannschaft falsche Karten mit seinem Bild und seinem Namen verkaufte (ebd., S. 186). Auch mit den hervorragenden akademischen Leistungen des Vaters konnte George W. nicht mithalten.

> »Ich hatte Spaß in Yale«, erklärte Bush einer Journalistin. »Ich habe in Yale viele tolle Freunde gefunden. Und ich habe nicht aufgepasst. Ich glaube, da gab es einige, die haben aufgepasst [...]. Aber ich wollte nicht mit diesen Leuten befreundet sein, die sich überlegen fühlten.« (ebd., S. 185)

Auch diese Worte irritieren, weil Bush über das Studieren an der Universität wie ein pubertierender Schüler redet, der kein Streber sein will und stolz darauf ist, faul gewesen zu sein und sich in den Seminaren gelangweilt zu haben. Dass er sich in der Gegenwart von Schülern unwohl fühlte, die besser waren, weil sie sich am Unterricht beteiligten, lässt vermuten, dass er sich im Vergleich mit ihnen unsicher und unterlegen gefühlt hat. Wenn er davon spricht, dass er nach Texas zurückkehrte, um »von den Snobs« der Ostküste mit ihrer »intellektuellen Arroganz« wegzukommen (ebd., S. 184), dann befremden diese Worte nicht nur deshalb, weil er so Vorurteile gegen Intellektuelle, sondern auch Ressentiments gegen den Vater äußert, der – wie gesagt – durch seine akademischen Leistungen geglänzt hatte.

Trotzdem folgte Bush dem Vater auch ins Ölgeschäft. Aber anders als der Vater war der Sohn in diesem Geschäft nicht erfolgreich, bis er von einem Aufsehen erregenden Aktienverkauf profitierte, der hinter dem Rücken der Börsenaufsicht abgewickelt wurde (vgl. ebd., S. 117f.). Diese wiederum durch ihre Illegalität irritierende Transaktion kam aber nur zustande, weil der Mitinhaber der Firma durch den Aktienverkauf »politischen Einfluss« auf den mächtigen Vater »kaufen« wollte (ebd., S. 120). Auch bei der Präsidentenwahl siegte der Sohn nur dank der Hilfe des Vaters. Denn ausschlaggebend wurde der wiederum befremdende Umstand, dass die einst vom Vater ernannte Richterin Clarence Thomas, die dem Supreme Court angehört, die weitere Stimmenauszählung in Florida für verfassungswidrig erklärte (vgl. ebd., S. 120). Nach dem Einzug ins Weiße Haus verließ sich der Sohn erneut auf seinen Vater, indem er sich mit Ministern und Beratern aus dessen früherer Regierung umgab (vgl. ebd., S. 183). Doch wie schwer es ihm gefallen ist, deren Rat anzunehmen, und er auch bei wichtigen politischen Entscheidungen zeigen muss, dass er von ihnen unabhängig ist und seinen eigenen Willen hat, illustriert der ebenfalls irritierende Sachverhalt, dass Bush die Frage, ob er in den Irak einmarschieren solle, weder mit Außenminister Powell noch mit Verteidigungsminister Rumsfeld erörterte, sondern stattdessen darüber mit seiner politischen Beraterin Karen Hughes plauderte (vgl. ebd., S. 216).

Somit wirkt die Lebensgeschichte des Sohnes wie eine schlechte Kopie der Biografie des Vaters. Zwar erreicht der Sohn alle sozialen Positionen, die der Vater eingenommen hat. Aber es fällt auf, dass er es sich dabei bequem gemacht hat. Zwar wurde er wie der Vater Pilot, aber er scheute den Fronteinsatz und sorgte heimlich für seine vorzeitige Entlassung aus der Nationalgarde. Zwar fiel er auch bei Baseballspielen auf, aber nicht wie der Vater als erfolgreicher Spieler, sondern als Verkäufer von falschen Karten. Zwar war er wie der ehrgeizige Vater auf den Eliteuniversitäten, aber er legt Wert darauf, sich dort gelangweilt zu haben und dort faul gewesen zu sein. Zwar stieg er auch ins Ölgeschäft ein, aber er übte diesen Beruf so nachlässig und desinteressiert aus, dass er ein Vermögen erst durch einen illegalen Aktienverkauf anhäufen konnte. Zwar zog er wie der Vater ins Weiße Haus ein, aber er nimmt dieses Amt auf die leichte Schulter. Denn seine Arbeitstage sind sehr kurz und Konferenzen dauern nur 30 bis 45 Minuten (vgl. ebd., S. 46).

Wie sehr der Sohn seinem Vorbild nacheifert, zeigt auch der Umstand, dass er wie der Vater gegen den Irak Krieg führen musste. Doch auch dieser Fall offenbart in einer irritierenden Weise, wie sehr Vater und Sohn sich unterscheiden: Der Vater hatte Krieg gegen Irak geführt, weil Hussein Kuwait überfallen hatte. Dabei hatte er sich von einem Mandat der Vereinten Nationen leiten lassen und vor dem Einmarsch eine internationale Koalition von Bündnispartnern gebildet. Der Sohn besaß dagegen kein Mandat von den Vereinten Nationen und führte trotzdem Krieg gegen den Irak, obwohl schon zu Kriegsbeginn die Motive so fadenscheinig erschienen, dass eine ganze Reihe von Nationen gegen diese Invasion protestierte. Der Vater hatte begrenzte Kriegsziele verfolgt – er hatte die Truppen vor Bagdad halten und Hussein weiter regieren lassen, damit der Irak nicht der Anarchie anheim fiel. Der Sohn hatte dagegen keine Skrupel, das Land insgesamt zu besetzen, Bagdad zu bombardieren und Hussein zu stürzen.

Als Bob Woodward (2004) Bush die Frage stellte, ob er im Falle des Irakkriegs einmal den Vater gefragt habe: »Dad, wie packe ich es richtig an? Was muss ich bedenken?« (S. 471), verneinte der Sohn und erwiderte Folgendes: »Wissen Sie, er ist nicht der Vater, den ich um Kraft bitte. Da gibt es einen höheren Vater, an den ich mich wende« (ebd., S. 472). Bevor diese Worte im Zusammenhang mit den dazugehörigen Interaktionssequenzen szenisch interpretiert und anschließend theoretisch begriffen werden, soll zunächst Frank zu Wort kommen, der den Konflikt des Sohnes mit dem Vater folgendermaßen erklärt (vgl. Frank 2004, S. 181): Frank konstatiert, Bush sei »sein ganzes Leben lang auf die Hilfe seines Vaters angewiesen«, aber nicht dazu imstande gewesen, seinem Vater gegenüber »echte Dankbarkeit zu empfinden« (ebd., S. 180). Wie es das letzte Zitat illustriert, versuche Bush dagegen, »die erniedrigende Abhängigkeit umzukehren«, indem er »den Einfluss seines Vaters öffentlich«

148

schmälert und »dabei unbewusst die gesamte Stärke seines Vaters« angreift (ebd., S. 181). Denn dem Sohn gehe es allein darum, den Vater »zu beeindrucken, ihm nachzueifern und ihn in seinen Leistungen zu übertreffen« (ebd., S. 179). Zwar spricht Frank zwischendurch von einem »phallischen Narzissmus« (ebd., S. 178), der sich darin zeige, dass der Sohn »seinen Vater zu besiegen versucht, indem er seine überlegene Stärke zur Schau stellt« (ebd., S. 179). Aber die Betonung liegt in Franks Argumentation darauf, dass er den Sohn als einen »Ödipus« begreift, der »in seiner ursprünglichen Wut gegenüber seinem Vater« zerstörerisch wirke und »Dinge kaputt« mache (ebd., S. 193).

> »Er [der Sohn] hat die Wirtschaftsüberschüsse der neunziger Jahre mit, wie es sein Vater nannte, ›Voodoo-Wirtschaft‹ verschwendet. Seine ›Koalition‹ im Krieg gegen den Irak war ein Affront für die international ausgerichtete Politik seines Vaters. Sogar seine Verfolgung von Saddam Hussein kann als eine verächtliche Ablehnung der militärischen Zurückhaltung der ersten Bush-Präsidentschaft gesehen werden.« (ebd., S. 192)

Gerade weil der Sohn schwächer als der Vater sei, treibe George W. »die ödipale Entschlossenheit« an, »seinen Vater zu besiegen«, indem er »Teile des Vermächtnisses von Bush dem Älteren« zerstöre (ebd.).

Zwar beschreibt Frank zutreffend das Konkurrieren mit dem Vater, im Zuge dessen es der undankbare Sohn genießt, nun selbst über dessen frühere Machtposition zu verfügen. Dieser Kampf lässt sich jedoch nicht angemessen als Manifestation eines ödipalen Konfliktes begreifen. Würde Bush ein ödipales Drama austragen, würde er nicht nur mit dem Vater konkurrieren, sondern hätte sich mit dessen Wirtschafts- und Außenpolitik auch ernsthaft auseinandergesetzt. Nur in diesem Falle wäre er dem Ödipus des Sophokles ebenbürtig, der entschlossen das Geheimnis der eigenen Herkunft aufdeckte, um herauszufinden, weshalb ein Fluch der Götter über Theben lag. Die Tragödie des Ödipus reduziert sich ja nicht darauf, dass er unwissentlich den Vater umbringt und die Mutter heiratet, sondern dass er damit unschuldig Schuld auf sich geladen hat, Verbrechen, die er als solche anerkennt und für die er sühnt, indem er sich blendet und ins Exil geht. Wie Frank immer wieder betont, ist es dagegen typisch für Bush, dass er jede Verantwortung ablehnt und jede Schuld leugnet, wenn ihm Fehler unterlaufen (vgl. ebd., S. 63ff.). Die Einschätzung, Bush sei ein Ödipus, der den Vater besiegen wolle, verfehlt daher völlig die Bedeutung des Schauspiels, das George W. Bush in der Öffentlichkeit inszeniert.

Um die Frage angemessener zu beantworten, welche Affekte den amerikanischen Präsidenten beherrschen, ist es erforderlich, eingehender Bushs Antwort auf Woodwards (2004) Frage zu untersuchen, ob er während des Irakkrieges nicht auch einmal den Rat des Vaters eingeholt habe. Bushs Antwort, dass er nicht den Vater »um Kraft bitte«, weil es »einen höheren Vater« gebe, an den er sich wende (S. 472), irritiert, weil der Sohn sich derart erhöht und zugleich den Vater herabsetzt. Damit bringt er eine Größenfantasie zum Ausdruck, die erneut auf Bushs Narzissmus aufmerksam macht. Denn grandiose Vorstellungen von Größe und Allmacht sind typisch für narzisstisch gestörte Persönlichkeiten, die unter einem labilen Selbstwertgefühl leiden und durch ihre Fantasiekonstruktionen Gefühle der Unsicherheit und Minderwertigkeit abwehren. Für die Einschätzung, dass Bush unter solchen Insuffizienzgefühlen leidet, sprechen die irritierenden Szenen der Lebensgeschichte, die zeigen, dass der Sohn im Unterschied zum Vater nur wenig aufweist, auf das er stolz sein könnte. Denn wie es Franks Schilderungen zeigen, hat sich der Sohn nie angestrengt, um ähnlich erfolgreich zu sein wie der ehrgeizige Vater, der sich stets um hervorragende Leistungen bemühte. Zwar wiederholt Bush die Bildungs- und Berufskarriere des Vaters, aber er hat es sich dabei leicht gemacht und sich den damit verbundenen Leistungsanforderungen immer wieder mit Erfolg entzogen.

Man kann also davon sprechen, dass Bush im Verlaufe seiner Lebensgeschichte die Übernahme all dieser Aufgaben *imitiert* hat, die der ehrgeizige Vater gewissenhaft ausgefüllt hatte. Aufgrund einer mangelnden positiven *Identifizierung* mit dem Vater hat der Sohn sich nie darum bemüht, dessen Anerkennung durch eigene Leistungen zu bekommen. Wenn der Sohn dann aber aufgrund seines Unwillens, sich zu engagieren, in Schwierigkeiten geriet, dann fiel dem Vater die Aufgabe zu, ihm tatkräftig aus der Notlage heraus zu helfen. Das spricht dafür, dass der Sohn sich aufgrund seiner narzisstischen Selbstbezogenheit niemals ernsthaft mit dem Vater als Subjekt auseinandergesetzt hat, von dem er etwas hätte lernen können. Vielmehr kann man unter diesen Umständen mit Kohut (1977) davon sprechen, dass der Sohn den Vater als »Selbstobjekt« benutzte, das ihn nicht zu stören und ihm lediglich zur Verfügung zu stehen hatte, wenn er seine Hilfe brauchte. Das schon von Frank beobachtete Fehlen von Dankbarkeit spiegelt wider, dass der Sohn den Vater eigentlich gar nicht als Subjekt wahrnimmt, sondern ihn als eine psychische Erweiterung seines Selbst erlebt, das bestimmte Funktionen für ihn zu erbringen hat.

Zusammenfassend heißt das, dass die schwierige Beziehung des Sohnes zu seinem Vater – der für jenen stets ein Vorbild war und dem er doch für seine Hilfestellungen nicht dankbar sein kann, weil er sich durch dessen Größe und Leistungsfähigkeit eingeschränkt und gekränkt fühlt – beispielhaft zeigt, dass es sich bei Bush um eine narzisstisch gestörte Persönlichkeit handelt, für die es typisch ist, Andere nicht als Subjekte anzuerkennen, sondern sie als Selbstobjekte zu benutzen, wenn sie gebraucht werden.

Wenn man aber zu der Einschätzung gelangt, dass Bush allem Anschein nach unter einer narzisstisch gestörten Persönlichkeit leidet, dann wird auch verständlich, weshalb Bush so arrogant auf Woodwards Frage geantwortet hat: Die Frage des Journalisten, ob er angesichts des Irakkrieges nicht auch mal den Rat des Vaters eingeholt habe, wird Bush empfindlich gekränkt haben, weil sie sein labiles Selbstwertgefühl durch die schmerzliche Vorstellung erschütterte, was der Vater alles für ihn getan hat und wie abhängig er von ihm auch im Erwachsenenalter geblieben ist. Dadurch könnten unterdrückte Gefühle der Ohnmacht und Minderwertigkeit wieder frei gesetzt worden sein, die auch deshalb bestehen, weil der leistungsunwillige Sohn sich im Vergleich mit dem Vater, der immer viel arbeitete, klein und unterlegen fühlen wird. Auf die sein Selbstwertgefühl verletzende Frage des Reporters scheint Bush mit einer von Kohut (1971) so bezeichneten »narzisstischen Wut« reagiert zu haben, der entsprechend er das störende Objekt in der Außenwelt, welches das eigene Selbstwertgefühl herabsetzt, am liebsten vernichtet hätte. Dabei verbindet sich die narzisstische Wut mit der Konstruktion einer Größenfantasie, welche die Gefühle der Ohnmacht und Minderwertigkeit durch eine grandiose Vorstellung von Größe und Allmacht überwindet. Indem er durch die Vorstellung, sich in schwierigen Entscheidungslagen mit Gott zu beraten, so groß und mächtig erscheint, dass er wie ein Sohn der Götter über den Menschen zu stehen scheint, kann er auf den Vater herabschauen, dessen Rat er nun wirklich nicht nötig habe. Zugleich ermahnt er mit dieser Antwort Woodward, den er durch seine Worte spüren lässt, dass er wohl verkenne, mit wem er spricht. Grandios ist die durch seine Antwort auf die Frage des Journalisten gegebene Vorstellungswelt auch deshalb, weil Bush durch die Weigerung, dem Vater gegenüber Dankbarkeit zum Ausdruck zu bringen, auch die für die narzisstisch gestörte Persönlichkeit typische »Missachtung von Generationsgrenzen« zum

Ausdruck bringt (Akhtar 2006, S. 250). Zwar mag er der Sohn einer unnahbaren Mutter sein, die ihn prügelte. Aber durch die Verachtung, die er dem Vater gegenüber zum Ausdruck bringt, signalisiert er, dass er so groß und stark ist, dass er keinen Vater braucht, sich vielmehr durch seine Taten selbst erschafft und deshalb mit Gott auf Augenhöhe verkehrt – ähnlich wie die Heroen der griechischen Antike, die mit den Göttern verkehrten und von ihnen wegen ihrer Heldentaten besonders geliebt wurden.

Das theoretische Begreifen, das sich an die szenische Interpretation der im achten Kapitel dargestellten Lebensgeschichte anschließt, die durch die Interaktion zwischen Sohn und Vater bestimmt war, wird durch die szenische Interpretation des Datenmaterials bestätigt, das Frank im fünften Kapitel unter dem Titel *Der Gesetzlose* präsentiert: Bush stellt sich im Interview mit Woodward nämlich so über den Vater, wie er sich auch in einem anderen Gespräch mit ihm über seine Landsleute stellt. Darin hat Bush die Auffassung vertreten, dass »das Interessante daran, Präsident zu sein«, eben das sei, »nicht das Gefühl« zu haben, »irgendjemandem eine Erklärung schuldig zu sein« (Frank 2004, S. 108). Vergegenwärtigen wir uns das strukturell Gemeinsame beider Interaktionssequenzen: Wie Bush sich als ein Präsident inszeniert, der auf einer Stufe mit Gottvater steht und daher auf den leiblichen Vater herabschaut, so glaubt er zugleich, über dem amerikanischen Volk zu stehen und sich vor seinen Wählern nicht verantworten zu müssen. Wie Frank in diesem Kapitel des Buches ausführt, führt sich Bush in vielen Situationen immer wieder als ein »Gesetzloser« auf, dessen Handlungen von einem »Allmachtsgefühl« bestimmt zu sein scheinen, als ob er »von den Gesetzen, denen alle anderen unterworfen sind, ausgenommen« wäre (ebd., S. 107). Eben diese Vorstellung ist typisch für das Erleben einer narzisstisch gestörten Persönlichkeit, die sich als Mittelpunkt ihrer Welterfahrung betrachtet und alle anderen Menschen als Objekte behandelt, die ihr entgegen zu kommen und ihr zu Seite zu stehen haben.

Hierzu gehört auch, dass Bush »im ersten Jahr seiner Amtszeit mehr internationale Abkommen« aufgehoben hat »als jeder andere Präsident in der amerikanischen Geschichte« (ebd., S. 102). Oder man erinnere sich daran, dass der amerikanische Präsident Krieg gegen den Irak geführt hat, obwohl er dafür im Unterschied zu seinem Vater kein UN-Mandat erhalten hatte und nur fadenscheinige Gründe anführen konnte, die sich späterhin als Lügen erwiesen. Denn Saddam Hussein hatte keine Verbindungen zu dem Terrornetzwerk al-

Qaida, dessen Akteure für die Anschläge des 11. September verantwortlich waren. Und es gab auch in Irak keine Massenvernichtungswaffen, von denen eine den Weltfrieden bedrohende Gefahr ausging. Zudem missbrauchte Bush Gelder, die für den Wiederaufbau in Afghanistan bewilligt worden waren, für die Finanzierung des Einmarsches in den Irak (vgl. ebd., S. 117). Und als er vor den Untersuchungsausschuss zu den Anschlägen des 11. September geladen wurde, weigerte er sich, »einen Eid auf die Wahrheit des Gesagten zu leisten« (ebd. S. 108). Als er zu der Einschätzung des damaligen Bundeskanzlers Schröder gefragt wurde, wonach Bush gegen internationale Gesetze verstoße, wenn er Frankreich und Deutschland davon abhalte, nach dem Einmarsch in den Irak zu investieren, höhnte Bush: »Internationales Gesetz? Ich rufe besser meinen Anwalt an!« (ebd., S. 119). Bush leugnete auch, vor dem 11. September ein Memo erhalten zu haben, das vor der Möglichkeit eines Terroranschlages mit Flugzeugen warnte. Sobald Einzelheiten der entsprechenden Lagebesprechung vom 6. August 2001 nicht länger geleugnet werden konnten, »wechselte er einfach die Argumentation und begann, die Bedeutung des Memos zu leugnen« (ebd., S. 122).

Wenn aber Bush davon überzeugt ist, dass er ein Recht dazu hat, willkürlich internationale Verträge zu brechen und sich über die Gesetze zu stellen, an die Andere sich halten müssen, dann erweist er sich eben auch dadurch als eine narzisstisch gestörte Persönlichkeit, dass er sich als einzigartig und allmächtig fantasiert und Andere als Selbstobjekte erlebt, die ihn zu bedienen haben. Oder aber diese Anderen sind zu vernichten, wenn sie seine Welt durch Fragen, Kritik oder eigene Interessen stören. Wenn also Bush glaubt, als Präsident dem amerikanischen Volk keine Rechenschaft schuldig zu sein, und wenn seine politischen Handlungen zeigen, dass er für sich das Recht in Anspruch nimmt, die Gesetze zu missachten und zu brechen, an die seine Mitmenschen sich zu halten haben, dann bestätigt das im fünften Kapitel zusammengestellte Datenmaterial die in Auseinandersetzung mit dem Thema des achten Kapitels gewonnene Einschätzung, dass Bush an einer narzisstischen Persönlichkeitsstörung leidet. Das szenisch entfaltete Datenmaterial offenbart derart, dass Bush kein Ödipus ist, der sich heftig mit dem Vater auseinandersetzt, um an seine Stelle zu treten, sondern ein Narziss, der dem Vater jedes Recht bestreitet und sich über ihn stellt, indem er sich als ein Held selbst schafft, der sich mit Gottvater berät. Die mit dem Vater ausgetragenen Konflikte stellen sich daher als pseudoödipal dar, weil der Sohn den Vater benutzt, um grandiose Ziele zu erreichen. Anders als Ödipus setzt Bush sich nicht mit dem väterlichen Gesetz auseinander, identifiziert sich daher auch nicht positiv mit dem Vater, um von ihm zu lernen, sondern passt sich nur äußerlich an, geht den leichtesten Weg, indem er den Vater imitiert, um dann als Superheld zu glänzen, der über Unsicherheit und Schwächen durch das Prahlen hinwegtäuscht, wie ein Gott alles aus eigener Kraft zu schaffen.

2.3 Bushs perverser Entwurf einer Welt des Schwindels und der Lüge

Die Worte, dass er »nicht den Vater um Kraft bitte«, sondern sich »an einen höheren Vater wende«, irritieren auch in anderer Hinsicht. Wie zynisch und bösartig Bush über den Vater redet, obwohl er stets diesem Vorbild folgte, wird erst fassbar, wenn man beide Lebensgeschichten noch eingehender miteinander vergleicht. Wie schon ausgeführt wurde, hat der Vater sich stets angestrengt, besondere Leistungen zu erbringen – ob als Pilot, als Baseballspieler, als Student, als Geschäftsmann oder auch als Präsident. Der Sohn scheint sich hingegen dadurch überlegen zu fühlen, dass er diese sozialen Positionen, die er im Verlaufe seiner Karriere auch eingenommen hat, im Unterschied zum Vater mit dem geringsten Aufwand erledigt hat. So verstand er es, als Pilot dem Fronteinsatz zu entgehen und vorzeitig aus der Nationalgarde entlassen zu werden. So machte er sich einen Spaß daraus, bei Baseballspielen falsche Karten zu verkaufen. So langweilte er sich an den Eliteuniversitäten und war als Geschäftsmann so nachlässig und desinteressiert tätig, dass er Reichtum erst durch illegale Aktienverkäufe gewinnen konnte. Schließlich betreibt er auch das Amt des Präsidenten mit so wenig Aufwand wie eben möglich.

Mit Chasseguet-Smirgel (1984) kann man davon sprechen, dass der Vater sich wohl »im Einklang mit dem Realitätsprinzip« darum bemüht hat, etwas zu leisten und dafür Anerkennung zu bekommen. Der Sohn scheint dagegen auf die »perverse Illusion« gesetzt zu haben, stets »den kürzesten Weg [zum Erfolg] zu finden« (S. 47). Gerade wenn man an die Drückerei beim Wehrdienst, an die gefälschten Karten bei Baseballspielen, an das Faulenzen während des Studiums und an die illegalen Aktienverkäufe denkt, liegt die Deutung nahe, dass es um die perverse Lust der »Gesetzesübertretung« geht (ebd., S. 11), der entsprechend Bush all das, was der Vater geleistet hat, in den Dreck zieht, um alle Unterschiede zwischen Leistung und Faulheit, zwischen Ehrlichkeit und Betrug einzuebnen. Die auf diese Weise ausgelebte Lust der Perversion läuft darauf hinaus, alle Werte umzukehren und zum »Chaos« zurückzukehren, zu einem »Zustand der Einheit ohne Differenzierung« (ebd., S. 21). Mit Chasseguet-Smirgel heißt das, dass es um einen perversen »Versuch« geht, »die Wirklichkeit durch eine Welt von Schwindel und Täuschung zu verdrängen« (ebd., S. 22f.). Tatsächlich hat Bush die Realität so häufig zu seinen Gunsten verleugnet und gefälscht, dass David Corn (2003) ein umfangreiches Buch unter dem Titel *Die Lügen des George W. Bush* publiziert und Hans Leyendecker (2004) seine Monografie *Die Lügen des Weißen Hauses* genannt hat. Das eindrucksvollste Beispiel hierfür ist wiederum der Irakkrieg, den Bush ja mit zwei Lügen begründet hat – der Unterstellung, dass Hussein über Massenvernichtungswaffen verfüge und durch die Unterstützung des Terrornetzwerks al-Qaida für die Terroranschläge des 11. September mitverantwortlich sei. Wenn Bush öffentlich Verachtung für seinen Vater zum Ausdruck gebracht hat, dem er so viel verdankt, wenn er sich über den Willen der Vereinten Nationen hinweggesetzt hat, die für weitere Waffeninspektionen plädierten, und wenn er seinen Krieg gegen den Irak auf Lügen gründet hat, die er weltweit selbstbewusst vertreten hat, dann geht es um die perverse Lust, »sich aus der väterlichen Welt und von den Zwängen des Gesetzes zu befreien, um »eine neue Art von Wirklichkeit [zu] schaffen« (Chasseguet-Smirgel 1984, S. 23), die der Wiederherstellung grandioser Fantasien von Macht und Größe dient. Wenn der Krieg gegen Afghanistan mit der ersten Bush-Doktrin gerechtfertigt wurde, dass die USA fortan keinen Unterschied zwischen Terroristen und denjenigen machen werden, die ihnen Zuflucht gewähren (vgl. Singer 2004, S. 159), und der Krieg gegen den Irak mit der zweiten Bush-Doktrin legitimiert wird, dass Amerika sich das Recht herausnimmt, präventive Angriffskriege zu führen, um feindliche Aktionen zu vereiteln, auch wenn kein unmittelbarer Angriff bevorstehe (vgl. ebd., S. 190ff.), dann kann man in Anschluss an Chasseguet-Smirgel (1984) davon sprechen, dass es Bush um den perversen Triumph des Tyrannen geht, »das zu tun, was gemeinhin als unmöglich gilt, sich eine neue Wirklichkeit zu schaffen« und »Unterschiede« wie die zwischen den Taliban, die al-Qaida unterstützten, und Hussein, der das nicht tat, »zu nivellieren« (S. 27). Die perverse Lust der Verhöhnung einer vom Vater respektierten Weltordnung und der Verletzung internationaler Gesetze zeigt sich so gerade darin, dass es Bush einfach gleichgültig ist, wie stichhaltig die Kriegsgründe waren und was andere Nationen darüber dachten; dass es ihm einfach darum ging, Krieg gegen den Irak zu führen, weil er Lust dazu hatte und sich deshalb auch nicht für dessen Folgen interessierte; dass deshalb das eingetreten ist, was viele Kritiker schon vor Kriegsbeginn befürchtet hatten: Dass der Irak ins Chaos stürzen und zum Aufmarschgebiet für neue Selbstmordattentäter werden würde, welche die Besetzung des Landes als Herausforderung betrachten würden, um nun dort den Kampf gegen Amerika aufzunehmen.

Die Worte, dass er nicht den Vater »um Kraft bitte«, sondern sich an »einen höheren Vater« wende, sind schließlich auch deshalb bedeutsam, weil sie darauf aufmerksam machen, was Frank (2004) in Kapitel vier unter dem Namen *Gottvertrauen* erläutert. Mitte der achtziger Jahre fing George W. Bush nämlich an, in einer Hinsicht einen anderen Weg zu gehen als der Vater. Als der Vater Vizepräsident der Vereinigten Staaten war, kämpfte der Sohn in Texas mit »eine[r] Reihe schlechter Ölgeschäfte während einer Industrieflaute« (S. 78). Doch nicht nur »wirtschaftliche Überlebenskämpfe«, sondern auch »sein Alkoholproblem« belasteten ihn (ebd.). Wie Bush (1999) in seiner Autobiografie ausführlich erzählt, war er in dieser Krisenlage empfänglich für die frohe Botschaft des ihn in Texas besuchenden Predigers Arthur Blessitt, »der dafür berühmt war, durch jede Stadt ein dreieinhalb Meter hohes Kreuz zu tragen« (zitiert nach Frank 2004, S. 78). Während Bush die Frage des Predigers, »ob er sicher sei, in den Himmel zu kommen, wenn er heute sterben würde«, verneinen musste, bejahte er die zweite Frage, ob er sein Leben »lieber mit Jesus […] oder ohne ihn« leben würde (ebd., S. 78f.). Blessitt entschied, »dafür zu beten, dass der Herr ›die Kontrolle über [Bushs] Leben übernehmen‹« und ihm »einen Platz im Himmel reservieren« möge (ebd., S. 79). Ein Jahr danach habe der Prediger Billy Graham Bush bei einem Strandspaziergang gefragt, ob er »mit Gott im Reinen« sei (ebd., S. 77). Wie Bush (1999) in seiner Autobiografie berichtet, habe Graham damals »ein Senfkorn in meine Seele« gepflanzt, »das im folgenden Jahr zu wachsen begann. […] Es war der Beginn eines neuen Weges, auf dem ich mein Herz Jesus Christus wieder überantwortet habe« (S. 136). Indem Bush davon erzählt, dass er durch die frohe Botschaft der Prediger Blessitt und Graham einen neuen Weg zu Jesus fand, unter dessen Einfluss er innerhalb eines Jahres sein Alkoholproblem überwand und Gouverneur von Texas wurde, erzählt er das strahlende Märchen einer Rettung durch Gott, das die unangenehme Wahrheit verleugnet und abspaltet, dass es der leibhaftige Vater war, der ihn in allen Notlagen stets rettete.

So wurde Bush zum gläubigen Anhänger der fundamentalistischen Religion, welche »die Welt in absolut Gutes und absolut Böses« einteilt und »im Zuge ihres strengen, wortwörtlichen Zugangs, der keinen Raum für Fragen lässt, eine allegorische Interpretation der Bibel« ablehnt (Frank 2004, S. 82). Zudem bewirkt die »Wiedergeburt« dem fundamentalistischen Glauben zufolge eine »spirituelle Absolution«, die nicht nur die »Sünden der Vergangenheit« tilgt, sondern auch »das derzeitige Selbst von dem früheren Sünder« trennt (ebd.). Wenn der Wiedergeborene aber der fundamentalistischen Religion entsprechend die Geschichte abzustreifen vermag (vgl. ebd.), dann hat der Glaube Bush dazu verholfen, die Abhängigkeit vom Vater zu verleugnen und abzuspalten.

Wie wichtig der christliche Fundamentalismus für den Sohn wurde, lässt sich daran ablesen, dass »das Weiße Haus […] nie zuvor so viele Bibelstudienprogramme und regelmäßige Gebetsversammlungen erlebt [hat] wie unter Bush, und religiöse Führer sind immer sehr willkommen. Bush hat andere, tief religiöse Personen in sein Kabinett bestellt oder zu hochrangigen Beratern ernannt. […] Er eröffnet jede Kabinettssitzung mit einem Gebet und einer täglichen Lesung« aus einem christlichen Andachtsbuch (ebd., S. 96f.).

Eben dadurch, dass Bush das Weiße Haus in eine Bühne für einen von Gott erleuchteten religiösen Führer verwandelt hatte, war er gut darauf vorbereitet, seinen Landsleuten, die durch die Anschläge des 11. September schockiert waren und »plötzlich nach einem gemeinsamen Sinn hungerten«, im Rückgriff auf den christlichen Fundamentalismus eine »frohe Botschaft« zu verkünden (ebd., S. 85).

> »Der biblische Kampf von Gut und Böse klang seit dem 11. September in allen seinen Aussagen an, von seinem wiederholten Gebrauch des Begriffs ›Kreuzzug‹ bis zu seiner Charakterisierung der Terroristen als ›Übeltäter‹ und dem Zusammenschließen von Irak, Iran und Nordkorea als der ›Achse des Bösen‹. […] Gleichzeitig stellt er die Vereinigten Staaten ausschließlich als eine Nation völlig unschuldiger Opfer dar: Die Übeltäter hassen ›uns‹ nur deshalb, weil sie uns um unsere Freiheit beneiden, unseren Lebensstil, unseren Gott.« (ebd., S. 98)

Indem Bush die Rolle des Präsidenten mit der Aura eines Predigers umgab, der im Namen Gottes zum heiligen Krieg gegen den durch die Selbstmordattentäter verkörperten Teufel aufrief, stilisierte er sich zu einem einzigartigen und allmächtigen Führer, von dessen Krieg gegen den Terrorismus fortan das Überleben der Menschheit abzuhängen schien. Ganz in diesem Sinne hat Bush Israels *Haaretz News* Folgendes erklärt: »Gott hat mich geheißen, Al Qaida anzugreifen, und ich habe sie angegriffen, und dann hat er mich geheißen, Saddam anzugreifen, was ich getan habe« (zitiert nach Frank 2004, S. 95). Wenn Bush damit aber so auftritt, als ob er Gottes rechte Hand auf Erden wäre, dann lebt er grandiose Fantasien von Größe und Macht aus, die von der »unerbittliche[n] Suche« einer narzisstisch gestörten Persönlichkeit »nach Ruhm und Macht« angetrieben wird (Akhtar 2006, S. 250).

> »Bush hat ein sehr persönliches Interesse an seiner spirituellen Mission, wie sich in seiner Antwort auf den Aufschrei zeigt, der folgte, als er einem jüdischen Reporter gesagt hatte, dass Jesus der einzige Weg in den Himmel sei: ›Es wurde natürlich aufgegriffen und politisiert‹, sagte er. ›So wie, ›Bush an die Juden: Geht zur Hölle‹. Es war sehr schlimm. Es hat meine Gefühle verletzt‹ […]. Die Gefühle von Millionen Juden blieben natürlich unerwähnt.« (Frank 2004, S. 97)

Die vorliegende Szene illustriert, wie schwierig das Umgehen einer narzisstisch gestörten Persönlichkeit mit Anderen ist: Wie Bush sich dafür begeistert, dass Jesus der einzige Weg in den Himmel sei, so nimmt er unter dem Eindruck dieser Größenfantasie nicht wahr, dass er durch seine Worte die religiösen Gefühle eines jüdischen Reporters verletzt. Wenn er anschließend darüber klagt, der Pressebericht des Reporters habe seine Gefühle verletzt, dann zeigt sich darin nicht nur die Empfindlichkeit und Kränkbarkeit einer narzisstisch gestörten Persönlichkeit, sondern auch deren Unfähigkeit, eine Kritik nicht als Angriff auf das Selbstwertgefühl, sondern als Reaktion auf das eigene Verhalten zu begreifen, dem es an Empathie mangelt.

Wie die in der Autobiografie konstruierte salbungsvolle Erzählung, dass Bush durch die Begegnung mit dem Prediger Graham auf einen neuen Weg zu Gott fand, dem er die Überwindung des Alkoholismus und die Wahl zum Gouverneur zu verdanken habe, verraten auch seine Worte, dass er »nicht den Vater um Kraft bitte«, sondern sich »an einen höheren Vater wende«, eine für die narzisstisch gestörte Persönlichkeit typische »Pseudodemut« (Akhtar 2006, S. 250). Wie wenig Bush vom christlichen Glauben innerlich überzeugt ist, den er in der Öffentlichkeit so pathetisch und missionarisch verficht, zeigt beispielhaft der gegen das christliche Gebot der Nächstenliebe verstoßende Krieg gegen den Irak (vgl. Singer 2004, S. 217), mit dem er sich über den Willen der Vereinten Nationen hinweggesetzt hat und bei dem »es mehr als 3000 zivile Todesopfer und schätzungsweise 20.000 Verletzte« gab (ebd., S. 184). Wie Singer (2004) rekonstruiert, kann der Irakkrieg nicht als »eine humanitäre Intervention« gerechtfertigt werden, weil Hussein zu Kriegsbeginn »weder in einen Völkermord noch in große Massaker verwickelt« war (ebd., S. 180f.). Vielmehr bedeutet der Krieg »eine grobe Verletzung des internationalen Rechts« und hat derart »die Autorität der Vereinten Nationen bei der friedlichen Lösung von Konflikten« geschwächt (ebd., S. 189).

Eben weil Bush dadurch, dass er den Vater hinter sich fallen lässt und ihm die Beziehung zu Gott vorzieht, »sich aus allen Bindungen der Herkunft zu befreien« sucht (Chasseguet-Smirgel 1984, S. 110), setzt er auf eine »Verleugnung der eigenen Identität« und schafft sich jenseits der familiären Generationenbindung »eine neue (falsche) Identität« (ebd., S. 107). Die fundamentalistische Religion erweist sich unter diesen Umständen als ein Fetisch, welcher der narzisstisch gestörten Persönlichkeit in ihrem perversen Drang dazu verhilft, »das Theater, in dem das menschliche Drama aufgeführt wird – mit seiner Trauer, seinen Entbehrungen, seinen Kränkungen und Enttäuschungen« in ein »Märchenland« zu verwandeln, »wo es Gefühle von Minderwertigkeit, Verlust und Tod nicht mehr gibt« (ebd., S. 128). Eben dadurch, dass Bush in seiner Autobiografie und im Weißen Haus eine »farbenfrohe«, »helle«, »glänzende« und »glitzernde« Fetischwelt errichtet hat, eine Kulissenlandschaft, in der er zunächst als Gouverneur auftritt, der von Gottes gerechter Strafe für die Todeskandidaten überzeugt ist, und sich anschließend im Weißen Haus als der von Gott erleuchtete Führer der westlichen Welt präsentiert, der den Kampf gegen die irdischen Vertreter des Teufels aufnimmt, vermag er die Abhängigkeit vom Vater und die Folgen des schmutzigen Krieges im Irak zu verleugnen, im Zuge dessen viele unschuldige Menschen getötet, Erwachsene und Kinder verstümmelt, maßlose Sachschäden angerichtet und weder radioaktive und chemische Umweltkatastrophen noch Plünderungen der kulturelle Schätze der Museen verhindert wurden, die von einer der ältesten Hochkulturen zeugen (vgl. Singer 2004, S. 184ff.).

2.4 Die von Frank beschriebene Symptomatik aus der Sicht der theoretischen Einschätzung, dass es um eine narzisstisch gestörte Persönlichkeit geht

Da eine weiterführende Analyse im Rahmen dieses Kapitels nicht möglich ist, soll die tiefenhermeneutische Sekundäranalyse von Bushs Biografie an dieser Stelle abgebrochen werden. Wenn auch nur exemplarisch ausgewählte Interaktionssequenzen aus dessen Lebensgeschichte szenisch rekonstruiert und theoretisch begriffen worden sind, so hat diese Fallrekonstruktion doch ausgereicht, um zu zeigen, dass es sich bei Bush um eine narzisstisch gestörte Persönlichkeit handelt, die in einem perversen Drang archaische Affekte der Allmacht und Einzigartigkeit wiederherzustellen sucht, indem sie durch den Krieg gegen den Terrorismus eine »schöne, neue Welt« schafft, in der Amerika über seine teuflischen Feinde triumphiert und im Namen Gottes das Paradies auf Erden stiftet. Vor dem Hintergrund dieses Interpretationsprozesses stellen sich die Ausführungen von Frank in einem neuen Licht dar: Wenn Frank in Anschluss an Melanie Klein davon spricht, dass Bush dazu tendiert, seine Welterfahrung in Gut und Böse zu spalten, eigene aggressive Impulse zu verleugnen und auf Fremde zu projizieren (Abschnitt III, 1.1), dann beschreibt er vor allem die Abwehrmechanismen, derer sich die narzisstisch gestörte Persönlichkeit bedient, die einen ausgeprägten sadistischen Charakterzug und eine damit eng verbundene Perversionsneigung aufweist, die Welt durch ihre Zerstörung neu zu schaffen. Darüber hinaus soll lediglich festgehalten werden, dass sich durch die psychoanalytische Sekundäranalyse auch die Symptomatik begreifen lässt, die Justin Frank durch ein gewagtes psychiatrisches Diagnostizieren – ADS, Legasthenie, Alkoholismus – zu erklären sucht (vgl. Abschnitt III, 1): Um zu erklären, weshalb Bush unter Lernproblemen leidet, stolz darauf ist, sich schon als Student gelangweilt zu haben, zum Besten gibt, niemals ein Buch zu lesen, und sich als Präsident mit kürzesten Arbeitszeiten begnügt, braucht man nicht auf so gewagte Annahmen wie die zurückgreifen, dass Bush unter ADS und Legasthenie leide. Vielmehr lassen sich diese Verhaltensweisen als Folge einer narzisstisch gestörten Persönlichkeit erklären.

So hat Bach (1977) bei narzisstischen Personen »subtile Lernprobleme und Gedächtnisdefizite« beobachtet (zitiert nach Akhtar, S. 241), die sich folgendermaßen erklären lassen: »Der Lernprozess an sich, der ja bedeutet, dass ein Lernbedarf oder Unwissenheit besteht, stelle eine nicht ertragbare narzisstische Kränkung dar« (ebd., S. 241f.). Zudem zeigen narzisstisch gestörte Persönlichkeiten häufig ein »oberflächliches berufliches Engagement« und leiden unter »chronischer Langeweile« (ebd., S. 250). Mit Kernberg (1978) kann man davon sprechen, dass die Leistungen der narzisstisch gestörten Persönlichkeit auf »Pseudosublimierung« beruhen, weil die Arbeit »nur zu dem Zweck« dient, »Bewunderung zu erfahren« (Akhtar 2006, S. 250). Wenn Frank (2004) davon spricht, dass Bushs »bekannter Gebrauch von schlagwortähnlichen Phrasen und stereotypen Ausdrücken [...] vermuten« lässt, »dass er gezwungen ist, die Sprache mehr zur Kontrolle nutzen zu müssen als zum Ausdruck« von Gedanken (S. 154), dann lässt sich auch dieser Sachverhalt dadurch erklären, dass die narzisstisch gestörte Persönlichkeit »Sprache und Sprechen [...] zur Regulation des Selbstwertsystems benutzt« und aufgrund eines egozentrischen Desinteresses an der Welt »jede schnelle Art« bevorzugt, »Wissen zu erlangen« und sich daher oft mit dem Konstatieren von Trivialitäten begnügt (Akhtar 2006, S. 250). Olden (1946) spricht deshalb von einer »Schlagzeilen-Intelligenz«:

> »[...] ein schneller Blick auf Schlagworte und Überschriften; eine gewisse Fähigkeit, etwas aus wenigen und oberflächlich wahrgenommenen Teilen zu erschließen; die Fähigkeit, dieses partielle Wissen geschickt anzuwenden, wodurch der Eindruck von Bildung entsteht (und) die mangelnde Fähigkeit sorgfältigen Studierens und Lernens in allen möglichen Bereichen.« (zitiert nach Akhtar 2006, S. 234)

Wie sich Bushs Neigung zu Phrasen und Schlagworten als die Folge des »oberflächlichen und exhibitionistischen Wissens« einer narzisstisch gestörten Persönlichkeit begreifen lässt, so lassen sich auch die sprachlichen Entgleisungen und das Vergessen und Vertauschen von Namen darauf zurückführen, dass ihm die Wirklichkeit aufgrund seiner egozentrischen Sichtweise gleichgültig ist und er sich nicht die Mühe macht, sich für Details zu interessieren oder sie in Erinnerung zu behalten.

Auch Bushs Weigerung, für seine Handlungen und für seine Irrtümer Verantwortung zu übernehmen, braucht man nicht auf die riskante Annahme einer Suchtpersönlichkeit zu stützen, die ihren Alkoholismus nicht überwunden habe. Vielmehr lässt sich auch dieser Widerwille dagegen, sich für das eigene Tun verantwortlich zu fühlen, auf die Eigenheit der narzisstisch gestörten Persönlichkeit zurückführen, »Bescheidenheit« und »Verachtung für Geld« zu heucheln sowie ein »enthusiastisches« Interesse »für sozialpolitische Belange« zu zeigen, jedoch nur »oberflächliche Moralvorstellungen« zu teilen (ebd. S. 250). Denn hinter ihrem angepassten Verhalten verbirgt die narzisstisch gestörte Persönlichkeit eine »große Bereitschaft, Anschauung aus eigennützigen Motiven zu ändern« (ebd.). Zudem neigt die narzisstisch gestörte Persönlichkeit zu dem »pathologischen Lügen« (ebd.), bei dem man Bush immer wieder ertappen kann.

Zwar vertritt Frank im letzten Kapitel seines Buches die Auffassung, dass Bushs »gottähnliches Gefühl, zur Präsidentschaft und zur Vernichtung Saddam Husseins berufen zu sein« (ebd., S. 243), Ausdruck einer »Megalomanie« sei, der entsprechend er sich »als den Nabel der Welt« betrachte, als der, der »alle Antworten weiß« und der »keine abweichenden Meinungen« toleriert (ebd., S. 238). Aber er ist nicht dazu imstande, dieses Urteil zur Grundlage eines theoretischen Begreifens zu machen, dass die verschiedenen Szenen der Lebensgeschichte und der Politik als Reinszenierungen einer narzisstisch gestörten Persönlichkeit erfasst, die auf eine perverse Weise durch Kriege eine neue Welt zu schaffen sucht, die seinen grandiosen Wünschen nach »Macht und Größe« entspricht (ebd., S. 239).

3 Der Präsident und das Volk

3.1 Franks Psychologisierung und Pathologisierung der Beziehung zwischen dem Präsidenten und dem Volk

Justin Frank (2004) hat sich in seinem Buch auch mit der Frage auseinandergesetzt, was Bushs »Anziehungskraft auf die Wähler« ausmacht (S. 198). Er hat dieses Problem auf zweierlei Weise zu lösen versucht:

Die erste Antwort auf diese Frage lautet, dass die »Psychologie des Anhängers [...] eine genauso wichtige Rolle [...] wie die des Anführers« spiele (ebd., S. 199).

> »Zu diesem Zweck können alle zuvor erwähnten psychologischen Konstrukte, die beim tieferen Verständnis von Bushs Psyche geholfen haben, auch dabei helfen, die Psyche der politischen Körperschaft zu beleuchten.« (ebd.)

Erneut psychologisiert Frank, weil er die Eigendynamik sozialer Prozesse – nämlich das symbolische Interagieren des amerikanischen Präsidenten mit seinen Landsleuten in der Öffentlichkeit – ins Psychologische auflöst, als ob es nur noch die Psyche des Präsidenten und die dazu passende Psyche des Anhängers gebe, eine Einzelperson, auf die damit Millionen von amerikanischen Wählerinnen und Wählern reduziert werden.

> »Den Kern von Bushs Anziehungskraft bildet die bemerkenswerte Leichtigkeit, mit der sich eine große Bandbreite von Menschen mit ihm identifiziert. Die Dy-

namik des Identifizierens mit einem anderen Individuum stammt aus der frühen Kindheit, wenn der Säugling sich mit dem Bild der ›guten Mami‹ identifiziert, in das er seine guten Eigenschaften projiziert.« (ebd., S. 199f.)

Derart bedient sich Frank erneut der Argumentation, die er schon bei der Analyse von Bushs Biografie benutzt hat: Als Kleinianer subsumiert er alle sozialen Prozesse unter das Drama der im Säuglingsalter stattfindenden seelischen Prozesse, die normalerweise glücken und durch die Identifizierung mit dem liebenden Vater angereichert werden. Wenn aber »die Beziehung zwischen dem Kind und seinen Eltern gestört« sei, dann spalte es, fantasiere die Mutter als »absolut gut« und »projizier[e]« alles Böse auf die Welt, »die dann wiederum ein gefährlicher Ort« werde, vor dem »sein idealer Beschützer« ihn retten soll (ebd., S. 200). Eben das verstehe Bush instinktiv, wenn er durch die ständige Erinnerung an den 11. September tiefe Ängste wecke und zugleich als »idealisierter Held« auftrete, der seinen Landsleuten im Rückgriff auf seinen fundamentalistischen Glauben »Sicherheit« verspreche und das Böse auf die angeblichen Feinde Amerikas projiziere (ebd., S. 200f.).

Wie unangemessen und irreführend Franks Verallgemeinerungen sind, lässt sich fassen, sobald man seine Überlegungen zu Ende denkt: Nach Frank vermag Bush die Mehrheit der Amerikanerinnen und Amerikaner für seine Außenpolitik einzunehmen, weil seine Wähler wie er selbst unter unbewältigten Erfahrungen der Mutter-Kind-Dyade leiden. Auf eine wie unhaltbare Weise Frank das Wahlverhalten seiner Landsleute infantilisiert, illustriert folgendes Gedankenexperiment: Franks Einschätzung zufolge würde Bush von jenen AmerikanerInnen gewählt, die wie er selbst unter den unbewältigten Erfahrungen eines gestörten Säuglingsalters zu leiden haben. Im Umkehrschluss würde das heißen, dass die Wählerinnen und Wähler der Demokraten im Säuglingsalter wohl eine genügend gute Mutter gehabt hätten. Infantilisierend ist diese Betrachtungsweise, weil lebenslange Identitätsfindungsprozesse auf das Drama des Säuglingsalters reduziert werden, von dessen Verlauf allein abhinge, ob die Amerikanerinnen und Amerikaner Bush wiederwählen oder ihn abwählen. Und psychologisierend ist diese Betrachtungsweise, weil Frank ignoriert, dass das Wahlverhalten der amerikanischen Bürgerinnen und Bürger auch das Resultat einer politischen Sozialisation ist, die durch Prozesse der politischen Bildung in Adoleszenz und Erwachsenenalter, durch die Aufklärungsarbeit der Medien und durch die den Wahlkampf bestimmenden

Prozesse der politischen Werbung, durch in der sozialen Schicht und in der Öffentlichkeit grassierende Vorurteile und Ressentiments sowie durch die herrschenden Weltanschauungen bestimmt wird.

Was Frank aufgrund der Infantilisierung und Psychologisierung sozialer und politischer Prozesse nicht begreift, lässt sich angemessener als eine politpsychologische Aufgabenstellung beschreiben, die folgendermaßen zu definieren ist: Es ist zu erforschen, weshalb Bush die Mehrheit der WählerInnen für seine Politik einzunehmen vermag, obwohl sich die Bürgerinnen und Bürger aufgrund der in der modernen Gesellschaft durchsetzenden Individualisierungsprozesse sehr unterscheiden. Denn aufgrund ihrer Zugehörigkeit zu einer sozialen Klasse oder einem sozialen Milieu sowie aufgrund divergierender Bildungsprozesse und Berufskarrieren, wie sie durch die Individualisierung von Lebensläufen bedingt sind, unterscheiden sich die Lebensgeschichten immer mehr. Die Subjekte verfügen daher, um mit Bourdieu (1979) zu sprechen, zusehends über sehr unterschiedliches ökonomisches, soziales und kulturelles Kapital.

Die zweite Antwort, die Frank auf die Frage gibt, warum Bush eine solche Anziehungskraft genieße, sieht folgendermaßen aus: Der Präsident genieße auch deshalb eine große »Popularität«, weil er auf viele BürgerInnen und MedienvertreterInnen »zerbrechlich« wirke (ebd., S. 203). Die meisten Amerikaner würden gefühlsmäßig spüren, dass Bush ein »trockener Alkoholiker« sei, mit dem man vorsichtig umgehen müsse. Die klinische Erfahrung zeige ja, dass Familienangehörige co-abhängig werden, weil sie es dem alkoholabhängigen Familienmitglied aus Angst vor seinen Impulsdurchbrüchen und Zusammenbrüchen immer recht machen wollen. Eben deshalb würden die WählerInnen Bush mehrheitlich unterstützen:

> »Das Muster der Dynamik in einer Alkoholikerfamilie hat eindrucksvolle Ähnlichkeit mit der Art und Weise, wie weite Teile unseres Volkes sich unter George W. Bush verhalten – besonders seit den Anschlägen vom 11. September. Manchmal scheint das Land wie eine Familie zu handeln, deren Oberhaupt ein abstinenter, unbehandelter Alkoholiker ist [...]. Wie ein alkoholabhängiger Vater, der durch die Unabhängigkeit seiner Familienmitglieder bedroht ist, verlangt Bush absolute Loyalität und Zustimmung und versucht, seine nationale Familie in einer bestimmten Zeit festzuhalten [...].« (ebd., S. 69)

Es fällt auf, wie Frank argumentiert: In diesem und im folgenden Zitat ist der Ausgangspunkt die Praxis eines Familientherapeuten, der das, was er in der Öffentlichkeit an Interagieren zwischen dem Präsidenten und seinem Volk beobachtet, aus einer klinischen Perspektive betrachtet. »Während der Jahre, in denen ich Familientherapie-Sitzungen durchgeführt habe«, sinniert Frank,

> »konnte ich beobachten, dass jede Familie ihren eigenen Charakter hat, einen Sinn für Kontinuität über die Zeit hinweg, eine Identität, die von den Familienmitgliedern geteilt wird. Der alkoholabhängige Vater, der verzweifelt am Status quo festhält, klammert sich an seine eigenen Vorstellungen bezüglich der Identität seiner Familie, die Familie akzeptiert die Selbstdefinition, die ihr der Alkoholiker aufdrängt. Wie auch unsere Nation. Bush muss seine Familie intakt halten; du bist für uns oder gegen uns, sagt er. Und viele von uns stimmen zu oder laufen zumindest nebenher, als ob sie es seien.« (ebd.)

Frank spricht als Familientherapeut, der weiß, woran Bushs Amerika krankt. Eigentlich sei »unsere Nation« doch so ähnlich wie »eine gesunde Familie«, die dadurch, dass sie auf »Rechtsstaatlichkeit, auf der Gewalt des Grundgesetzes und auf der Macht der Tradition« basiere, vorhersagbaren »Mustern« folge und Probleme »über selbst korrigierende Verhaltensweisen« reguliere (ebd., S. 70). Nachdem Frank gesellschaftliche und politische Organisationsformen wie »Rechtsstaatlichkeit« und »Grundgesetz« und »die Macht der Tradition« in familiäre Muster aufgelöst hat, vermag er als Therapeut die Probleme dieser Familie genau zu bestimmen:

> »Wenn wir eine Nation von Möglich-Machern sind, die zulassen, dass die unbehandelte Alkoholsucht unseres Präsidenten die nationale Tagesordnung bestimmt, dann haben die Nachrichtenmedien eine besondere Rolle gespielt. Die Mitglieder der Presse schlichen auf den leisesten Zehenspitzen herum. Während der gesamten ersten Wahlperiode Bushs verfolgten die Nachrichtenmedien eine ›nicht fragen, nicht fragen‹-Politik, umgingen Bushs Alkoholproblem sorgfältig [...] und vermieden alle unangenehmen Fragen, die wie eine Konfrontation hätten klingen können. Ob sie befürchten, dass ihn zu viel Druck auf eine Sauftour hätte schicken, einen Wutanfall provozieren oder sie schlicht vom weiteren Zutritt hätte ausschließen können – die Presse des Landes wahrt einen Abstand, ähnlich wie ein Kind zu seinem alkoholkranken

Vater, den direktes Befragen in den Kollaps oder zu Vergeltungsmaßnahmen treiben könnte.« (ebd., S. 70f.)

Amerika wird als eine kranke Familie betrachtet, in der die Journalistinnen und Journalisten als ängstliche Kinder »auf leisen Sohlen« durchs Wohnzimmer »schleichen«, weil der Vater George W. aufgrund seines unbehandelten Alkoholismus kollabieren oder ausrasten könnte. Durch die Gleichsetzung von Bushs Amerika mit der co-abhängigen Familie eines Alkoholikers familiarisiert und pathologisiert Frank die Eigendynamik politpsychologischer Handlungszusammenhänge, die durch das symbolische Interagieren des Präsidenten mit seinen Landsleuten bestimmt werden, das sich im Kontext einer medienvermittelten Öffentlichkeit abspielt.

3.2 Das Interagieren des Präsidenten mit seinem Volk vor dem Hintergrund der tiefenhermeneutischen Rekonstruktion der Rede von Bush am 11. September 2001

Die Frage, wie man die Begeisterung der Amerikanerinnen und Amerikaner für ihren Präsidenten angemessener empirisch untersuchen kann, lässt sich vor dem Hintergrund der in Kapitel II entfalteten tiefenhermeneutischen Rekonstruktion einer Rede Bushs zu den Anschlägen des 11. September folgendermaßen beantworten:

1. Im Rahmen dieser Analyse ging es zunächst einmal um das methodologische Problem, den Forschungsgegenstand angemessen zu bestimmen. Im Unterschied zu einer biografischen Studie, die wie Frank danach fragt, »wie George W. Bush denkt und fühlt« (so lautet der Untertitel seines Buches), geht es in diesem Fall um die Fragestellung, wie Bush sich durch seine Reden an die Öffentlichkeit wendet und wie er die Mehrzahl seiner Landsleute für die von ihm verfochtene Politik des republikanischen Neokonservativismus einnimmt. Dabei wurde davon ausgegangen, dass sich die Bedeutung einer politischen Rede in der Spannung zwischen einem manifesten und einem latenten Sinn entfaltet: Das heißt, dass der politische Führer in der Interaktion mit der Öffentlichkeit bestimmte Lebensentwürfe thematisiert und andere unterdrückt.

Während der politische Führer auf der manifesten Bedeutungsebene die Lebensentwürfe zur Sprache bringt, die für die Mehrheit konsensfähig sind, verbannt er Lebensentwürfe, die mit der von ihm in Anspruch genommenen Moral unvereinbar sind, auf eine latente Bedeutungsebene. Dort entfalten sie eine Wirkung, obgleich die Adressaten das nicht bewusst wahrnehmen.

Methodisch bedeutete das, dass die Bedeutung einer exemplarisch ausgewählten politischen Rede über die Wirkung auf eine Gruppe von Studierenden erschlossen wurde, die auf der Basis ihres Erlebens verschiedenste Assoziationen und Irritationen miteinander diskutierten, um einen Zugang zu dem hinter dem manifesten Sinn des Textes verborgenen latenten Sinn zu erschließen.[17] Die vor dem Hintergrund dieser Lesarten erschlossene szenische Interpretation der Rede ermöglichte es, das Verhältnis von manifestem und latentem Sinn unter anderem folgendermaßen zu bestimmen: Indem Bush (2001a) auf der manifesten Bedeutungsebene der Rede davon sprach, dass Amerika angegriffen wurde, weil die Vereinigten Staaten »das hellste Leuchtfeuer für Freiheit und Chancen auf der Welt sind«, vermochte er Amerika als die Macht des Guten zu identifizieren und auf die latente Bedeutungsebene zu verbannen, dass sich die Anschläge gegen die »wirtschaftliche und militärische Vorherrschaft Amerikas« richteten. Indem er aus dem Neuen Testament den 23. Psalm zitierte, zum Kampf gegen »das Böse« aufforderte und Gott darum bat, Amerika zu segnen, setzte er die Idealisierung der Eigengruppe fort und verknüpfte sie mit einer Dämonisierung der Terroristen. Zugleich nahm er damit auf der manifesten Bedeutungsebene die charismatische Autorität eines religiösen Führers in Anspruch, um auf die latente Bedeutungsebene seiner Rede die schmutzige Politik der Washingtoner Regierung zu verweisen, die bin Laden und die Taliban auf dem Umweg über den pakistanischen Geheimdienst ein Jahrzehnt lang mit Geld und Waffen für den Kampf gegen die sowjetischen Besatzer unterstützt hatte.

2. In Anschluss an die szenische Interpretation ließ sich zeigen, wie Bush sich in dieser Rede bestimmter Abwehrmechanismen bediente, um seine Landsleute für seine neokonservative Politik der militärischen Konfrontation einzunehmen. So bedient er sich der *Spaltung*, um Amerika als die Verkörperung des Guten zu bezeichnen und um die Terroristen mit der Macht des Bösen zu identifizieren; so setzt er die *Verleugnung* ein, um die Aggressivität der Washingtoner Regierung zu dementieren, die »politisch und militärisch inter-

veniert, sobald Amerikas geopolitische Interessen im Nahen Osten gefährdet erscheinen« (ebd., S. 276); und so benutzt er die *Projektion*, um die Terroristen in die metaphysische Macht eines teuflischen Bösen zu verwandeln.

Der Einwand, dass dieser Analyseschritt im Vergleich mit dem Buch von Frank doch nichts Neues zutage fördere, wird durch folgende Überlegung entkräftet: Während Frank als Kleinianer die ganze Lebensgeschichte Bushs – vom Säugling bis zum Präsidenten – unter die Abwehrmechanismen der Spaltung, Verleugnung und Projektion subsumiert, beschränkt sich die tiefenhermeneutische Rekonstruktion darauf, diese Begriffe im Rahmen eines empirischen Forschungsprojektes dafür zu verwenden, wofür sie bei der Analyse einer politischen Rede des amerikanischen Präsidenten gebraucht werden: Um die Eigenart eines symptomatischen Diskurses zu beschreiben, in dem Bush sich primitiver Abwehrmechanismen bedient, um seine ZuhörerInnen durch das Wecken archaischer Ängste und Wünsche für seine Botschaft einzunehmen.

3. Darüber hinaus wurde deutlich, dass Bush mit seinen Landsleuten auf eine autoritäre Weise umgeht. Was damit gemeint ist, hat Theodor W. Adorno (1950) eingehend untersucht, der drei Kernbestandteile des autoritären Syndroms beschreibt:

1. Mit Konventionalismus meint Adorno die starre Bindung an tradierte Normen und Werte, auf die sich der Autoritäre beruft, ohne sich innerlich an diese Moralvorstellungen gebunden zu fühlen.

2. Mit der autoritären Unterordnung meint Adorno die Aufforderung des politischen Führers zu bedingungslosem Gehorsam des Volkes unter seinen Befehl.

3. Und mit autoritärer Aggression spricht Adorno die Aufforderung des politischen Führers an, die von ihm durch die Aufforderung zum Gehorsam geweckte Aggression gegen eine Fremdgruppe zu verschieben, die als Feinde des Volkes perhorresziert werden.

Wie Bush auf das autoritäre Syndrom zurückgreift, lässt sich stichwortartig folgendermaßen umreißen:

1. Wenn Bush in seinen Reden salbungsvoll wie ein Prediger spricht und gern die Bibel zitiert, wenn er sich in seiner vor dem Präsidentschaftswahlkampf veröffentlichten Autobiografie als Mitglied einer evangelikanischen Gemeinde in Szene setzt, dann beschwört er auf eine

konventionelle Weise die christliche Moral der Nächstenliebe, über die er sich zugleich hinwegsetzt, wenn er nach dem 11. September gegen Afghanistan und gegen den Irak Krieg führt.

2. Wenn Bush von seinen Landsleuten bedingungslose Opferbereitschaft verlangt, weil sie nach dem 11. September den Krieg gegen den Terrorismus aufnehmen sollen, wenn er den Nationen der Welt mit den Worten droht, dass sie entweder für oder gegen Amerika sind, dann fordert er seine Landsleute und auch die Weltöffentlichkeit zu einer autoritären Unterordnung unter sein Kommando auf.

3. Wenn Bush nach dem 11. September nicht an Trauer, sondern an Wut und Rache appelliert, wenn er einen langen Krieg gegen den Terrorismus beschwört, im Zuge dessen Afghanistan und Irak nur als einzelne Schlachten im Kampf gegen eine mächtige »Achse des Bösen« gelten, zu der auch Nordkorea, Iran und Syrien zu zählen seien, dann mobilisiert er seine Landsleute auf der Basis autoritärer Aggression gegen Fremdgruppen, die zu Verkörperungen des Teufels stilisiert werden.

Peter Singer (2004) ist in seinem Buch über Bushs Ethik zu dem Ergebnis gelangt, dass der amerikanische Präsident ständig über »Gut« und »Böse« spricht, aber über keine allgemeinen ethischen Grundsätze verfügt. Auf diese Weise reflektiert Singer als Moralphilosoph, was sich sozialpsychologisch mit Hilfe des Autoritarismuskonzeptes erklären lässt: Bush redet ständig von »Gut« und »Böse«, weil das von ihm abgerufene Syndrom aus Konventionalismus, autoritärer Unterwerfung und autoritärer Aggression insgesamt das Moralproblem berührt: Während der Konventionalismus darauf abhebt, dass sich der Präsident auf die Moral des christlichen Fundamentalismus beruft, meint die autoritäre Unterwerfung, dass das amerikanische Volk sich der von Bush beschworenen Moral und seinen damit einher gehenden politischen Plänen unterordnen soll. Und die autoritäre Aggression richtet sich gegen diejenigen, welche die von Bush beschworene Moral verletzen und deshalb bestraft werden sollen.

4. Durch die autoritäre Vereinnahmung, vermittels derer Bush in seinen Zuhörern infantile Wünsche nach Unterwerfung und Verschiebung von Aggression gegen Fremde weckt, gewinnt Bush seine Landsleute für die neokonservative Weltanschauung der Republikaner. Das bedeutet aber, dass Bush sich nicht

nur an die punktuellen Beschädigungen der Subjektivität der Amerikanerinnen und Amerikaner wendet. Vielmehr mobilisiert er ZuhörerInnen mit den unterschiedlichsten Störungen der Persönlichkeit über die weltanschauliche Idee, dass Amerika Krieg gegen den Terrorismus führen muss. Das heißt aber mit Lorenzer (1981), dass Bushs WählerInnen »keine zufällige Anhäufung von gestörten Individuen« sind, sondern erst dadurch zu einer Gruppe werden, dass die neokonservative Weltanschauung als »objektiver Organisator [...] in bereit liegende Persönlichkeitsdefekte einhakt« (S. 119).

Diese sozialisationstheoretischen Überlegungen sind deshalb wichtig, weil Frank (2004) die Auffassung vertritt, dass die »psychologischen Konstrukte, die beim tieferen Verständnis von Bushs Psyche geholfen haben, auch dabei helfen«, die »Psychologie des Anhängers« zu erfassen (S. 199). Frank entgeht damit, was schon Simmel (1946) gesehen hat: »Neurotische Individuen können niemals eine Gruppe bilden. Das Wesen der Neurose besteht ja gerade darin, dass sie das Individuum hemmt, es asozial, zum Außenseiter macht« (S. 61). Ob Frank darauf rekurriert, dass die Psychologie der Anhänger wie die des Präsidenten beschaffen sei, oder ob er die Meinung vertritt, Amerika lasse sich im Umgang mit Bush mit einer co-abhängigen Familie vergleichen, die den alkoholkranken Vater schützen wolle, in beiden Fällen leitet er aus der Psychopathologie die Begeisterung für den Präsidenten ab. Dagegen ist mit Lorenzer (1981) festzuhalten, dass es sich bei der Begeisterung der AmerikanerInnen für Bush um eine Massenbildung handelt, die dadurch zustande kommt, dass eine »Persönlichkeitsstörung« mit einer »besonderen Vergesellschaftungsform« verknüpft wird, die erst durch die Weltanschauung zustande kommt. Zwar ist es unübersehbar, dass der Einzelne durch seinen blinden Hass von Anderen isoliert wird. Aber wenn er sich für Bushs weltanschauliche Idee begeistert, den Krieg gegen den Terrorismus aufzunehmen, dann verliert die Symptomatik ihre Asozialität, weil er sich jetzt in der Gruppe der begeisterten Anhänger des amerikanischen Präsidenten gut aufgehoben fühlt und seine – nunmehr durch die Weltanschauung gerechtfertigte – Feindseligkeit fortan mit Anderen teilen kann.

4   Zweites Zwischenergebnis

Zusammenfassend heißt das Folgendes: Im ersten Teil dieses Kapitels wurde untersucht, wie Justin Frank den amerikanischen Präsidenten pathologisiert, indem er dessen Biografie und Politik auf eine gestörte Mutter-Kind-Beziehung und auf das Leiden unter psychischen Erkrankungen wie ADS, Legasthenie und Alkoholismus zurückführt, obwohl das Datenmaterial für diese schwer wiegenden Diagnosen spärlich ist. Im zweiten Teil wurde erläutert, wie man Bushs Biografie und Politik auf eine methodologisch angemessenere Weise psychoanalytisch untersuchen kann, indem man in einem ersten Schritt untersucht, welche Lebensentwürfe der amerikanische Präsident im Verlaufe seines Lebens in Szene setzt, und dann in einem zweiten Schritt analysiert, wie sich diese Inszenierungen theoretisch begreifen lassen. Wie die Analyse gezeigt hat, lässt sich das Seelendrama des Präsidenten nicht durch eine ödipale Rebellion gegen den Vater erklären, vielmehr lassen sich die von Frank entwickelten Interpretationsansätze sehr viel plausibler mit Hilfe der Annahme einer narzisstischen Persönlichkeitsstörung integrieren. Im dritten Teil wurde eine weitere methodologische Frage durch die Erörterung des Problems an geschnitten, dass die Erforschung der Interaktion des Präsidenten mit seinen Landsleuten etwas anderes ist als die Erkundung seiner Psyche. Im Gegenzug zu Franks Psychologisierung und Pathologisierung der Beziehung zwischen dem Präsidenten und seinen Landsleuten wurde vor dem Hintergrund von Bushs am 11. September 2001 gehaltener Rede gezeigt, dass man für dieses politpsychologische Problem auch andere Kategorien benötigt, um die Sache selbst angemessen auf den Begriff zu bringen. Adornos Konzept des Autoritarismus und Lorenzers Modell der Weltanschauung eignen sich dazu, um die Mechanismen zu untersuchen, mit deren Hilfe ein Präsident die Mehrheit seiner Landsleute im Rückgriff auf einen religiösen Fundamentalismus zu bedingungsloser Unterordnung unter seinen Willen und zur Wendung ihrer ohnmächtigen Wut gegen angebliche »Terrorstaaten« gewinnen kann.

IV Der Krieg gegen den Terrorismus als
Weltanschauung. Tiefenhermeneutische
Rekonstruktion der Rede
von George W. Bush
zum 11. September 2006

1 Einleitung

Wie schon zu Beginn beschrieben wurde, ermöglichten die BürgerInnen der Vereinigten Staaten George W. Bush im November 2004 einen glänzenden Wahlsieg über den demokratischen Gegenkandidaten John F. Kerry. Infolgedessen konnten die Republikaner ihre Mehrheit in beiden Häusern des Parlaments ausbauen. Das Volk habe dem Präsidenten und seiner Regierung, so kommentierten Brinkbäumer u. a. (2004) die Nachricht im *Spiegel*, »einen Freibrief für alles ausgesprochen, was in den vergangenen vier Jahren geschehen ist« (S. 129). Obgleich sich Amerikas wirtschaftliche Lage unter Bushs erster Amtsperiode zusehends verschlechtert hatte, obschon er die Bürgerrechte eingeschränkt, internationale Abkommen und Konferenzen ignoriert hatte, obgleich er Angriffskriege ohne Absicherung durch ein UN-Mandat geführt und die Genfer Konvention im Umgang mit Kriegsgefangenen missachtet hatte, wählte ihn eine konservative Mehrheit, für die wichtig war, dass Bush gegen die Ehe von Homosexuellen ist, die Abtreibung als »Sünde« betrachtet und die Forschung an embryonalen Stammzellen ablehnt (vgl. ebd.). Der Historiker David Frum, der als Redenschreiber des Präsidenten den Ausdruck »die Achse des Bösen« prägte, meinte, dass »Moral, Charakter und Integrität« des Präsidenten den Wahlsieg ermöglicht hätten. Die Bürger »trauen ihm zu, die richtigen Entscheidungen zu treffen, vor allem wenn es um die Sicherheit des Landes geht« (*Der Spiegel*, 8. 11. 2004, S. 140).

Doch zwei Jahre nach seiner Wiederwahl geriet Bush, wie Follath u. a. (2006) im *Spiegel* berichteten, zunehmend in die Kritik der Öffentlichkeit:

> »Viele beklagen die einseitigen Steuererleichterungen für die Superreichen, das
> klägliche Krisenmanagement nach dem Hurrikan in New Orleans, die willkür-

lichen Telefonüberwachungen und andere Einschränkungen von Bürgerrechten. Der Krieg im Irak ist inzwischen landesweit sehr unpopulär, über die Hälfte der Amerikaner sehen ihn als Fehler, zwischenzeitlich fielen die Zustimmungsraten des Präsidenten auf wenig mehr als 30 Prozent.« (S. 132)

Bush habe allerdings den fünften Jahrestag des 11. September dazu genutzt, um seine Landsleute in einer Reihe von Reden für seine politischen Überzeugungen einzunehmen. Die Folge war, dass die Umfragewerte anstiegen und sich Mitte September wieder 48 Prozent für die Republikaner aussprachen (vgl. ebd.). Auf welche Weise es dem Präsidenten gelang, seine Landsleute erneut für sich einzunehmen, soll durch die tiefenhermeneutische Rekonstruktion der in Washington am 11. September 2006 gehaltenen Rede an die Bürger und BürgerInnen der Vereinigten Staaten analysiert werden.

2   Der Text der Rede

Die in Washington gehaltene Rede ist somit in einem politischen Klima entstanden, in dem der durch viel Kritik unter Druck geratene Präsident sich bemühte, die Öffentlichkeit wieder für sich gewinnen. Der Text dieser Ansprache lautet folgendermaßen:

»Guten Abend. Vor fünf Jahren wurde dieser Tag – der 11. September – in das Gedächtnis Amerikas eingebrannt. 19 Männer griffen uns mit einer in unserer Geschichte beispiellosen Grausamkeit an. Sie ermordeten Menschen jeder Hautfarbe, jedes Glaubens und jeder Nationalität – und führten Krieg gegen die gesamte freie Welt. Seit diesem Tag haben die Vereinigten Staaten und ihre Bündnispartner die Offensive ergriffen in einem Krieg, der anders ist als alle anderen, in denen wir bisher gekämpft haben. Heute sind wir sicherer, aber wir sind noch nicht sicher. An diesem denkwürdigen Abend habe ich Sie um etwas Zeit gebeten, um das Wesen der Bedrohung zu erörtern, mit der wir uns noch immer konfrontiert sehen, sowie das, was wir zum Schutz unseres Landes und zum Aufbau eines hoffnungsvolleren Nahen Ostens tun, in dem der Schlüssel für Frieden in Amerika und auf der Welt liegt [1].

Am 11. September sah unser Land das Gesicht des Bösen. An diesem schrecklichen Tag haben wir jedoch auch etwas typisch Amerikanisches gesehen: ganz normale Bürger, die sich der Lage gewachsen zeigten und mit außergewöhnlichem Mut handelten. Wir sahen diesen Mut bei Büroangestellten, die in den oberen Stockwerken der brennenden Hochhäuser eingeschlossen waren und zu Hause anriefen, so dass ihre letzten Worte an ihre Familien Worte voller Trost und Liebe waren. Wir sahen diesen Mut bei den Passagieren von Flug 93, die den 23. Psalm beteten – und dann das Cockpit stürmten. Und wir sahen diesen Mut bei den Mitarbeitern des Pentagon, die sich aus den Flammen und dem Rauch retteten – und dann, Hilferufen folgend, zurück rannten. An diesem Tag gedenken wir der unschuldigen Menschen, die ihr Leben verloren haben, und wir würdigen diejenigen, die ihr Leben für andere gegeben haben [2].

Für viele unserer Mitbürger sind die Wunden dieses Morgens noch frisch. Ich habe Feuerwehrleute und Polizisten getroffen, denen bei der Erinnerung an gefallene Kameraden die Stimme versagt. Ich habe bei Familien auf einer Wiese in Pennsylvania gestanden, die bittersüßen Stolz empfanden, weil ihre Angehörigen sich weigerten, Opfer zu sein, und den Vereinigten Staaten so zu ihrem ersten Sieg im Krieg gegen den Terror verholfen haben. Ich habe neben jungen Müttern mit Kindern gesessen, die jetzt fünf Jahre alt sind – und sich noch immer nach den Vätern sehnen, die sie nie im Arm halten werden. Aus diesem Leid heraus beschließen wir, alle Frauen und Männer zu ehren, die wir verloren haben. Das dauerhafte Denkmal, das wir für sie errichten wollen, ist eine sicherere, hoffnungsvollere Welt [3].

Seit dem Grauen des 11. September haben wir viel über unsere Feinde gelernt. Wir haben gelernt, dass sie böse sind und ohne Gnade töten – aber nicht ohne Sinn und Zweck. Wir haben gelernt, dass sie ein globales Netzwerk von Extremisten bilden, die von einer pervertierten Form des Islam angetrieben werden – einer totalitären Ideologie, die Freiheit hasst, Toleranz ablehnt und Andersdenkende verachtet. Und wir haben gelernt, dass es ihr Ziel ist, ein radikalislamisches Reich aufzubauen, in dem Frauen Gefangene in ihrem Heim sind, Männer verprügelt werden, wenn sie Gebete verpassen, und Terroristen einen Zufluchtsort haben, um Anschläge auf die Vereinigten Staaten und andere zivilisierte Länder zu planen und durchzuführen. Der Krieg gegen diesen Feind ist mehr als ein militärischer Konflikt. Er ist der entscheidende ideologische Konflikt des 21. Jahrhunderts und die Bestimmung unserer Generation [4].

Unser Land wird auf eine Art und Weise auf die Probe gestellt, wie wir es seit dem Beginn des Kalten Kriegs nicht erlebt haben. Wir haben gesehen, was unsere Feinde mit Teppichmessern und Flugtickets anrichten können. Wir hören ihre Drohungen, noch schrecklichere Anschläge auf uns zu verüben. Und wir wissen, sie würden Massenvernichtungswaffen gegen uns einsetzen, wenn sie sie beschaffen könnten. Wir sehen uns einem Feind gegenüber, der Tod und Leid über uns bringen will. Die Vereinigten Staaten haben nicht um diesen Krieg gebeten, und jeder Amerikaner wünscht sich, er wäre vorüber. Ich will das auch. Aber der Krieg ist nicht vorbei, und er wird nicht vorbei sein, bevor wir oder die Extremisten siegreich daraus hervorgehen. Wenn wir diese Feinde heute nicht besiegen, werden wir unseren Kindern einen Nahen Osten zurücklassen, der von Terrorstaaten und radikalen, mit Nuklearwaffen ausgestatteten Diktatoren beherrscht wird. Wir befinden uns in einem Krieg, der den Kurs für dieses neue Jahrhundert vorgeben und das Schicksal von Millionen Menschen auf der ganzen Welt bestimmen wird [5].

Für die Vereinigten Staaten war der 11. September mehr als eine Tragödie – er veränderte die Art und Weise, wie wir die Welt sehen. Am 11. September beschlossen wir, gegen unsere Feinde in die Offensive zu gehen, wobei wir nicht zwischen Terroristen und denjenigen, die ihnen Zuflucht gewähren, unterschieden. Somit haben wir dazu beigetragen, die Taliban in Afghanistan zu entmachten. Wir haben al-Qaida in die Flucht geschlagen und die meisten Personen getötet oder gefangen genommen, die die Anschläge vom 11. September geplant haben, darunter den Mann, der als Drahtzieher gilt, Khalid Scheich Mohammed. Er und andere mutmaßliche Terroristen wurden von der CIA befragt. Sie lieferten wertvolle Informationen, die zur Verhinderung von Anschlägen in den Vereinigten Staaten und auf der ganzen Welt beigetragen haben. Diese Männer wurden nun nach Guantánamo Bay überstellt, so dass sie für ihre Taten zur Rechenschaft gezogen werden können. Osama bin Laden und andere Terroristen halten sich noch versteckt. Unsere Botschaft an Sie ist deutlich: Egal wie lange es dauert, Amerika wird Sie finden und Ihrer gerechten Strafe zuführen [6].

Am 11. September haben wir erfahren, dass wir Bedrohungen angehen müssen, bevor sie unser Land erreichen, unabhängig davon, ob diese Bedrohungen von Terrornetzwerken oder Terrorstaaten ausgehen. Ich werde oft gefragt, warum wir im Irak sind, obwohl Saddam Hussein nicht für die Anschläge vom 11. September verantwortlich war. Die Antwort darauf lautet, dass das Regime von Saddam Hussein eine klare Bedrohung war. Meine Regierung, der Kongress und die Vereinigten Staaten haben die Bedrohung gesehen. Nach dem 11. September stellte das Regime von Saddam Hussein ein Risiko dar, das die Welt nicht eingehen konnte. Die Welt ist heute sicherer, weil Saddam Hussein nicht mehr an der Macht ist. Die Herausforderung besteht jetzt darin, den Irakern beim Aufbau einer Demokratie behilflich zu sein, die die Träume von fast 12 Millionen Irakern erfüllt, die im Dezember an freien Wahlen teilgenommen haben [7].

Al-Qaida und andere Extremisten aus der ganzen Welt sind in den Irak gekommen, um das Entstehen einer freien Gesellschaft im Herzen des Nahen Ostens zu verhindern. Sie sind zu den verbliebenen Anhängern von Saddam Husseins Regime und anderen bewaffneten Gruppen gestoßen, um religiöse Unruhen zu schüren und uns aus dem Irak zu vertreiben. Unsere Feinde im Irak sind hart und engagiert, aber das sind die Streitkräfte der Iraker und der Koalition ebenfalls. Wir passen uns an, um dem Feind voraus zu sein, und wir führen einen klaren Plan aus, um sicherzustellen, dass ein demokratischer Irak erfolgreich ist [8].

Wir bilden irakische Soldaten aus, damit sie ihr Land verteidigen können. Wir sind der Regierung der nationalen Einheit im Irak behilflich, mächtiger zu werden und den Irakern zu dienen. Wir werden nicht gehen, bis der Auftrag erfüllt ist. Welche Fehler auch immer im Irak gemacht worden sind, der schlimmste Fehler wäre zu denken, dass die Terroristen uns in Ruhe lassen, wenn wir uns zurückziehen. Sie werden uns nicht in Ruhe lassen. Sie werden uns folgen. Die Sicherheit der Vereinigten Staaten hängt von dem Ergebnis der Schlacht in den Straßen von Bagdad ab. Osama bin Laden nennt diesen Kampf ›den Dritten Weltkrieg‹, und er sagt, der Sieg der Terroristen im Irak wäre die endgültige ›Niederlage und Schande‹ der Vereinigten Staaten. Wenn wir den Irak Männern wie bin Laden überlassen, werden unsere Feinde ermutigt. Sie hätten einen neuen Zufluchtsort und würden die Ressourcen des Irak für ihre extremistische Bewegung nutzen. Wir werden das nicht zulassen. Die Vereinigten Staaten werden den Kampf fortführen. Der Irak wird ein freies Land und ein starker Verbündeter im Krieg gegen den Terror sein [9].

Wir können zuversichtlich sein, dass unsere Koalition erfolgreich sein wird, weil die Iraker trotz unbeschreiblicher Gewalt standhaft blieben. Und wir können zuversichtlich sein, dass wir siegen werden, da Amerikas Streitkräfte fähig und entschlossen sind. Jeder einzelne unserer Soldaten hat sich freiwillig gemeldet, und seit den Anschlägen vom 11. September haben sich mehr als 1,6 Millionen Amerikaner den amerikanischen Streitkräften angeschlossen. Im Irak, in Afghanistan und an anderen Fronten im Krieg gegen den Terror bringen die Frauen und Männer unserer Streitkräfte große Opfer, um uns zu schützen. Einige haben schreckliche Verletzungen erlitten, und fast 3.000 haben ihre Leben gegeben. Amerika hält ihr Andenken in Ehren. Wir beten für ihre Familien. Und wir werden die Arbeit, die sie begonnen haben, niemals aufgeben [10].

Wir würdigen auch diejenigen, die Tag und Nacht hart arbeiten, um unser Land zu sichern, und wir geben ihnen die Mittel, die sie benötigen, um unsere Bürger zu schützen. Wir haben das Ministerium für innere Sicherheit geschaffen. Wir haben die Mauer niedergerissen, die Strafverfolgungsbehörden und Nachrichtendienste daran hinderten, Informationen auszutauschen. Wir haben die Sicherheit an unseren Flugplätzen, Seehäfen und Grenzen verstärkt, und wir haben neue Programme geschaffen, um die Bankgeschäfte und Telefonanrufe der Feinde zu überwachen. Dank der harten Arbeit unserer Mitarbeiter der Strafverfolgungsbehörden und Nachrichtendienste haben wir Terrorzellen in unserer Mitte zerschlagen und das Leben von Amerikanern gerettet [11].

Fünf Jahre nach dem 11. September haben unsere Feinde es nicht geschafft, einen weiteren Anschlag auf unserem Boden zu verüben, aber sie waren nicht untätig. Al-Qaida und die Anhänger ihrer hasserfüllten Ideologie haben Terroranschläge in mehr als zwei Dutzend Ländern verübt. Erst vorigen Monat wurde ihr Plan vereitelt, Bombenanschläge auf Passagierflugzeuge in die Vereinigten Staaten zu verüben. Sie sind weiterhin entschlossen, die Vereinigten Staaten anzugreifen und unsere Bürger zu töten, und wir sind entschlossen, ihnen Einhalt zu gebieten. Wir werden den Frauen und Männern, die uns schützen, jedes Werkzeug und alle rechtlichen Befugnisse geben, die sie benötigen, um ihre Arbeit zu leisten [12].

In den ersten Tagen nach den Angriffen vom 11. September versprach ich, jedes nationale Machtinstrument zu nutzen, um die Terroristen zu bekämpfen, wo auch immer wir sie finden. Eine der stärksten Waffen in unserem Arsenal ist die Macht der Freiheit. Die Terroristen fürchten die Freiheit ebenso sehr wie unsere Schüsse. Sie verfallen in Panik beim Anblick eines alten Mannes, der seine Stimme abgibt, angesichts von Mädchen, die sich an Schulen einschreiben oder Familien, die ihren eigenen Traditionen zufolge zu Gott beten. Sie wissen, dass sich Menschen,

die die Wahl haben, gegen extremistische Ideologien und für die Freiheit
entscheiden. Ihre Antwort ist also, den Menschen diese Wahlmöglichkeit
zu verweigern, indem sie gegen die Kräfte der Freiheit und Mäßigung
wüten. Dieser Kampf wird auch Kampf der Kulturen genannt. In Wahrheit ist es ein Kampf für Kultur. Wir kämpfen, um die Lebensweise freier
Länder zu bewahren. Und wir kämpfen dafür, dass gute und anständige
Menschen im gesamten Nahen Osten Gesellschaften aufbauen können,
die auf Freiheit und Toleranz sowie persönlicher Würde gründen [13].

Wir befinden uns jetzt am Anfang dieses Kampfes zwischen Tyrannei und Freiheit. Angesichts der Gewalt stellen einige infrage, ob die
Menschen im Nahen Osten ihre Freiheit überhaupt wollen und ob
mäßigende Kräfte obsiegen können. Diese Zweifel haben 60 Jahre lang
unsere Politik im Nahen Osten begleitet. Und dann wurde an einem
sonnigen Septembermorgen deutlich, dass die Ruhe, die wir im Nahen
Osten gesehen haben, lediglich ein Trugbild war. Wir erkannten, dass
wir jahrelang versucht haben, Stabilität und Frieden zu erreichen, ohne
eines davon zu erlangen. Also änderten wir unsere Politik und widme-
ten den Einfluss der Vereinigten Staaten in der Welt der Förderung von
Freiheit und Demokratie als große Alternativen zu Unterdrückung und
Radikalismus [14].

Mit unserer Hilfe treten die Menschen im Nahen Osten nun nach
vorne und verlangen ihre Freiheit. Von Kabul über Bagdad bis Beirut
riskieren mutige Männer und Frauen jeden Tag ihr Leben für die gleichen
Freiheiten, die wir genießen. Und sie haben eine Frage für uns: Haben
wir das Selbstvertrauen, im Nahen Osten das zu tun, was unsere Väter
und Großväter in Europa und Asien geleistet haben? Indem wir führenden demokratischen Politikern und Reformern zur Seite stehen, indem
wir der Hoffnung von anständigen Frauen und Männern eine Stimme
verleihen, zeigen wir einen Weg weg vom Radikalismus auf. Wir rekru-
tieren die stärkste Macht für Frieden und Mäßigung im Nahen Osten:
das Verlangen von Millionen Menschen, frei zu sein [15].

Im gesamten Nahen und Mittleren Osten kämpfen die Extremisten,
um eine solche Zukunft zu verhindern. Aber die Vereinigten Staaten haben sich bereits in der Vergangenheit dem Bösen gestellt, und wir haben
es besiegt – manchmal auf Kosten von tausenden guten Männern in einer
einzigen Schlacht. Als Franklin Roosevelt gelobte, zwei Feinde über

zwei Ozeane hinweg zu besiegen, konnte er D-Day und Iwo Jima nicht voraussehen – aber er wäre angesichts des Ergebnisses nicht überrascht gewesen. Als Harry Truman amerikanische Unterstützung für die freien Menschen versprach, die sich der sowjetischen Aggression widersetzten, konnte er den Bau der Berliner Mauer nicht vorhersehen – aber er wäre von ihrem Fall nicht überrascht gewesen. Immer wieder im Verlauf ihrer Geschichte haben die Vereinigten Staaten Bedrohungen der Freiheit erlebt, und jedes Mal haben sie gesehen, wie die Freiheit aufgrund von Opferbereitschaft und Entschlossenheit triumphierte [16].

Zu Beginn dieses jungen Jahrhunderts blicken die Vereinigten Staaten auf den Tag, an dem die Menschen im Nahen Osten die Wüste des Despotismus verlassen, die fruchtbaren Gärten der Freiheit erreichen und ihren rechtmäßigen Platz in einer friedlichen und wohlhabenden Welt einnehmen. Wir blicken auf den Tag, an dem die Länder dieser Region erkennen, dass ihre größte Ressource nicht das Öl in ihrem Boden ist, sondern das Talent und die Kreativität ihrer Menschen. Wir blicken auf den Tag, an dem Mütter und Väter im gesamten Nahen Osten eine Zukunft mit Hoffnung und Chancen für ihre Kinder sehen. Wenn dieser gute Tag kommt, werden sich die Wolken des Kriegs lichten, die Attraktivität des Radikalismus wird abnehmen, und wir werden unseren Kindern eine bessere und sichere Welt hinterlassen [17].

An diesem Jahrestag stellen wir uns erneut in den Dienst dieser Sache. Unser Land hat Prüfungen bestanden, aber es liegt noch ein schwerer Weg vor uns. Diesen Krieg zu gewinnen, erfordert die entschlossenen Anstrengungen eines geeinten Landes. Wir müssen unsere Meinungsverschiedenheiten beiseite lassen und zusammenarbeiten, um die Bewährungsprobe zu bestehen, die die Geschichte uns auferlegt hat. Wir werden unsere Feinde besiegen. Wir werden unsere Bürger schützen. Und wir werden das 21. Jahrhundert zu einem strahlenden Zeitalter menschlicher Freiheit machen [18].

Anfang des Jahres habe ich die United States Military Academy besucht. Ich hielt dort die Abschlussrede für den ersten Jahrgang, der nach den Anschlägen vom 11. September 2001 nach West Point kam. An diesem Tag lernte ich eine stolze Mutter kennen, RoseEllen Dowdell. Sie war dort, um zu sehen, wie ihr Sohn Patrick sein Offizierspatent für die besten Streitkräfte erhielt, die die Welt je gesehen hat. Einige Wochen zuvor war RoseEllen bei der Abschlussfeier ihres Sohnes James an der Fire Academy in New York. An diesen beiden Tagen wendeten sich ihre Gedanken jemandem zu, der diese Augenblicke nicht mit ihr teilen konnte: ihrem Ehemann, Kevin Dowdell. Kevin war einer der 343 Feuerwehrleute, die am 11. September in die brennenden Türme des World Trade Centers rannten und nie mehr nach Hause kamen. Seine Söhne verloren an jenem Tag ihren Vater, aber nicht die Leidenschaft für den Dienst, die er ihnen vermittelt hatte. RoseEllen sagt über ihre Jungs: ›Als Mutter halte ich die Daumen für sie und bete immerzu für ihre Sicherheit, aber so sehr ich mich auch sorge – ich bin auch stolz und weiß, dass ihr Vater es auch wäre.‹ [19]

Unsere Nation ist gesegnet mit solchen Frauen und Männern, und wir werden sie brauchen. Gefährliche Feinde haben ihre Absicht erklärt, unsere Lebensweise zu zerstören. Sie sind nicht die ersten, die es versuchen, und ihr Schicksal wird das gleiche sein wie das ihrer Vorgänger. Der 11. September hat uns gezeigt, warum das so ist. Die Anschläge sollten uns in die Knie zwingen, und das taten sie, aber nicht so, wie die Terroristen es beabsichtigten. Amerikaner waren vereint im Gebet, halfen Nachbarn in Not und beschlossen, dass ihre Feinde nicht das letzte Wort haben würden. Der Wille unserer Bürger ist die Quelle der Stärke Amerikas. Mit Vertrauen in diesen Willen schreiten wir voran, mit Vertrauen in unser Ziel und mit dem Glauben an einen liebenden Gott, der uns geschaffen hat, um frei zu sein [20].

Vielen Dank, und möge Gott Sie segnen.« (Bush 2006) [21]

3 Inhaltsangabe der Rede und erste Gruppeninterpretation mit Studierenden

3.1 Inhaltsangabe

Wie man der Nummerierung am Ende der Absätze entnehmen kann, setzt sich Bushs Gedenkrede zum 11. September 2006 aus einundzwanzig Abschnitten zusammen, die sich in vier Teile gliedern lassen:[18] Im ersten Teil fasst Bush einleitend zusammen, welche Bedeutung er den Attentaten vom 11. September 2001 beimisst. Die Terroristen hätten einen »Krieg gegen die gesamte freie Welt« geführt, in dem die Vereinigten Staaten durch den Krieg gegen den Terrorismus zur Gegenoffensive übergegangen seien. Amerika habe an diesem Tag »das Gesicht des Bösen« und zugleich »etwas typisch Amerikanisches« gesehen, den »Mut« seiner Bürger, die »sich weigerten, Opfer zu sein«. Die Vereinigten Staaten befänden sich nicht nur in einem »militärischen Konflikt«, sondern auch in dem »entscheidenden ideologischen Konflikt des 21. Jahrhunderts« Wenn »die Feinde« nicht besiegt würden, würde Amerika seinen »Kindern einen Nahen Osten zurücklassen, der von Terrorstaaten [...] beherrscht« werde (Abschnitte 1–5). Im zweiten Teil versucht er zu begründen, wie es aufgrund der Terroranschläge zum Krieg gegen Afghanistan und zum Krieg gegen den Irak gekommen sei: Aufgrund der Attentate des 11. September hätte die amerikanische Regierung beschlossen, nicht länger »zwischen Terroristen und denjenigen« zu unterscheiden, »die ihnen Zuflucht gewähren«. Wie »al-Qaida in die Flucht geschlagen« wurde, so seien die meisten Planer und der Drahtzieher der Terroranschläge getötet oder aber nach Guantánamo Bay überstellt worden. Zudem habe der 11. September Amerika gelehrt, »dass wir Bedrohungen angehen müssen, bevor sie unser Land erreichen«. Durch den Irakkrieg und den Sturz Saddam Husseins sei die Welt »heute sicherer«.

Weil »die Sicherheit der Vereinigten Staaten [...] vom Ergebnis der Schlacht in den Straßen von Bagdad« abhänge, müsse der Krieg gegen den Terrorismus fortgesetzt werden. Auch wenn al-Qaida und ihre Anhänger »Terroranschläge in mehr als zwei Dutzend Ländern verübt« hätten, können »wir [...] zuversichtlich sein, dass wir siegen werden« (Abschnitte 6–12). Im dritten Teil stellt Bush den von ihm initiierten Krieg gegen den Terrorismus in die Tradition des amerikanischen »Kampfes für Kultur«, der stets gegen »Tyrannei« und für die »Freiheit« geführt worden sei. Amerika werde im Nahen Osten »das« tun, »was unsere Väter und Großväter« im 20. Jahrhundert in Europa und Asien durch den Krieg gegen den Faschismus und den kalten Krieg gegen den Kommunismus geleistet hätten (Abschnitte 13–16). Und im vierten Teil beendet er seine Rede, indem er noch einmal die wichtigsten Momente seiner Rede zusammenfasst und die Zukunftsvision einer glücklicheren Welt entwirft, die »das 21. Jahrhundert zu einem strahlenden Zeitalter menschlicher Freiheit« machen werde. Letztlich habe der 11. September die Vereinigten Staaten deshalb nicht »in die Knie« gezwungen und stattdessen zu einem entschlossenen Kampf gegen die Feinde geführt, weil die Amerikaner »vereint im Gebet« waren und angefangen haben, den Krieg gegen den Terrorismus »mit dem Glauben an einen liebenden Gott« zu führen, »der uns geschaffen hat, um frei zu sein« (Abschnitte 17–21).

3.2   Die tiefenhermeneutische Gruppeninterpretation mit Studierenden

Den Ausgangspunkt für die tiefenhermeneutische Rekonstruktion der Rede vom 11. September 2006, die auf den folgenden Seiten entfaltet wird, bilden Gruppeninterpretationen mit Studierenden, die sich im Rahmen eines Proseminars entwickelten, das ich am Fachbereich Gesellschaftswissenschaften der Universität Frankfurt a. M. im Wintersemester 2006/2007 veranstaltet habe. In diesem Proseminar wurde die vorliegende Rede von Bush in fünf Sitzungen analysiert. Obgleich an dem Proseminar 152 Studierende der Soziologie und Politologie teilnahmen, entwickelten sich doch immer wieder lebendige Gruppeninterpretationen, an denen durchschnittlich 25–30 Studierende beteiligt waren. Von jeder Sitzung wurde ein Verlaufsprotokoll erstellt, bei den in den Semesterferien anzufertigenden Hausarbeiten konnten sich sechs bis zu acht

Studierende zu einer Kleingruppe zusammenschließen. Die Aufgabe bestand darin, die Methode, den Interpretationsprozess in der Kleingruppe zu einer von ihr ausgewählten Rede von Bush und in Anschluss daran eine tiefenhermeneutische Interpretation dieser Ansprache darzustellen. Immer dann, wenn im Proseminar die Frage danach gestellt wurde, wie eine Textpassage eigentlich im amerikanischen Original lautet, stellte sich heraus, dass die deutsche Übersetzung ausgezeichnet ist, so dass es auch in diesem Buch nicht nötig ist, auf den Originaltext zurückzugreifen. Auf den folgenden Seiten wird die erste der fünf Gruppeninterpretationen zusammengefasst, die in einer Sitzung von eineinhalb Stunden zustande kam. In der ersten Sitzung des Proseminars hatte ich den Studierenden eine Einführung in die Methode der Tiefenhermeneutik gegeben (vgl. Kapitel I). Nachdem die Studierenden die Rede von Bush zum ersten Mal gelesen hatten, bat ich sie in der zweiten Sitzung darum, die Ansprache nicht mit ideologiekritischer Distanz zu betrachten, sondern sie auf das eigene Erleben wirken zu lassen und zu schauen, was ihnen zu dem Text einfällt, wenn sie einfach ihre Gedanken schweifen lassen. Dabei stellte sich die Aufgabe, trotz der großen Anzahl von SeminarteilnehmerInnen eine lebendige Diskussion in Gang zu bringen, die es den Studierenden ermöglichte, sich auf den Text emotional einzulassen und erste Leseeindrücke zur Sprache zu bringen.

So eröffnete ich diese zweite Sitzung des Proseminars mit der Frage, was den Studierenden einfalle, wenn sie diese Ansprache auf das eigene Erleben wirken lassen würden. »Ich finde«, erwiderte eine Studentin, Bushs Rede »ist sehr emotional und wenig sachlich« (Hohmann 2006, S. 2). Er drücke doch »ziemlich auf die Tränendrüse«, wenn er »vom Mut der Feuerwehrleute spricht« oder von »Kindern, die sich nach ihren Vätern sehnen, die sie verloren haben« (ebd.). Bush »verallgemeinert stark«, ergänzte eine Kommilitonin, er erwähne »nur kurz, warum Hussein angegriffen wurde« sagt »aber nicht konkret, worin denn die Bedrohung eigentlich lag« (ebd.). Eine Studentin fügte bestätigend hinzu, dass Bush »viele Stammtischphrasen« und Klischees wie »das Gesicht des Bösen« benutzt, die wohl »bei der Allgemeinheit« gut ankämen (ebd., S. 3).

Eine Studentin fragte sich, ob Bushs Worte, die Attentäter würden »Krieg gegen die gesamte freie Welt« führen (AS 1), nicht eigentlich bedeuten würden, dass Amerika so wichtig sei, dass der Präsident die USA mit der westlichen Welt gleichsetze (Hohmann 2006, S. 1). Wenn der Krieg gegen den Terrorismus »kein Kampf der Kulturen«, sondern ein »Kampf für Kultur« sei, dann heiße

189

das doch, so bemerkte ein Student, dass es für Bush nur die amerikanische Kultur gebe, »aber die Kultur der islamischen Welt gar nicht als solche anerkannt« werde (ebd.).

Wenn Bush um der »Sicherheit« willen Flugplätze, Häfen, Grenzen, Bankgeschäfte und Telefonverbindungen immer mehr »überwachen« lasse (AS 11), dann schränke er doch, wie eine Studentin bemerkte, die Freiheit der Menschen massiv ein, obgleich er ständig davon rede, für Freiheit und Demokratie zu kämpfen (vgl. Hohmann 2006, S. 1). Ein Student meinte zustimmend, dass Bush »diesen Krieg hier für die Freiheit« führe, »gleichzeitig [...] aber die Freiheit durch [zahlreiche] Kontrollen der Behörden [...] eingeschränkt« werde (ebd., S. 2). Eine Studentin warf ganz in diesem Sinn die Frage auf, ob Bush nicht den Überwachungsstaat verherrliche, der alles kontrolliere (vgl. ebd., S. 5).

Bushs Worte, dass »unser Land [...] auf die Probe gestellt« werde (AS 5), erinnerten eine Studentin ans Alte Testament, also daran, dass AmerikanerInnen sich als »von Gott ausgewählt« fühlen und nun von ihm »geprüft werden« (Hohmann 2006, S. 2). Einem anderen Studenten fiel auf, »dass Bush seine Rede sehr oft auf sich selbst bezieht«, als ob er »ein Priester« wäre, »der die Leute in ihrer Trauer um die Opfer vom 11. September begleitet« (ebd., S. 2).

Ein Student konstatierte, »dass sich die Glorifizierung des Sieges durch den ganzen Text zieht«, obgleich der Krieg gegen den Terrorismus doch auch scheitern könnte. Irgendwie drücke Bush aber auch aus, dass es den im Irakkrieg gefallenen Soldaten »geschuldet« sei, »dass man den Krieg gegen ›das Böse‹ zu Ende führt« (ebd. S. 2). Ein weiterer Student meinte, die Rede klinge für ihn »nach einem unglaublichen Appell nach Unterstützung« (ebd., S. 2). Ein Kommilitone bestätigte diese Einschätzung durch den »Eindruck«, Bush wolle dem Volk durch die Rede »eine Leidensbereitschaft« abringen (ebd., S. 3). Ein Student ergänzte, dass Bush »besondere Betonung auf den Zusammenhalt« lege, ja, dass man »Zweifel und Meinungsverschiedenheiten in den Hintergrund stellen« sollte, um erfolgreich den Terror bekämpfen zu können (ebd., S. 4).

Ein Student kommentierte, dass sich durch den ganzen Text eine »Dichotomie von gut und böse zieht« (ebd., S. 3). Eine Studentin bestätigte, dass die Vereinigten Staaten »als friedliebendes Volk« dargestellt werden, das im Unterschied zu den »schlechten« Terroristen einfach nur »gut« sei (ebd., S. 4).

Einem Student zufolge erwecke die Rede den Eindruck, dass die Vereinigten Staaten immer »ein Feindbild« bräuchten, »um sich selbst zu definieren« (ebd., S. 5). Und eine Studentin resümierte:

> »Diese Rede könnte auch umgeschrieben werden und von bin Laden stammen. Es ist ironisch, dass er Extremisten verurteilt, die Andersdenkende nicht tolerieren, dabei wiederholt er das gleiche selbst [in Bezug] auf die islamische Welt bzw. sagt selbst immer wieder, dass man diese Menschen nicht akzeptieren und tolerieren kann.« (ebd., S. 3)

Die Worte, »das 21. Jahrhundert zu einem strahlenden Zeitalter der menschlichen Freiheit« zu machen (AS 18), warfen für eine weitere Studentin die Frage auf, ob Bush nicht von einem »Größenwahn« besessen sei (Hohmann 2006, S. 5). Einem anderen Studenten fiel auf, dass bei Bush »Fehlschläge« wie der Irakkrieg »unter den Tisch gekehrt« werden (ebd., S. 2).

Der Verlauf der Gruppendiskussion zeigt, dass die Studierenden eine Fülle von Eindrücken, Beobachtungen und kritischen Einwänden zusammengetragen haben, von denen her verschiedenste Verstehenszugänge zum manifesten und zum latenten Sinn der Rede erschlossen wurden: Wie Bushs pathetische Sprache angesprochen wird (»auf die Tränendrüse drücken«), so ist vom Gebrauch von Stereotypien (»Stammtischphrasen und Klischees«) und von der Einnahme einer ethnozentrischen Perspektive (als ob es nur die amerikanische Kultur, nicht aber die Kultur der islamischen Welt gebe) die Rede. Mehreren Studierenden fällt der Widerspruch zwischen Bushs Inanspruchnahme traditioneller Werte der Demokratie (»Freiheit«) und dem politischen Handeln der Washingtoner Regierung auf, welche die Bürgerrechte einschränkt (»Überwachen« von Telefonverbindungen und »Kontrollen der Behörden«). Und wie einige Studierende beobachten, dass der Präsident wie »ein Priester« auftritt und sich einer biblischen Sprache bedient (»Altes Testament«), so bemerken weitere Kommilitonen die Idealisierung militärischer Tugenden (»Glorifizierung des Sieges«, die den Gefallenen »geschuldete« Fortsetzung des Irakkrieges, »unglaublicher Appell nach Unterstützung« des Krieges, Notwendigkeit der »Leidensbereitschaft« und des »Zusammenhalts« aller Amerikanerinnen und Amerikaner im Krieg gegen den Terrorismus). Auch der Gebrauch eines »Feindbildes«, das Denken in Vorurteilen (»gut« und »schlecht«) fielen auf, Beobachtungen, aufgrund derer eine Studentin meinte, dass Bushs Rede doch wohl mit einer Ansprache von bin

Laden vergleichbar sei, dem der Präsident an Fremdenfeindlichkeit und Intoleranz nicht nachstehe. Und wie Bushs vom 21. Jahrhundert entworfene Vision für eine Studentin die Frage aufwarf, ob er sich nicht für grandiose Vorstellungen von Größe und Macht begeistere (»Größenwahn«), so stieß ein weiterer Student darauf, das Bush heikle Themen unbewusst zu machen versuche (»Fehlschläge« wie den Irakkrieg »unter den Tisch kehren«).

Bevor die Seminarsitzung zu Ende war, stellte ich noch einmal die Frage, »welche Emotionen« die Studierenden denn eigentlich empfunden hätten, nachdem sie Bushs Rede gelesen hätten. Darauf wurde sehr unterschiedlich geantwortet:

1. Eine Studentin brachte mit großer emotionaler Distanz ihre Ablehnung zum Ausdruck. Sie erklärte, dass sie die Bush-Rede »nicht ernst nehmen« könnte, weil sie »nicht authentisch« auf sie gewirkt habe (ebd., S. 6). Ganz in diesem Sinn fand ein Student die Rede »langweilig«, weil sie sich aus einer »Anhäufung von Belanglosigkeiten und Banalitäten« zusammensetze. »Man kennt das alles schon« (ebd.). Und ein anderer Kommilitone meinte sehr befremdet, dass Bush doch durch eine solche Rede »Hass bei allen Nicht-Amerikanern« wecke. »Er sagt ja, dass das Böse überall« sei, »in jedem anderen Land« gelte die Devise »traue niemandem« (ebd.).

2. Ambivalente Gefühle äußerte ein Student, der zwar die Auffassung vertrat, er habe »über die Rede nur lachen« können, »da ich es besser weiß«. Dass nämlich »das, was Bush sagt, nicht den Tatsachen […] entspricht. Aber es macht mir auch Angst, wie durch solche Reden Menschen manipuliert werden können« (ebd.). Solche zwiespältigen Empfindungen brachte auch eine Studentin zum Ausdruck, welche »die Rede ganz rational« sah. »Ich empfand beim Lesen keine Emotionen, kann mir aber schon vorstellen, dass sie bei vielen Menschen welche auslöst« (ebd., S. 7). In ähnlicher Weise meinte ein Student, dass er die Rede zwar »anmaßend« gefunden habe, »zum Teil […] aber auch verstehen« könnte, »dass solche Reden das Volk motivieren« (ebd.).

3. Andere KommilitonInnen schätzten Bushs Rede als gefährlich ein: So fand es eine Studentin »erschreckend […], dass solche Reden heutzutage wirklich ernst gemeint sind« (ebd.). Ein Student vermutete, dass die Bush-Rede »gefährlich« sei: »Ich könnte mir nämlich vorstellen, dass sie auf viele Menschen – aufgrund des Aufbaus, der geschickten Wortwahl

und Wiederholung einzelner Elemente – mitreißend wirkt, wenn sie nur vorgetragen wird und man sie nicht selbst liest« (ebd., S. 6). Und eine Kommilitonin fand die Rede »manipulativ«. Es setze sich leicht der Eindruck fest, »dass man doch dankbar für einen [solchen] Führer« wie Bush sein sollte (ebd.).

4. Ein Student praktizierte eine teilnehmende Beobachtung, indem er die Rede auf das eigene Erleben wirken ließ und diese emotionalen Reaktionen reflektierte: So bemerkte er, dass er auf stark affektbesetzte Begriffe wie »Leid« und »Grauen« nicht empfindlich reagiert, sondern irgendwie gespürt habe, sich durch Bushs »Absicht, den Krieg fortzuführen«, »sicher« zu fühlen (ebd.).

5. Mehrere Studierende sprachen davon, dass die Bush-Rede sie ärgerlich oder wütend mache. So erklärte ein Student, dass es ihn »wütend« mache, weil Bush so »pauschalisiert« (ebd.). Eine Studentin brachte ihren »Ärger« darüber zum Ausdruck, »dass Bush sich selbst so lammfromm darstellt« (ebd.). In ähnlicher Weise meinte eine andere Kommilitonin, sie sei »wütend über die Scheinheiligkeit von Bush. Er verdreht Tatschen und benutzt die Trauer der Menschen, die Familienangehörige oder Bekannte am 11. September oder im Irak[krieg] verloren haben« (ebd., S. 7). Ein Student begründete seine »Wut« über die Rede folgendermaßen: »Denn es kann schnell passieren, dass man durch solche Reden der Ideologie folgt.« Bush vermittele den Zuhörern einfach das Gefühl, dass Amerika »sich wehren müsse« (ebd.).

Vor dem Hintergrund der Einfälle und emotionalen Reaktionen, der Fragen, Lesarten, und kritischen Bemerkungen, welche die Studierenden in dieser ersten Gruppeninterpretation und in den folgenden Sitzungen zur Sprache brachten, wird nun der Versuch unternommen, die verschiedenen Themen, die Bush in seiner am 11.9. 2006 gehaltenen Gedenkrede zur Sprache bringt, in ihrer Doppelbödigkeit szenisch zu rekonstruieren.

4 Die Attentate des 11. September und G. W. Bushs charismatische Selbstinszenierungen als rettender Held im Katastrophenfall

Das erste große Thema, das Bush in seiner Gedenkrede zum 11. September anspricht, sind die Terroranschläge selbst, in Verbindung mit denen er sich seinem Publikum als ein Retter darstellt, der seine Landsleute in dieser Krisensituation auf mehrfache Weise gerettet habe.

4.1 Bushs Selbstinszenierung als charismatischer Prediger, der in den Attentaten »das Gesicht des Bösen« erblickt und zum Kampf dagegen auffordert

Wenn Bush zu Beginn seiner Rede zum 11. September ankündigt, »das Wesen der Bedrohung« erörtern zu wollen (AS 1), mit dem die Terroranschläge auf dass World Trade Center und das Pentagon konfrontieren, dann übermittelt er seinem Publikum die Botschaft, dass es darum geht, »das Wesen« hinter der »Erscheinung« der Dinge zu erfassen. Und wenn er fortfährt, dass »am 11. September [...] unser Land das Gesicht des Bösen« sah (AS 2), dann will der Präsident darauf hinaus, was er im weiteren Verlauf seiner Rede ausführt: Im Terrorismus trete Amerika genau so wie im Faschismus und im Kommunismus »das Böse« entgegen (AS 16). Ganz in diesem Sinne spricht Bush davon, dass die »Feinde«, die schon »mit Teppichmessern und Flugtickets« Schreckliches angerichtet haben, nun damit drohen, »noch schrecklichere Anschläge auf uns zu verüben« (AS 5). Die Irritation, dass den Attentätern angelastet wird, »Massenvernichtungswaffen gegen uns« einsetzen zu wollen, macht darauf aufmerksam, dass der Präsident sie nicht als Menschen betrachtet, die bei den Terroranschlägen das Leben ihrem Glauben an eine islamistische Weltanschauung geopfert haben (ebd.). Vielmehr sieht Bush hinter der bloßen Erscheinung der Attentäter das Wesen einer unheimlichen Macht des Bösen, das den Freitod wählt, um dann noch schrecklichere Anschläge zu planen.

Dieser Macht des Bösen setzt Bush die Kräfte des Guten entgegen: »Wir« haben »jedoch auch etwas typisch Amerikanisches gesehen; ganz normale Bürger«, die »mit außergewöhnlichem Mut handelten« (ebd.). »Wir sahen diesen Mut bei Büroangestellten«, die in den Zwillingstürmen eingeschlossen waren. »Wir sahen diesen Mut bei den Passagieren« des entführten Flugzeugs, die das Cockpit stürmten. Und wir sahen diesen Mut bei den Mitarbeitern des Pentagon«, die »Hilferufenden« zur Seite standen (ebd.). Ob der Präsident das »Gesicht des Bösen« betrachtet oder »das Gute«, das durch den »Mut« amerikanischer Bürger nach den Attentaten erschien, durch die mehrfache Wiederholung der Redefigur des »Sehens« gewinnt diese Wahrnehmungsweise eine magische Qualität. Das Sehen wird durch die Wiederholung zu einer ritualisierten Handlung und damit zu einem höheren Akt des Hellsehens, der Zeugnis von dem »Wesentlichen« ablegt, das sich hinter den Attentaten des 11. September ereignet hat.

Mit Max Weber (1922a) kann man davon sprechen, dass sich Bush durch das Reden über die Mächte des Guten und des Bösen sowie durch eine ritualisierte Sprechweise, welche die Aufmerksamkeit auf eine höhere Form des Sehens lenkt, als ein Prediger inszeniert, der Anspruch auf eine »charismatische Herrschaft« erhebt (S. 159). Mit dem Charisma ist »eine als außeralltäglich [...] geltende Qualität einer Persönlichkeit« gemeint, »um deretwillen sie mit übernatürlichen oder übermenschlichen [...] Kräften oder Eigenschaften begabt oder als gottgesandt oder als vorbildlich und deshalb als ›Führer‹ gewertet wird« (Weber 1922b, S. 140). So präsentiert sich Bush als ein charismatischer Prediger (vgl. Abb. 12), der das Wesen hinter der Erscheinung auszulegen vermag, weil er aufgrund seiner magischen Eigenschaft eines höheren Sehens die Himmelszeichen des 11. September deuten kann.

Abb. 12 (Der Spiegel 1. 3. 2004, S. 104): Wenn Bush im Januar 2004 vor dem Hintergrund eines großen Kreuzes in einer Kirche der Methodisten spricht, dann wirkt er wie ein Prediger, der durch die weit ausgebreiteten Arme und Hände signalisiert, dass er bereitwillig Gottes Wort empfängt und in sich aufnimmt. Zugleich drückt er durch diese Geste aus, dass er sich ganz im Geiste christlicher Nächstenliebe der ihm lauschenden Gemeinde öffnet und sie in seine Botschaft mit einbezieht.

Wenn er seinen Landsleuten verkündet, dass an diesem Tag »das Gesicht des Bösen« sichtbar wurde, aber zugleich auch die Kräfte des Guten, die sich im Mut eines jeden Amerikaners zeigten, der dagegen den Kampf aufnahm, dann wirkt Bush als ein charismatischer Prediger, der seinem Volk das Unheil offenbart, es aber zugleich im Rückgriff auf den Glauben an Gott zu trösten vermag. Zwar wird nicht offen ausgesprochen, welche Mächte mit der Rede von Gut und Böse gemeint sind, jedoch vermitteln Anspielungen eine Ahnung von dem Namenlosen, das sich hinter den Terroranschlägen verbirgt: Wenn die Amerikaner am 11. September das »Gesicht des Bösen« erblickt haben, dann heißt das, dass die Terroristen die Handlanger einer dämonischen Macht sind, deren entfesselte Gewalt sich in den Terroranschlägen gezeigt hat. Das »Grauen des 11. September« (AS 4) lässt sich daher in die Vorstellung übersetzen, dass der Teufel Amerika an diesem Tag seine Fratze gezeigt hat. Den Kampf gegen Satan können Menschen aber nur bestehen, wenn Gott ihnen zur Seite steht. Dass am 11. September auch Gott erschien, vermittelt Bush seinen Landsleuten dadurch, dass er in seine Predigt auch folgende Erzählung einbaut. Die Passagiere von Flug 93 hätten den »Mut« aufgebracht, das Cockpit der von Terroristen entführten Linienmaschine zu stürmen, nachdem sie zuvor den 23. Psalm gebetet hätten (AS 2). Was Bush mit diesen Worten andeutet, lässt sich erst verstehen, wenn man sich den Sinn dieses biblischen Psalms vergegenwärtigt:

> »Der Herr ist mein Hirte, mir wird nichts mangeln.
> Auf grünen Auen lässt er mich lagern;
> an Wasser mit Ruheplätzen führt er mich.
> Labsal spendet er mir.
> Er leitet mich auf rechter Bahn
> um seines Namens willen.
> Auch wenn ich wandern muss in finsterer Schlucht,
> ich fürchte doch kein Unheil; denn du bist bei mir.
> Dein Hirtenstab und Stock, sie sind mein Trost. –
> Du deckst für mich einen Tisch angesichts meiner Gegner,
> Du salbst mein Haupt mit Öl,
> mein Becher ist übervoll.
> Nur Glück und Gunst begleiten mich alle Tage meines Lebens,
> und ich darf weilen im Hause des Herrn,
> solange die Tage währen.« (Hamp/Stenzel 1997, S. 588)

Die sinnlich-bildhaften Vorstellungen, die Bush durch den Verweis auf den 23. Psalm im Erleben der ZuhörerInnen weckt, lassen sich folgendermaßen in Worte übersetzen: Zwar sahen sich die von Terroristen entführten Passagiere in einer »finsteren Schlucht«, aber sie fürchteten »doch kein Unheil«, weil Gott ihr »Hirte« war, der sie »auf rechter Bahn« leitete. Weil sie sich darauf zurück besannen, »im Hause des Herrn« zu weilen, »solange die Tage währen«, fanden sie den Mut, um sich zur Wehr zu setzen und das Cockpit zu stürmen. So konnten sie den teuflischen Plan der Terroristen vereiteln, das Flugzeug ins Weiße Hause oder ins Kongressgebäude stürzen zu lassen. Folgt man dieser Konstruktion Bushs, dann werden aus demselben Grund die Büroangestellten, die in den oberen Stockwerken der brennenden Zwillingstürme eingesperrt waren, den »Mut« aufgebracht haben, zu Hause anzurufen und sich von ihren Familien ganz im Sinne christlicher Nächstenliebe mit »Worten voller Trost und Liebe« zu verabschieden (AS 2). Denn auch sie müssen sich in den Hochhäusern wie »in finsterer Schlucht« gefühlt haben, werden aber wiederum ganz im Sinne des 23. Psalms »kein Unheil« gefürchtet haben, weil sie doch auch im World Trade Center »im Hause des Herrn« weilten.

Was am 11. September geschah, benennt Bush nicht auf der diskursiven Symbolebene der Sprache. Vielmehr bedient er sich dafür der präsentativen Symbolebene der Bilder, die er im Rückgriff auf einen biblischen Text deutet, um sich unmittelbarer an die Affekte seiner AdressatInnen zu wenden. Durch die wiederholt ausgesprochenen und dadurch eine magische Wirkung entfaltenden Worte, was »wir sehen«, fordert Bush ganz im Sinne des von ihm vertretenen christlichen Fundamentalismus[19] dazu auf, das, was sich ereignete, mit dem Herzen anzuschauen: »Wir« haben ein Feuerwerk »gesehen«, in dem sich die entfesselte Gewalt des Bösen so zeigte wie die dagegen aufbegehrende Macht des Guten, die in all den Amerikanern in Erscheinung trat, welche in den Zwillingstürmen und in den entführten Linienflugzeugen den Märtyrertod auf sich nahmen, um für ihren Glauben Zeugnis abzulegen. Das ist die frohe Botschaft, die Bush seinen Landsleuten als ein die Wahrheit »sehender« charismatischer Prediger am 11. September 2006 verkündet: »Worte voller Trost und Liebe« (AS 2), die er für die Opfer findet und die er zugleich den Überlebenden spendet: In den Anschlägen hat sich zwar das »Gesicht des Bösen« gezeigt, jedoch auch die dagegen aufbegehrende Kraft des Guten, die nach den Attentaten des 11. September als Märtyrer geachteten AmerikanerInnen, deren Opfertod Bushs Landsleuten Trost und Hoffnung spenden soll.

Wenn Bush seine Rede mit den Worten beendet »möge Gott Sie segnen«, dann unterstreicht er noch einmal sein Auftreten als charismatischer Prediger, der seinen Landsleuten das göttliche Wesen hinter der Erscheinung alles Irdischen auslegt: Dass sie den Kampf gegen das Böse erfolgreich führen können, weil Amerika mit mutigen »Frauen und Männern« »gesegnet« ist (AS 20), die sich nach den Anschlägen »im Gebet vereint« haben, um Kraft zu sammeln (ebd.). Sie können den Krieg gegen den Terrorismus »mit Vertrauen« in den »Willen unserer Bürger« führen, weil sie »mit dem Glauben an einen liebenden Gott« ausgestattet sind, »der uns geschaffen hat, um frei zu sein« (ebd.).

Die Frage, welche Bedeutung im Rahmen der charismatischen Selbstinszenierung als Prediger der magischen Qualität des Sehens beizumessen ist, lässt sich durch einen Vergleich mit den Propheten des Alten Testamentes beantworten. Denn Propheten wie Jesaja oder Jeremias verfügten über die außeralltägliche Fähigkeit des Hörens, aufgrund derer sie sich Gottes Wort zu eigen machten und es ihrem Volk predigten. Das Sehen wird dagegen erst in der Offenbarung des Johannes zur außeralltäglichen Fähigkeit des Predigers (vgl. Kürzinger 1997). Im umstrittensten Buch des Neuen Testamentes geht es nämlich um die Visionen des Johannes, mit denen er seine Gemeinde in einer Zeit der blutigen Verfolgung des Christentums zu trösten suchte. So »sah« Johannes einen apokalyptischen Endkampf zwischen den Mächten des Guten und des Bösen vor Augen, der die Erde verwüsten und eine Unzahl von Menschen töten werde, bevor Christus Satan vernichten und das Himmelreich auf Erden errichten werde. Wenn Bushs Ansprache auf die magische Qualität des Sehens setzt, dann imitiert er den Prediger in der Offenbarung des Johannes.

Das Irritierende an der Botschaft, dass Bush als charismatischer Prediger über die magische Qualität eines außeralltäglichen Sehens verfügt, besteht darin, dass sich seine Anteilnahme an den Ereignissen des 11. September auf das Sehen reduziert. Was er an diesem Tag als mediale Ereignisse gemeinsam mit seinen Landsleuten anschaut, führt bei ihm nämlich nicht zu einer emotionalen Betroffenheit. Denn der Präsident kommt nicht auf Gefühle der Angst und des Entsetzens, des Schmerzes und der Trauer um die Opfer der Anschläge zu sprechen. Vielmehr redet er vom »Mut« der Opfer, die in einer Linienmaschine das Cockpit stürmten, im Pentagon Hilferufende retteten und noch angesichts des Todes den überlebenden Verwandten »Trost und Liebe« spendeten. So begeistert sich Bush für die Vorstellung, die Opfer der Attentate des 11. September als Märtyrer zu betrachten, die für ihren Glauben den Tod erlitten. Das Verhältnis vom manifesten zum latenten Sinn lässt sich daher folgendermaßen bestimmen: Manifest ist, dass Bush als charismatischer Prediger vor seinem inneren Auge sieht, was er als frohe Botschaft in Worte fasst: Das sich am 11. September 2001 zeigende »Gesicht des Bösen«, das durch das Wiederauftauchen Satans auf den Anbruch einer apokalyptischen Zeitenwende verweist. Auf die latente Bedeutungsebene werden dagegen alle Gefühle der Anteilnahme und der Trauer um die Opfer verbannt. Während der manifeste Sinn der Rede in Bushs grandioser Vorstellung gipfelt, die Opfer des 11. September zu Streitern Gottes zu erklären, die durch ihren Märtyrertod den Weg bereitet haben, auf dem Amerika in den apokalyptischen Endkampf des Guten mit der Macht des Bösen eintreten kann, werden die ZuhörerInnen auf der latenten Bedeutungsebene dazu gedrängt, sich emotional von den Opfern der Terroranschläge zu distanzieren und die mit ihnen verbindenden Gefühle der Betroffenheit abzuspalten, damit keine Trauer aufkommen kann.

Über diesen latenten Sinn täuscht der manifeste Sinn hinweg, der noch eine weitere Facette aufweist: Wenn Amerikanerinnen und Amerikaner den Kampf mit Satan »mutig« aufnehmen, weil sie sich auf Gott zurückbesinnen, der ihnen ganz im Sinne des 23. Psalms in der Not zur Seite steht, dann wird auch verständlich, was Bush mit den Worten sagen will, dass »unser Land« durch den 11. September »auf die Probe gestellt« wird (AS 5). Die Anschläge des 11. September brauchen niemanden mehr zu belasten, weil sie als eine Bewährungsprobe zu verstehen sind, die Gott den Amerikanerinnen und Amerikanern auferlegt, um ihren Glauben zu prüfen. In dieser Krisenlage taucht Bush als charismatischer Prediger auf, der das von Gott auserwählte Volk aus der Not retten will, indem er es dazu auffordert, sich ganz im Sinne der Toten des 11. September in »Trost und Liebe« miteinander zu verbinden und »mutig« den apokalyptischen Kampf gegen das Böse aufzunehmen, damit endlich das Himmelreich auf Erden errichtet werden kann.

4.2   Bushs Selbstinszenierung als charismatischer Feldherr, der nach den Attentaten des 11. September mit dem Irakkrieg ein neues Denkmal errichtet

Wie Bush gleich zu Beginn seiner Ansprache ausführt, wurden die Attentate des 11. September von 19 Männern verübt, die »uns mit einer in unserer Geschichte beispiellosen Grausamkeit« angegriffen und »Menschen jeder Hautfarbe, jedes Glaubens und jeder Nationalität« ermordet hätten (AS 1). So hätten sie »Krieg gegen die gesamte freie Welt« geführt (ebd.). Die Folge war Amerikas Krieg gegen den Terror, »der anders ist als alle anderen, in denen wir bisher gekämpft haben« (ebd.). Indem Bush betont, dass die Anschläge des 11. September einen kriegerischen Überfall durch Feinde bedeuten, die nur durch eine militärische Gegenoffensive zurückgeschlagen werden konnten, präsentiert er sich als Oberbefehlshaber der US-Streitkräfte, der Amerika durch den Krieg gegen den Terrorismus »sicherer« gemacht habe. Aber da »wir […] noch nicht sicher« sind (ebd.), könne der »Schutz unseres Landes« nur dadurch gewährleistet werden, dass der Krieg fortgesetzt werde (ebd.). So versucht der Präsident seine Landsleute als ein charismatischer Feldherr zu beeindrucken, der aufgrund seiner »außeralltäglichen« Fähigkeiten (Weber 1922b, S. 140) die durch die Attentate entstandene Krisenlage einzuschätzen weiß und sogleich zur »Tat« voranschreitet (Weber 1922a, S. 160) (vgl. Abb. 13). Zu dieser charismatischen Selbstinszenierung als Feldherr gehört, dass er die magische Fähigkeit, die militärische Lage der Zukunft zu antizipieren, durch die Beschwörung der Vorstellung offenbart, »dass wir siegen werden« (AS 10).

»Diesen Krieg zu gewinnen«, so erläutert Bush gegen Ende seiner Rede, »erfordert die entschlossenen Anstrengungen eines geeinten Landes« (AS 18). Mit diesen Worten betont Bush noch einmal, was er zuvor durch die Redewendung zum Ausdruck gebracht hat, dass die Terroranschläge einen grausamen Angriff »auf uns« bilden, aufgrund dessen »wir« kämpfen müssen, um »uns« und »unser Land« vor Terroristen zu schützen. So erzeugt Bush auf der Grundlage seiner Selbstinszenierung als charismatischer Feldherr unter allen AmerikanerInnen ein Wir-Gefühl, das augenblicklich alle Klassengegensätze zwischen Arm und Reich, alle sozialen Unterschiede zwischen Schwarz und

Abb. 13 (Der Spiegel, 9. 9. 2002, S. 104): Wenn Bush im Kampfanzug vor seine Soldaten tritt, sich auf das Rednerpult stützt, die rechte Faust ballt und die Stirn runzelt, dann inszeniert er sich vor der Öffentlichkeit als Oberbefehlshaber der amerikanischen Streitkräfte, der die Lage als ernst betrachtet und dazu entschlossen ist, Krieg zu führen.

Weiß, alle politischen Differenzen zwischen Republikanern und Demokraten, alle Kämpfe zwischen den Geschlechtern vergessen lässt. Und weil ein charismatischer Feldherr ein »Befehlender« ist, verwandeln sich Amerikanerinnen und Amerikaner strukturell in »Gehorchende« (vgl. Weber 1922a, S. 159), die sich über alle sozialen und politischen Grenzen hinweg vereinen, um unter Bushs Oberkommando gemeinsam diesen Krieg zu gewinnen.

Die Worte des Präsidenten, dass es sich um einen »Krieg gegen die gesamte freie Welt« handele (AS 1), irritieren in zweierlei Hinsicht:

1. Obgleich sich Bush auf die Bedrohung der westlichen Welt durch Terrorismus bezieht, erwähnt er in der im September 2006 gehaltenen Ansprache mit keinem Wort die Anschläge vom 11. März 2004 auf Vorortzüge in Madrid, bei denen 191 Menschen getötet und 2051 zum Teil schwer verletzt wurden, und die Attentate vom 7. Juli 2005 auf drei U-Bahn-Züge und einen Doppeldeckerbus in London, bei denen 56 Menschen starben und über 700 teilweise schwer verletzt wurden. Der manifeste Sinn, dass er den Terrorismus zu einer Gefahr für die freie Welt stilisiert, verdeckt so den latenten Sinn, das Europa für den Präsidenten keine Rolle spielt und sich die westliche Welt für ihn auf die Vereinigten Staaten reduziert. So tritt Bush als Sprecher der westlichen Welt auf, der die hegemonialen Ansprüche der Vereinigten Staaten zu rechtfertigen sucht, indem er die partikularen Interessen Amerikas zu den allgemeinen Interessen der freien Welt stilisiert.

2. Bush spricht von einem »Krieg gegen die gesamte freie Welt«, obwohl es sich bei den Attentaten vom 11. September 2001 um Anschläge einer kleinen Gruppe fanatisierter Selbstmordattentäter auf strategisch begrenzte Ziele in den Vereinigten Staaten handelte. Der doppelbödige Sinn dieser Szene erschließt sich auf folgende Weise: Manifest ist Bushs Erklärung, dass Amerika sich aufgrund der Attentate vom 11. September im Krieg befindet. Auf die latente Bedeutungsebene der charismatischen Selbstinszenierung als Feldherr werden dagegen Einwände der Vernunft verbannt, die vor einem eskalierenden Umgang mit den Terroranschlägen warnen. Die leise Stimme der Vernunft hätte womöglich geboten, die Hintermänner der Terroristen durch polizeiliche Maßnahmen und durch geduldige diplomatische Verhandlungen aufzuspüren und vor Gericht zu stellen. Indem Bush die Notwendigkeit einer militärischen Gegenoffensive beschwört, nutzte er die durch die Attentate ausgelösten

Ängste dazu, um Druck auf seine ZuhörerInnen auszuüben und von ihnen zu verlangen, sich jeden Gedanken an eine politischen Lösung dieser Krisenlage zu verbieten.

In der Rolle des Oberbefehlshabers aller Streitkräfte wendet Bush sich auch an jene ZuhörerInnen, die bei den Terroranschlägen Angehörige, FreundInnen oder BerufskollegInnen verloren haben: »Für viele unserer Mitbürger sind die Wunden dieses Morgens noch frisch« (AS 3). Indem er dieselbe Satzkonstruktion mehrmals nacheinander verwendet, verleiht er seinen Worten eine magische Bedeutung: »Ich habe Feuerwehrleute und Polizisten getroffen«, die der Verlust ihrer Kollegen sehr schmerzte. »Ich habe bei Familien gestanden«, deren Angehörige das Cockpit der von Terroristen entführten Maschine stürmten. »Ich habe neben jungen Müttern mit Kindern gesessen«, die vaterlos aufwachsen. Auf diese Weise inszeniert sich Bush als ein charismatischer Feldherr, der Hinterbliebene, die der Verlust von Verwandten, FreundInnen und KollegInnen immer noch schmerzt, allein durch das »Wunder« seiner Anwesenheit zu trösten vermag (Weber 1922a, S. 161). Allein deshalb, weil er sie »trifft«, bei ihnen »steht« und bei ihnen »sitzt«, geht es ihnen wieder gut.

Der Zugang zum latenten Sinn dieser Worte erschließt sich über mehrere Szenen, die auf eine vergleichbare Weise irritieren:

1 Zunächst einmal befremdet Bushs Gedanke, dass »die Wunden dieses Morgens« für »viele unserer Mitbürger« noch »frisch« sind (AS 3). Wie der szenische Zusammenhang dieser Worte offenbart, geht es dem mit Charisma ausgestatteten Feldherrn darum, sein Mitgefühl mit den Feuerwehrleuten und Polizisten, Familien und »Müttern mit vaterlosen Kindern« zum Ausdruck zu bringen, die als Kollegen, Freunde und Angehörige um die Opfer der Attentate trauern. Doch die Wortfigur »Wunden dieses Morgens« ist doppeldeutig. Denn im Rahmen der charismatischen Selbstinszenierung als Feldherr bedeuten »die Wunden dieses Morgens«, dass die Terroristen den Amerikanern durch die Attentate des 11. September Wunden geschlagen haben, trotz derer sie nun mutig in den Krieg gegen die Feinde ziehen. Die Irritation, dass sich das Reden über »die Wunden dieses Morgens« einmal auf den Schmerz der Hinterbliebenen über den Verlust von Angehörigen, das andere Mal auf die empfindlichen Verletzungen bezieht, welche die Anschläge Bush und seinen Landsleuten versetzt haben, wirft die Frage auf, ob Bush in der Szene nicht einen ungelösten Konflikt austrägt: Obgleich Bush mit den Hinterbliebenen

um die Opfer trauern will, scheint er dazu nicht in der Lage zu sein, weil ihn immer noch nicht vernarbte »Wunden« quälen, welche die Attentate des 11. September dem Selbstbewusstsein der Amerikaner und ihrem Glauben an die eigene Größe und Unverletzbarkeit zugefügt haben.

2. Wenn Bush erzählt, »bei Familien auf einer Wiese in Pennsylvania gestanden« zu haben, »die bittersüßen Stolz empfanden, weil ihre Angehörigen sich weigerten, Opfer zu sein, und den Vereinigten Staaten so zu ihrem ersten Sieg im Krieg gegen den Terror verholfen haben« (AS 3), dann geht es auf der manifesten Bedeutungsebene dieser zweiten Szenenfolge zweifellos darum, dass er ganz im Sinne seiner charismatischen Selbstinszenierung als Feldherr den Stolz der Hinterbliebenen auf die Angehörigen betont, die in dem entführten Flugzeug den Kampf gegen die Terroristen aufnahmen. Die Irritation, dass dagegen über Gefühle der Angst und des Entsetzens angesichts der mörderischen Gewalt der Terroristen nicht gesprochen und auch kein Mitgefühl mit den Opfern und keine Trauer über ihren Tod zum Ausdruck gebracht wird, eröffnet dagegen den Zugang zum latenten Sinn dieser Redesequenz. Bush weigert sich, sich auf das Gedenken an die Opfer emotional einzulassen, er will in den Toten von Flug 93 keine Opfer sehen, sondern sie ganz im Sinne seiner charismatischen Selbstinszenierung als Feldherr als Soldaten betrachten, die »im Krieg gegen den Terror« den »ersten Sieg« davon getragen haben, weil sie durch das Stürmen des Cockpits verhinderten, dass die Terroristen die Linienmaschine als Waffe gegen ein strategisches Ziel einsetzen konnten.

3. Es irritiert in vergleichbarer Weise, dass Bush nicht von den Kollegen der Feuerwehrleute und Polizisten redet, die bei den Terroranschlägen getötet wurden, sondern von »gefallenen Kameraden« (AS 3). Ganz im Sinne seiner Selbstinszenierung als Oberbefehlshaber aller amerikanischen Truppenverbände benutzt Bush auf der manifesten Bedeutungsebene dieser dritten Serie von Szenen eine soldatische Sprache, der entsprechend der Verlust von Soldaten als Preis für den zu erringenden Sieg gilt. Der latente Sinn dieser Szene wird hingegen dadurch bestimmt, dass Bush zur Unterdrückung von Gefühlen des Mitleids und der Trauer auffordert, die unvereinbar mit der Stahlnatur von kämpferischen Soldaten erscheinen.

4. Seine Anteilnahme drückt Bush auch durch die Worte aus, für die Opfer

ein »Denkmal« schaffen zu wollen: »Das dauerhafte Denkmal, das wir für sie errichten wollen, ist eine sichere, hoffnungsvollere Welt.« Der manifeste Sinn dieser vierten Szenenfolge lässt sich folgendermaßen umreißen: Ganz im Sinne seiner charismatischen Selbstinszenierung als Feldherr übermittelt Bush seinen Landsleuten die Botschaft, dass die Überlebenden in der Schuld der Toten stehen, die den Terroranschlägen schutzlos preisgegeben waren. Deshalb will Bush den Opfern ein Denkmal errichten, indem er eine sichere Welt schafft, in der solche Terroranschläge nicht mehr geschehen können, die so viele Amerikanerinnen und Amerikaner das Leben gekostet haben. Wie sehr der magische Glanz dieser Worte auch blendet, es irritiert, wie Bush den Begriff des Denkmals benutzt. Ein Denkmal wäre normalerweise ein aus Stein oder Metall errichtetes Monument oder ein regelmäßig wiederkehrendes Ereignis, durch das man die Erinnerung an die Opfer des 11. September wach halten würde. Bush will dagegen durch das Schaffen einer »sicheren, hoffnungsvolleren Welt« ein Denkmal schaffen. Damit entfremdet er aber das Denkmal seinem Zweck: Während ein Denkmal die Erinnerung an ein Ereignis in der Vergangenheit wach halten will, damit es nicht vergessen wird, handelt es sich bei Bushs Vision um eine Zukunft, die er durch seine politischen Taten schaffen will. Würde ihm das Herstellen einer sicheren Welt gelingen, dann würde er dadurch nicht den Opfern des 11. September, sondern seiner charismatischen Herrschaft als Feldherr ein Denkmal setzen und hätte damit für die Vereinigten Staaten etwas »Heldenhaftes« geleistet hat (vgl. Weber 1922a, S. 159).

Eine Antwort auf die irritierende Frage, wie Bush im September 2006 eigentlich darauf kommt, ein »Denkmal« errichten zu wollen, lässt sich im Rückgriff auf die erste Serie von Szenen geben, in der von den »Wunden dieses Morgens« die Rede ist: Das Einstürzen der Zwillingstürme und die Verwüstung eines Gebäudetraktes des Pentagons erschütterten das Selbstvertrauen und den Glauben der Bürger an die Überlegenheit und Unverletzbarkeit der einzig verbliebenen Supermacht. Bush wehrt die damit einher gehenden Gefühle von Scham und Demütigung ab, indem er darüber schweigt und die »Wunden dieses Morgens« auf den Schmerz der Hinterbliebenen zu beschränken sucht. Wenn Bush sich stattdessen für den »bittersüßen Stolz« der Familien begeistert, deren Angehörige durch das Stürmen des Cockpits von Flug 93 den Vereinigten Staaten »zu ihrem ersten Sieg im Krieg gegen den Terror« verholfen hätten (AS 3), dann geht es auf der manifesten Bedeutungsebene der Gedenkrede um das Appellieren eines charismatischen Feldherrn an patriotische Gefühle der Größe und Macht, mit deren Hilfe die Erfahrung auf die latente Bedeutungsebene verbannt wird, dass die Terroranschläge als eine viele Amerikaner erschütternde Niederlage erlebt wurden, eine nationale Katastrophe, vor der weder die hochgerüsteten Truppenverbände Amerikas noch die computergesteuerten Nachrichtensysteme von FBI und CIA hatten schützen können. So agiert Bush die uneingestandenen Affekte, welche die Attentate dem Selbstbewusstsein der Amerikaner und ihrem nationalen Stolz zugefügt haben, auf der Basis seiner charismatischen Selbstinszenierung als Feldherr auf zweierlei Weise aus: Einerseits feiert er die Opfer des 11. September als Helden (sie »weigerten« sich, »Opfer zu sein«), an denen sich die ihnen nachfolgenden Soldaten ein Beispiel nehmen sollen, denen im Krieg gegen den Terrorismus die Bereitschaft zum Einsatz des eigenen Lebens abverlangt wird. Andererseits will er die Gefühle der Scham und Schande, die durch die Zerstörung des Denkmals der amerikanischen Wirtschaftsmacht (das Einstürzen der Zwillingstürme) und der Beschädigung des Denkmals der amerikanischen Militärmacht (die Zerstörung eines Flügels des Pentagons) ausgelöst wurden, dadurch auslöschen, dass er durch den skrupellosen Einsatz der gigantischen Militärmaschinerie der Vereinigten Staaten im Krieg gegen den Terrorismus ein neues Denkmal schafft, das Amerikas Glauben an die eigene Macht und Größe wiederherstellt.

Als wie einzigartig sich diese Herausforderung darstellt, schildert Bush durch die Bezugnahme auf bin Laden:

> »Osama bin Laden nennt diesen Kampf ›den Dritten Weltkrieg‹, und er sagt, der Sieg der Terroristen im Irak wäre die endgültige ›Niederlage und Schande‹ der Vereinigten Staaten.« (AS 9)

Obgleich Bush davon überzeugt ist, dass Amerika als eine Macht des Guten nichts mit der Macht des Bösen gemein hat, gegen die der Kampf im Namen Gottes geführt werden soll, ist er sich mit bin Laden doch in der Einschätzung der Weltlage einig. Sowohl Bush als auch bin Laden erklären die gegeneinander geführten Kämpfe zum »dritten Weltkrieg«, um sich ihren unterschiedlichen Adressatengruppen als charismatische Feldherrn zu empfehlen, welche »die legitimen Ordnungen« außer Kraft zu setzen sich berechtigt fühlen, weil es ihnen »kraft der Gewalt des Schwertes« um eine denkwürdige »Neuschaffung« der Welt geht (Weber 1922a, S. 160). Wenn Bush gegen eine »Achse des Bösen« wettert, zu der er neben dem Irak auch den Iran und Nordkorea zählt, dann wird deutlich, wie grenzenlos er sich auf der Basis seiner charismatischen Selbstinszenierung als Feldherr von der »manischen« Begeisterung für die Vorstellung fortreißen lässt (Weber 1922a, S. 161), sich dadurch ein Denkmal zu setzen, dass er die auf der Erde herrschende politische Ordnung durch einen Weltkrieg vernichtet und die Welt den hegemonialen Interessen Amerikas entsprechend neu ordnet.

5. Schließlich irritieren mehrere Szenenfolgen dadurch, dass Bush auf eine widersprüchliche Weise über Frauen und Männer redet:

a)   Zwar »beschließt« Bush, »alle Frauen und Männer zu ehren«, die »wir« am 11. September 2001 »verloren« haben (AS 3), aber dann bedient er doch traditionelle Geschlechterstereotypien: Während es in Bezug auf die Männer heißt, dass »Feuerwehrleute und Polizisten« um ihre »gefallenen Kameraden« trauern, wird es als Schicksal der Frauen dargestellt, als »junge Mütter mit Kindern« zurückzubleiben, die sich »noch immer nach den Vätern sehnen« (ebd.).

b)   Zwar redet der Präsident davon, dass »die Frauen und Männer unserer Streitkräfte« in Afghanistan und im Irak »große Opfer« bringen (AS 10), aber wenn es um die kämpferische Entschlossenheit geht, über die Feinde »siegen« zu wollen, dann ist allein von den Männern die Rede: »Jeder einzelne unserer Soldaten hat sich freiwillig gemeldet« (ebd.).

c)   Zwar heißt es am Ende, dass »unsere Nation [...] mit solchen Frauen und Männern gesegnet sei«, die den opferbereiten Einsatz für Amerika unterstützen (AS 20), aber dann erzählt Bush eine Geschichte, die erneut traditionelle Geschlechterstereotypien reproduziert: Während das weibliche Geschlecht in diesem Fall als »stolze Mutter« vorgeführt wird, die zwar den Ehepartner verloren habe, aber dennoch »stolz« auf die Söhne sei, die für Amerika ihren Dienst tun, imponiert das männliche Geschlecht in zweierlei Gestalt: Da gibt es den Vater, der als Feuerwehrmann unter den eingestürzten Zwillingstürmen begraben wurde. Und da existieren zwei Söhne, die zu einem bedingungslosen Einsatz als Feuerwehrmann und als Soldat bereit sind (vgl. AS 19).

Der in diesen Szenenfolgen zutage tretende Widerspruch, dass Bush zwar Frauen und Männer anspricht, jedoch zugleich geschlechtsspezifische Stereotypien bedient, lässt sich folgendermaßen begreifen: Wenn der Präsident ganz allgemein über die amerikanischen Streitkräfte redet, dann berücksichtigt er beide Geschlechter. Aber sobald er konkrete Geschichten erzählt, welche die Affekte der Zuhörerinnen und Zuhörer ansprechen, wird der Krieg zu einer männlichen Tugend stilisiert: Frauen rühren als »junge Mütter«, die mit vaterlosen Kindern um Ehemänner trauern. Oder eine Frau flößt als Mutter Respekt ein, die trotz des Verlustes des Ehemannes »stolz« darauf ist, dass die Söhne wie der Vater »ihre Pflicht tun«. Männer sprechen dagegen als Feuerwehrleute und Polizisten an, die um »gefallene Kameraden« trauern. Oder sie beeindrucken als Soldaten, die sich in ihrem kämpferischen Drang »freiwillig« zur Armee melden. Oder Männer imponieren als ein Vater, der am 11. September als Feuerwehrmann umgekommen ist, und als seine beiden Söhne, die in seinem Geiste ihren Dienst bei der Feuerwehr und beim Militär antreten.

Diese szenischen Interaktionsfiguren offenbaren, auf welche kollektiven Fantasien im Zuge des Rückgriffs auf traditionelle Geschlechtsrollensterotypien zurückgegriffen wird: Während Frauen zu Müttern stilisiert werden, die Kinder gebären und aufziehen, werden Männer als Soldaten idealisiert, die durch ihr Kriegshandwerk »eine friedlichere Welt« schaffen. Während Frauen eine natürliche Potenz als Mütter zugesprochen wird, weil sie Kinder gebären, wird Männern die Potenz von Soldaten attribuiert, im Krieg das eigene Leben in der Hoffnung darauf zu wagen, die Feinde in den Feldzügen zu besiegen, mit deren Hilfe eine neue Weltordnung der »Freiheit« und des »Friedens« geschaffen werden soll. Während Frauen aufgrund ihrer Leiblichkeit Leben schaffen, erscheinen die wie Kampfmaschinen funktionierenden Männer als Herren über Leben und Tod. Und wenn ein am 11. September beim Einsturz des World Trade Center umgekommener Vater ein Vorbild für die Söhne ist, die auch ihr Leben opfern würden, wenn es die Pflicht verlangt, dann verbindet die Männer der Geist, in dem Väter ihre Söhne erziehen. Wenn Bush von amerikanischen Soldaten und von Müttern redet, die mit dem Verlust ihrer Männer fertig werden, aber stolz auf die Söhne sind, die ihren Vätern folgen, um ihren Dienst zu tun, dann hebt er darauf ab, dass der Krieg ein männliches Abenteuer ist. Selbst wenn Frauen in den amerikanischen Streitkräften mitkämpfen, gelingt ihnen das nur, wenn sie den kriegerischen Habitus der Männer übernehmen: Sie haben wie die Männer die Mütter hinter sich fallen lassen, die Kinder aufziehen und sich um das Wachstum des menschlichen

Lebens sorgen. Sie haben im Zuge ihrer soldatischen Sozialisation zu unterdrücken gelernt, was so weich und gefühlvoll wie die Mutter ist. Und sie haben
sich mit dem Kriegshandwerk darin geübt, sich gegen Emotionen hart zu machen und die Lust zu kämpfen und zu töten zu erlernen. So werden auch aus
Frauen Männer, die ihre libidinösen Wünsche in den Dienst der Unterwerfung
unter militärische Vorgesetzte, der Bindung an die Truppe und der Liebe für
ihre Waffen so stellen, wie sie ihre aggressiven und destruktiven Impulse im
Rahmen des Kampfes gegen den Feind ausleben können. Und all das leisten
die in den Krieg ziehenden Soldaten in dem narzisstischen Hochgefühl, sich
unverletzbar und dem Feind überlegen zu fühlen.

So wird fassbar, wie Bush seine Landsleute auf der Basis seiner charismatischen Selbstinszenierung als Feldherr sozialisiert: Auf der einen Seite erzieht
er seine Landsleute dazu, die durch die Attentate ausgelösten Gefühle der
Angst und der Ohnmacht, bei denen fast 3000 Menschen getötet wurden, und
die Gefühle der Scham und der Demütigung, die dadurch ausgelöst wurden,
dass die Symbole der wirtschaftlichen und militärischen Macht Amerikas
zerstört oder stark beschädigt wurden, auf die latente Bedeutungsebene der
Gedenkrede zum 11. September zu verbannen. Auf der anderen Seite übt er
auf der manifesten Bedeutungsebene seiner Ansprache ein, dass der helden-
hafte Kampf des amerikanischen Mannes gegen den Terrorismus schon am 11.
September begonnen habe. Das bedeutet aber, dass Bush seinen Landsleuten
eine doppelbödige Botschaft übermittelt: Wie sie die mit den Terroranschlägen verknüpften Gefühle der Angst und des Entsetzens, der Scham und der
Ohnmacht sowie des Mitleids und der Trauer um die Opfer unbewusst machen
sollen, so sollen sie den 11. September fortan mit Gefühlen des Stolzes, mit
Selbstbewusstsein und der Freude verbinden, die Opfer der Terroranschläge
als Helden zu erinnern. Wie die Männer als unter Bushs Oberbefehl stehende
Soldaten sich an den Helden des 11. September ein Beispiel nehmen sollen,
so sollen die Frauen ihren Männern und Söhnen zur Seite stehen und sie moralisch unterstützen. Beide Geschlechter sollen so ihren Teil dazu beitragen,
dass Bush durch den Krieg gegen den Terrorismus ein Denkmal setzen kann,
das die Wunden des 11. September zu heilen vermag, weil derart die durch
die Attentate angeschlagene Größe und Macht Amerikas vor der Weltöffentlichkeit wieder hergestellt wird.

Wie sehr aber Bush die Tapferkeit und den Mut heldenhafter Amerikaner
beschwört, eben dadurch, dass er über die auf die latente Bedeutungsebene der

Rede verbannten Gefühle der Scham, Ohnmacht und Wut schweigt, entzieht er diese Affekte der Selbstreflexion und verschafft ihnen zugleich dadurch einen symptomatischen Ausdruck, dass er die Attentate auf der manifesten Bedeutungsebene seiner Ansprache als kriegerischen Angriff darstellt und sich selbst als ein charismatischer Feldherr präsentiert, der Amerika durch den Krieg gegen den Terrorismus Genugtuung zu verschaffen und die durch die Terroranschläge erschütterte Größe und Macht der einzigen verbliebenen Supermacht auf der Erde wiederherzustellen vermag.

4.3   Bushs Selbstinszenierung als charismatischer Politiker, der die Attentate als epochales Ereignis begreift, das den Eintritt ins 21. Jahrhundert bedeutet

Bush eröffnet seine Gedenkrede mit den Worten, dass der 11. September vor fünf Jahren »in das Gedächtnis Amerikas eingebrannt« wurde (AS 1). Wie er weiter ausführt, hätten die Attentäter »uns mit einer in unserer Geschichte beispiellosen Grausamkeit« angegriffen (AS 1). Und dieser Krieg, in dem dann Amerika in die Offensive gegangen sei, sei »anders […] als alle anderen, in denen wir bisher gekämpft haben« (ebd.). Die Irritation, dass Bush von unvergleichbaren Ereignissen spricht, obwohl Amerika doch schon den Überfall von Pearl Harbor erlebt und viele Kriege geführt hat, offenbart, wie doppelbödig Bushs Worte sind: Auf der manifesten Bedeutungsebene des Textes setzt sich Bush als ein Präsident in Szene, der kurz und knapp umreißt, worum es ihm geht, und sich mit plausiblen Argumenten an die Vernunft seines Publikums wendet. Auf der latenten Bedeutungsebene weckt er dagegen diffuse Ängste: Wenn die Feinde mit einer »in unserer Geschichte beispielloser Grausamkeit« angegriffen haben und der gegen die Terroristen zu führende Krieg »anders […] als alle anderen« sei, »in denen wir bisher gekämpft haben« (ebd.), dann stellen die Terroranschläge ein einzigartiges Ereignis dar und der gegen sie zu führende Krieg verwandelt sich in eine grandiose Anstrengung, die Amerika in diesem Maße nicht einmal in den Weltkriegen zu leisten hatte. So greift Bush die durch die Attentate entstandenen Ängste nicht nur auf, sondern verstärkt sie auch noch. Der schöne Schein, dass Bush als aufgeklärter Präsident auftritt, der sich durch die Vernunft leiten lässt (manifester Sinn), täuscht so darüber hinweg, dass er seine Landsleute über einen irrationalen Appell an archaische Ängste für den Krieg gegen den Terrorismus einnehmen will (latenter Sinn). Es gehe nicht nur um »einen militärischen Konflikt«, sondern um »den entscheidenden ideologischen Konflikt des 21. Jahrhunderts und die Bestimmung unserer Generation« (AS 4). Bush will darauf hinaus, dass es sich bei den Anschlägen des 11. September um ein epochales Ereignis von einzigartiger Bedeutung handelt, das »die Art und Weise« veränderte, »wie wir die Welt sehen« (AS 6). Der Krieg gegen den Terrorismus sei daher als eine moralische Aufgabe von universaler Bedeutung zu betrachten, bei dem es auch darum gehe, für künftige Generationen Verantwortung zu übernehmen:

> »Wenn wir diese Feinde heute nicht besiegen, werden wir unseren Kindern einen Nahen Osten zurücklassen, der von Terrorstaaten und radikalen, mit Nuklearwaffen ausgestatteten Diktatoren beherrscht wird. Wir befinden uns in einem Krieg, der den Kurs für dieses neue Jahrhundert vorgeben und das Schicksal von Millionen Menschen auf der ganzen Welt bestimmen wird.« (AS 5)

Auf diese Weise inszeniert sich Bush als ein »charismatischer Politiker« (Weber 1922a, S. 161), der aufgrund »magischer Fähigkeiten« schon im sechsten Jahr des neuen Jahrhunderts weiß, was die Schlüsselaufgabe des kommenden Jahrhunderts sein wird. »Das ewig Neue« und »Niedagewesene« erschließt sich dem mit Charisma begnadeten politischen Führer der westlichen Welt (ebd., S. 159), weil er aufgrund seiner »Macht des Geistes« den Krieg gegen den Terrorismus als Jahrhundertaufgabe zu erkennen und damit zu einer moralischen Verpflichtung zu erklären vermag, die »wir unseren Kindern« schuldig seien.

So entwirft Bush eine Alternative dazu, was Al Gore (2006) zur Jahrhundertaufgabe erklärt hat, nachdem er die von zahlreichen Wissenschaftlerinnen und Wissenschaftlern erhobenen Befunde zur Klimaerwärmung ausgewertet und die darauf empfindlich reagierenden Regionen der Erde besucht hat: Es seien entschiedene ökonomische, soziale und politische Veränderungen erforderlich, um auf unserem Planeten eine ökologische Katastrophe zu verhindern. Denn infolge der zunehmenden Verbrennung fossiler Elemente (Kohle, Öl, Gas) steige der Kohlendioxydgehalt der Erdatmosphäre in einem solchem Umfang an, dass die industrielle Entwicklung zu einer seit Jahrzehnten beobachtbaren

Klimaerwärmung geführt habe, welche unter anderem die Eiskappen der Pole und die Gletscher der Gebirge schmelzen, den Meeresspiegel steigen, Stürme und Flutkatastrophen zunehmen lasse. Wir haben, so schreibt Gore, eine Verantwortung »unseren Kindern und den Generationen nach ihnen einen gesunden und schönen Planeten zu vererben, [...], der in der Lage ist, eine blühende menschliche Zivilisation zu tragen« (S. 287). Mit dieser sich auch an die amerikanische Öffentlichkeit richtenden Botschaft wendet sich Al Gore gerade auch gegen Bush, der in der Überzeugung, dass es keine Beweise für einen durch den Menschen bewirkten Klimawandel gebe, schon »in der ersten Woche nach seinem Amtsantritt [...] sein Wahlversprechen« brach, »den CO_2-Ausstoß zu begrenzen« (ebd., S. 9) und der deshalb auch den Vertrag von Kyoto nicht ratifizierte, in dem sich die Nationen der Welt darauf geeinigt hatten, »den Ausstoß klimaschädigender Gase zu kontrollieren« (ebd., S. 8).

Derart wird fassbar, wie doppelbödig Bushs Stilisierung der Attentate des 11. September zu einem epochalen Ereignis ist: Indem er seinen Landsleuten erklärt, dass zum Krieg gegen den Terrorismus gerade auch die Verantwortung für künftige Generationen zwinge (manifester Sinn), fordert er sie auf der latenten Bedeutungsebene seiner Worte zugleich dazu auf, den von Al Gore initiierten kritischen Diskurs unbewusst zu machen, dass man aus Sorge um Kinder und Kindeskinder ökologisch umdenken und in alternative Energien investieren müsse.

In diesem Kontext irritiert, wie Bush darüber redet, was Amerika durch die Attentate des 11. September »gelernt« habe. Seinen Worten verleiht er nämlich erneut eine magische Bedeutung, indem er mehrmals dieselbe Redefigur benutzt:

>»Seit dem Grauen des 11. September haben wir viel über unsere Feinde gelernt. Wir haben gelernt, dass sie böse sind und ohne Gnade töten [...]. Wir haben gelernt, dass sie ein globales Netzwerk von Extremisten bilden, die von einer pervertierten Form des Islam angetrieben werden [...]. Und wir haben gelernt, dass es ihr Ziel ist, ein radikalislamisches Reich aufzubauen, in dem Frauen Gefangene in ihrem Heim sind, Männer verprügelt werden, wenn sie Gebete verpassen [...].« (AS 4)

So unübersehbar es ist, dass der 11. September für Amerika und die westliche Welt eine neue Erfahrung bedeutet, die zu verstehen ist und aus der Schlussfolgerungen gezogen werden müssen, es irritiert, wenn Bush als ein charismatischer Politiker auftritt, der immer wieder beschwört, was »wir« alles durch die Terroranschläge »gelernt« haben. Durch die Magie seiner ritualisierten Worte will er seine Landsleute zum »Glauben« daran verpflichten (Weber 1922, S. 161), dass die sorgfältige Untersuchung der Terroranschläge zum Krieg gegen den Terrorismus gezwungen habe und er nun fortzusetzen sei. Doch der manifeste Sinn dieser charismatischen Selbstinszenierung täuscht darüber hinweg, dass Bush sich nicht ernsthaft damit auseinandersetzt, dass die Attentate auch als Ausdruck eines Aufbegehrens gegen die Hegemonialpolitik der amerikanischen Supermacht zu betrachten sind, die um der Öl- und Gasvorkommen willen die islamische Welt kolonialisiert hat. Stattdessen subsumiert Bush die Attentate des 11. September unter persönliche Vorurteile und die stereotypen Erklärungsmuster seiner republikanischen Weltanschauung und seines christlichen Fundamentalismus. Obgleich er die Auffassung vertritt, dass die Anschläge vom 11. September symptomatisch dafür sind, dass das 21. Jahrhundert angebrochen ist, reagiert er derart mit den Mitteln des 20. Jahrhunderts darauf:

> »[...] die Vereinigten Staaten haben sich bereits in der Vergangenheit dem Bösen gestellt, und wir haben es besiegt – manchmal auf Kosten von tausend guten Männern in einer einzigen Schlacht. Als Franklin Roosevelt gelobte, zwei Feinde über zwei Ozeane hinweg zu besiegen, konnte er D-Day und Iwo Jima nicht voraussehen – aber er wäre angesichts des Ergebnisses nicht überrascht gewesen. Als Harry Truman amerikanische Unterstützung für die freien Menschen versprach, die sich der sowjetischen Aggression widersetzten, konnte er den Bau der Berliner Mauer nicht vorhersehen – aber er wäre von ihrem Fall nicht überrascht gewesen. Immer wieder im Verlauf ihrer Geschichte haben die Vereinigten Staaten Bedrohungen der Freiheit erlebt, und jedes Mal haben sie gesehen, wie die Freiheit aufgrund von Opferbereitschaft und Entschlossenheit triumphierte.« (AS 16)

Wenn Bush auf der manifesten Bedeutungsebene seiner Rede auf die Feinde des 20. Jahrhunderts (Faschismus, Kommunismus) zurückgreift, um den Krieg gegen den Terrorismus zur Aufgabe des 21. Jahrhunderts zu erklären, dann verbannt er damit auch auf die latente Bedeutungsebene seiner Ansprache, dass die eigentliche Herausforderung des 21. Jahrhunderts darin besteht, den naiven Fortschrittsglauben der westlichen Industriegesellschaften aufzugeben, auf Kosten der Dritten Welt den eigenen Wohlstand zu sichern und durch die Ausbeutung der Natur eine ökologische Katastrophe zu riskieren, die unseren Planeten für künftige Generationen unbewohnbar machen könnte. Diese das Überleben der Menschheit bedrohenden Gefahren versucht Bush unbewusst zu machen, indem er den Krieg gegen den Terrorismus zur Jahrhundertaufgabe stilisiert.

5 Die Notwendigkeit des in Afghanistan und im Irak geführten Krieges gegen den Terrorismus

Das zweite große Thema, das Bush mit seiner Gedenkrede zum 11. September zur Sprache bringt, wird durch seine politische Absicht bestimmt, seine Landsleute für den Krieg gegen den Terrorismus einzunehmen, der in Afghanistan und im Irak geführt wird. Damit will er auch den Fragen, Einwänden und Kritiken entgegentreten, die seine politischen Gegnerinnen und Gegner in der Öffentlichkeit immer wieder artikulieren. Aus diesem Grunde erzählt er seinem Publikum noch einmal aus seiner Sicht die Geschichte des unter seinem Oberbefehl geführten Krieges gegen den Terrorismus.

Es habe damit angefangen, dass »wir« nach den Attentaten des 11. September beschlossen, »gegen unsere Feinde in die Offensive zu gehen, wobei wir nicht zwischen Terroristen und denjenigen, die ihnen Zuflucht gewähren, unterscheiden« (AS 6). Dieser aufgrund der Terroranschläge entwickelte neue Grundsatz der Außenpolitik lässt sich mit Singer (2004) als »die erste Bush-Doktrin« bezeichnen (S. 159). Sie diente als Rechtfertigung für einen militärischen Angriff (vgl. Abb. 14), um – wie Bush sich ausdrückt – »die Taliban in Afghanistan zu entmachten« (AS 6). Mit diesen Worten übergeht Bush, dass Afghanistan durch das Ultimatum, die terroristischen Ausbildungslager zu schließen und die al–Qaida-Führer an die USA auszuliefern, unter Druck gesetzt und angegriffen wurde, obwohl die Bush-Regierung »keine Beweise für eine Verwicklung der afghanischen Regierungsstellen in die Ereignisse des 11. September hatte« (Singer 2004, S. 160).

Abb. 14 (Chronik aktuell 2001, S. 98): Das Bild erzählt davon, wie ein F-14 Kampfflugzeug vom Deck des Flugzeugträgers »USS Enterprise« startet, um die Trainingscamps Osama bin Ladens oder die Stellungen der Taliban in Afghanistan zu bombardieren. Diese Szene symbolisiert den unter George W. Bushs Oberbefehl geführten Vergeltungskrieg, im Zuge dessen im Oktober 2001 »im Persischen Golf und im Golf von Oman vier Flugzeugträger mit jeweils 75 Kampfflugzeugen in Stellung gebracht [worden waren] – Flottenverbände von mehr als 50 Schiffen mit Zerstörern, Kreuzern und Atom-U-Booten mit Marschflugkörpern«. Dazu kamen noch »weit über 2000 Kampf- und Begleitflugzeuge, F-117-(Stealth-) Jagdbomber und B-52-Bomber« (ebd.). Indem Bush im Mittleren Osten Amerikas gigantische Militärmaschinerie einsetzte, stellte er vor den Augen der Weltöffentlichkeit die durch die Terroranschläge des 11. September angeschlagene Größe und Stärke der einzigen Supermacht wieder her.

»Wir haben al-Qaida in die Flucht geschlagen und die meisten Personen getötet oder gefangen genommen, die die Anschläge vom 11. September geplant haben […]. Diese Männer wurden nun nach Guantánamo Bay überstellt, so dass sie für ihre Taten zur Rechenschaft gezogen werden können.« (AS 6)

Durch die stolzen Worte, die den Krieg gegen Afghanistan als Sieg erscheinen lassen, versucht Bush unbewusst zu machen, dass der Erfolg dieses Krieges sehr umstritten ist. Zwar gelang die Zerstörung der Ausbildungslager von al-Qaida und die Unterbrechung terroristischer Operationen. Aber »nur wenige al-Qaida-Führer wurden gefangengenommen oder nachweislich getötet« (Singer 2004, S. 162). Und Osama bin Laden gehörte auch nicht dazu. Selbst das wichtigste Kriegsziel, »terroristische Angriffe zu verhindern oder wenigstens deutlich zu verringern«, wurde verfehlt (ebd.). Denn die in Afghanistan zerstörten Ausbildungslager bildeten Kämpfer aus, »die das Taliban-Regime im Inneren unterstützen sollten, und weniger Terroristen für Operationen gegen Amerika oder andere westliche Staaten« (Singer 2004, S. 162f.). Al-Qaida konnte durch die Zerstörung der Lager nicht aufgehalten werden, weil dieses Terrornetzwerk längst über »Zellen in westlichen Ländern« verfügt« und es »wahrscheinlich« ist, »dass weitere Terrorangriffe von ihnen ausgehen« (ebd., S. 163).

> »Die Bombenanschläge auf Bali und den Philippinen im Oktober 2002, in Riad und Casablanca im Mai 2003, in Djakarta und Bagdad im August 2003 und in Riad, Nasirija und Istanbul im November 2003 zeigten nur zu deutlich, dass der Afghanistankrieg größere terroristische Angriffe nicht verhindern konnte« (ebd.).

Selbst die »Zellen der Terroristen des 11. September hingen in ihrer Funktion weniger von al-Qaida-Stützpunkten in Afghanistan ab als von Flugschulen in Florida« (ebd.). Man muss sich auch mit Singer fragen,

> »ob der Angriff auf die Regierung eines islamischen Staates bei den Moslems nicht zu mehr Amerikahass führen wird als eine stärker auf al-Qaida beschränkte Aktion. Wenn das zutrifft, könnte sich auf längere Sicht herausstellen, dass der Krieg zu einem Anwachsen des Terrorismus geführt hat, statt ihn zu verringern.« (ebd.)

Die Botschaft, die Bush seinen Zuhörern übermittelt, wirkt durch ihre Doppelbödigkeit: Während es auf der manifesten Bedeutungsebene seiner Rede darum geht, selbstbewusst von einem siegreichen Feldzug zu erzählen, verbannt er Zweifel am Erfolg des Afghanistankrieges auf die latente Bedeutungsebene seiner Ansprache. Bush übt so mit den ihm gewogenen Zuhörern ein, ihm Glauben zu schenken und Einwände gegen seine Kriegspolitik zu verleugnen und abzuspalten. Ganz in diesem Sinne redet er anschließend davon, dass die Gefangenen dieses Krieges nach Guantánamo Bay überstellt worden seien, um dort »für ihre Taten zur Rechenschaft gezogen« zu werden (AS 6).

Damit kommt Bush auf ein heikles Thema zu sprechen, das die Medien in den vergangenen Jahren in zahlreiche Schlagzeilen umgesetzt haben (vgl. Abb. 15). Denn seit Januar 2002 hält die Regierung Bush auf dem langfristig von Kuba gepachteten Militärstützpunkt Hunderte von Gefangenen des Afghanistankrieges fest, die der auf dem Staatsgebiet der Vereinigten Staaten geltenden Gerichtsbarkeit entzogen sind. Diese Terrorverdächtigen fallen auch nicht unter den Schutz der Genfer Konvention, weil sie nicht als Kriegsgefangene, sondern als »feindliche Kombattanten« gelten, die »kein Recht auf einen Anwalt und auf Kontakt zu ihren Familien haben, obgleich man ihnen »keinerlei Straftaten« vorwirft (Singer 2004, S. 99). Dabei wurde der Wille der Gefangenen durch brutalste Verhörmethoden gebrochen: »Wechsel von extremer Hitze und Kälte, Isolierhaft ohne Kleidung, tagelanges Kapuzentragen, Dauerbeschallung, Bedrohung durch Hunde« und Schlafentzug, bei dem die Inhaftierten »72 Stunden mit immer neuen Verhören, Lichtreflexen und ohrenbetäubendem Krach« wach gehalten werden (*Der Spiegel*, 30. 8. 2004, S. 104).

Abb. 15 (Der Spiegel, 30. 8. 2004, S. 107): Wie Handfesseln und Fußfesseln sicherstellen, dass sie sich nicht fortbewegen können, sondern in einer

gebückten Hockstellung verharren müssen, so sorgen Mundschutz, Oh-
renschützer und dunkle Brillen dafür, dass die ins Gefangenenlager Gu-
antánamo Bay eingesperrten Häftlinge nicht riechen und sprechen, nicht
schauen und nicht hören können. Indem er Guantánamo Bay zu einem le-
gitimen Ort der amerikanischen Justiz stilisiert, versucht Bush unbewusst zu
machen, dass die Inhaftierten gefoltert und gedemütigt werden.

Verhörexperten des CIA brachten Gefangene in Guantánomo Bay auch
dadurch zum Sprechen, dass sie ihnen beim »attention slap [...] mit der
Handkante ins Gesicht« schlugen, beim »long time standing« den Sträfling
40 Stunden lang ununterbrochen stehen ließen und die Delinquenten beim
»waterboarding [...] mit Wasser« traktierten, »bis sie glauben, ersticken zu
müssen« (*Der Spiegel*, 20. 2. 2006, S. 96f.). Der im Februar 2006 im Auftrag
der Vereinten Nationen veröffentlichte Bericht, der die Vereinigten Staaten
wegen der in Guantánomo Bay praktizierten Foltermethoden scharf verurteilte, wurde von der Bush-Regierung als »unnütz« und »parteilich« verworfen
(ebd., S. 97).

Wie doppelbödig Bushs Bemerkung zu Guantánamo Bay auf seine Zuhörerinnen und Zuhörer wirkt, lässt sich folgendermaßen beschreiben: Indem er auf
der manifesten Bedeutungsebene als für »law and order« eintretender Präsident
auftritt, unter dessen Befehl die in Guantánamo Bay Inhaftierten für ihre Taten
»zur Rechenschaft« gezogen werden, versucht er das dort herrschende System
des Terrors auf die latente Bedeutungsebene der Rede zu verbannen. Das heißt
aber, dass er die ihm zugeneigten ZuhörerInnen dazu auffordert, Guantánamo
Bay als einen legitimen Ort der amerikanischen Justiz zu betrachten und die
dort praktizierte Folter unbewusst zu machen, aufgrund derer sowohl die
Europäische Union als auch Kofi Annan im Namen der Vereinten Nationen
die Schließung des Gefangenenlagers forderten (vgl. ebd., S. 97).

Sodann vertritt Bush die Auffassung, der 11. September habe Amerika
gelehrt, »dass wir Bedrohungen angehen müssen, bevor sie unser Land erreichen, unabhängig davon, ob diese Bedrohungen von Terrornetzwerken oder
Terrorstaaten ausgehen« (AS 7). Mit diesen Worten kommt der Präsident auf
die von Singer (2004) so bezeichnete »zweite Bush-Doktrin« zu sprechen (S.
191), die Amerika einen Präventivschlag (vgl. Abb. 16) auch dann erlauben soll,
»wenn ein Angriff nicht bevorsteht« (ebd., S. 193). Der manifeste Sinn dieser
Worte wird dadurch bestimmt, dass Bush Amerika ein solches Recht zugesteht,

weil »Amerika eine gute, eine wirkliche gute Nation« ist (zitiert nach Singer 2004, S. 194), die sich im Kampf gegen andere Nationen befindet, die »häufig als ›böse‹ apostrophiert« werden (ebd.). Derart verbannt der Präsident auf die latente Bedeutungsebene seiner Worte, dass die zweite Bush-Doktrin gegen internationales Recht verstößt, das – wie es auch in der von den Vereinigten Staaten unterzeichneten Charta der Vereinten Nationen festgehalten wird – einen Präventivschlag »nur gegen einen eindeutig unmittelbar drohenden Angriff« als zulässig betrachtet (ebd., S. 192).[20]

Abb. 16 (Der Spiegel, 27. 1. 2003, S. 82): Als die Europäer noch für gründlichere Waffeninspektionen im Irak eintraten, ließ der amerikanische Präsident bereits im Persischen Golf und im Mittelmeer eine Armada von Flugzeugträgern, Kriegsschiffen und Begleitbooten aufmarschieren, die Kampfflugzeuge, Panzer und 200 000 Soldaten in den Nahen Osten brachten. Das Foto eines unter blauem Himmel das weite Meer durchpflügenden Flugzeugträgers, an dessen Deck filigran wirkende Kampfjets in Reih und

Glied auf ihren Einsatz warten, symbolisierte, dass Bush dazu entschlossen war, die militärische Macht und Größe Amerikas durch den im Alleingang geführten Krieg gegen den Irak unter Beweis zu stellen. Weil der sich anbahnende Irakkrieg durch die Veröffentlichung solcher Bilder ästhetisiert wurde, wurde er zudem von vielen Zuschauerinnen und Zuschauern »als faszinierendes Ereignis« empfunden (Elter 2005, S. 323).

»Ich werde oft gefragt«, so fährt Bush fort, »warum wir im Irak sind, obwohl Saddam Hussein nicht für die Anschläge vom 11. September verantwortlich war [vgl. Abb. 17]. Die Antwort darauf lautet, dass das Regime von Saddam Hussein eine klare

Abb. 17: Welche Bedeutung der Krieg gegen den Irak für Bushs Amerika hatte, offenbarte Der Spiegel, der auf dem Titelblatt seiner Ausgabe vom 24. 3. 2003 die durch die nächtliche Bombardierung Bagdads bestimmte Szenerie mit der Schlagzeile kommentierte: »Bombenterror für die Freiheit«.

Wie im Leitartikel des Spiegels aufgeführt wurde, hatte der Krieg in der Nacht zum 20. März 2003 begonnen.

Wie die Langstreckenbomber B-52 und die Tarnkappenbomber B-2 ihre

tonnenschweren Bomben über der Hauptstadt abwarfen, so feuerten die Flottenverbände im Mittelmeer und im Persischen Golf mit Marschflugkörpern auf ihre Ziele. »*Glühende Splitter, Rauch und Trümmer schienen Hunderte Meter hoch in die Luft zu wirbeln, als mit betäubendem Getöse amerikanische ›Bunker Buster‹ tief vergrabene Betonburgen aus ihren unterirdischen Verstecken sprengten. [...] Eine Bilderflut rot glühender Explosionswolken, steil in den Himmel aufschießender Flammen, gigantischer, dicht hintereinander gestaffelter Rauchpilze am Ufer des Tigris, achteinhalb Minuten lang, die Nacht zum Tag machend, ein Kaleidoskop der Vernichtung, sofort und für immer eingebrannt in die Erinnerung Hunderter Millionen Fernsehzuschauer – der Abend, an dem Saddams Reich in Schutt und Asche versank, an dem seine Stadtpaläste barsten, Flammen aus seinen Ministerien und Polizeizentralen schlugen« (Der Spiegel, 24. 3. 2003, S. 17). Durch die Schlagzeile »Bombenterror für die Freiheit« brachte Der Spiegel die Kritik daran zum Ausdruck, dass Bush sich im Namen des Kampfes für »Freiheit und Demokratie« des Terrors bediente, um gegen vermeintliche Terroristen in den Krieg zu ziehen. Die nächtliche Bombardierung Bagdads offenbart, dass es vor allem um Rache und Vergeltung ging: Durch den Anblick der durch die Luftangriffe in ein Flammenmeer und in dunkle Rauchwolken getauchten Fünf-Millionen-Metropole wurde Bushs Amerika für die Attentate des 11. September entschädigt, welche die Zwillingstürme des World Trade Center in Brand gesetzt, sie zum Einsturz gebracht und die Skyline von New York in ein Meer von Rauchwolken gehüllt hatten.*

Bedrohung war. Meine Regierung, der Kongress und die Vereinigten Staaten haben die Bedrohung gesehen. Nach dem 11. September stellte das Regime von Saddam Hussein ein Risiko dar, das die Welt nicht eingehen konnte. Die Welt ist heute sicherer, weil Saddam Hussein nicht mehr an der Macht ist.« (AS 7) (vgl. Abb. 18)

Abb. 18 (Der Spiegel, 14. 4. 2003, S. 17): Nach Kriegsende zelebrierten die Fernsehsender der westlichen Welt die »Befreiung des Irak« (ebd., S. 16): »Wieder und wieder stürzte das sechs Meter hohe Bronzestandbild des Diktators von seinem Marmorsockel auf den Paradies-Platz im Zentrum von Bagdad« (ebd.). Die Fernsehstudios des Nahen Ostens berichteten dagegen über die »Besetzung des Irak« (ebd., S. 17): »Amerikas Militärvorstoß ins Herz einer arabischen Republik. Neue Kreuzritter triumphierten dort, die nichts als Leid brachten. Tagelang sendete al-Dschasira blutige Bilder von verwundeten Zivilisten, von bombenzerfetzten Opfern, die sich in den Krankenhäusern zu grauenhaften Leichenbergen türmten« (ebd.).

Auch diese Sätze sind inkonsistent und doppelbödig: Der manifeste Sinn dieser Szene lässt sich folgendermaßen zusammenfassen: Bush signalisiert den Zuhörerinnen und Zuhörern mit diesen Worten, dass er die Kritik am Irakkrieg zur Kenntnis nimmt, aber zugleich gute Gründe für den Krieg gehabt hat. Bei eingehender Betrachtung dieser Sätze irritiert, dass die von Bush entwickelten Überlegungen einander widersprechen: Indem Bush zunächst erklärt, dass Hussein nicht für den 11. September verantwortlich war, dann aber fortfährt, dass Hussein ein »Risiko« gewesen sei, »das die Welt nicht eingehen konnte«, verwirrt er sein Publikum. Weil er in dieser Redesequenz das eine sagt und zugleich das Gegenteil behauptet, ohne diesen Widerspruch inhaltlich zu begründen, zwingt Bush die ihm wohl gesonnenen ZuhörerInnen dazu, ihm einfach Glauben zu schenken, ohne weiter darüber nachzudenken, was er da gerade von sich gegeben hat.

Doch der kritische Leserinnen und Leser irritierende Widerspruch zwischen den sich gegenseitig widerlegenden Behauptungen eröffnet einen Zugang zum latenten Sinn dieser Szene: Zunächst räumt Bush ein, dass Hussein keine Verbindungen zu al-Qaida gehabt hat. Aber durch das Schweigen darüber, dass ein Hauptgrund für den Irakkrieg Bushs Unterstellung einer Verbindung zwischen Saddam Hussein und al-Qaida war, weil »der Irak al-Qaida-Mitglieder ›in der Herstellung von Bomben, Giftstoffen und tödlichen Gasen‹ ausgebildet habe« (zitiert nach Singer 2004, S. 178) macht der Präsident zugleich unbewusst, dass er den Krieg gegen den Irak auf der Grundlage einer Fehlinformation der Öffentlichkeit geführt hat. Das sich in dieser Szene entfaltende Verhältnis von manifestem und latentem Sinn lässt sich daher folgendermaßen fassen: Während Bush sich auf der manifesten Bedeutungsebene dieser ersten Sätze als ein Präsident inszeniert, der sich der Kritik stellt, fordert er sein Publikum auf der latenten Bedeutungsebene zugleich dazu auf, den einen Hauptgrund für den Irakkrieg einfach zu verleugnen und abzuspalten.

Obgleich sich herausgestellt hat, dass der Irak nie die nationale Sicherheit der USA bedroht hat,[21] besteht Bush in der zweiten Hälfte dieser Redesequenz darauf, dass Hussein nach dem 11. September ein »Risiko« darstellte, »das die Welt nicht eingehen konnte«. Bush vermeidet es auszusprechen, worin dieses Risiko bestanden habe. Denn der Vorwurf, dass »der Irak […] innerhalb von 45 Minuten einen biologischen oder chemischen Krieg auslösen« könnte (zitiert nach Singer 2004, S. 177) und sich im übrigen Nuklearwaffen zu beschaffen versuche (vgl. ebd., S. 176), war der zweite Hauptgrund, den Bush angeführt hatte, um gegen den Irak Krieg zu führen. Durch das Schweigen darüber, dass sich dieser Vorwurf nicht hat halten lassen, versucht Bush zu übergehen und damit unbewusst zu machen, dass er die Öffentlichkeit auch in dieser Hinsicht falsch informiert hat. Das schon beschriebene Verhältnis von manifestem und latentem Sinn reproduziert sich derart auch im zweiten Teil dieser Redesequenz: Der manifeste Sinn, dem entsprechend Bush als aufgeklärter Präsident auftritt, der das Für und Wider seiner Überlegungen offen vor den Zuhörerinnen und Zuhörern abwägt, täuscht erneut über den latenten Sinn hinweg, dass Bush das Publikum dazu auffordert, das zu verleugnen und abzuspalten, was er getan hat und wofür er eigentlich verantwortlich ist.

Dabei irritiert in zweierlei Hinsicht die Art und Weise, wie Bush das mit Husseins Regime verbundene »Risiko« für die Welt betont: Einerseits redet er davon, dass »meine Regierung, der Kongress und die Vereinigten Staaten« die Bedrohung gesehen haben. Die Wortwahl irritiert, weil Bush im Kontakt mit seinen Landsleuten sonst immer von »ich« und »wir« spricht. Aber in diesem Fall versteckt er sich hinter staatlichen Organisationen. Auf der latenten Bedeutungsebene des Textes heißt das, dass er keine Verantwortung dafür übernehmen will, dass er vor dem Irakkrieg immer behauptet hat, Hussein bedrohe Amerikas Sicherheit und sei dabei, Nuklearwaffen zu bauen.

Zugleich irritieren die Worte, dass Regierung, Kongress und die Vereinigten Staaten die Bedrohung »gesehen« hätten, obgleich es sich bei dieser Einschätzung um die Interpretation einer komplexen Sachlage handelt, die im Rückgriff auf halbwahre oder falsche Belege dramatisiert wurde. So hatte Bush vor Beginn des Krieges behauptet, Hussein habe nicht abgerüstet, obwohl der irakische Regierungschef unter dem Druck der Waffeninspekteure Raketen zerstören ließ, die bei einem Testabschuss weiter als die erlaubten 150 km flogen (vgl. ebd., S. 171). Sodann hatte Bush die Behauptung, es gebe »keinen Zweifel daran, dass das irakische Regime weiterhin einige der tödlichsten Waffen, die je ersonnen wurden, besitzt und versteckt« (zitiert nach Singer 2004, S. 171), mit Verweis auf eine Information durch die britische Regierung begründet, Hussein habe sich beträchtliche Mengen Uran aus Afrika beschaffen wollen. Die von Colin Powell den Vereinten Nationen anschließend vorgelegten Dokumente, »die zeigen sollten, dass der Irak versucht habe, in Niger 500 Tonnen Uran zu kaufen«, stellten sich nach Kriegsbeginn – wie das Weiße Haus dann eingestand – als »plumpe Fälschungen« heraus (ebd., S. 171f.). Schließlich hatte Bush auch behauptet, dass Hussein versucht habe, »hochfeste Alumini-

umröhren zu kaufen, die zur Herstellung von Nuklearwaffen geeignet sind«
(ebd., S. 171). Diese Behauptung kommentierten die Chef-Waffeninspekteure
Hans Blix und Mohammed Elbaradei anschließend mit den Worten, dass es
»nie Beweise gegeben« habe, »dass die Aluminiumröhren, von denen Bush
sprach, zu etwas anderem dienen sollten als zur Herstellung konventioneller
Raketen« (ebd., S. 172).

Das bedeutet aber, dass das Publikum auch in diesem Fall durch eine doppelbödige Kommunikation vereinnahmt wird: Die manifeste Botschaft, dass
Bush und seine MitarbeiterInnen die durch den Irak verkörperte Bedrohung
»sahen«, verbannt auf die latente Bedeutungsebene dieser Rede das Problem,
dass eine realistische Beurteilung der damaligen Krisenlage nur auf der Basis
einer eingehenden Auswertung der durch die UN-Waffeninspekteure vorgelegten Berichte zu der Frage möglich war, ob der Irak mit ihnen zusammen-
gearbeitet habe oder seinen Abrüstungsverpflichtungen nicht nachgekommen
sei (vgl. ebd., S. 169). Über die derart verleugnete Wirklichkeit täuscht der
manifeste Sinn auch dadurch hinweg, dass Bush sich als ein mit Allmacht und
Allwissen ausgestatteter charismatischer Führer inszeniert, der mit der Qualität eines höheren Sehens begnadet sei, aufgrund derer sich ihm die Wahrheit
der vom Irak ausgehenden Bedrohung auf magische Weise offenbart. Wenn
der Präsident darauf abhebt, dass »Regierung, Kongress und die Vereinigten
Staaten« all das sehen konnten, was er seinen ZuhörerInnen mitteilt, dann
fordert er das Publikum dazu auf, sich mit der Macht und Größe von Bushs
Amerika zu identifizieren und an der magischen Fähigkeit des charismatischen
Präsidenten zu partizipieren, »das Wesen der Dinge« hinter ihrer bloßen
Erscheinung zu sehen.

Bushs Worte, die Welt sei »sicherer« geworden, »weil Saddam Hussein
nicht mehr an der Macht ist«, setzen sich darüber hinweg, dass die Besatzungsmacht »bei der Aufrechterhaltung der Ordnung« im Irak versagt hat
(ebd., S. 186). »Die täglichen Selbstmordattentate und Entführungen treffen
in überwältigender Mehrzahl einfache Iraker, deren Lebensumstände sich
gegenüber Saddam-Zeiten oft verschlechtert haben« (*Der Spiegel*, 20. 2.
2006, S. 94). Amerika hat nicht dafür gesorgt, »Dinge wie Elektrizität und
Trinkwasser für alle« zu sichern (ebd.). Während das Ölministerium nach
der Besetzung des Iraks »rund um die Uhr geschützt« wurde, bewachten die
amerikanischen Truppen die Museen nicht, so dass Museumsschätze tagelang
geplündert wurden (*Der Spiegel*, 19.4.2004, S. 127). Als ein Jahr nach dem

Irakkrieg »die Bilder von kämpfenden Aufständischen, von überfallenen Konvois, von brennenden Moscheen, von getöteten Ausländern; die Bilder von sterbenden amerikanischen Soldaten und von Kampfeinheiten, die über der Leiche eines gefallenen Kameraden beten, von den Marineinfanteristen, die in US-Flaggen gehüllte Särge eskortieren« (ebd., S. 119) immer noch die Aufmerksamkeit der Öffentlichkeit auf sich zogen, hatte der prominente demokratische Senator Edward Moore Kennedy erklärt, Amerika brauche einen neuen Regierungschef, weil der Irak »Bushs Vietnam« sei (zitiert nach *Der Spiegel* 19.4.2004, S. 117).

Wie Bushs doppelbödigen Worte auf die ihm wohl gesinnten ZuhörerInnen wirken, lässt sich folgendermaßen beschreiben: Durch die manifeste Botschaft, dass die Welt durch den Irakkrieg »sicherer« geworden sei, fordert er seine Landsleute dazu auf, ihm einfach zu glauben und sein magisches Wunschdenken zu teilen. Und indem er die realistische Einschätzung, dass der Irakkrieg die Lage im Nahen Osten destabilisiert hat und wie der Vietnamkrieg zum Scheitern verurteilt ist, auf die latente Bedeutungsebene seiner Rede verbannt, drängt er sein Publikum auch wieder dazu, die Wahrheit zu verleugnen und abzuspalten.

Bushs Versuche, seine Landsleute für die Mission eines erfolgreichen Krieges gegen den Terrorismus einzunehmen und sie zugleich dazu aufzufordern, die Kehrseite dieser Politik der militärischen Konfrontation unbewusst zu machen, setzt sich auch im weiteren Verlauf der Rede fort:

>»Welche Fehler auch immer im Irak gemacht worden sind, der schlimmste Fehler wäre zu denken, dass die Terroristen uns in Ruhe lassen, wenn wir uns zurückziehen. Sie werden uns nicht in Ruhe lassen. Sie werden uns folgen. Die Sicherheit der Vereinigten Staaten hängt von dem Ergebnis der Schlacht in den Straßen von Bagdad ab.« (AS 9)

Mit dem Eingeständnis, dass im Irak »Fehler« begangen worden sind, spricht Bush auf eine euphemistische Weise über Kriegsverbrechen und während der Besatzungszeit verübte Gewalttaten und Versäumnisse. Dazu gehört, dass es in diesem Krieg nach Einschätzung der Medien 4000 bis 7000 zivile Opfer (vgl. *Der Spiegel*, 19.4.2004, S. 127) und schätzungsweise 20 000 Verletzte gab (vgl. Singer 2004, S. 184). Das britische Medizinjournal ist in seiner Studie zum Irakkrieg dagegen zu einem ganz anderen Ergebnis gekommen:

>Sie [die Studie] konstatierte, dass rund 100 000 iranische Zivilisten allein nach dem verkündeten Ende der Kämpfe in Folge von US-Angriffen, vermeintlichen und tatsächlichen Durchsuchungsaktionen, weiteren Bombardierungen oder durch die indirekten Folgen des Krieges (Krankheit, Seuchen, Hunger) ums Leben kamen. Die Verfasser der Studie glauben, das der Großteil der Zivilisten durch Flächenbombardements nach dem offiziellen Kriegsende getötet wurde.« (Elter 2005, S. 326)

Das bedeutet aber, dass viele Zivilisten umkamen, nachdem Bush »das Ende der größeren Kampfhandlungen im Irak verkündet hatte« (Singer 2004, S. 184). Weil amerikanische Soldaten an einen Angriff glaubten, erschossen sie beispielsweise im August 2003 Adel abd al-Kerim und drei seiner Kinder, als die Familie mit dem Auto eine Straßensperre passieren wollte (vgl. ebd.). Zudem bediente sich das amerikanische Militär einer grausamen Waffe, indem es »verbessertes Napalm gegen irakische Stellungen« einsetzte (ebd., S. 185). Da das schon im Vietnamkrieg eingesetzte Napalm aus einer »Mischung aus Treibstoff und einem polystyrenähnlichen Gel« besteht, »das brennend an der Haut haftet«, dürften »Tod und Verwundungen in diesen Fällen besonders qualvoll gewesen sein« (ebd.). Zudem sind die amerikanischen Truppen für Umweltkatastrophen verantwortlich, weil sie aufgrund mangelnder Kontrollen die Plünderung des Kernforschungsinstituts Tuwaitha und einer westlich von Bagdad gelegenen Raffinerie zuließen, in der sich 5000 Tonnen gefährliche Chemikalien befanden (vgl. ebd.).

Schließlich wurde die Weltöffentlichkeit im April 2004 damit konfrontiert, dass in dem in der Nähe von Bagdad gelegenen Gefängnis Abu Ghureib amerikanische Soldaten Verbrechen gegen die Menschlichkeit verübten. Wie *Der Spiegel* in seinem Leitartikel vom 3. 5. 2004 unter dem Titel »Die Folterer von Bagdad« berichtete, benutzten amerikanische Militärpolizisten die Folterzellen der gestürzten Diktatur dazu, um dort irakische Gefangene so zu quälen, wie es zwei Szenen exemplarisch illustrieren. Im einen Fall wird das Opfer dadurch in Angst und Schrecken versetzt, dass man ihm mit der Hinrichtung durch Stromkabel droht (vgl. Abb. 19):

>Ein irakischer Gefangener steht, den Kopf mit einem Sack verhüllt, auf einer Kiste mit Essensrationen. An seinen ausgebreiteten Armen hängen Kabel, die nach oben führen. Seine Peiniger – das ist inzwischen nicht mehr strittig – haben ihm gedroht, sobald er von seiner Box stürze, werde er mit Stromschlägen getötet.« (ebd., S. 132)

Abb. 19 (Der Spiegel, 3. 5. 2004): Auch die Folterbilder von Abu Ghureib brennen sich »in das kollektive Gedächtnis der Welt« ein (Der Spiegel, 20. 2. 2006, S. 93): Die sich in dieser Szene beispielhaft zeigende perverse Lust amerikanischer Militärpolizisten offenbart auf eine symptomatische Weise die perverse Lust des Präsidenten, durch einen Krieg gegen den Terrorismus fremde Welten zerstören und vernichten zu wollen, um sie dann den Hegemonialinteressen der einzigen Supermacht entsprechend neu zu ordnen.

Im anderen Fall versuchen Militärpolizisten den Widerstandswillen der Gefangenen durch sexuelle Demütigungen zu brechen:

> »So zwangen sie [die Militärsoldaten] die Inhaftierten, sich auszuziehen und sich nackt zu einer Pyramide aus Leibern zusammenzulegen. Davor ließen sich die Amerikaner abbilden – mit fröhlich lachenden Gesichtern, den Daumen triumphierend empor gestreckt. Besonders demütigend in arabischen Augen: Es ist vor allem die Militärpolizistin Lynndie England, die sich mit obszönen Gesten über die nackten Gefangenen lustig macht.« (ebd., S. 134)

Die Weltöffentlichkeit wurde mit diesen Bildern konfrontiert, weil die amerikanischen Militärpolizisten[22] die Folterung und sexuelle Demütigung ihrer

Opfer mit der Digitalkamera dokumentierten und diese Fotos »wie Trophäen ins Internet« stellten (*Der Spiegel*, 30. 8. 2004, S. 104).[23] Die durch das Internet verbreiteten Folterbilder offenbaren zunächst einmal die perverse Lust amerikanischer Militärpolizisten, vor der Weltöffentlichkeit damit zu prahlen, dass sie die Macht haben, durch das Quälen und Demütigen irakischer Gefangener aggressive, sexuelle und narzisstische Triebimpulse hemmungslos auszuleben. Ob man einem Gefangenen eine Hinrichtung mit Stromschlägen vorspielt, um ihn in Angst und Schrecken zu versetzen, ob Militärpolizisten die nackten Leiber der Gefangenen wie Bauklötze aufeinander türmen, um dahinter als Herren dieses Bauwerks zu posieren, ob ein Soldat mit einem Iraker ein koloniales Theater veranstaltet, indem er mit ihm Herr und Diener spielt; ob ein zwischen zwei Pritschen eingeklemmter Gefängnisinsasse wie ein appetitlicher Cheesburger zum Verzehr angeboten wird; ob man einen Inhaftierten einem bellenden Hund zum Fraß anzubieten scheint oder eine Soldatin als Herrin posiert, die einen Iraker als Hund an einer Leine vorführt, in allen diesen Fällen werden die Gefangenen dadurch entmenschlicht, dass sie in Lustobjekte verwandelt werden, mit denen die Militärpolizisten sadistische Wünsche zu quälen und narzisstische Bedürfnisse nach Macht und Größe auf eine perverse Weise ausleben.

Die im Internet verbreiteten Fotos schockierten die Weltöffentlichkeit, weil sie auf der präsentativen Bedeutungsebene der Bilder zeigten, dass sich Militärpolizisten der amerikanischen Streitkräfte im Irak der Folterkammern von Abu Ghureib zu demselben Zweck bedienten, zu dem sie schon Hussein im Umgang mit politischen Häftlingen benutzt hatte. Derart wurde Bush unglaubwürdig, der als Oberkommandierender der amerikanischen Streitkräfte nach Husseins Sturz erklärt hatte, dass es im Irak »nie wieder [...] Menschenrechtsverletzungen geben« werde, weil Amerika »in vorderster Front bei der weltweiten Ächtung der Folter« kämpfe (zitiert nach *Der Spiegel*, 30. 8. 2004, S. 100). Der von amerikanischen Militärpolizisten in Abu Ghureib ausgeübte Terror widerlegte, dass Bush durch den Krieg gegen den Terrorismus im Nahen Osten »Freiheit und Demokratie« zum Sieg verhelfen wollte. Ausgerechnet Bushs Amerika, das als die von Gott auserwählte Macht des Guten den Kampf gegen das durch die Attentäter verkörperte »Böse« aufnehmen wollte, wurde in Abu Ghureib des Einsatzes von Folterpraktiken überführt, die »das Zeichen für die Hölle auf Erden, für den Sieg des Bösen« darstellen (ebd., S. 96).

»Diese Bilder werden sich in das kollektive Gedächtnis der Welt einbrennen, als schockierende Vermächtnisse einer fehlgeleiteten Weltmacht, als Ikonen für Amerikas Schande, für das moralische Desaster der mächtigsten Demokratie der Erde, die sich für ›God's own country‹ hält.« (*Der Spiegel*, 20. 2. 2006, S. 93)

Doch die Folterbilder von Abu Ghureib lassen nicht nur die hohen moralischen Ansprüche unglaubwürdig erscheinen, im Rückgriff auf die Bush den Irakkrieg zu einer Sache der »Freiheit« und »Demokratie« erklärt hatte. Vielmehr konfrontierten die Fotos folternder Militärpolizisten auch auf eine symptomatische Weise mit der perversen Lust an der Macht und an der Zerstörung, die Bush in seinem Krieg gegen den Terrorismus genießt: Wie Bush die Weltöffentlichkeit Amerikas Macht spüren ließ, sich über die Vereinbarung der Vereinten Nationen, den Irak durch Verhandlungen zum Abrüsten zu bewegen, einfach hinwegzusetzen, so hatte er keine moralischen Skrupel, einen Krieg gegen den Irak unter Vortäuschung falscher Tatsachen zu führen. Der Einsatz der gigantischen Militärmaschinerie im Irak ließ die islamische Welt die Macht und Größe der amerikanischen Supermacht spüren, die sich für die von islamistischen Attentätern zugefügte Demütigung und Niederlage durch einen neuen Golfkrieg rächte. Für den Schrecken, der Amerika durch die aus dem Nahen Osten stammenden Selbstmordattentäter versetzt worden war, entschädigte der Schrecken, in den der Afghanistankrieg und der Irakkrieg die Bevölkerungen in der arabisch-moslemischen Welt versetzte. So erteilte Bush der arabischen Öffentlichkeit durch den Krieg gegen den Terrorismus die Lektion, dass die Vereinigten Staaten ihre geopolitischen Interessen in der islamischen Welt nach wie vor entschieden durchsetzen. Wie die Anschläge auf das World Trade Center und auf das Pentagon Amerikas Anspruch in Frage gestellt hatten, die arabische Welt wirtschaftlich und militärisch zu kontrollieren, so besiegelte Bushs Krieg gegen den Terrorismus jeden Zweifel daran, dass die Vereinigten Staaten ein Recht darauf beanspruchen, ihre auf die Ausbeutung der fossilen Energien ausgerichtete Hegemonialpolitik durch ihre militärische Präsenz am Golf und am Kaspischen Meer zu sichern.

Wie sehr sich Bush auch immer als verantwortungsbewusster Präsident präsentiert hatte, der Afghanistan und dem Irak Freiheit und Demokratie bringen wollte, die perverse Lust der Militärpolizisten von Abu Ghureib, die ihre Opfer folterten und sexuell demütigten, offenbarte mit einem Schlag die perverse Lust des Präsidenten, die islamische Welt durch Kriege zu beherrschen und politisch neu zu ordnen. Wie Bob Woodward (2006) berichtet, war es »Bush selbst«, der »das höchst umstrittene Programm zur Auslagerung von Verhören Terrorverdächtiger« schon zwei Tage nach den Attentaten des 11. September erfand (*Der Spiegel*, 9. 10. 2006, S. 135). Ganz im Sinne des angeblich mit den Terroranschlägen angebrochenen neuen Zeitalters hatte Bush die im Afghanistankrieg festgenommenen Terrorverdächtigen zu »feindlichen Kombattanten« erklärt, die im Schutze eines rechtsfreien Raumes auf Guantánamo Bay gefoltert und gedemütigt wurden. Und sein Verteidigungsminister Rumsfeld hatte im Sommer 2003 ein Team unter der Leitung eines Kommandeurs, der in Guantánamo Bay brutale Verhörmethoden erfolgreich praktizierte, nach Bagdad geschickt, um dort die Wachmannschaften von Abu Ghureib zu trainieren (vgl. *Der Spiegel*, 30. 8. 2004, S. 104 und *Der Spiegel*, 20. 2. 2006, S. 97),

Vor dem Hintergrund des auf Lügen gegründeten Irakkrieges und seiner menschlichen und materiellen Kosten, vor dem Hintergrund auch der in Guantánamo Bay und vor allem in Abu Ghureib praktizierten Foltermethoden irritiert die Leichtigkeit, mit der Bush all das beschönigend als »Fehler« abtut. Derart wird fassbar, wie die Worte des Präsidenten eine doppelbödige Wirkung auf das Publikum entfalten: Indem Bush als aufgeklärter Präsident auftritt, der die im Irak unterlaufenen »Fehler« für nicht so gravierend hält, weil »der schlimmste Fehler« doch darin bestünde, die amerikanischen Truppen zurückzuziehen (manifester Sinn), fordert er die ZuhörerInnen zugleich dazu auf, die im Krieg gegen den Terrorismus verübten Verbrechen als belanglos zu betrachten und die Folterbilder aus dem Gedächtnis zu löschen (latenter Sinn). Wie Bush dazu auffordert, alle im Krieg unterlaufenen Verbrechen zu verleugnen und abzuspalten, so sucht er zugleich durch das Wecken archaischer Ängste das kritische Nachdenken über den Irakkrieg zu verhindern: Wenn Bush die amerikanischen Truppen aus dem Irak zurückziehen würde, würden die Terroristen »uns nicht in Ruhe lassen«, sondern »uns folgen« (AS 9). Die auf diese Weise geweckten Verfolgungsängste sind die Folge der von Bush geschaffenen Bedrohungslage, der entsprechend er die Welt in Gut und Böse gespalten hat: Eben weil der Präsident die im Afghanistankrieg und im Irakkrieg verübten Kriegsverbrechen sowie die in Guantánamo Bay und Abu Ghureib verwandten Foltermethoden verleugnet, kann er auch die diesen Gewalthandlungen und Greueltaten zugrunde liegenden destruktiven Impulse abspalten und auf die Feinde projizieren. Wie unübersehbar es ist, dass islamistische Terroristen für

das zivile Leben in den westlichen Industriegesellschaften eine Gefahr darstellen, die durch sie verkörperte Gefahr wird erst dadurch ins Maßlose einer
unheimlichen »Macht des Bösen« gesteigert, dass auf sie alle uneingestandenen
destruktiven Triebregungen projiziert werden, die Bush als Oberbefehlshaber
durch seine Kriegspläne auslebt und die seine Truppenverbände in die Tat um-
setzen. Mit den Worten, dass »die Sicherheit der Vereinigten Staaten [...] von
dem Ergebnis der Schlacht in den Straßen von Bagdad« abhänge (ebd.), weckt
Bush noch einmal tiefe Ängste vor den Feinden, im Rückgriff auf die er seine
aggressive Kriegspolitik zur militärischen Verteidigungsmaßnahme erklärt, um
Amerika vor einem neuen 11. September zu schützen.

> »[...] Wenn wir den Irak Männern wie bin Laden überlassen, werden unsere
> Feinde ermutigt. Sie hätten einen neuen Zufluchtsort und würden die Ressourcen
> des Irak für ihre extremistische Bewegung nutzen. Wir werden das nicht zulassen.
> Die Vereinigten Staaten werden den Kampf fortführen. Der Irak wird ein freies
> Land und ein starker Verbündeter im Krieg gegen den Terror sein.« (AS 9)

Wie irrational Bushs Kriegspolitik ist, lässt sich auch an diesen Sätzen ablesen:
Erst dadurch, dass Hussein gestürzt und die irakische Armee zerschlagen
wurde, so dass »Hunderttausende Bewaffnete und Joblose auf die Straßen
von Bagdad« geworfen wurden; erst dadurch, dass die Führungsschicht un-
terschiedslos entlassen und 50 000 Staatsbeamte aus ihren Ämtern entfernt
wurden, »nur weil sie Mitglied in Saddam Husseins Baath-Partei gewesen
waren« (*Der Spiegel*, 9. 10. 2006, S. 136), entstand das Machtvakuum, das es
al-Qaida ermöglichte, im Irak Fuß zu fassen, um dort Amerika zu bekämpfen.
So spiegeln Bushs Worte, er wolle das Zweistromland nicht »Männern wie
bin Laden überlassen«, nur wieder, dass amerikanische Truppenverbände nun
dort gegen die Terroristen kämpfen müssen, die erst aufgrund des Irakkrieges
dorthin gelangen konnten.

Durch seine Worte, »wir können zuversichtlich sein, dass unsere Koalition
erfolgreich sein wird« (AS 10), tritt Bush noch einmal als charismatischer Feldherr auf, der aufgrund seiner außeralltäglichen Fähigkeiten vorauszusehen vermag, dass »wir« durch den Krieg gegen den Terrorismus »siegen« werden:

> »Im Irak, in Afghanistan und an anderen Fronten im Krieg gegen den Terror
> bringen die Frauen und Männer unserer Streitkräfte große Opfer, um uns zu

schützen. Einige haben schreckliche Verletzungen erlitten, und fast 3.000 haben ihre Leben gegeben. Amerika hält ihr Andenken in Ehren.« (AS 10)

Diese Worte irritieren, weil das Reden von 3000 Toten doppelbödig ist: Auf der manifesten Bedeutungsebene dieser Szene geht es um Bushs Absicht, die in Afghanistan und im Irak gefallenen Soldatinnen und Soldaten zu ehren. Doch da es um eine Gedenkrede zum 11. September geht, spielt der Präsident auf der latenten Bedeutungsebene auch darauf an, dass bei den Attentaten des 11. September ebenso viele Menschen »ihr Leben gegeben« haben. So wird fassbar, wie sich die Bedeutung dieser Szene in der Spannung zwischen einem manifesten und einem latenten Sinn entfaltet: Indem Bush daran appelliert, die fast 3000 in Afghanistan und im Irak gefallenen Soldaten zu ehren (manifester Sinn), fordert er zugleich dazu auf, auch der fast 3000 Opfer der Terroranschläge zu gedenken (latenter Sinn), die er zu Beginn der Rede zu »gefallenen Kameraden« stilisiert hat, welche den »Vereinigten Staaten [...] zu ihrem ersten Sieg im Krieg gegen den Terror verholfen haben« (AS 3). Indem er die im Krieg gegen den Terrorismus gefallenen Soldaten in Erinnerung ruft (manifest) und sich dabei zugleich auf die Opfer der Anschläge bezieht, ohne dass er dies ausspricht (latent), bedient er sich der mit den Attentaten des 11. September verbundenen Affekte, um die Kriege gegen Afghanistan und gegen den Irak zu rechtfertigen.

Zugleich wird auf die latente Bedeutungsebene all das verbannt, was den Krieg gegen den Terrorismus in Frage stellen könnte: Die in den Feldzügen gegen Afghanistan und gegen den Irak verübten Kriegsverbrechen sowie die in Guantánamo Bay und in Abu Ghureib praktizierten Foltermethoden. Wenn Bush die Attentate des 11. September explizit und implizit in Erinnerung ruft, um seine Landsleute für den Krieg gegen den Terrorismus einzunehmen, dann fordert er zugleich dazu auf, die Folterbilder, die seine Politik der militärischen Konfrontation in Frage stellen, zu verleugnen und abzuspalten. Und wenn Bush schließlich meint, dass »wir« für die Familien der Opfer des 11. September »beten« und »die Arbeit, die sie begonnen haben, niemals aufgeben« (ebd.), dann übermittelt er seinen Landsleuten und den Angehörigen der Toten die Botschaft, dass Amerika den Opfern der Terroranschläge vom 11. September und den in Afghanistan und im Irak gefallenen Soldaten diesen Kampf gegen den Feind schulde, der Krieg gegen den Terrorismus daher ein Vermächtnis und damit eine »heilige Sache« sei, die es so zu ehren gilt wie die Toten selbst.

6 Die frohe Botschaft des christlichen Fundamentalismus: Durch den Krieg gegen das Böse das Paradies auf Erden schaffen

Im Schlussteil fasst Bush seine Botschaft zusammen, indem er sich noch einmal als charismatischer Führer inszeniert, der über das Charisma eines Feldherrn und zugleich über das Charisma eines Predigers verfügt: Er beginnt damit, eine Vision von der Zukunft zu entwerfen, für die Amerika im Krieg gegen den Terrorismus kämpft:

>»Zu Beginn dieses jungen Jahrhunderts blicken die Vereinigten Staaten auf den Tag, an dem die Menschen im Nahen Osten die Wüste des Despotismus verlassen, die fruchtbaren Gärten der Freiheit erreichen und ihren rechtmäßigen Platz in einer friedlichen und wohlhabenden Welt einnehmen. Wir blicken auf den Tag, an dem die Länder dieser Region erkennen, dass ihre größte Ressource nicht das Öl in ihrem Boden ist, sondern das Talent und die Kreativität ihrer Menschen. Wir blicken auf den Tag, an dem Mütter und Väter im gesamten Nahen Osten eine Zukunft mit Hoffnung und Chancen für ihre Kinder sehen. Wenn dieser gute Tag kommt, werden sich die Wolken des Kriegs lichten, die Attraktivität des Radikalismus wird abnehmen, und wir werden unseren Kindern eine bessere und sichere Welt hinterlassen.« (AS 17)

Bush verleiht seinen Worten Nachdruck, indem er sich mehrmals derselben Redefigur bedient (»wir blicken auf den Tag, an dem«). So zelebriert er erneut das magische Sehen eines charismatischen Predigers, der zu beschwören vermag, was die Zukunft bringen wird. Was er vor seinem inneren Auge sieht, wird erneut als frohe Botschaft verkündet: Wenn er davon spricht, dass sich »die Wolken des Krieges lichten« und »wir […] unseren Kindern eine bessere und sichere Welt hinterlassen« werden, dann konstruiert er wiederum im Sinne der Offenbarung des Johannes die apokalyptische Vision, dass die im Heiligen Land stattfindende Schlacht zwischen Satan und Gott zwar die Erde verwüsten, aber doch in der Errichtung des Himmelreichs auf Erden gipfeln werde. Wenn er dagegen darum kämpft, um im Nahen Osten die »Wüste des Despotismus« zu überwinden und die »fruchtbaren Gärten der Freiheit« zu erreichen, dann bedient er sich des Propheten Jesaja, der sein Volk in der babylonischen Gefangenheit durch die Vision aufzubauen suchte, das »Jerusalem umschaffen«, ja, »einen neuen Himmel« und »eine neue Erde« schaffen zu wollen (Jesaja 65, 17f.). Wenn Bush »auf den Tag« blicken will, an dem die Menschen nicht mehr die Gier nach Öl antreibt, sondern »Talent« und »Kreativität« sie bewegen werden, dann setzt er als charismatischer Prediger wie der Prophet Jesaja auf das Paradies, in dem »Wolf und Lamm [...] einträchtig weiden« werden und »der Löwe [...] Stroh wie das Rind« fressen werde (Jesaja 65, 25).

Aber wie sicher dieses Paradies auch kommen werde, »es liegt noch ein schwerer Weg vor uns« (AS 18). »Wir müssen unsere Meinungsverschiedenheiten beiseite lassen und zusammenarbeiten, um die Bewährungsprobe zu bestehen, die die Geschichte uns auferlegt hat« (ebd.). Da »der Wille unserer Bürger [...] die Quelle der Stärke Amerikas« sei (AS 20), komme es darauf an, dass sich die Amerikaner als Gläubige und als Soldaten im Kampf gegen den Terrorismus zusammenschließen. Wie Bush als charismatischer Prediger daran appelliert, durch den Kampf gegen das Böse das Himmelreich auf Erden zu gewinnen, so setzt er als charismatischer Feldherr auf eine Erzählung aus dem Alltag seiner Landsleute:

>»Anfang des Jahres habe ich die United States Military Academy besucht. Ich hielt dort die Abschlussrede für den ersten Jahrgang, der nach den Anschlägen vom 11. September 2001 nach West Point kam. An diesem Tag lernte ich eine stolze Mutter kennen, RoseEllen Dowdell. Sie war dort, um zu sehen, wie ihr Sohn Patrick sein Offizierspatent für die besten Streitkräfte erhielt, die die Welt je gesehen hat. Einige Wochen zuvor war RoseEllen bei der Abschlussfeier ihres Sohnes James an der Fire Academy in New York. An diesen beiden Tagen wendeten sich ihre Gedanken jemandem zu, der diese Augenblicke nicht mit ihr teilen konnte: ihrem Ehemann, Kevin Dowdell. Kevin war einer der 343 Feuerwehrleute, die am 11. September in die brennenden Türme des World Trade Centers rannten und nie mehr nach Hause kamen. Seine Söhne

verloren an jenem Tag ihren Vater, aber nicht die Leidenschaft für den Dienst, die er ihnen vermittelt hatte. RoseEllen sagt über ihre Jungs: ›Als Mutter halte ich die Daumen für sie und bete immerzu für ihre Sicherheit, aber so sehr ich mich auch sorge – ich bin auch stolz und weiß, dass ihr Vater es auch wäre.‹« (AS 19)

Wie Bush diese Erzählung verstanden wissen will, lässt sich daran ablesen, wie er diese Geschichte ästhetisiert:

1. Indem Bush vermeidet, RoseEllen Dowdell als »Witwe« zu bezeichnen, und auch nicht davon redet, dass sie ihren Partner bei einem der Attentate auf die Zwillingstürme verloren hat, wehrt Bush sich dagegen, sich emotional auf die Trauer der Ehefrau und ihren Schmerz über den Verlust des Ehemanns einzulassen.

2. Bush spricht nicht davon, dass der Vater unter den Trümmern des zusammenbrechenden Hochhauses begraben wurde, sondern sagt lediglich, dass er »nie mehr nach Hause« kam. So wird auch die Auseinandersetzung mit dem Erschrecken angesichts seines gewaltsamen Todes und die Trauer um ihn vermieden.

3. Indem Bush in einem Satz davon spricht, dass die Söhne »an jenem Tag ihren Vater« verloren, »aber nicht die Leidenschaft für den Dienst, die er ihnen vermittelte«, distanziert er auch wieder den schmerzlichen Verlust des Vaters und setzt sogleich dagegen, dass die Söhne im Geist des Vaters ihr weiteres Berufsleben gestalten.

Wie die szenische Gestalt der Erzählung verrät, reduziert Bush die Familiengeschichte auf zwei Gefühle:

Einerseits geht es um die Affekte der RoseEllen Dowdell, die keine Gefühle des Schmerzes und der Trauer um den Verlust des Ehemanns zeigt und bereitwillig in der Hingabe an die Rolle einer »stolzen Mutter« aufgeht. Zwar sei sie »besorgt« um ihre Kinder, aber ganz im Sinne des Vaters sei sie »stolz« darauf, dass ihre Söhne als Soldat und Feuerwehrmann ihren Dienst tun. Dabei verbindet sich in dieser Erzählung der Stolz der Mutter auf die Söhne mit dem Stolz des Präsidenten auf die amerikanischen Streitkräfte. Denn er begeistert sich dafür, dass ihr Sohn Patrick das Offizierspatent »für die besten Streitkräfte erhielt, die die Welt je gesehen hat«.

Andererseits geht es um die »Leidenschaft für den Dienst«, dem entsprechend Kevin Dowdell sich als Feuerwehrmann bereitwillig geopfert hat, um

Anderen das Leben zu retten. Und so kommt es auf die »Leidenschaft für den Dienst« an, den die beiden Söhne als Soldat und als Feuerwehrmann ganz im Sinne des Vaters erlernt haben. Es handelt sich also um die Leidenschaft, das eigene Leben so bereitwillig zu opfern, wie das in dem von Bush geführten Krieg gegen den Terrorismus erforderlich ist.

Durch das Beispiel dieser Familiengeschichte illustriert Bush noch einmal, wie man des 11. September gedenken sollte. Für Gefühle der Trauer um die Opfer der Terroranschläge ist kein Platz, weil der 11. September als der Tag einer »Bewährungsprobe« zu begreifen ist, an dem Amerikanerinnen und Amerikaner nicht verzweifeln und sich ihrem Schmerz überlassen, sondern sich als gute Soldaten gegen ihre Gefühle hart machen. Sie entwickeln eine Stahlnatur, indem sie die durch den Feind zugefügten »Wunden« (AS 3) stolz ertragen und mit »Leidenschaft für den Dienst« dem Befehl eines charismatischen Feldherrn folgen, der von ihnen fordert, im Krieg gegen den Terrorismus das eigene Leben zu wagen:

> »Die Anschläge sollten uns in die Knie zwingen, und das taten sie, aber nicht so, wie die Terroristen es beabsichtigten. Amerikaner waren vereint im Gebet, halfen Nachbarn in Not und beschlossen, dass ihre Feinde nicht das letzte Wort haben würden. Der Wille unserer Bürger ist die Quelle der Stärke Amerikas. Mit Vertrauen in diesen Willen schreiten wir voran, mit Vertrauen in unser Ziel und mit dem Glauben an einen liebenden Gott, der uns geschaffen hat, um frei zu sein.« (AS 20)

In dieser Schlusspassage verbindet Bush noch einmal den soldatischen Geist, dem entsprechend er die Attentate des 11. September als die Eröffnung eines Krieges betrachtet, dem sich die Amerikaner gestellt haben, mit der christlichen Einstellung, dass Gott ihnen die Freiheit geschenkt habe, damit sie in der Welt die Aufgabe übernehmen, stolz und opferbereit in den apokalyptischen Kampf gegen die Macht des Bösen einzutreten, über das sie als Streiter Gottes den Sieg davontragen werden.

7 Sozialisationstheoretisches Begreifen der Wirkungsweise von Bushs Rede zum 11. September 2006 auf die Wähler

Vergegenwärtigen wir uns, wie verfahren wurde: Die Bedeutung von Bushs Gedenkrede zum 11. September 2006, die sich in der Spannung zwischen einem manifesten und einem latenten Sinn entfaltet, wurde vor dem Hintergrund ihrer Wirkung auf das Erleben einer Gruppe von InterpretInnen erschlossen, zu denen neben den Studierenden auch der Autor dieses Textes zählte. Dabei wurde der Interpretationsprozess weitestgehend in der Umgangssprache durchgeführt, erst im weiteren Verlauf der tiefenhermeneutischen Rekonstruktion wurde gelegentlich auf theoretische Begriffe zurückgegriffen. Damit ist es gelungen, die lebendige Erfahrung des Interagierens des Präsidenten mit seinem Publikum zu erschließen, ohne dass subsumtionslogisch verfahren wurde. Das macht den großen Unterschied zur naiven Vorgehensweise einer angewandten Psychoanalyse aus, die den Interpretationsprozess dadurch abkürzt, dass der Text von Anfang an unter alle möglichen Theoriekonstruktionen der Freudschen Metapsychologie oder auch der Begrifflichkeit Melanie Kleins so subsumiert wird, wie das etwa in Justin Franks (2004) psychoanalytischer Studie zu George W. Bush der Fall ist. Nachdem die tiefenhermeneutische Fallrekonstruktion abgeschlossen ist, ist zu fragen, welche theoretischen Schlüsse sich aus der vorliegenden Interpretation ziehen lassen. Damit geht es um die Frage, wie sich die Fallrekonstruktion sozialisationstheoretisch begreifen lässt.[24]

7.1   Der Krieg gegen den Terror als Ausdruck eines ethnozentrischen Vorurteilsdenkens

Um diese Frage zu beantworten, ist es erforderlich, diese Präsidentenrede zu typisieren: Die Analyse hat gezeigt, dass Bush die Welt in Gut und Böse spaltet. Während die Attentäter des 11. September einfach »böse« seien und »ohne Gnade töten« (AS 4), gilt Amerika trotz der in Afghanistan und im Irak geführten Kriege als das vom »Glauben an einen liebenden Gott« erfüllte Volk (AS 20), das dem Nahen Osten »Freiheit und Demokratie« bringen wolle (AS 14). Während der Präsident vor »Terrorstaaten und radikalen, mit Nuklearwaffen ausgestatteten Diktatoren« am Persischen Golf und am Kaspischen Meer warnt (AS 5), würden die Vereinigten Staaten für die »Macht der Freiheit« kämpfen (AS 13) und »beim Aufbau einer Demokratie behilflich« sein (AS 7), auch wenn amerikanische Soldaten in Guantánamo Bay und in Abu Ghureib Terrorverdächtige foltern und demütigen. Und wenn Bush feierlich davon spricht, dass der von ihm geführte Krieg gegen den Terrorismus auch »Kampf der Kulturen« genannt werde, um dann fortzusetzen, dass es »in Wahrheit [...] ein Kampf für Kultur« sei, dann bringt er damit zum Ausdruck, dass es um die Bewahrung der »Lebensweise freier Länder« (AS 13) gegen ein Terrornetzwerk der Barbarei gehe, das die »Tyrannei« wolle (AS 14).

Das heißt aber, dass es um das politpsychologische Problem der Wirkungsweise von ethnozentrischen Vorurteilen geht, die Theodor W. Adorno u. a. (1950) in den vierziger Jahren des vergangenen Jahrhunderts unter dem Eindruck des Nationalsozialismus untersuchten, um herauszufinden, in welchem Umfang die Bevölkerung der Vereinigten Staaten in Krisenzeiten für faschistische Propaganda anfällig wäre. Denn die tiefenhermeneutische Rekonstruktion der Rede zum 11. September 2006 zeigt, dass Bush eine Vielzahl von Vorurteilen bedient, welche die Eigengruppe idealisieren und die Fremdgruppe entmenschlichen. Bushs Krieg gegen den Terrorismus lässt sich daher als Ausdruck eines Vorurteilsdenkens begreifen, das die Fremdgruppe »in starren und wohlbekannten Stereotypen definiert«[25] und ihr »Merkmale« zuspricht, welche die »destruktiven Tendenzen« der Eigengruppe auf sich ziehen (Adorno 1950, S. 108). Wenn Bush davon redet, dass Amerika am 11. September das »Gesicht des Bösen« gesehen habe, dann provoziert er bei seinen Zuhörern das Wiederauftauchen einer »infantile[n] Furcht vor dem Unbekannten« (ebd., S. 110), aufgrund derer sie wie Kinder mit einer unheimlichen Angst vor dem Teufel reagieren. Auf diese Weise wird eine »primär feindliche Regung [...] gegen Fremde *per se*« geweckt, »die als ›nicht geheuer‹ empfunden werden« (ebd.). Wenn dann »das Böse« mit islamistischen Terroristen verknüpft wird, dann wird die infantile Angst vor dem Fremden, die etwa in der Angst der Kinder vor dem »schwarzen Mann« seinen Ausdruck findet, »mit den Vorstellungen von einer bestimmten Gruppe« ausgefüllt, »stereotyp und zu diesem Zweck geeignet« (ebd.).

Adorno spricht vom »funktionalen Charakter« der Vorurteilsbildung (ebd., S. 109), um zu verdeutlichen, dass das Vorurteil »sehr wenig mit den Eigenschaften derer zu tun hat, gegen die es sich richtet« (ebd. S. 108). Ganz in diesem Sinne verkörpern die Terroristen das Gegenteil dessen, was Bush der Eigengruppe zuspricht: Während Amerika für die »Freiheit« kämpfe (AS 14), würden die Terroristen die »Tyrannei« wollen (ebd.) und einer »totalitären Ideologie« folgen, »die Freiheit hasst, Toleranz ablehnt und Andersdenkende verachtet« (AS 4). Der funktionale Charakter der Vorurteilsbildung zeigt sich in der »Leichtigkeit, mit der das Vorurteil von einem Objekt zu anderen gleitet« (Adorno 1950, S. 115): So vermochte Bush das Vorurteil gegen die Terroristen mühelos auf die Taliban zu übertragen, die im Afghanistankrieg gestürzt wurden, obgleich die Washingtoner Regierung keine Beweise für die Verwicklung der Regierung in Kabul in die Ereignisse des 11. September hatte. Und wenn Bush anschließend gegen den Irak Krieg führte, obwohl Hussein das Terrornetzwerk al-Qaida gar nicht unterstützt hatte, dann wird noch einmal deutlich, welche Folgen es hat, wenn sich »die Stereotypen« der Vorurteilsbildung »völlig von der Realität lösen und ›wild umherschweifen‹« (ebd., S. 115). Dass Bush die Einwände der im Irak tätigen Waffeninspekteure der Vereinten Nationen sowie die von den Regierungen anderer Staaten zum Ausdruck gebrachte Kritik ignorierte und die amerikanischen Truppen ohne UN-Mandat den Irak besetzen ließ, dokumentiert, dass auch das im Krieg gegen den Terrorismus zum Ausdruck kommende Vorurteilsdenken auf einer »Unfähigkeit« beruht, »Erfahrungen zu machen« (ebd., S. 122). Denn das Vorurteil beruht auf Stereotypie, die sich »durch Erfahrung nicht ›korrigieren‹« lässt, weil sie in dem »Kunstgriff« besteht, »sich die Dinge bequem zurechtzulegen« (ebd. S. 121f.).

Über der Irrationalität von Vorurteilen darf nicht übersehen werden, was sie leisten: Nachdem die Anschläge des 11. September Amerikanerinnen und

Amerikaner in Angst und Schrecken versetzt, sie verunsichert und verwirrt hatten, verhalf ihnen Bushs Vorurteilsdenken dazu, sich mit Hilfe der von ihm angebotenen Stereotypien und Personalisierungen wieder zurecht zu finden und neu zu orientieren. Wie Hitler behauptete, »dass die Existenz der Juden der *Schlüssel* für alles und jedes sei« (ebd., S. 124), so erklärt Bush, dass der Krieg gegen den Terrorismus »das 21. Jahrhundert zu einem strahlenden Zeitalter menschlicher Freiheit machen« kann (AS 18). Wie groß auch die Unterschiede zwischen dem Diktator des Dritten Reiches und dem demokratisch gewählten Präsidenten der Vereinigten Staaten sind, Hitler und Bush verbindet, dass sie als politische Agitatoren ihr Halbwissen dazu benutzen, um ihre ZuhörerInnen für ihre Vorurteile einzunehmen:

> »Ihre mehr oder weniger versteckten Anspielungen verraten oft eine Art finsteren Stolzes; sie reden wie Eingeweihte und als hätten sie ein sonst von der Menschheit ungelöstes Rätsel erraten (gleichgültig, wie oft dieselbe Lösung schon ausgesprochen wurde). Sie heben buchstäblich den Zeigefinger, zuweilen mit einem Lächeln überlegener Nachsicht; sie wissen auf alles eine Antwort und bieten ihren Gesprächspartnern das Bild absoluter Gewissheit derjenigen, die alle Kontakte abgebrochen haben, die sie zur Differenzierung ihrer Formeln zwingen könnten. […] Je primitiver [die …] drastischen Formeln infolge ihrer Stereotypie sind, desto mehr Anklang finden sie, da sie das Komplizierte auf das Elementare reduzieren, ganz gleich, wie die Logik dieser Reduktion funktioniert.« (Adorno 1950, S. 124)

Dabei ist es unübersehbar, dass von islamistischen Terroristen eine Gefahr für die Sicherheit in den Staaten der westlichen Welt ausgeht. Aber das Argument, dass die Terroristen ein reales »Problem« sind, wird durch das Vorurteil sogleich funktionalisiert: »Wer auf ein ›Problem‹ hinweist, behauptet implizit persönliche Distanz vom fraglichen Gegenstand, gibt Objektivität vor« (ebd., S. 125). So kann aber das vernünftige Argument das Vorurteil rechtfertigen. Denn »es wird der Eindruck erweckt, als sei die eigene Haltung nicht subjektiv motiviert, sondern das Ergebnis angestrengten Nachdenkens und gereifter Erfahrung« (ebd.). Die »diskursive Argumentationsweise«, die Bush in seiner Rede zum 11. September »zu bewahren« sucht (ebd.), täuscht so über die Affekte hinweg, die er durch sein Vorurteilsdenken auslebt und bei seinem Publikum zu wecken sucht: Weil das Vorurteil »die Eigengruppe gut und die Fremdgruppe schlecht macht«, bietet der Krieg gegen den Terrorismus

»emotionale, narzisstische Befriedigungen, die dazu tendieren, die Barrieren der rationalen Selbstkritik zu durchbrechen« (ebd., S. 124f.).

Und wenn Bush ausführt, es gehe um den Krieg gegen »das Böse« auf der Welt und damit auch um den Kampf gegen die »Achse des Bösen« (*Der Spiegel*, 18. 2. 2002, S. 155), zu der neben dem Irak auch der Iran und Nordkorea zu zählen seien, dann wird deutlich, dass der Krieg gegen den Terrorismus den Umfang eines von Bush so bezeichneten »dritten Weltkriegs« annehmen kann (AS 9). So zeigt es sich, dass es sich beim Krieg gegen den Terrorismus um ein stereotyp benutztes Vorurteil handelt, das Bush nicht nur auf bestimmte Gruppen von Terroristen anwendet, sondern auch auf Staaten, die wie Afghanistan Trainingscamps von Terroristen duldeten oder wie Husseins Irak überhaupt nicht in erwiesener Verbindung mit dem Terrornetzwerk al-Qaida standen. Der Krieg gegen den Terrorismus bezeichnet damit ein Vorurteilsdenken, unter das Bush alle Gegnerinnen und Gegner subsumiert, die er zu Amerikas Feinden erklärt und die deshalb angeblich mit den Mächten des Bösen im Bunde stehen. So bedient sich Bush eines Vorurteilsdenkens, von dem schon Ronald Reagan Gebrauch machte: Während Reagan in den achtziger Jahren des vergangenen Jahrhunderts die militärische Aufrüstung der Vereinigten Staaten und die Politik der militärischen Stärke im Rückgriff auf das Vorurteil gegen einen weltweit operierenden Kommunismus legitimierte, rechtfertigt Bush wachsende Rüstungsausgaben und die von ihm propagierte Politik der militärischen Konfrontation im Rekurs auf das Vorurteil gegen einen sich international gegen die westliche Welt organisierenden Terrorismus. Wie sehr dieses Vorurteilsdenken seine Wirkung als eine self fulfilling prophecy entfaltet, hat das Beispiel des Irakkrieges gezeigt: Zwar beruhte Bushs Behauptung, dass der Krieg gegen den Terrorismus einen Feldzug gegen den Irak erfordere, auf der Lüge, dass Hussein al-Qaida unterstütze. Aber als die Invasion stattgefunden hatte und der Irak besetzt worden war, sickerten zahlreiche Akteure des Terrornetzwerkes al-Qaida in das Zweistromland ein, um dort gegen die amerikanischen Truppenverbände zu kämpfen. Eben weil die im Irak kämpfenden amerikanischen Soldaten auch nach Auffassung des amerikanischen Politologen Zbigniew Brzezinski »aller Wahrscheinlichkeit nach die Zahl der Terroristen vermehren, die uns Schaden zuführen wollen« (*Der Spiegel*, 19. 4. 2004, S. 130), hat sich mittlerweile bewahrheitet, dass amerikanische Soldaten im Zweistromland nun gegen Terroristen des Netzwerks al-Qaida kämpfen müssen.

7.2   Bushs Rede an seine Landsleute als Beispiel für eine autoritäre Interaktions- und Sozialisationspraxis

Wenn diese Überlegungen aber zeigen, dass der Krieg gegen den Terrorismus Ausdruck eines Vorurteilsdenkens ist, das die Eigengruppe als von Gott erwähltes Volk glorifiziert und die Fremdgruppe als eine Macht des Bösen dämonisiert, dann ist zu fragen, in welchem Maße Bush für seine Politik der militärischen Konfrontation einnimmt, indem er seine Landsleute auf eine autoritäre Weise sozialisiert. Diese Frage soll dadurch beantwortet werden, dass die Ergebnisse der tiefenhermeneutischen Rekonstruktion im Rückgriff auf Adornos Studien zur autoritären Persönlichkeit theoretisch begriffen werden. Dabei ist zu beachten, dass die in Bushs politischer Rede inszenierten bewussten und unbewussten Lebensentwürfe drei unterschiedliche Funktionen übernehmen:

1. Die in der Rede inszenierten Lebensentwürfe haben insofern eine persönliche Bedeutung, als Bush durch die Ansprache an sein Volk bestimmte Intentionen verfolgt und bestimmte Wünsche zum Ausdruck bringt, andere Affekte dagegen unterdrückt (bewusste Lebensentwürfe und unbewusste Lebensentwürfe).

2. Die in der Rede arrangierten Lebensentwürfe haben darüber hinaus eine objektive Bedeutung, weil Bush mit seiner Ansprache für die Politik der militärischen Konfrontation wirbt und von politischen GegnerInnen erhobene kritische Einwände und Vorschläge zu alternativen Handlungsmöglichkeiten unbewusst zu machen sucht.

3. Die in der Rede in Szene gesetzten Lebensentwürfe haben schließlich eine soziale Bedeutung, weil die Ansprache die bewussten und unbewussten Lebensentwürfe der ZuhörerInnen aufgreift und ihnen Befriedigungsangebote verheißt. Zudem wird das Publikum durch die Rede mit dem ihm durch die Medien vertrauten hegemonialen Diskurs der Washingtoner Regierung konfrontiert, weiß aber zugleich auch von gegenläufigen Diskursen der Bushkritiker.

Im Zuge der tiefenhermeneutischen Rekonstruktion ging es vor allem um die objektive und soziale Bedeutung der Rede. Denn über die Wirkung der Ansprache auf das Erleben einer Gruppe von InterpretInnen wurde rekonstruiert, welche Lebensentwürfe auf der manifesten und latenten Bedeutungsebene der Rede inszeniert werden. Die Frage danach, was Bush eigentlich mit der Rede gemeint hat, erwies sich im Rahmen dieser Fragestellung als störend, weil der intentionale Gehalt der Rede an der Oberfläche des manifesten Sinns kleben bleibt. Wenn aber im Rückgriff auf die tiefenhermeneutische Rekonstruktion fassbar wird, wie Bush seine Landsleute durch die politische Rede auf eine autoritäre Weise sozialisiert, dann kann es in einem weiteren Schritt der Analyse sinnvoll sein, die Untersuchung der objektiven und sozialen Funktion der im Text arrangierten Lebensentwürfe durch die Einbeziehung der persönlichen Funktion der Rede zu ergänzen.

Damit stellt sich in diesem Abschnitt die Aufgabe, im Rückgriff auf die szenische Interpretation der politischen Rede zum 11. September 2006 zu untersuchen, in welchem Maße die in dieser Ansprache inszenierten Lebensentwürfe in ihrer persönlichen, objektiven und sozialen Funktion Merkmale des von Adorno u. a. (1950) untersuchten autoritären Syndroms aufweisen:

1. *Konventionalismus*: Wenn Bush mit den Worten, dass Amerika dem Nahen Osten »Freiheit und Demokratie« bringen wolle (AS 14), implizit die an anderer Stelle zum Ausdruck gebrachte Auffassung vertritt, dass Amerika »ein Volk« sei, »das sich den Bürgerrechten verschrieben hat« und »sich zur Verteidigung der Menschenrechte anderer getrieben fühlt« (zitiert nach Singer 2004, S. 213), dann bringt er damit ganz im Sinne der »konservativen amerikanischen Tradition« den Glauben an die Rechte des Einzelnen zum Ausdruck (ebd., S. 212). Wenn aber Bush den Vertrag mit dem 2002 gegründeten Internationalen Strafgerichtshof in Den Haag, der »Völkermord, Verbrechen gegen die Menschlichkeit und Kriegsverbrechen von Einzelpersonen verfolgen« kann, nicht ratifiziert (vgl. ebd., S. 146f.) und der Genfer Konvention entgegen Hunderte von Menschen jahrelang als Terrorverdächtige in Guantánamo Bay festhält und sie dort Foltermethoden aussetzt, die dann in dem irakischen Gefängnis Abu Ghureib in noch exzessiverer Weise praktiziert werden, ja, wenn er gegen Afghanistan und den Irak Krieg geführt und dabei den Tod von Tausenden von Zivilisten billigend in Kauf genommen hat, dann signalisiert er der Öffentlichkeit, dass er »nicht der Auffassung sein« kann, »dass das Lebensrecht aller Menschen unverletzlich ist« (ebd., S. 214). Bushs Neigung, sich in seinen Reden stets auf die Menschenrechte zu beziehen, sich aber in der politischen Praxis über sie hinwegzusetzen, wird im Rahmen des auto-

ritären Syndroms als »Konventionalismus« bezeichnet, mit dem eine »starre Bindung an die konventionellen Werte des Mittelstandes« gemeint ist, die aufgegeben wird, wenn die Umstände es zu erfordern scheinen (Adorno 1950, S. 45). Aufgrund dieses autoritären Verhaltens kann man Bush nicht als einen »genuin Konservativen« bezeichnen, der seinen konservativen Wertvorstellungen entsprechend politisch handelt (ebd., S. 205). Vielmehr tritt er als ein »Pseudokonservativer« auf, der »politisch konservative wie traditionell liberale Vorstellungen« äußert, sich aber über die Menschenrechte hinwegsetzt (ebd., S. 206), wenn er Kriege für notwendig hält und glaubt, dass Terrorverdächtige durch Folter zu Geständnissen gezwungen werden sollten.

Als ähnlich ambivalent stellt sich Bushs Einstellung zu seinen christlichen Glaubensüberzeugungen dar: Wenn Bush davon spricht, Amerika habe am 11. September das »Gesicht des Bösen« gesehen (AS 2) und werde, erfüllt vom »Glauben an einen liebenden Gott« (AS 20), den Kampf gegen »das Böse« aufnehmen (AS 16), dann bringt er damit seinen Glauben an die rigiden Wertvorstellungen des christlichen Fundamentalismus zum Ausdruck. Doch zugleich setzt er sich mit den gegen Afghanistan und den Irak geführten Kriegen über das christliche Gebot der Nächstenliebe hinweg, das nach Paulus darauf hinausläuft, »niemandem Böses mit Bösem« zu vergelten (zitiert nach Singer 2004, S. 217). Wie sich der Papst und die Führer der meisten amerikanischen Kirchen gegen den Irakkrieg aussprachen, so baten »die Führer des National Council of Churches und die von Bushs eigener Kirche, der United Methodists, um die Gelegenheit […], ihm ihre Bedenken vorzutragen« (ebd.). Doch Bush »weigerte […] sich, sie zu sehen« (ebd.). Zwar nimmt Bush die Moral der christlichen Religion und den Glauben an die im letzten Buch des Neuen Testaments zum Ausdruck gebrachten apokalpytischen Vorstellungen[26] immer wieder in Anspruch, doch er setzt sich über die christliche Ethik hinweg, sobald er Krieg und Folter für unausweichlich hält. Auch aufgrund dieser autoritären Haltung, sich auf christliche Glaubensvorstellungen zu beziehen, über die er sich zugleich hinwegsetzt, erweist sich Bush als ein Pseudokonservativer, der »sich offiziell traditioneller Ideen und Werte« bedient, »ihnen jedoch in Wirklichkeit eine völlig andere, antihumane Bedeutung« gibt (Adorno 1950, S. 206). Wenn von Bushs »Konventionalismus« die Rede ist, dann ist daher seine autoritäre Neigung gemeint, sich aufgrund sozialen Drucks an konventionelle Werte oberflächlich anzupassen, diesen »moralischen Kodex [jedoch] gegen einen ganz anderen auszutauschen«, wenn sich Gelegenheit dazu bietet (ebd., S. 47f.), allzu lange unterdrückte »destruktive Tendenzen« auszuleben (ebd., S. 206).

2. *Autoritäre Unterwürfigkeit*: Wenn Bush sich als ein mit außeralltäglichen Fähigkeiten begnadeter charismatischer Führer in Szene setzt, der seine Landsleute aus der nach den Attentaten des 11. September eingetretenen nationalen Krisenlage herausführen und sie retten kann, dann erhebt er auch Anspruch auf deren autoritäre Unterwerfung. Denn die »Anerkennung« seiner charismatischen Herrschaft ist für die »Beherrschten« eine »Pflicht« (Weber 1922b, S. 140). Diese »aus Begeisterung oder Not und Hoffnung geborene gläubige, ganz persönliche Hingabe« (ebd.) an den charismatischen Führer läuft im Falle von Bush auf ein »übermäßiges, totales, emotionelles Bedürfnis nach Unterwerfung« hinaus (Adorno 1950, S. 49), das wegen der mit einem bedingungslosen Gehorsam verbundenen Selbstpreisgabe als autoritär bezeichnet werden kann. Zu einer solchen autoritären Unterwerfung fordert Bush in seiner Gedenkrede auf mehrfache Weise auf: So appelliert er daran, sich ein Beispiel an den Opfern des 11. September zu nehmen, die wie die Feuerwehrleute »ihr Leben für andere gegeben haben« (AS 2). So redet er vom Stolz auf diejenigen, die sich in der entführten Linienmaschine »weigerten, Opfer zu sein«, deshalb die Terroristen im Cockpit angriffen und »den Vereinigten Staaten derart zu ihrem ersten Sieg im Krieg gegen den Terror verholfen haben« (AS 3). So erzählt er davon, dass »im Irak, in Afghanistan und an anderen Fronten im Krieg gegen den Terror […] die Frauen und Männer unserer Streitkräfte große Opfer« bringen, »um uns zu schützen« (AS 10). So hält er fest, dass im Verlaufe der Geschichte der Vereinigten Staaten »die Freiheit« immer wieder bedroht war, sie aber stets »aufgrund von Opferbereitschaft und Entschlossenheit triumphierte« (AS 16). Und so mahnt er, dass »unser Land […] Prüfungen bestanden [hat], aber […] noch ein schwerer Weg vor uns« liegt, weil es »die entschlossenen Anstrengungen eines geeinten Landes« erfordert, um »diesen Krieg zu gewinnen« (AS 18).

Mit autoritärer Unterwürfigkeit ist also die »unkritische Unterwerfung unter idealisierte Autoritäten der Eigengruppe« gemeint (Adorno 1950, S. 45), zu der das Volk aufgrund ambivalenter Gefühle gegenüber dem politischen Führer tendiert. Denn ein Präsident, der von seinen Landsleuten um des Krieges willen Gehorsam und Opfer verlangt, löst im Publikum auch »feindselige und rebellische Impulse« aus (ebd., S. 50). Aber weil er seine

Landsleute als ein charismatischer Führer in der Krisensituation rettet, in die sie durch die Angst, Ohnmacht und Wut auslösenden Attentate des 11. September geraten sind, erweist sich die libidinöse Bindung an den Präsidenten als stärker als die aggressiven Impulse gegen ihn. Da die Bush-Anhänger im Zuge der autoritären Unterwerfung unter den Präsidenten ihre aggressiven Impulse gegen ihn unterdrücken, entwickeln sie als Reaktionsbildung gegen ihre feindseligen Regungen ein »Übermaß an Ehrfurcht, Gehorsam, Dankbarkeit und ähnlichem« (ebd.).

3. *Autoritäre Aggression*: Wenn Bush davon spricht, dass die Attentäter des 11. September »uns mit einer in unserer Geschichte beispiellosen Grausamkeit« angriffen (AS 1), wenn er erklärt, dass die islamistischen Terroristen von »einer totalitären Ideologie« angetrieben werden, »die Freiheit hasst, Toleranz ablehnt und Andersdenkende verachtet« (AS 4); wenn er berichtet, dass sie »ein radikalislamisches Reich aufzubauen [bestrebt sind], in dem Frauen Gefangene in ihrem Heim sind, Männer verprügelt werden, wenn sie Gebete verpassen« (ebd.); wenn er berichtet, dass diese »gefährlichen Feinde [...] unsere Lebensweise zu zerstören« beabsichtigen (AS 20); und wenn er vor »Terrorstaaten und radikalen, mit Nuklearwaffen ausgestatteten Diktatoren« im Nahen Osten warnt (AS 5) – dann entwirft er ein unheimliches Bild von der Fremdgruppe, das unter seinen ZuhörerInnen Angst und Schrecken verbreitet. Mit Hilfe dieses Feindbildes wird das Publikum dazu aufgefordert, die aggressiven Impulse, mit denen es auf den Opfer und Gehorsam verlangenden Oberbefehlshaber der amerikanischen Streitkräfte reagiert, auf die Terroristen zu verschieben.

> »Man könnte sagen, dass in der autoritären Aggression die ursprünglich durch die Autoritäten der Eigengruppe erweckte und gegen sie gerichtete Feindseligkeit auf die Fremdgruppen [verschoben] wird.« (Adorno 1950, S. 51)

Wenn Bush ausführt, dass die Feinde die Freiheit hassen und intolerant sind, dass sie Frauen unterdrücken und sich mit Nuklearwaffen bewaffnen wollen, um den »american way of life« zu vernichten, dann bedient er sich der von Adorno so bezeichneten »autoritären Aggression«, mit der die »Tendenz« gemeint ist, »nach Menschen Ausschau zu halten, die konventionelle Werte missachten, um sie verurteilen, ablehnen und bestrafen zu können« (ebd., S. 45).

Wie Adornos Überlegungen zeigen, bilden Konventionalismus, autoritäre Unterwürfigkeit und autoritäre Aggression die Kernbestandteile des autoritären Syndroms. Diesen Merkmalen ist gemeinsam, dass sie »alle das Moralproblem berühren« (ebd., S. 52): Es geht um das starre Einhalten konventioneller Verhaltensnormen, um die autoritäre Unterwerfung unter die Mächtigen, die dem Volk diese rigiden Wertvorstellungen auferlegen, und um die autoritäre Aggression gegen die Feinde, welche gegen diese Moral verstoßen und daher bestraft werden müssen. Wenn aber Bushs Krieg gegen den Terrorismus im Rückgriff auf die fundamentalistische Glaubensüberzeugung gerechtfertigt wird, dass das Gute den Kampf gegen das Böse aufnehmen müsse, dann wird deutlich, dass die von Adorno so bezeichneten Kernbestandteile des autoritären Syndroms auch die zentralen Mechanismen für die politische Sozialisation seiner Landsleute durch Bush sind.

Doch in der Art und Weise, wie Bush in der Öffentlichkeit redet und sich inszeniert, zeigen sich auch weitere Merkmale des autoritären Syndroms, die nunmehr beschrieben werden sollen:

4. *Aberglaube und Stereotypie*: Adorno (1950) bezeichnet als ein weiteres Merkmal des autoritären Syndroms die Neigung, von »Aberglauben und Stereotypie« Gebrauch zu machen (S. 55). Während über Stereotypie, »die Disposition, in starren Kategorien zu denken« (ebd.), schon ausführlich zu Beginn dieses Kapitels im Zusammenhang mit dem Vorurteil gesprochen wurde, war vom Aberglauben noch nicht die Rede. Adorno meint damit die Tendenz, »an mystische oder fantastische äußere Determinanten des individuellen Schicksals« zu glauben (ebd.). Wenn Bush davon spricht, dass »unser Land« am 11. September »das Gesicht des Bösen« gesehen habe (AS 2); wenn er davon spricht, dass »unser Land« seit dem 11. September »Prüfungen bestanden« habe, »aber [...] noch ein schwerer Weg vor uns« liege (AS 18); wenn er erklärt, dass »unser Land [...] auf die Probe gestellt« werde (AS 5); wenn er meint, dass es »die Bewährungsprobe zu bestehen« gelte, »die die Geschichte uns auferlegt« (AS 18) – dann zeigt sich die autoritäre Neigung zum Aberglauben in der »Tendenz [...], die eigene Verantwortung äußern, der eigenen Kontrolle entzogenen Kräften zuzuschieben« (Adorno 1950, S. 56). Die Weigerung, die Attentate des 11. September auch als eine Folge der im Nahen Osten praktizierten Hegemonialpolitik der Vereinigten Staaten zu be-

greifen, für welche die Washingtoner Regierung die Verantwortung trägt, führt im einen Fall dazu, dass die Terroranschläge dem Teufel angelastet werden, an den in den Vereinigten Staaten »fast zwei Drittel der Menschen [...] glauben« (Singer 2004, S. 218). Oder aber der Unwille, sich mit den ökonomischen, sozialen und politischen Hintergründen für die Terroranschläge auf New York und Washington auseinanderzusetzen, führt zu der bizarren Vorstellung, die Geschichte als ein metaphysisches Subjekt zu betrachten, das die Attentate des 11. September geschickt habe, um den Gottesglauben und den Kampfgeist der Amerikanerinnen und Amerikaner zu prüfen. Auch die Worte, dass »wir [...] uns in einem Krieg« befinden, »der den Kurs für dieses neue Jahrhundert vorgeben und das Schicksal von Millionen Menschen auf der ganzen Welt bestimmen wird« (AS 5), offenbaren die autoritäre Tendenz zum Aberglauben. Denn auch in diesem Fall übernimmt Bush nicht die Verantwortung für die von ihm geführten Kriege. Vielmehr werden die Feldzüge des Präsidenten und ihre verheerenden Folgen wie in der griechischen Götterwelt Ares angelastet, in dessen Gefolge die amerikanischen Soldaten darauf zu warten scheinen, welchen Kurs der Kriegsgott dem neuen Jahrhundert gibt.

5. *Machtdenken und Robustheit*: Mit »Robustheit (›Kraftmeierei‹)« meint Adorno (1950) »die übermäßige Zurschaustellung« von körperlicher Kraft und Größe, mit welcher der Autoritäre nicht nur seine psychische Schwäche zu überspielen suche, sondern auch »die Schwere der ihm gestellten Forderung« verrate, »die Intensität bestimmter Triebbedürfnisse zu bewältigen, die von der Gesellschaft geächtet werden« (ebd., S. 56). Mit »Machtdenken« bezeichnet Adorno die Disposition des Autoritären, »menschliche Beziehungen [...] unter Kategorien wie stark-schwach, überlegen-unterlegen, Führer-Gefolgschaft« zu subsumieren (ebd., S. 57).

> »Das Individuum scheint nach Macht zu streben, sie festzuhalten und nicht wieder verlieren zu wollen und sich doch zugleich zu scheuen, sie zu ergreifen und auszuüben. Auch scheint es Macht bei anderen zu bewundern und bereit, sich ihr zu beugen, zugleich aber solche Schwäche zu fürchten.« (ebd.)

Das Machtdenken führt dazu, dass der Autoritäre die Eigengruppe als eine »höherstehende« und die Fremdgruppe als eine »minderwertige« Ethnie betrachtet (ebd., S. 58). Was Adorno mit den Kategorien »Machtdenken und

Robustheit« bezeichnet, lässt sich mit Hilfe der psychoanalytischen Narziss-
mustheorie begreifen: Wie Akhtar (2006) resümiert, leiden narzisstisch gestörte
Persönlichkeiten unter einer Störung der Selbstwertregulation, aufgrund derer
sie Minderwertigkeitsgefühle belasten und ein grandioses Verlangen nach
Größe und Macht entwickeln. Sie ertragen es nicht, von Anderen abhängig zu
sein, wollen aber von Anderen bewundert werden. Zwar geben sie sich häufig
bescheiden, doch hinter ihren oberflächlichen Moralvorstellungen verbergen
sie häufig Egoismus und einen Hang zum »pathologischen Lügen« (S. 250).
Ein soziales Feld, auf dem die narzisstisch gestörte Persönlichkeit ihr Verlangen
nach Größe und Macht ausleben kann, ist die Politik, in der man Macht und
Einfluss gewinnen kann (vgl. Wirth 2002, 2006).

Ein Beispiel dafür, wie der Präsident einem narzisstischen Erleben nachgibt
und ganz im Sinne des autoritären Syndroms körperliche »Robustheit« inszeniert, ist sein im Mai 2003 inszenierter Auftritt auf dem Flugzeugträger *USS
Abraham Lincoln* (vgl. Abb. 20), der vor San Diego lag (vgl. Woodward 2006,
S. 254). Nachdem Hussein gestürzt und die Kampfhandlungen der Invasion
beendet waren, landete Bush in einem zweisitzigen U-Boot-Jagdflugzeug
an Deck dieses Flugzeugträgers. Sodann trat er in Fliegerkombination vor
die Kamera und weckte so den Eindruck, als wenn er die Kampfmaschine
selbst gesteuert hätte. Sodann sprach er vor dem Hintergrund eines riesigen
Transparents, auf dem die Worte prangten »Mission Accomplished« (ebd.).
Derart unterstrich Bush den unter seinem Oberbefehl zustande gekommenen militärischen Sieg über den Irak durch die Selbstinszenierung als ein gut
gelaunter Kampfflieger, der durch seine Fliegermontur eine solche männliche
Aggressivität und Stärke ausstrahlte, als hätte er »den Auftrag« eigenhändig
»ausgeführt«. Wenn Frank in Bezug auf diese Szene von einem »phallischen
Narzissmus« spricht (Frank 2004, S. 179), dann fasst er damit theoretisch,
was Bush durch seinen Auftritt als Kampfpilot auf einem Flugzeugträger in
Szene setzt: Dass er durch das Zur-Schau-Stellen kämpferischer Robustheit
im Fliegeranzug seine durch den Irakkrieg gewonnene Potenz und Einzigartigkeit demonstrieren will.

Abb. 20 (Der Spiegel, 4. 9. 2006, S. 80): Nachdem Husseins Regime gestürzt worden war, landete Bush mit einem U-Boot-Jagdflugzeug auf einem Flug-zeugträger. Indem er sich derart »bei ›seinen Soldaten‹ in ›ihrer‹ Kleidung« aufhielt, stärkte er zweifellos ein »Wir-Gefühl« (Elter 2005, S. 318). Doch noch wichtiger war, dass er sich vor der amerikanischen Öffentlichkeit als ein erfahrener Kampfflieger inszenierte, der über die männliche Aggressi-vität und Robustheit verfügt, um durch tatkräftigen Einsatz zum Gelingen des Irakkrieges beizutragen. Wenn er als Pilot in Fliegermontur die Bot-schaft übermittelte, dass er den »Auftrag ausgeführt« habe, dann verbannte er durch die manifeste Botschaft, als Präsident den Willen des amerikani-schen Volkes vollzogen zu haben, auf die latente Bedeutungsebene, dass er

den Irakkrieg gegen die Einwände und Bedenken vieler Bürgerinnen und Bürger eigenmächtig durchgesetzt hatte.

Die Frage, wie Bush narzisstische Wünsche durch ein autoritäres Verlangen nach Macht auslebt, lässt sich anhand der Gedenkrede zum 11. September auf mehrerlei Weise zeigen: Wenn Bush als charismatischer Prediger auftritt, der seinen Landsleuten verkündet, dass sich ihm in den Attentaten des 11. September »das Gesicht des Bösen« offenbart (AS 2), dann inszeniert er sich als einzigartiger Retter, der sein im Bunde mit Gott stehendes Volk durch den Krieg gegen den Terrorismus zum Sieg über »das Böse« führen (AS 16) und derart »das 21. Jahrhundert zu einem strahlenden Zeitalter menschlicher Freiheit machen« kann (AS 18). Diese Worte sind Ausdruck eines grandiosen Verlangens nach Größe und Macht, unter dessen Einfluss Bush sich mit Christus identifiziert, der auf der Erde als Kriegsfürst mit Satan eine blutige Schlacht austragen wird, um dann das Paradies auf Erden zu errichten. Zu wessen Lasten das Ausleben dieser narzisstischen Fantasien geht, zeigt die charismatische Selbstinszenierung als Feldherr in aller Deutlichkeit. Gerade da es um die Gedenkrede zum 11. September geht, wendet Bush sich auch an die Hinterbliebenen, für welche »die Wunden dieses Morgens noch frisch« (AS 3) sind, weil sie immer noch um die bei den Attentaten umgekommenen Angehörigen trauern. Doch Bushs Worte, dass »die Angehörigen sich weigerten, Opfer zu sein, und den Vereinigten Staaten so zu ihrem ersten Sieg im Krieg gegen den Terror verholfen haben« (ebd.), macht darauf aufmerksam, dass er in den Toten von Flug 93 keine Opfer sieht, sondern sie ganz im Sinne seiner charismatischen Selbstinszenierung als Prediger und Feldherr als Märtyrer und Soldaten betrachtet, die wie die Feuerwehrleute, die in den implodierenden Zwillingstürmen umkamen, ihr Leben für den Glauben geopfert hätten oder aber im kriegerischen Angriff der Attentäter »gefallen« seien (ebd.). Das bedeutet aber, dass Bush nicht um die Opfer trauert, weil sie ihm seiner narzisstischen Selbstbezogenheit entsprechend nur als »Selbst-Objekte« dienen (Kohut 1977), Spielfiguren, die er in seinem Krieg gegen den Terrorismus einsetzt.

Aufgrund der Unfähigkeit zur Trauer um die Opfer kann Bush auch nicht mit den Hinterbliebenen empfinden. Denn der 11. September bedeutet für ihn etwas ganz anderes als für sie. Seine Worte, dass »die Wunden dieses Morgens noch frisch« sind, laufen im Rahmen seiner Selbstinszenierung als charismati-

255

scher Feldherr darauf hinaus, dass er die Terroranschläge auf das World Trade Center und auf das Pentagon als eine narzisstische Kränkung erlebt hat, die mit Gefühlen der Scham, Ohnmacht und Wut verbunden gewesen ist. Wenn er »alle Frauen und Männer [...], die wir verloren haben«, durch die Errichtung eines »dauerhaften Denkmals« ehren will, das in der durch den Krieg gegen den Terrorismus geschaffenen »sichereren, hoffnungsvolleren Welt« bestehen soll (AS 3), dann geht es Bush daher nicht um die Opfer des 11. September. Vielmehr will er die narzisstische Wunde, die ihm als Präsident der Vereinigten Staaten durch die Terroranschläge ganz persönlich dadurch zugefügt wurde, dass mit den Zwillingstürmen das Denkmal der amerikanischen Wirtschaftsmacht implodierte, dadurch reparieren, dass er am Ende mit einem großartigen Denkmal triumphiert, zu dem die Menschheit aufschaut – weil George W. Bush durch seinen heldenhaften Krieg gegen den Terrorismus eine Welt des Friedens und der Freiheit geschaffen hat.

Ob Bush durch seinen Auftritt als Kampfpilot an Deck eines Flugzeugträgers körperliche Robustheit ausstrahlt oder als charismatischer Prediger den Kampf gegen »das Böse« aufnimmt und als charismatischer Feldherr »den Kampf der Kulturen« austrägt, in allen diesen Fällen identifiziert sich das Publikum bereitwillig mit dem Präsidenten, an dessen einzigartiger Größe und Macht es auf diese Weise teilhaben kann.

6. *Destruktivität und Zynismus*: Mit diesen Kategorien versucht Adorno (1950) die Folgen »primitiver aggressiver Impulse« zu beschreiben (S. 59), die im Unterschied zur »autoritären Aggression« nicht durch das Überich gerechtfertigt werden muss, das die Bestrafung der Feinde wegen moralischer Vergehen erlaubt. Vielmehr handele es sich um eine »Feindseligkeit«, die so »generalisiert« und »so wenig gegen ein bestimmtes Objekt gerichtet sei, dass das Individuum sich nicht verantwortlich zu fühlen« brauche (ebd.). Versuchen wir zunächst zu begreifen, was Adorno mit diesen Worten meint: Er will darauf hinaus, dass es nicht um aggressive Impulse auf dem von Freud (1924) untersuchten Entwicklungsniveau des ödipalen Dramas geht, im Zuge derer der Sohn um die Mutter wirbt und dem Vater gegenüber Liebe und Hass zugleich empfindet, ambivalente Triebregungen, die er aufgibt, um mit der Verinnerlichung der väterlichen Moral das Überich aufzubauen. Vielmehr geht es um die von Melanie Klein (1962) beschriebene archaische Form der Aggressivität, die sich in der Dyade mit der Mutter entfaltet, wenn der Säugling libidinöse und

aggressive Impulse spaltet, um gute Erlebnisse vor aggressiven Affekten zu schützen. Vermag die Mutter diese negativen Impulse nicht auszuhalten, können die destruktiven Triebimpulse nicht durch die Legierung mit libidinösen Affekten gemäßigt werden, was zur Folge hat, dass die Welt weiterhin auf eine paranoid-schizoide Weise erlebt und in gute und böse Objekte gespalten bleibt. Als wie unangemessen sich auch Justin Franks psychologisierende und pathologisierende Studie zu Bush erwiesen hat, wenn er immer wieder von Spaltung, Verleugnung und Projektion redet, dann beobachtet er doch zu Recht die Wirkungsweise der primitiven Abwehrmechanismen, auf die der Präsident in seinen Reden zurückgreift, um seine Landsleute durch das Wecken von Vernichtungs- und Verfolgungsängsten für den Krieg gegen den Terrorismus einzunehmen.

Wie Bush Destruktivität und Zynismus auslebt, illustrieren folgende Beispiele: Wie zynisch er über die Umwelt denkt, zeigt der Name, den der Präsident seiner Alternative zu dem von den Vereinigten Staaten nicht unterzeichneten Kyoto-Protokoll gegeben hat. So läuft seine »Initiative für saubere Luft« auf die Genehmigung hinaus, »die erlaubten Schwefeldioxid-Werte um das Doppelte« zu übersteigen (Frank 2004, S. 169). Hierbei geht es um die Substanz, »die für den sauren Regen verantwortlich ist« (ebd.). Ebenso zynisch ist der Name für das Gesetz zur Lockerung der Abholzquoten, das auf der »Initiative für einen gesunden Wald« basiert (ebd.).

Als Bush in Bezug auf eine Debatte erklärte, »dass die Menschen nicht glauben, dass der Irak frei sein kann«, da sprach er sich dagegen aus, »dass man, wenn man ein Moslem ist oder braune Haut hat, sich nicht selbst regieren oder frei sein kann« (ebd., S. 153). Wie er mit diesen Worten seine Verachtung für Angehörige anderer Ethnien zum Ausdruck brachte, obgleich Bush doch etwas Positives über das irakische Volk sagen wollte, so kann er sich auch zynisch über eigene Soldatinnen und Soldaten äußern, obschon er sonst als Kriege führender Präsident immer voll des Lobes für sie ist: »Ich würde sie [die amerikanischen Truppen] lieber für unser Volk opfern, wissen Sie, statt dem Kongress stundenlang Rechenschaft ablegen zu müssen« (ebd., S. 131). Der Zynismus dieser Worte gipfelt in der Vorstellung, dass für den Präsidenten die durch keine Anhörung gestörte Amtsführung wichtiger sei als das Leben einer Vielzahl von SoldatInnen.

Zynisch wird Bush auch dann, wenn er sich mit Fragen zum Irakkrieg auseinandersetzen muss. Auf die Frage von Diane Sawyer, »dass im Irak keine

Massenvernichtungswaffen gefunden werden konnten«, erwiderte der Präsident: »Und was ist der Unterschied?« (ebd., S. 118). Auf diese Weise brachte er seine Verachtung für die Fakten zum Ausdruck. Es reichte ihm, dass »Saddam böse war und wir ihn loswerden mussten« (ebd., S. 163). Und als er zu der Bemerkung des deutschen Bundeskanzlers Schröder befragt wurde, »wonach Bush gegen internationales Gesetz verstoßen habe, indem er Frankreich und Deutschland davon abhielt, nach dem Einmarsch in den Irak zu investieren, spöttelte Bush sarkastisch: ›Internationales Gesetz? Ich rufe besser meinen Anwalt an!‹« (ebd., S. 118f.) Auf diese Weise brachte er seine Verachtung für diejenigen zum Ausdruck, die auf internationalen Gesetzen bestehen, über die Bush sich jederzeit hinwegsetzt, wenn es ihm gerade passt.

In welchem Maße Bush von destruktiven Impulsen bestimmt wird, hat die Analyse seines Sadismus (vgl. Kapitel III) gezeigt: Ob er als Kind Frösche mit Knallkörpern voll stopfte, um sie explodieren zu lassen, ob er Neuankömmlinge bei der Aufnahme in eine Studentenverbindung mit der rot glühenden Spitze eines Drahtkleiderbügels am Po brandmarkte, ob er als Gouverneur für mehr Hinrichtungen als jeder andere Gouverneur in der amerikanischen Geschichte sorgte und sich nicht selten über solche Szenen freute; ob er sich als Präsident an einem Kritiker rächte, indem er dessen Ehefrau durch ihre Enttarnung als CIA-Agentin in Lebensgefahr brachte (vgl. Frank 2004, S. 135), ob er sich für die Demütigung durch die Attentate des 11. September durch den Afghanistankrieg und durch den Irakkrieg rächte, den er schon einige Tage nach den Terroranschlägen hatte führen wollen (vgl. ebd., S. 144), ob er Bagdad bombardieren ließ, stolz die Fotos der verstümmelten Körper von Husseins Söhnen herumzeigte und die Gefangennahme des Diktators vergnügt mit den Worten kommentierte: »Den sind wir los« – alle diese Szenen offenbaren Bushs sadistische Impulse. Dass zu Bushs Persönlichkeit die Perversion des Sadismus gehört, heißt somit, dass er ganz im Sinne des autoritären Syndroms über massive destruktive Impulse verfügt, die auch in seinem Zynismus zutage treten.

7. *Projektivität*: Ein weiteres Merkmale bildet die »Projektivität« (Adorno 1950, S. 59), mit der die Neigung des Autoritären gemeint ist, »in der Außenwelt Triebkräfte zu sehen, die in ihm selbst unterdrückt werden« (ebd., S. 60). Es geht also um die Tendenz, »seine unterdrückten Impulse auf andere Menschen zu projizieren, um diese dann prompt anzuklagen« (ebd.).

Wenn Bush vor »Terrorstaaten« im Nahen Osten warnt (AS 5), dann nimmt er nicht einfach eine am Persischen Golf drohende Gefahr wahr, sondern dramatisiert die dort herrschenden Zustände, weil er auf die Fremdgruppe die destruktiven Impulse projiziert, die er selbst durch die Duldung der im Umgang mit Terrorverdächtigen in Guantánamo Bay und in Abu Ghureib praktizierten Foltermethoden verleugnet. Wenn er den Attentätern des 11. September Angriffe von »beispielloser Grausamkeit« vorwirft, dann projiziert er auf die Terroristen das, was amerikanische Truppen im Irakkrieg selbst praktiziert haben, wenn sie ihre Feinde mit Napalmbomben angriffen. Wenn er vor »radikalen, mit Nuklearwaffen ausgestatteten Diktatoren« im Nahen Osten warnt (AS 5), dann unterstellt er den Staaten der arabischen Welt genau das, was die Vereinigten Staaten schon vor vielen Jahrzehnten als eine Atommacht praktizierten, welche die ersten Atombomben im Krieg gegen Japan über Hiroshima und Nagasaki zündete (vgl. Anders 1972). Und wenn Bush dem Führer des Terrornetzwerks al-Qaida unterstellt, einen »dritten Weltkrieg« entfesseln zu wollen (AS 9), dann wirft er Osama bin Laden doch nur vor, wovon er selbst träumt, wenn er einen Krieg nach dem anderen führt und von der Notwendigkeit redet, die vom Irak bis nach Nordkorea reichende »Achse des Bösen« zu bekämpfen. Hinzu kommt, dass der Präsident mit dem Traum von einem dritten Weltkrieg die Vorstellungswelt der christlichen Rechten bedient, die sich in Amerika vorstellt, dass es auf diese Weise zum Endkampf zwischen Satan und Christus kommen kann, der in der Vernichtung von Millionen von Ungläubigen und in der Errichtung des Himmelreichs auf Erden gipfeln werde. Selbst wenn Bush dagegen wettert, dass die islamistische Ideologie »die Freiheit hasst, Toleranz ablehnt und Andersdenkende verachtet« (AS 4), dann projiziert er noch auf die Feinde, was er selbst praktiziert, wenn er in den Vereinigten Staaten die Bürgerrechte einschränkt, um den Terrorismus zu kontrollieren, und wenn er sich als intolerant im Umgang mit politischen GegnerInnen erweist. Damit soll nicht übergangen werden, dass die islamistischen Terroristen den Hass auf die in der westlichen Welt herrschenden Freiheiten schüren und die Muslime zu Selbstmordattentaten gegen die Gottlosen aufrufen. Eben diese Tatsache erleichtert aber Bush eine autoritäre Vereinnahmung seiner Landsleute, weil er auf diese Weise all die Formen der Unterdrückung, der Gewalt und der Verbrechen, die mit den eigenen moralischen Ansprüchen an Freiheit und Demokratie unvereinbar sind, verleugnen und auf die Feinde projizieren kann.

Das theoretische Begreifen der tiefenhermeneutischen Rekonstruktion der Gedenkrede zum 11. September 2006 zeigt exemplarisch, dass in Bushs Sprache und Inszenierungen fast alle Merkmale wiederzufinden sind, die Adorno als Eigenschaften des autoritären Syndroms beschrieben hat. Das bedeutet aber, dass sich Bushs Rede an seine Landsleute als ein sozialer Ort begreifen lässt, an dem das Publikum auf eine autoritäre Weise vereinnahmt wird, um seinen Krieg gegen den Terrorismus zu unterstützen.

7.3   Die autoritäre Persönlichkeit des Präsidenten, seine magischen Inszenierungen und die Weltanschauung der Terrorismusbekämpfung

Nachdem anhand der Gedenkrede zum 11. September 2006 exemplarisch untersucht worden ist, wie Bush mit seinen Landsleuten auf eine autoritäre Weise interagiert und sie während seiner Regierungszeit autoritär sozialisiert, soll abschließend vergegenwärtigt werden, wie die persönliche, objektive und soziale Funktion seiner Botschaften ineinander greifen:
1. Der persönliche Sinn des Interagierens mit dem Publikum wird dadurch bestimmt, wie Bush in einer politischen Rede eigene bewusste und unbewusste Lebensentwürfe inszeniert. Die Analyse zeigt, dass es sich bei Bush um eine autoritäre Persönlichkeit handelt: Wenn man sich vergegenwärtigt, dass Bushs Biografie dadurch bestimmt wird, dass er als Pilot, als Student und als Geschäftsmann im Ölgeschäft, als Politiker und als Kriegsherr immer dem Vorbild des Vaters folgte, jedoch zugleich gegen ihn aufbegehrte, indem er sich stets Mühe gab, seinen Job mit so wenig Aufwand wie möglich zu betreiben, dann bringt er ambivalente Affekte zum Ausdruck, die in ihrer Heftigkeit typisch für das autoritäre Syndrom sind. Einerseits unterwirft der Sohn sich dem Vater, indem er dessen Lebenslauf strikt kopiert. Andererseits kann er sich nicht »mit der väterlichen Autorität [...] identifizieren«, sondern muss »dagegen ›rebellieren‹« (Adorno 1950, S. 328). Doch davon bleibt »die autoritäre Struktur im Wesentlichen unberührt« (ebd.). Wenn er davon redet, dass er auch im Irakkrieg nicht den Vater »um Kraft« gebeten habe, weil es da »einen höheren Vater« gebe, »an den ich mich wende« (Woodward 2004, S. 472), dann rückt an die Stelle der »verhassten väterlichen Autorität« eben »eine

andere« (ebd.). Adorno spricht vom autoritären Typus des »Rebellen«, der gegen jede Autorität aufbegehrt, ohne sich von ihr lösen zu können. Wenn er dann hinzufügt, dass der »Rebell« einen »Hang zu ›geduldeten‹ Exzessen« wie »unmäßiges Trinken« habe oder auch durch »körperliche Kraft und Robustheit« zu imponieren suche (ebd., S. 329), dann kann man in diesen Zügen Bush mit seinem Alkoholismus im jungen Erwachsenenalter und die Neigung des Präsidenten wieder erkennen, wie bei seinem Auftritt auf einem Flugzeugträger nach dem Irakkrieg durch eine aggressive Männlichkeit und körperliche Stärke imponieren zu wollen. Und wenn Adorno hinzufügt, der »Rebell« zeige häufig Merkmale eines »religiösen Fanatiker[s], der die herrschenden Normen und Gesetze durchbricht« und aufgrund eines »Nicht-Warten-Könnens« unfähig sei, »die Lust der Befriedigung hinauszuschieben« (ebd., S. 330), dann wird man mit Bushs christlichem Fundamentalismus und seiner »Impulsivität« konfrontiert, der entsprechend er – wie ein Mitarbeiter des Präsidenten bemerkte – »bei Entscheidungen nie zögert, sondern es bevorzugt, Informationen zu sammeln, eine Entscheidung zu fällen und weiterzumachen« (zitiert nach Frank 2004, S. 45). Auch darin, dass er »oft nicht stillsitzen« kann oder ihm ein »Arschloch« entfährt, wenn er sich über irgendjemand aufregt (ebd., S. 46), spiegelt sich die Impulsivität des Präsidenten.

Adornos Worte, dass dieser Typus sich auch durch eine »Lust zu quälen« auszeichnet, die sich »roh und sadistisch gegen jedes hilflose Opfer« richtet (Adorno 1950, S. 329), lassen an Bushs Sadismus denken, dem entsprechend er als Kind Spaß daran hatte, Frösche explodieren zu lassen, sich als Gouverneur daran freute, mehr Verurteilte als jeder andere Gouverneur in den Vereinigten Staaten hinrichten zu lassen, und als Präsident die Macht genießt, einen Krieg nach dem anderen zu führen.

Wie die szenische Rekonstruktion von Bushs Sadismus gezeigt hat (vgl. Kapitel III, 2.1), lässt sich diese Perversion auf die Misshandlung durch eine aggressive und gefühlskalte Mutter zurückführen, die den Sohn mit Schlägen erzog. Mit Stoller (1975) kann man davon sprechen, dass in Bushs Zynismus und in seiner Destruktivität die »in der Perversion liegende Feindseligkeit« zum Ausdruck kommt, welche »die Gestalt einer Rachefantasie« annimmt, um »ein Kindheitstrauma in den Triumph des Erwachsenen zu verwandeln« (S. 26). So vermag Bush »höchste Erregung« herbeizuführen (ebd.), wenn er als Kind durch das Töten von Fröschen und als Gouverneur durch das Unterschreiben von Todesurteilen aktiv die Gewalt genießen kann, unter der er einst aufgrund der mütterlichen Schläge zu leiden hatte. Beide Szenen illustrieren, dass der Sadismus eine Perversion ist, bei der es vor allem um »Rache« geht (ebd., S. 141): »Man verwandelt sich vom Opfer in den Sieger, vom passiven Objekt der Feindseligkeit und Macht anderer zum Regisseur, zum Herrscher« (ebd., S. 141f.). Das würde bedeuten, dass die Worte, »die Wunden« der Attentate des 11. September seien »noch frisch« (AS 3), auch eine ganz persönliche Bedeutung für Bush haben könnten. Weil er sich angesichts der Terroranschläge so gedemütigt und ohnmächtig gefühlt hätte wie damals, als er den Schlägen der Mutter hilflos ausgeliefert war, hätten die Attentate des 11. September eine nie verheilte Wunde aufgerissen. Das Verlangen, Kriege zu führen, ließe sich dann auch als Folge des unbewussten Rachewunsches deuten, die Terroristen für den Terror büßen zu lassen, unter dem er in der Kindheit angesichts einer kalten und aggressiven Mutter zu leiden gehabt hätte.

Wie immer man diese szenische Konstruktion einschätzen mag, die vorstellbar macht, wie sich eine infantile Wut auf die Mutter mit dem fanatischen Hass auf die Attentäter verknüpft haben könnte, entscheidend ist, dass man in Bezug auf Bush von einer autoritären Persönlichkeit sprechen kann, die auch unter erheblichen narzisstischen Beschädigungen leidet (vgl. auch Kapitel III, 2.2). Dieser Umstand wirft die Frage auf, ob Bush nicht auch Merkmale des »manipulativen Typus« aufweist, der eine narzisstische Version der autoritären Persönlichkeit darstellt. Der Manipulative betrachtet

> »[…] in einer Art zwanghaftem Überrealismus […] alles und jeden als Objekt […], das gehandhabt, manipuliert und nach den eigenen theoretischen und praktischen Schablonen erfasst werden muss. Alles Technische, alle Dinge, die als ›Werkzeug‹ benutzt werden können, sind mit Libido beladen. Die Hauptsache ist, dass ›etwas getan‹ wird, Nebensache aber, was getan wird.« (Adorno 1950, S. 335)

Die Merkmale des manipulativen Typus zeigt Bush dadurch, dass er die Welt strikt in Gut und Böse einteilt; dass er den Handlungsspielraum langwieriger politischer Verhandlungen durch überstürzte Kriege leichtfertig aufgegeben hat, weil er glaubte, den Nahen und Mittleren Osten durch den Einsatz der gigantischen Militärmaschinerie Amerikas von Grund auf neu ordnen zu können; und dass es ihm allein darauf ankam, dass überhaupt der Irakkrieg geführt und Hussein gestürzt wurde, gleichgültig, ob er nun al-Qaida unterstützt oder wirklich über die Möglichkeit verfügte hatte, Nuklearwaffen bauen zu können.

2. Da der politische Führer in einer politischen Ansprache auch eigene Lebensentwürfe inszeniert, hängen die persönliche und die objektive Funktion des Interagierens mit dem Publikum eng zusammen: Dadurch, dass Bush sich dauernd verspricht, mit den Worten ringt, sich in falschen Satzkonstruktionen verirrt, durch das Verwechseln von Worten Unsinn redet oder durch neue Sprachschöpfungen überrascht, offenbart er nicht nur Gleichgültigkeit, sondern auch Widerwillen gegen die diskursive Sprache. »Ich mag es irgendwie, Fragen auszuweichen«, erklärte er Journalisten im April 2004, »und ich würde gerne jeder Frage ausweichen, so, wie es mir meine Mutter einmal gesagt hat« (Frank 2004, S. 155). Wie es ihm nicht behagt, Anderen Rede und Antwort zu stehen, so hat er wiederholt mit Stolz davon gesprochen, »dass er keine Zeitung liest« (ebd. S. 49), ja, »dass es ihm ein beruhigendes Gefühl gebe, wenn er sich auf seine Berater verlasse, ihm zu erzählen, was in den Zeitungen stehe« (ebd.). Indem er derart seinen Widerwillen gegen den diskursiven Gebrauch der Sprache ausdrückt, bedient sich Bush zugleich der autoritären Technik, als »einfacher, unverbildeter Mann mit gesundem Menschenverstand« aufzutreten, der »hinter Leutseligkeit und Bescheidenheit« eine »Antiintellektuellenhaltung« verbirgt (Adorno 1950, S. 404). Auch Frank meint, dass Bush viele Wahlberechtigte anspricht, weil er sich mit Hilfe seines »Anti-Intellektualismus […] als Mann« inszeniert, »der Sport, Fernsehen und Gott liebt und das Lesen sowie lange, komplexe Diskussionen hasst« (Frank 2004, S. 204).

Dem Widerwillen, die Sprache zur argumentativen Verständigung mit Anderen zu benutzen, entspricht die Neigung, sie auf eine magische Weise zu handhaben: Der Umstand, dass »Kabinettssitzungen mit einem Gebet eröffnet werden« und sich »ein Bibelkreis regelmäßig zu Lektüre und Exegese ausgewählter Stellen im Neuen oder Alten Testament« trifft, (*Der Spiegel*, 17. 2. 2003, S. 90), macht darauf aufmerksam, worauf es Bush im Weißen Haus ankommt. Das zeigen vor allem die Wochen vor dem Beginn des Irakkrieges, die dadurch bestimmt waren, dass der Präsident immer öfter »von seinem Glauben und seinen Werten« erzählte (ebd., S. 91).

»George W. Bush sagt von sich, dass er täglich in der Bibel liest. Er spricht neuerdings auch auffallend häufig von der Kraft, die aus der inneren Sammlung kommt. ›Ich bete‹, sagt er, ›ich bete um Stärke, um Anleitung, um Vergebung. Und ich bitte den freundlichen und großzügigen Allmächtigen, meinen Dank anzunehmen.‹« (ebd.)

An die Stelle eines diskursiven Umgangs mit der Sprache, im Zuge dessen ein Politiker mit Argumenten zu überzeugen sucht und für Fragen und Einwände offen ist, um zu wohlüberlegten politischen Entscheidungen zu gelangen, treten bei Bush magische Rituale, denen entsprechend er vermittels des Betens mit Gott kommuniziert, um dann aus einem tiefen religiösen Erleben heraus zu sich spontan aufdrängenden Einsichten zu gelangen. Daher kann Bush davon sprechen, dass er bei Entscheidungen nicht lange zu überlegen braucht, weil sie ihm aufgrund seiner Religiosität »ziemlich leicht fallen« (ebd., S. 94). So war auch die Entscheidung Krieg, gegen den Irak zu führen, nicht allzu schwierig. Denn wie er in einer Rede am 10. Februar 2003 in Nashville erklärte, habe »Gott […] uns aufgerufen, unser Land zu verteidigen und die Welt zum Frieden zu führen« (zitiert nach *Der Spiegel* 17. 2. 2003, S. 96). Wo das sich der diskursiven Sprache bedienende Denken durch die religiöse Andacht ersetzt wird, da fällt die Hemmung, Krieg zu führen, auch deshalb leichter, weil nicht der Präsident die Verantwortung trägt, sondern diese Aufgabe Gott übernimmt.

Ganz in diesem Sinne setzt Bush auch in der Gedenkrede zum 11. September nicht auf die diskursive Entfaltung von Argumenten, sondern auf die magische Wirkung seiner Worte: Wenn Bush mehrmals hintereinander dieselbe Redefigur benutzt (»Wir sahen den Mut bei …«) (vgl. AS 2), dann stilisiert er das Sehen zu einem magischen Akt, mit dessen Hilfe er sich als ein die Wahrheit sehender charismatischer Prediger präsentiert. Wenn er sich in demselben Abschnitt auf den 23. Psalm bezieht, dann bedient er sich einer präsentativen Symbolik, welche die Opfer der Attentate des 11. September als bewundernswerte Märtyrer erscheinen lässt, an denen sich seine Landsleute ein Beispiel nehmen können. So bedient sich der autoritäre Redner der Religion als Mittel, um »frommen Eifer in politisches Parteigängertum und politische Unterwürfigkeit umzuformen« (Adorno 1950, S. 426). Wenn Bush wiederholt bekennt, Feuerwehrleute und Polizisten »getroffen«, bei um Angehörige trauernden Familien »gestanden« und bei Müttern mit vaterlos aufwachsenden Kinder »gesessen« zu haben (AS 3), dann hebt er auf die magische Wirkung seiner Nähe ab, die allein schon die Hinterbliebenen getröstet habe. Wenn Bush dreimal davon spricht, »dass wir gelernt haben« von unseren Feinden (AS 4), dann beschwört er einen bedeutsamen Wissenszuwachs, obgleich er im 21. Jahrhundert soziale und politische Interessengegensätze wie in vergangenen Jahrhunderten durch Kriege austragen will. Auch den Einwand gegen den Irakkrieg, das Hussein doch gar nicht für die Anschläge des 11. September verantwortlich war, entkräftet Bush durch die pathetisch wirkenden Worte, seine Regierung, der Kongress und die Vereinigten Staaten hätten »die Bedrohung gesehen« (AS 7). In diesem Fall hat das »Sehen« erneut die Qualität einer magischen Handlung, weil sie auf eine Regierung verweist, die an der Allwissenheit ihres charismatischen Führers teilhat. Und wenn Bush davon redet, die Welt sei dank des Krieges gegen Hussein »sicherer« geworden (AS 1), obgleich der Irak im Chaos versinkt, dann beschwört er zum wiederholten Mal die Vorstellung, dass seine ZuhörerInnen ihm einfach Glauben schenken sollen.

An die Stelle einer diskursiven Symbolik, die das Publikum ernst nimmt, weil der politische Redner es durch Argumente zu überzeugen sucht, tritt damit eine präsentative Symbolik, die durch die magische Beschwörung stereotyper Formeln und vorurteilsgeleiteter Überzeugungen die Vernunft der erwachsenen ZuhörerInnen einschläfert und das Wiederaufleben des kindlichen Wunsches provoziert, sich gläubig einer allmächtigen und allwissenden Vaterfigur überantworten und sich von ihr leiten lassen zu wollen.

Dabei erreicht ein politischer Redner wie Bush sein Publikum deshalb, weil ihm deren Ängste, Hoffnungen und ohnmächtige Wut, deren Stereotypien und Vorurteile aus dem eigenen Erleben vertraut sind:

> »Der [politische] Führer kann die seelischen Bedürfnisse und Wünsche der für seine Propaganda Anfälligen erraten, weil er ihnen seelisch ähnlich ist, und was ihn von ihnen unterscheidet, ist nicht irgendeine echte Überlegenheit, sondern die Fähigkeit, das, was in ihnen latent ist, ohne ihre Hemmungen auszudrücken.« (Adorno 1951, S. 58)

Adornos Überlegungen laufen darauf hinaus, dass der politische Agitator seine Macht über sein Publikum nicht durch seine Überzeugungskraft, sondern durch seine Geschwätzigkeit gewinnt. Gerade dadurch, dass Bush durch das Wiederholen stereotyper Formeln auf eine beschwörende Weise redet, »entleert« er die Sprache selbst »von rationaler Bedeutung« und benutzt sie auf eine »magische« Weise, ein Redestil, der »archaische Regressionen« auf die Erlebnisebene gläubiger Kinder fördert (ebd.). »Um die unbewussten Dispositionen seines Publikums richtig zu treffen, kehrt der Agitator gewissermaßen einfach sein eigenes Unbewusstes nach außen« (ebd.). So wird die politische Rede des Präsidenten zum Bestandteil eines magischen Initiationsrituals, bei dem er seinen Affekten und seinen Vorurteilen freien Lauf lässt, um die Affekte des Publikums im Dienste der Aufnahme in die Gemeinde der Gläubigen zu erhitzen, die er anschließend wieder durch das Spenden seines Segens abkühlt (vgl. AS 21).

3. Dass auch die objektive und soziale Funktion des Interagierens des Redners mit den ZuhörerInnen eng zusammen gehören, wird fassbar, wenn man sich vergegenwärtigt, dass die von Bush propagierte weltanschauliche Botschaft ihre innere Dynamik erst durch die Wirkung auf das Publikum entfaltet: Wie Alfred Lorenzer (1981) ausgeführt hat, geht es hierbei darum, dass der politische Agitator sich nicht nur auf eine autoritäre Weise an archaische Affekte wie Angst, Ohnmacht und Wut wendet, sondern das Aufgreifen von infantil fixierten »Persönlichkeitsdefekten« mit einer »besonderen Vergesellschaftungsform« verknüpft (S. 118f.). Hierbei handelt es sich um die Weltanschauung, welche die Individuen erst dadurch in eine Gruppe verwandelt, dass sie deren Affekte auf eine bestimmte Weise ausrichtet. Wie sich die nationalsozialistische Weltanschauung um den Antisemitismus zentrierte, so basierte der kalte Krieg der westlichen Welt gegen die sozialistischen Länder auf dem Antikommunismus. Und George W. Bush entwickelt den Krieg gegen den Terrorismus zu einer Weltanschauung. Dieses weltanschauliche Angebot ist in zweierlei Weise wirksam:

Auf der einen Seite greift die Weltanschauung die durch die Attentate des 11. September ausgelösten Affekte der Angst und Schuld, der Demütigung und Scham, der Ohnmacht und Wut auf, damit sich die Amerikaner auf eine autoritäre Weise an den Präsidenten binden und zugleich gegen ihn aufkommende aggressive Impulse auf die Terroristen verschieben. Das bedeutet aber, dass die in dieser Krisensituation wiederauflebenden infantilen Affekte der Kränkung und ohnmächtigen Wut, der Versagung und des Hasses, die durch traumatische Erfahrungen in der Kindheit entstanden und durch andere Erfahrungen im Jugendalter nicht korrigiert worden sind, durch die Aufforderung, dass die Terroristen »das Böse« verkörpern und deshalb zu bekämpfen seien, »weltanschaulich gefüllt« werden (ebd., S. 121). Das heißt aber, dass der Einzelne sich für sozial verpönte Affekte wie Wut und Hass nicht mehr zu schämen und sie nicht aufgrund von Schuldgefühlen zu unterdrücken braucht. Vielmehr vermittelt ihm die Weltanschauung das Bewusstsein, dass seine aggressiven und feindseligen Triebregungen gerechtfertigt sind, weil die Terroristen die Ursache allen Übels seien und deshalb vernichtet werden müssten. Und dieser Rechtfertigung seiner destruktiven Impulse fühlt sich der Einzelne umso sicherer, als er diese Affekte nicht allein spürt, sondern sie aufgrund ihrer weltanschaulichen Ausrichtung mit allen anderen Bushanhängern teilt. Die Übernahme der Weltanschauung der Terrorismusbekämpfung ermöglicht es dem Einzelnen daher, sich zu stabilisieren, weil sie die autoritäre Lösung seiner Triebkonflikte rechtfertigt.

Auf der anderen Seite gibt die Weltanschauung eine Antwort auf die durch ökonomische Widersprüche und soziale Interessenkämpfe bedingten politischen Fragen. Denn der Präsident nimmt mit Hilfe der Weltanschauung der Terrorismusbekämpfung die Mehrheit der AmerikanerInnen für die Hegemonialpolitik der wirtschaftlich und politischen Mächtigen ein, die durch den weltweiten Einsatz amerikanischer Truppenverbände den ungehinderten Zugang der Vereinigten Staaten zu den Öl- und Gasressourcen unseres Planeten sicherstellen wollen. Bush kann durch die Weltanschauung der Terrorismusbekämpfung aber auch die Gläubigen der religiösen Rechten mobilisieren, die in Amerika zahlenmäßig in demselben Maße wachsen, wie die liberalen Kirchen an Mitgliedern verlieren. Wenn er davon spricht, am 11. September »das Gesicht des Bösen« gesehen zu haben, dann bedient er damit die Vorstellungen jener christlichen Fundamentalisten, die davon überzeugt sind, »dass die Anschläge von New York und Washington jenen Prozess in Gang gebracht haben, der zum Ende der Welt, zur Wiederkehr Christi und zum Anbruch des verheißenen tausendjährigen Gottesreichs führen wird« (Hoyng/Spörl 2003, S. 96).[27] Wenn politische Gegner wie Al Gore kritisieren, dass Bush aufgrund seiner Ignoranz gegenüber den Folgen der Klimaerwärmung keine Verantwortung für künftige Generationen übernimmt, dann demonstriert der Präsident »Verantwortungsbewusstsein« durch die weltanschauliche Botschaft, dass er für Kinder und Kindeskinder durch den Krieg gegen den Terrorismus eine friedliche Welt schaffe. Und wenn kritisiert wird, dass Bush die wirtschaftlichen Probleme Amerikas nicht habe lösen können, dann antwortet der Präsident seinem weltanschaulichen Bewusstsein entsprechend, dass die ökonomischen Schwierigkeiten auch auf die Attentate des 11. September zurückzuführen seien (*Der Spiegel*, 8. 11. 2004, S. 140). Indem Bush die Terroristen zur Wurzel allen Übels erklärt, greift er die sozialen, ökonomischen und politischen Fragen auf und beantwortet sie ganz im Sinne der Neokonservativen und der religiösen Rechten auf eine falsche Weise. An die Stelle des Kampfes der sozial Schwachen gegen die wirtschaftlich und politisch Mächtigen rückt die Weltanschauung der Terrorismusbekämpfung daher den »Kampf der Kulturen«, der sich gegen »die Achse des Bösen« richten soll.

Das bedeutet aber, dass Bush die Mehrzahl seiner Landsleute dadurch für sich gewinnen konnte, dass er vermittels der Weltanschauung der Terrorismusbekämpfung die autoritäre Antwort auf die Triebkonflikte, die dem Einzelnen eine individuelle Stabilisierung ermöglicht, mit der falschen Antwort auf die sozialen Probleme verknüpft, die durch den kriegerischen »Kampf der Kulturen« gelöst werden sollen. Dieses weltanschauliche Angebot fasziniert vor allem deshalb, weil Bush als charismatischer Feldherr die Welt, die aufgrund des durch Technik und Wissenschaft geprägten Rationalisierungsprozesses entzaubert worden ist, durch die pseudoreligiöse Vorstellung wieder »verzaubert« (Adorno 1950, S. 398), als Streiter einer göttlichen Macht des »Guten« gegen »das Böse« zu kämpfen.

V Schluss: »Sanfter Faschismus«
   oder postmoderner Autoritarismus?

1 Zusammenfassung der Forschungsergebnisse

Wenn man sich am Ende noch einmal das dem vorliegenden Forschungsprojekt zugrunde liegende Erkenntnisinteresse vergegenwärtigt, dann wird deutlich, dass es um einen ganz spezifischen Beitrag zu einem sehr komplexen Thema geht. Dabei ist zu beachten, dass die psychoanalytische Untersuchung einer Fragestellung der politischen Psychologie eine soziologische oder auch eine politologische Untersuchung nicht ersetzt.

Wären die Reden und der ihnen zugrunde liegende soziale Kontext ideologiekritisch analysiert worden, hätte man untersuchen können, wie sich in den Worten und Inszenierungen von Bush die neokonservative Ideologie der in Amerika herrschenden Klasse reproduziert, welche ihre partikularen Interessen als die allgemeinen Interessen der Mehrheit darstellt. Oder man hätte anhand von Bushs Auftreten und Lebensgewohnheiten den Habitus einer sozialen Klasse untersuchen können, die sich durch die feinen Unterschiede des Lebensstils von anderen Klassen abgrenzt. Zudem hätte man das Bewusstsein und die soziale Lage der sozial Schwachen analysieren können, die auf Modernisierungsprozesse mit Angst, Ohnmacht und Aggression reagieren. Sie neigen wie die RepublikanerInnen insgesamt dazu, ihren Stereotypien und Vorurteilen entsprechend Homosexuelle, Liberale, Intellektuelle, Feministinnen, AtheistInnen und Angehörige fremder Ethnien für ihr Leiden unter den Folgen ökonomischer und sozialer Widersprüche verantwortlich zu machen.

Schließlich geht es auch nicht um eine medienwissenschaftliche Untersuchung der Propagandastrategien, die wie die Studie von Elter (2005) analysiert, wie die Regierung Bush den PR-Apparat umstrukturiert, Werbeagenturen eingesetzt, eine »graue Propaganda« entwickelt hat – im Zuge derer »Halbwahrheiten« genutzt und »relevante Informationen außer Acht gelassen wurden« (S. 282) – und im Irakkrieg auf »embedded reporters« gesetzt hat, welche die Soldaten zwar begleiten durften, aber aufgrund der unmittelbaren Nähe zur kämpfenden Truppe keinen Überblick über den Gesamtzusammenhang der militärischen Operationen gewinnen konnten, der ihnen erst eine kritische Distanz ermöglicht hätte.

Wie wichtig soziologische, politologische und medienwissenschaftliche Untersuchungen daher auch sind, in dieser psychoanalytischen Studie geht es um etwas anderes: Die Fragestellung hat das subjektive Erleben fokussiert, das der amerikanische Präsident durch seine öffentlichen Auftritte in der Mehrheit seiner Landsleute zu wecken suchte, um sie für die partikularen Interessen der wirtschaftlich und politisch Mächtigen einzunehmen. Durch die Analyse der Worte und Inszenierungen von Bush wurde rekonstruiert, wie es ihm durch sein autoritäres Auftreten gelingt, die Vorurteile und unterdrückten aggressiven Affekte seiner ZuhörerInnen anzusprechen, so dass sie Einwände der Vernunft und die Einsicht in ihre soziale Lage und in ihre objektiven Interessen im Vertrauen darauf beiseite schieben, dieser Präsident werde ihre Interessen schon vertreten. Es geht also nicht um die Analyse der Ideologie, der sozialen Position der wirtschaftlich und politisch Mächtigen oder der Klassenlage der konservativen WählerInnen, auch nicht um eine Untersuchung der Propagandastrategien der amerikanischen Regierung, sondern um die szenische Rekonstruktion der subjektiven Erfahrungen, die Bush öffentlich inszeniert und mit denen er seine ZuhörerInnen »ansteckt«, die sich mit ihm identifizieren und die gegen ihn aufkommenden feindseligen Impulse auf eine autoritäre Weise gegen die Feinde richten, die der Präsident ihnen durch die Weltanschauung der Terrorismusbekämpfung anbietet.

Die Analyse des zweiten Kapitels zeigt, wie Bush die Attentate des 11. September und bin Laden Amerikas Krieg gegen Afghanistan dazu nutzten, um die durch diese Ereignisse ausgelösten Affekte der Angst, Ohnmacht und Wut im Interesse ihrer fundamentalistischen Weltanschauungen zu funktionalisieren. Sowohl der Präsident als auch der Terroristenführer vermitteln ihren Publika, sie als mit außeralltäglichen Fähigkeiten begabte charismatische Führer in diesen Gefahrensituationen retten zu können. Sie verleihen ihren Inszenierungen durch den Rückgriff auf Schöpfungsmythen Nachdruck. So stilisiert Bush die AmerikanerInnen zu einer der Fremdgruppe überlegenen Eigengruppe, weil sie die Nachfahren des von Gott auserwählten Volkes seien, das Recht dazu hatte, die endlosen Weiten des nordamerikanischen Kontinents in Besitz zu nehmen und sich die in der Neuen Welt lebende indigene Bevölkerung zu unterwerfen. Genau so stellt bin Laden die Araber als eine der Fremdgruppe überlegene Eigengruppe dar, weil sie die Nachfahren der Anhänger Mohammeds seien, für die Allah die arabische Halbinsel als eine Ebene geschaffen habe, die durch Wüsten und Meere auf natürliche Weise vor feindlichen Eindringlingen geschützt sei.

Wie die Worte von Bush und bin Laden bei den ZuhörerInnen ankamen, erschloss die tiefenhermeneutische Rekonstruktion durch die Analyse der sich in der Spannung zwischen einem manifesten und einem latenten Sinn entfalteten Bedeutungsstruktur der Reden: Die szenische Interpretation der am Abend des 11. September gehaltene Ansprache von Bush sozialisierte die AdressatInnen in der westlichen Welt auf die folgende Weise: Indem auf der manifesten Bedeutungsebene der Ansprache von Amerikas mächtigem Militärapparat gesprochen wurde, der »vorbereitet« wäre, indem vom politischen Neid der Terroristen auf Freiheit und Demokratie die Rede war und dazu aufgefordert wurde, sich für den unausweichlichen Krieg gegen den äußeren Feind zusammenzuschließen, stellte Bushs Rede einen politischen Diskurs her, der den durch die Terroranschläge ausgelösten Ängsten seiner Landsleute entgegenwirkte und einer ohnmächtigen Wut ein Ziel anbot. Zugleich entzog dieser politische Diskurs der öffentlichen Diskussion die vor allem von amerikanischen Intellektuellen aufgeworfenen heiklen Fragen, die zu Kritik an der amerikanischen Sicherheits- und Außenpolitik hätten führen können. So wurden das Versagen von FBI und CIA, die jahrelange militärische Unterstützung für bin Laden und seine Mudschahedin und die amerikanische Globalisierungspolitik, welche eine internationale Arbeitsteilung auf Kosten der Länder der Dritten Welt durchsetzt, auf die latente Bedeutungsebene der Bush-Rede verbannt. Stattdessen verlieh der Präsident dem manifesten Sinn seiner Rede eine charismatische Qualität, indem er auf den amerikanischen Traum zurückgriff, demzufolge Amerikaner starke Westerner sind, die bei einem Überfall zu den Waffen greifen, um den Kampf gegen »das Böse« aufzunehmen.

Die szenische Rekonstruktion zeigt auch, welche Sozialisationsleistung bin Ladens Rede nach dem amerikanischen Angriff auf Afghanistan übernahm: Durch die manifeste Botschaft, die Terroranschläge zu einer Schlacht in einem Heiligen Krieg gegen die Ungläubigen zu stilisieren, etablierte bin Laden in der islamischen Welt einen politischen Diskurs, der mit dem Dschihad auch zu einem »Kampf der Kulturen« aufrief. Dabei versuchte er Einwände gegen seine charismatische Botschaft der öffentlichen Diskussion zu entziehen, indem er die zynische Instrumentalisierung des Islams, das Verbrecherische der Attentate, die Schuld der Täter und das Leiden der Opfer auf die latente Bedeutungsebene seiner Rede verbannte. All das wurde hinter dem manifesten Sinn einer Ansprache verborgen, die zum Heiligen Krieg gegen die Ungläubigen aufrief, die Täter als den Märtyrertod auf sich nehmende Diener Allahs feierte und die Opfer als »Mörder« beschimpfte.

Sozialisationstheoretisch heißt das, dass beide Führer nicht auf einen sich an die Vernunft wendenden rationalen Diskurs setzten, sondern sich eines irrationalen Diskurses bedienten, der die ZuhörerInnen durch das Provozieren der Wiederkehr frühinfantiler Affekte in gehorsame Kinder einer rettenden Vaterfigur verwandelte. Denn beide Ansprachen drängten zur Spaltung des Erlebens in Gut und Böse, zur Verleugnung destruktiver Impulse der Eigengruppe und zu deren Projektion auf die Fremdgruppe. Und beide Male wurden die derart geweckten Triebregungen der AdressatInnen auf autoritäre Weise sozialisiert: Wie Bush und bin Laden zu einem konventionalistischen Umgang mit den tradierten Werten aufforderten, vermittels dessen die Religion im Dienste kriegerischer Absichten missbraucht wurde, so forderten sie ihre ZuhörerInnen zu einer autoritären Unterwerfung unter ihren Befehl und zur Verschiebung der gegen sie aufkommenden aggressiven Triebregungen gegen die Fremdgruppe auf. Über die Weltanschauung des christlichen und des islamistischen Fundamentalismus wurde der autoritäre Umgang mit Triebkonflikten zugleich mit der falschen Antwort auf das Leiden unter ökonomischen und sozialen Missständen kurzgeschlossen, die durch den »Kampf der Kulturen« statt durch gesellschaftliche Veränderung beseitigt werden sollen.

Zwar ist es unübersehbar, dass die von Bush und bin Laden propagierten Weltanschauungen inhaltlich sehr unterschiedlich sind. Jedoch bildet die fundamentalistische Orientierung den gemeinsamen Nenner beider Weltanschauungen: Wie Bush auf die mythische Vorstellung zurückgreift, Amerika sollte als das von Gott auserwählte »neue Jerusalem« einen Krieg gegen den Terrorismus führen, so bedient sich bin Laden eines Mythos der Schöpfungsgeschichte, der entsprechend Gott die arabische Halbinsel für das von ihm ausersehene Volk geschaffen habe, das nun in einen Heiligen Krieg gegen Amerika eintreten soll. Indem Bush und bin Laden »Geschichte in Natur verwandeln«, produzieren sie ganz im Sinne von Roland Barthes (1957) Mythen, um die herrschenden Verhältnisse gegen die Notwendigkeit gesellschaftlicher Modernisierung zu verteidigen. Wie Bushs protestantischer Fundamentalismus lässt daher auch bin Ladens wahabitischer Fundamentalismus die »Geschichte als Degeneration« erscheinen, »als Abfall von den Ordnungsprinzipien des ewigen, geoffenbarten, göttlichen Gesetzes« (Riesebrodt 2000, S. 90).

In Kapitel III ging es in Auseinandersetzung mit Justin Franks psychoanalytischer Studie zu Bush um zwei Fragestellungen: Auf der einen Seite wurde Franks Untersuchung einer eingehenden Kritik unterzogen, weil er das methodologische Problem der Anwendung der Psychoanalyse auf das jenseits der Couch gelegene Forschungsfeld ignoriert. Infolgedessen psychologisiert und pathologisiert Frank den amerikanischen Präsidenten nicht nur dadurch, dass er dessen Biografie und Politik auf eine gestörte Mutter-Kind-Beziehung und auf das Leiden unter ADS, Legasthenie und Alkoholismus zurückführt. Vielmehr pathologisiert und familialisiert er auch Bushs Interagieren mit seinen Landsleuten, indem er deren Zustimmung zur Politik des Präsidenten auf die co-abhängige Sorge einer großen Familie um den alkoholabhängigen Vater zurückführt.

Auf der anderen Seite wurde Franks psychoanalytische Studie einer tiefenhermeneutischen Sekundäranalyse unterzogen, um zu erfassen, was für eine Persönlichkeit sich hinter den Reden und Auftritten des Präsidenten verbirgt. Wie die szenische Interpretation von Bushs Sadismus gezeigt hat, lässt sich diese Perversion aus traumatischen Interaktionserfahrungen mit der gewalttätigen Mutter erklären. Und die szenische Interpretation von Bushs Verhältnis zu seinem Vater, der für ihn lebenslang ein Vorbild war, gegen den er aber auch ständig rebellierte, spricht dafür, dass Bush eine narzisstische Persönlichkeit eigen ist. Diese Lesart wurde durch die Interpretation einer Schlüsselszene bestätigt, in der sich Bush mit Gottvater auf eine Stufe stellt und zugleich den leibhaftigen Vater seine Verachtung spüren lässt, auf dessen tatkräftige Hilfe er in Krisensituationen stets zurückgreifen konnte. Die szenische Interpretation der Art und Weise, wie der Sohn die Lebenskarriere des Vaters kopierte, ohne sich ernsthaft anzustrengen, er vielmehr alles das, wofür der Vater gekämpft hatte, mit dem geringsten Aufwand erledigte, warf die Frage auf, ob George W. Bush nicht von einer perversen Neigung beherrscht wird, sich über alle Gesetze hinwegzusetzen und sie für sich selbst umzustürzen. Es wurde deutlich, dass der Sohn über den Vater triumphiert, weil er dessen

Leistungen dadurch entwertet, dass er alle Unterschiede zwischen Leistung und Faulheit, zwischen Ehrlichkeit und Betrug nivelliert. Das bedeutet aber, dass es Bush um den perversen Versuch geht, dadurch seine Einzigartigkeit und Größe unter Beweis zu stellen, dass er die Wirklichkeit durch eine Ordnung des Schwindels und der Täuschung in der zuversichtlichen Hoffnung darauf ersetzt, die Welt durch ihre Zerstörung neu schaffen zu können.

Die in Kapitel IV entwickelte szenische Interpretation der Gedenkrede zum 11. September 2006 zeigt, dass sich Bushs politische Überzeugungen im Verlaufe seiner Regierungszeit nicht gemäßigt, sondern radikalisiert haben. Die Analyse zeigt, dass Bush mit dieser Rede zwei Aufgaben verfolgt:

Auf der einen Seite geht es ihm darum, mit dieser Ansprache an die Öffentlichkeit seinen Krieg gegen den Terrorismus zu legitimieren. Während es auf der manifesten Bedeutungsebene dieser Rede darum geht, dass Bush seine Landsleute auf den in seiner Regierungszeit entstandenen hegemonialen Diskurs verpflichten will, verbannt er auf die latente Bedeutungsebene gegenläufige Diskurse, welche im Namen der Menschenrechte die in Guantánamo Bay und in Abu Ghureib herrschenden Folterpraktiken anprangern, wie Edward Kennedy den ins Chaos führenden Irakkrieg mit dem Scheitern des Vietnamkriegs vergleichen oder wie Al Gore dem Präsidenten das Ignorieren der Klimaerwärmung und ihrer Folgen vorhalten. Sozialisationstheoretisch heißt das aber Folgendes: Wenn Bush für den Krieg gegen den Terrorismus wirbt und durch sein Schweigen zugleich die vor allem von DemokratInnen zur Sprache gebrachten Kritiken und Vorschläge zu alternativen Handlungsmöglichkeiten so unterdrückt, als ob sie gar nicht existieren würden, dann fordert er das Publikum nicht nur dazu auf, seine Auffassungen zu übernehmen (manifester Sinn). Vielmehr übt er so auch ein, die kritischen Diskurse unbewusst zu machen, die der Präsident als sozial anstößig tabuisiert (latenter Sinn). Der manifeste Sinn der Rede wird also dadurch bestimmt, dass Bush mit seinen ZuhörerInnen darüber kommuniziert, wie die politische Gegenwartslage ganz im Sinne des hegemonialen Diskurses zu begreifen ist. Der latente Sinn der Rede wird hingegen dadurch hergestellt, dass der Präsident gegenläufige Diskurse exkommuniziert und auf diese Weise in der Öffentlichkeit Unbewusstes herstellt, über das seine AnhängerInnen nicht mehr zu sprechen wagen, wollen sie nicht das Risiko eingehen, als »Bushhasser« aus der Eigengruppe der Neokonservativen ausgegrenzt zu werden (Corn 2003, S. 384).

Auf der anderen Seite steht Bush vor der Aufgabe, seine ZuhörerInnen für den hegemonialen Diskurs einzunehmen. Das geschieht dadurch, dass er auch fünf Jahre nach den Attentaten des 11. September immer noch so auftritt, als hätten sie sich gerade erst ereignet. Bush achtet darauf, die Erinnerung an die Attentate wach zu halten, weil er die durch die Anschläge ausgelösten Affekte der Angst und Demütigung, der Ohnmacht und Wut braucht, um sich seinen Landsleuten als ein unentbehrlicher charismatischer Führer zu empfehlen, der ihnen in dieser Katastrophenlage hilft: Wie die szenische Rekonstruktion zeigt, greift er im Zuge seiner Selbstinszenierung als charismatischer Prediger auf den 23. Psalm zurück und tröstet sein Publikum mit der frohen Botschaft, dass die Opfer des 11. September nichts anderes als Märtyrer seien, in deren Nachfolge seine Landsleute den Kampf gegen das »Böse« aufnehmen sollten, um ihren Beitrag zur späteren Errichtung des Himmelreichs auf Erden zu leisten. Und im Zuge seiner Selbstinszenierung als charismatischer Feldherr werden die Opfer des 11. September als bei einem kriegerischen Angriff gefallene Soldaten erinnert, deren Platz die Überlebenden einnehmen sollen, indem sie den in Afghanistan und im Irak geführten Krieg gegen den Terrorismus unterstützen, der allein die Sicherheit Amerikas und den durch die Feinde gebrochenen Frieden auf der Welt wiederherstellen kann. Zudem bedient sich Bush auf der Basis einer charismatischen Selbstinszenierung als welterfahrener Staatsmann der Attentate des 11. September, um jenen politischen GegnerInnen entgegenzutreten, die ihm vorwerfen, dass er in Bezug auf die Zukunft verantwortungslos sei, weil er die Gefahr einer ökologischen Katastrophe missachte. Ihnen erwidert der Präsident, dass er kommenden Generationen gegenüber eine besondere Verantwortung übernehme, weil die größte Gefahr des 21. Jahrhunderts im Terrorismus bestehe, den er deshalb mit allen zur Verfügung stehenden Kräften bekämpfen wolle, selbst wenn das auf einen »dritten Weltkrieg« hinauslaufen sollte. So wird fassbar, wie Bushs Rede auf das Publikum durch ihre doppelbödige Bedeutung wirkt: Während auf der manifesten Bedeutungsebene die durch den 11. September ausgelösten Affekte der Demütigung, Ohnmacht und Wut dazu benutzt werden, um aus den Terroranschlägen die manische Botschaft abzuleiten, der Krieg gegen den Terrorismus werde der Menschheit den Frieden bringen, werden auf die latente Bedeutungsebene der Schmerz und die Trauer um die Opfer der Terroranschläge so verbannt wie die Sorge um das Weiterleben der Menschheit auf der Erde.

Sodann wurde die tiefenhermeneutische Rekonstruktion der Gedenkrede im Rückgriff auf Adornos Autoritarismusstudie theoretisch begriffen. Es wurde deutlich, dass der von Bush beschworene Terrorismus Ausdruck eines Vorurteilsdenkens ist, das die Eigengruppe idealisiert und die Fremdgruppe entmenschlicht. Wie den Terroristen des 11. September abgesprochen wird, als Selbstmordattentäter ihr Leben für die islamistische Weltanschauung geopfert zu haben, so werden umgekehrt die Opfer der Attentate als für ihren Glauben gestorbene Märtyrer und als in der ersten Schlacht gegen den Terrorismus gefallene Soldaten glorifiziert. Sodann wurde anhand der Gedenkrede zum 11. September exemplarisch untersucht, wie Bush seine Landsleute während seiner Regierungszeit auf eine autoritäre Weise sozialisiert hat. Ob es um Konventionalismus, autoritäre Aggression oder autoritäre Unterwürfigkeit, um Aberglaube und Stereotypie, Machtdenken und Robustheit, Destruktivität und Zynismus oder um Projektivität geht – alle diese Merkmale des autoritären Syndroms spiegeln sich in Bushs Worten, Inszenierungen und Taten. Zuletzt wurde analysiert, wie Bushs Interagieren mit seinen Landsleuten mit den Affekten einer autoritären Persönlichkeit, mit den das diskursive Argumentieren unterlaufenden magischen Inszenierungen und mit einer weltanschaulichen Agitation verknüpft ist, die sich radikalisiert hat. Während Bush im Jahr 2001 noch ein Regierungschef war, der mit dem Krieg gegen den Terrorismus für die neokonservative Weltanschauung und die Weltanschauung des christlichen Fundamentalismus warb, ist er mittlerweile zu einem Präsidenten geworden, der in seinem fanatischen Eifer, »das Böse« auf der Welt zu bekämpfen und einen »Kampf der Kulturen« zu führen, aus dem Krieg gegen den Terrorismus eine Weltanschauung gemacht hat, die an die Stelle der den kalten Krieg beherrschenden antikommunistischen Weltanschauung getreten ist.

Abschließend soll versucht werden, das Begreifen der psychoanalytischen Fallrekonstruktionen dadurch zu vertiefen, dass einige Zusammenhänge zwischen den verschiedenen Kapiteln der Arbeit hergestellt werden:
1. Um einen Zugang zur Wirkung der am 11. September 2001 gehaltenen Rede von Bush auf das Erleben der ZuhörerInnen zu gewinnen, wurde in Kapitel II rekonstruiert, wie die Patienten und Patientinnen meiner psychoanalytischen Praxis und ich emotional auf die Attentate des 11. September reagiert haben, im Rückgriff auf die der Präsident seinen Krieg gegen den Terrorismus rechtfertigt. Die Analyse hat gezeigt, dass auch die PatientInnen und ich die Terroranschläge als derart bedrohlich erlebt hatten, dass wir automatisch

auf primitive Abwehrmechanismen der Spaltung in Gut und Böse, der Verleugnung und der Projektion zurückgriffen, um die durch die Fernsehbilder ausgelösten Vernichtungs- und Verfolgungsängste unter Kontrolle zu bringen. Zudem suchten wir uns zumindest momentan in der Welt zu orientieren, indem wir diese archaischen Ängste auf eine autoritäre Weise bewältigten: Wie der iranische Patient und die deutsche Sozialarbeiterin auf eine autoritäre Weise für bin Laden Partei ergriffen und ihre Wut gegen Amerika und gegen mich richteten, so identifizierte sich der deutsche Computerfachmann mit Amerika und reagierte autoritär, als er einem irakischen Mietsuchenden eine Wohnung verweigerte. Dass auch ich momentan autoritär reagierte, zeigt sich darin, dass ich Bushs Auftreten am Abend nach den Terroranschlägen glaubwürdig und überzeugend fand, eine Szene, an die sich die andere Szene am darauf folgenden Tag anschloss, als mir auffiel, dass ich die Menschen auf der Straße danach sortierte, ob sie Deutsche oder AraberInnen wären. Diese Beispiele zeigen, dass die emotionalen Reaktionen der Amerikaner und Amerikanerinnen auf die Attentate des 11. September ubiquitär sind: Wenn wir von Schrecken und Entsetzen angesichts einer Katastrophensituation eingeholt werden, dann neigen wir dazu, auf primitive Abwehrmechanismen zurückzugreifen, um die uns überflutenden Todesängste und destruktiven Impulse unter Kontrolle zu bringen. Zugleich tendieren wir dazu, uns auf eine autoritäre Weise an die äußere Situation anzupassen, indem wir Halt bei einer starken Führerfigur suchen und die durch die Krise ausgelösten feindseligen Impulse auf deren Feinde verschieben. Aus diesem Grunde ist es so wichtig, ob politische Führer auf der Grundlage eines symbolischen Interagierens mit ihren AdressatInnen die durch die Katastrophe freigesetzten Affekte aufgreifen, um sie zu verarbeiten; oder ob politische Führer auf eine symptomatische Weise mit ihren ZuhörerInnen agieren, indem sie die durch die Katastrophe geweckten Triebregungen anheizen, um sie im Dienste der von ihnen propagierten Weltanschauung zu funktionalisieren. So verhält sich Bush, der immer wieder die durch die Terroranschläge ausgelösten irrationale Affekte beschwört, um seine Landsleute für den zur Weltanschauung gewordenen Krieg gegen den Terrorismus einzunehmen.

Um zu illustrieren, wie die Rede vom 11. September 2006 auf das Erleben des Publikums einwirkte, wurde in Kapitel IV vergegenwärtigt, wie sich die Studierenden in der Gruppendiskussion nach der ersten Lektüre durch das Verbalisieren ihrer Assoziationen, Irritationen und Verstehenszugänge einen

Zugang zum Text erschlossen. Die Zusammenfassung dieser Gruppendiskussion zeigt, dass die Studierenden schon in der ersten Gruppeninterpretation all die Themen zur Sprache brachten, die in der darauf folgenden tiefenhermeneutischen Rekonstruktion der Rede systematisch analysiert wurden. Dieser Sachverhalt macht darauf aufmerksam, dass das Publikum emotional sehr schnell die Lebensentwürfe erfasst, die ein politischer Führer wie Bush in seiner Ansprache inszeniert. Um aber die Frage zu beantworten, auf welche Weise diese Wirkung zustande kommt, bedarf es einer langwierigen szenischen Rekonstruktion der Rede und ihrer Wirkungsweise, im Zuge derer die Lebensentwürfe erst schrittweise bewusst werden, die der amerikanische Präsident aufgreift und im Dienste der von ihm propagierten Weltanschauung funktionalisiert.

Abb. 21 (Time, 6. 9. 2004, S. 25): Das Bild zeigt, wie Bush auf seiner Ranch mit seinem Vizepräsidenten Dick Cheney und seinem Verteidigungsminister Donald Rumsfeld vor der Kamera posiert. Während die beiden wichtigsten Mitstreiter der ersten Amtsperiode Jackets und Tuchhosen tragen, imponiert Bush durch seine Jeans und durch sein kurzärmeliges kariertes Hemd als Cowboy. Und während Cheney die Hände vor seinem Bauch faltet, Rumsfelds linke Hand in der Hosentasche steckt, während die rechte Hand locker an seinem Bein herunter hängt, breitet Bush kraftvoll die Arme zur Seite aus, als wollte er schnell zu den Revolvern greifen können, falls das erforderlich sein sollte. Durch die Worte, dass sowohl Cheney als auch Rumsfeld unter Beschuss (»under fire«) geraten seien, aber dass Bush sie verteidigt

habe, trägt der Kommentar der Zeitschrift Time diesem szenischen Detail Rechnung (vgl. ebd.). Diese Szene, in der Bush spontan die Haltung eines Cowboys einnimmt, obgleich er keine Waffe und keinen Cowboyhut trägt, offenbart, was es bedeutet, dass der Präsident die Gestik und Mimik des Westerners, der nicht viele Worte macht und Konflikte am liebsten mit der Waffe in der Hand löst, so verinnerlicht und habitualisiert hat, dass er sie auf seiner Ranch spontan einnimmt.

2. Wenn man die tiefenhermeneutische Rekonstruktion der in Kapitel II und Kapitel IV untersuchten Präsidentenreden miteinander vergleicht, dann fallen gewisse Unterschiede der beiden szenischen Interpretationen auf: Die Rede vom 11. September 2001 gipfelt darin, dass Bush auf den amerikanischen Traum zurückgreift, indem er sich nach den Attentaten als ein archetypischer Westerner inszeniert (vgl. Abb. 21), der den »kriegerischen Überfall« als eine Herausforderung betrachtet, um den Kampf des WASP (White Anglo-Saxon Protestant) an einer neuen Grenze zur Wildnis aufzunehmen: Wie sich einst die westwärts ziehenden Siedler ihrer Gewehre bedienten, um sich an der Grenze zur Wildnis gegen die »das Böse« verkörpernden »Indianer« zu verteidigen, so betrachtet der Westerner den Nahen und Mittleren Osten nun als eine neue Grenze zur Wildnis, an der er seine Öl- und Gasvorkommen durch den Einsatz von Flugzeugträgern und Kampfflugzeugen, Panzern und Bodentruppen vor Terroristen schützen muss. Die Rede vom 11. September 2006 fokussiert dagegen die Selbstinszenierung eines Predigers, der im Rückgriff auf den christlichen Fundamentalismus den Kampf gegen den durch die Terroristen verkörperten Teufel aufnimmt, und die Selbstpräsentation als Feldherr, der Amerikas durch die Attentate verletzte Größe und Stärke durch den Einsatz seiner gigantischen Militärmaschinerie wiederherstellt. Diese Differenzen lassen sich darauf zurückführen, dass der politische Kontext beider Reden unterschiedlich ist: Aufgrund der Terroranschläge befand sich der Präsident am Abend des 11. September 2001 in der Offensive: Seine Landsleute erwarteten von Bush eine starke Antwort auf die Attentate, die er ihnen im Rückgriff auf die archaische Bilderwelt des Westens lieferte: Die Attentate erlaubten ihm die Selbstinszenierung als Westerner, der zu den Waffen greift, um gegen die Terroristen den Kampf aufzunehmen und sie zu jagen, in welchem Schlupfwinkel sie sich auch verborgen haben mochten. Am 11. September 2006 befand sich der Präsident dagegen in der Defensive: Aufgrund der einseitigen Steuererleich-

terungen für die wirtschaftlich Mächtigen, des schwachen Krisenmanagements nach dem Hurrikan in New Orleans, den willkürlichen Einschränkungen von Bürgerrechten und des unpopulär gewordenen Irakkrieges kämpfte Bush darum, die Mehrzahl seiner Landsleute wieder für seine Politik einzunehmen. Eben deshalb wandte er sich auf der Grundlage einer charismatischen Selbstinszenierung als Prediger an das Gewissen seiner Landsleute, indem er ihnen erklärte, ihnen falle als dem von Gott auserwählten Volk die Aufgabe zu, die Welt von der Macht des »Bösen« zu befreien. Zugleich appellierte er auf der Basis seiner charismatischen Selbstpräsentation als Feldherr an das Überich seiner Zuhörerinnen und Zuhörer, indem er davon sprach, dass sie in der Schuld der in den Feldzügen gegen Afghanistan und den Irak gefallenen Soldaten stünden und Amerikas Sicherheit und den Frieden auf der Welt durch die Fortsetzung des Krieges gegen den Terrorismus gewährleisten müssten. Wie sehr sich beide Reden auch unterscheiden, sie sozialisieren doch auf eine ähnliche Weise: Ob im Rückgriff auf den Mythos des Westens an unterdrückte aggressive Triebregungen oder ob im Rekurs auf das Charisma des Predigers und des Feldherrn an das Schuldgefühle machende Überich appelliert wird, beide Male werden irrationale Affekte auf Kosten des Ichs angeheizt, dessen Vernunft bei diesen autoritären Inszenierungen außer Kraft gesetzt wird.

3. Wenn man die in Kapitel II und Kapitel IV untersuchten Selbstinszenierungen des Präsidenten als ein charismatischer Führer, der sein Volk nach dem Katastrophenfall des 11. September zu retten vermag, mit den in Kapitel I analysierten Witzen und Fehlleistungen vergleicht, dann fällt auf, welche Gegensätze hier aufeinander prallen: Dort ein George W. Bush, der eine Abneigung gegen das Lesen von Büchern hat, und dessen Fehlleistungen die Folge dessen sind, dass er sich trotzig dagegen wehrt, für Andere Verantwortung zu übernehmen. Zu diesen intellektuellen und sozialen Defiziten kommt hinzu, dass er sich – wie an anderer Stelle erläutert wurde – mit der Sprache schwer tut, weil ihm häufig Sätze entgleisen, – gleichgültig, ob er deren Sinn durch das Verwechseln und Auslassen von Worten oder aber durch das Verletzen von grammatischen Regeln entstellt. Hier dagegen ein mit Macht und einer magischen Allwissenheit ausgestatteter Präsident, der das Charisma eines gegen »das Böse« kämpfenden Predigers und eines den »Kampf der Kulturen« austragenden Feldherrn ausstrahlt, der den Mut hat, durch Kriege den Kampf gegen eine »Achse des Bösen« aufzunehmen.

Mit Adorno (1950) kann man davon sprechen, dass Bush gerade dadurch sein Publikum beeindruckt, weil er stark und zugleich schwach ist. Denn wie die von Adorno untersuchten faschistischen Rundfunkredner setzt Bush auf »die Imago [...] des *großen kleinen Mannes*« (S. 375):

> »Als Verkörperung der psychologischen ›Integration‹ seines Publikums zu einer Totalität ist der Redner schwach und stark zugleich, schwach: insofern jeder Einzelne aus der Menge als fähig erachtet wird, mit dem Führer sich zu identifizieren, der ihm darum nicht allzu überlegen sein darf; stark: insofern er das machtvolle Kollektiv repräsentiert, das durch die Einigung der Angesprochenen zustande gekommen ist.« (ebd.)

Dadurch, dass Bush als »großer kleiner Mann« auftritt, vermag er auf gegensätzliche Bedürfnisse seiner ZuhörerInnen einzugehen: Einerseits können sie zu ihm aufschauen und ihn bewundern, weil er ein mächtiger Präsident ist, dem sie zutrauen, dass er den Krieg gegen den Terrorismus erfolgreich führt. Andererseits fühlen sie sich ihm verwandt, weil er durch seine Abneigung gegen Intellektuelle, durch seine Unsicherheit im Umgang mit der Sprache und durch den Witz, dem entsprechend er über sich selbst lachen kann, menschlich und glaubwürdig wirkt. Wenn Bushs Auftreten als charismatischer Führer, der die Fortsetzung des Krieges gegen den Terrorismus verlangt, auch Ängste weckt, so beruhigt doch zugleich das jungenhafte Auftreten, die Verlegenheit des Präsidenten angesichts seines Ungeschicks im Umgang mit der Sprache und die Witzeleien, die er in der Öffentlichkeit in Szene setzt, auch wenn ihm real aufgrund seiner (narzisstischen) Selbstbezogenheit jeder Humor abgeht. Weil Bush auch ein kleiner Mann wie seine ZuhörerInnen zu sein scheint, entsteht so der Eindruck, man brauche die konfrontierenden Worte des Präsidenten nicht allzu ernst zu nehmen, weil es so schlimm schon nicht kommen werde. Wie sehr der durch die Selbstinszenierung als »großer kleiner Mann« erzeugte Eindruck täuscht, sollen die abschließenden Überlegungen verdeutlichen.

4. Vergegenwärtigen wir uns am Ende, was dieser psychoanalytische Forschungsbeitrag leistet, der von der Wirkung auf das subjektive Erleben ausgeht, um durch exemplarische Einzelfallrekonstruktionen zu Einsichten in das gesellschaftlich Allgemeine zu kommen: In Kapitel 1 ist die Methode der Tiefenhermeneutik vorgestellt worden, mit der das Datenmaterial in den darauf

folgenden Kapiteln ausgewertet wurde. Die Analyse hat auch die Verfahrensweise erhellt, der entsprechend der Forscher und die Studierenden die Reden
von Bush und bin Laden auf sich wirken ließen, um unter dem Eindruck ihres
subjektiven Erlebens – das sich ihnen durch das Reflektieren von Assoziationen und Irritationen erschlossen hat – exemplarisch ausgewählte Szenen zu
rekonstruieren, die ganz unterschiedlichen Kontexten angehören, sich jedoch
in einen szenischen Zusammenhang bringen lassen, der tiefere Einsichten in
strukturelle Zusammenhänge ermöglicht. So hat die Analyse von Witzen und
Fehlleistungen zunächst gezeigt, dass der Präsident Bildung verachtet und
einen Widerwillen dagegen empfindet, als Politiker für Andere Verantwortung
zu übernehmen (vgl. Kapitel I). Eine andere Szene, die in den Kontext der von
Frank untersuchten Lebensgeschichte des Präsidenten gehört (vgl. Kapitel III),
weist in dieselbe Richtung: Als Bush nach öffentlicher Enthüllung des Vorfalls,
das er einmal wegen Alkohol am Steuer verhaftet worden sei, wenige Wochen
vor den Präsidentschaftswahlen 2000 gefragt wurde, »ob er jemals etwas getan
habe, wofür er sich schäme«, verneinte er entschieden (Frank 2004, S. 64). Aber
dann erzählte er, dass sein Bruder Marvin einmal »in das Dampfbügeleisen der
Familie uriniert hatte« (ebd.). Auch diese Szene offenbart Bushs Neigung, sich
jeder Verantwortung zu entziehen. Dabei scheint er angesichts der Frage des
Journalisten aufkommende Schamgefühle abzuwehren, indem er das eigene
Versagen projektiv auf den Bruder verschiebt und ihn in aller Öffentlichkeit
beschämt. Wie die Ausführungen in Kapitel IV verdeutlicht haben, spiegelt sich
dieser Unwille, Verantwortung zu übernehmen, auch im Umgang des Präsidenten mit dem Irakkrieg: Obgleich er die Öffentlichkeit durch ungesicherte
Unterstellungen und falsche Dokumente in die Irre geführt hatte, hielt er es
nach deren öffentlicher Aufdeckung nicht für notwendig, dazu Stellung zu
nehmen, sondern ging zur Tagesordnung über, als wäre nichts geschehen. Wie
das möglich war, wird verständlich, wenn man sich die Worte in Erinnerung
ruft, dass Bush »gern jeder Frage ausweichen« würde (ebd., S. 155). Diese
Bemerkung offenbart, dass er einen Widerwillen dagegen hat, den in einer
formalen Demokratie geltenden Regeln entsprechend zu handeln. Denn ein
Regierungschef ist in dieser Staatsform, in welcher das Volk der Souverän ist,
dazu verpflichtet, der Öffentlichkeit jederzeit Rede und Antwort zu stehen.
Wie sehr Bush das zuwider ist hat seine zynische Bemerkung offenbart, dass
er lieber amerikanische Soldaten »für unser Volk opfern« würde, »statt dem
Kongress stundenlang Rechenschaft ablegen zu müssen« (ebd., S. 131). Was

Bush von den in der formalen Demokratie wirksamen Regeln hält, hat er im übrigen im Dezember 2000 beiläufig erklärt: »Wenn wir eine Diktatur hätten, wäre alles weiß Gott viel einfacher, solange ich der Diktator wäre« (Weisberg 2003a, S. 95). Mit diesen Worten spricht Bush offen die autoritäre Haltung eines Pseudokonservativen aus (vgl. IV, 7.2), der ständig von Freiheit und Demokratie redet, sie aber aufgrund seiner Gier nach Macht und Einfluss am liebsten abschaffen würde.

Richard Sennet (2004) hat angesichts zunehmender Überwachungsmaßnahmen die Frage aufgeworfen, ob nicht die Demokratie in Bushs Amerika entgleise, weil die nach dem 11. September eingeführten Überwachungsmaßnahmen zusehends um sich greifen. Wenn doch die Regierung Bush unter Terrorverdacht geratenen US-BürgerInnen ohne Einschalten der Gerichte die Bürgerrechte aberkennen lassen will und »drei der größeren islamischen Wohlfahrtseinrichtungen verbot, nicht, weil diese irgendetwas verbrochen hätten, sondern weil irgendwann irgendwo etwas passieren könnte« (S. 2), setze sich dann nicht in Amerika ein »sanfter Faschismus« durch (ebd.)? Zweifellos ist dieser Vergleich problematisch, weil der Faschismus die demokratischen Institutionen radikal abschafft und sie durch das diktatorische Regime eines Führers und einer Einheitspartei ersetzt, unter deren Herrschaft politische GegnerInnen inhaftiert, gefoltert und getötet werden. Davon kann in den Vereinigten Staaten keine Rede sein, in der sich die Institutionen der formalen Demokratie nach wie vor als stabil genug erweisen, um den Missbrauch der Macht durch die Republikaner zu überleben. Aber wenn man die Frage der politischen Psychologie betrachtet, auf welche Weise Bush seine Landsleute für den Krieg gegen den Terrorismus einnimmt, dann ist es unübersehbar, dass er das auf eine so autoritäre Weise tut, wie das für faschistische Führer selbstverständlich ist. Wenn Bushs Wirtschaftspolitik zur Folge hat, dass »das Einkommen der Mittelschicht in demselben Moment, in dem die oberen zehn Prozent ihren Wohlstand extrem steigern« (ebd.) stagniert und sie sich in »Konsumschulden« stürzt, die sie nicht begleichen kann (ebd.), dann kann er die Mehrheit nur dadurch an sich binden, dass er die soziale Lage immer wieder zu einem durch den 11. September erzeugten Katastrophenfall erklärt, aufgrund dessen eine bedingungslose Unterordnung unter seinen Willen so unausweichlich erscheint wie die autoritäre Verschiebung der angesichts seiner Innenpolitik aufkommenden feindseligen Impulse gegen die Feinde, die durch den Krieg gegen den Terrorismus vernichtet werden sollen.

Nicht ein »sanfter Faschismus« ist in Amerika das Problem, sondern ein den Prozess des gesellschaftlichen Wandels blockierender Autoritarismus. Es droht kein »sanfter Faschismus«, weil die Regierung Bush kein Interesse daran hat, die demokratischen Institutionen abzuschaffen, die sie im Interesse der eigenen Machtausübung so ausgezeichnet zu funktionalisieren versteht. Das Problem ist vielmehr, dass der in Bushs Amerika herrschende Autoritarismus die Möglichkeiten einer formalen Demokratie blockiert, die ökonomische, sozialen und politischen Probleme der Gegenwart in der Absicht zu lösen, auf diese Weise auch die in der Zukunft wartenden Herausforderungen angehen zu können. Diesen Weg versperrt der Autoritarismus der Regierung Bush, die Milliarden, ja, Billionen von Dollars ausgibt, um zum Scheitern verurteilte Kriege zu führen, welche den Hass der Islamisten auf Amerika und die Zahl der Terroristen ständig vermehren. Doch das interessiert die Regierung Bush nicht, die durch den Krieg gegen den Terrorismus die Interessen der wirtschaftlich und politisch Mächtigen bedient und durch die Bilder, die von Flugzeugträgern und Kampfflugzeugen, von Kriegsschiffen und Raketen, von der Bombardierung und dem Beschuss von Städten und Landschaften im Nahen und Mittleren Osten erzählen, der Weltöffentlichkeit signalisieren, dass Amerika entschlossen ist, seinen durch die Terroranschläge vom 11. September 2001 erschütterten Glauben an die eigene Größe und Macht wiederherzustellen.

2 Bushs charismatische Selbstinszenierungen im kulturellen Klima der Postmoderne

Die Analyse hat die Frage offen gelassen, was das Besondere von Bushs Autoritarismus im Unterschied zu dem autoritären Syndrom ist, das Adorno u. a. (1950) in den dreißiger und vierziger Jahren des vergangenen Jahrhunderts zu Zeiten des Faschismus untersucht haben. Diese Frage lässt sich nur in dem Maße beantworten, wie man das zeitdiagnostische Problem einbezieht, wie das kulturelle Klima beschaffen ist, in dem sich Bush mit seinen charismatischen Selbstinszenierungen an seine Landsleute wendet. Wenn er es genießt zu scherzen, mit den Reportern herumzualbern und über sich selbst Witze zu machen, dann geschieht das auch deshalb, weil seine Selbstdarstellung ein postmodernes Lebensgefühl imitiert, das sich seit Anfang der achtziger Jahre unter dem Einfluss der »fortschreitende[n] ›Informatisierung und Telematisierung‹ der Lebenswelt durch elektronische Kommunikationsmedien und Datenverarbeitungsprozesse« entfaltet hat (Kemper 1988, S. 8).

Dabei lässt sich mit Lyotard (1982) das postmoderne Bewusstsein der Gegenwart als ein Reflex darauf begreifen, dass angesichts des ungebremsten technologisch-industriellen Fortschritts und der Hochrüstung der modernen Industrienationen, durch welche die Gefahr einer globalen atomaren und ökologischen Katastrophe verewigt wird, die großen, sinnstiftenden Erzählungen der Moderne (die aufklärerische Erzählung von der Emanzipation der Menschheit oder die Erzählung des Historismus von einer Hermeneutik des Sinns) ihre Glaubwürdigkeit verloren haben. So versteht Lyotard die Postmoderne als ein aufgeklärtes Bewusstsein über die Moderne, das dem Weltgeschehen keinen universellen Sinn mehr unterlegt, sondern sich von »der Einsicht in die Pluralität letztlich sinnloser Sprachspiele« leiten lässt, die durch das Erschließen einer Vielfalt neuer, noch unbekannter Lebensformen

»Potentiale von ›Freiheit‹ und ›Gerechtigkeit‹« eröffnen könnten (Georg-Lauer 1988, S. 198).

Was unter Postmoderne verstanden wird, ist freilich so heterogen, dass zumindest zwei Erscheinungsformen zu unterscheiden sind: Vergegenwärtigt man sich, dass die Postmoderne auf den Anspruch einer neuen Literatur zurückgeht, die den Gegensatz von ernster und leichter Literatur durch eine »Mehrsprachigkeit« aufzuheben versucht, einen »grundsätzlichen Pluralismus von Sprachen, Modellen, Verfahrensweisen«, aufgrund derer Texte sowohl Intellektuelle als auch Massen ansprechen sollen (Welsch 1988, S. 15); bedenkt man zudem, dass postmoderne Architektur an die Stelle eines auf die Bautechnik von Stahl und Beton reduzierten elitären Funktionalismus eine Bauform setzt, die traditionelle und moderne, elitäre und populäre Codes verbindet, um sich wie die neue Literatur nicht nur an Kenner, sondern auch an den »Mann auf der Straße« zu wenden (vgl. ebd., S. 18f.), dann kann man mit Wellmer (1985) davon sprechen, dass es der Postmoderne nicht um eine »Abkehr von der Moderne, von der Tradition der Aufklärung« geht, sie vielmehr »im Sinne einer immanenten Kritik an einer hinter ihren eigenen Begriff zurückgefallenen Moderne« zu verstehen ist (S. 127).

Führt der postmoderne Pluralismus dagegen zu einer beliebigen Kombination hetereogener Versatzstücke, so dass man bedenkenlos »Libido und Ökonomie, Digitalität und Kynismus« kreuzt und womöglich noch etwas »Wassermann und Apokalypse« hinzufügt (Welsch 1988, S. 31), dann stelle sich »Indifferenz« ein (ebd., S. 30). Die von der Postmoderne propagierte »bunte Vielfalt von Erklärungen, Deutungsmustern, Methoden, Techniken, Theorien und Lebensformen« (Kemper, 1988, S. 7f.) schlägt in diesem Fall in einen »Eklektizismus« um (Welsch 1988, S. 21), der als eine Verfallsform der Postmoderne zu begreifen ist. Betrachtet man aus dieser Perspektive Bushs Reden und Auftritte, dann fällt auf, dass er auf eine spielerische Weise mit heterogenen Inszenierungen experimentiert. Seine öffentlichen Auftritte strahlen so den Glanz eines postmodernen Lebensgefühls durch die Dekonstruktion »des Ganzen« aus, das in eine »Vielfalt begrenzter und heterogener Sprachspiele« aufgelöst wird, »die nicht mehr durch generalistische Einheitsstrategien vereinnehmbar« sind (Welsch 1988, S. 27). So agiert Bush auf eine postmoderne Weise, indem er mit einer Pluralität divergierender Inszenierungen spielt, die sich in unterschiedlichen politischen Lagen an verschiedene Gruppen von AdressatInnen wenden. Aber wie die Analyse des manifesten und latenten

Sinns gezeigt hat, entfalten diese Inszenierungen eine vereinnahmende Wirkung, weil gegenläufige Lebensentwürfe unterdrückt und in Anspruch genommene Lebensentwürfe nicht ernst genommen, sondern auf eine beliebige Weise zitiert werden, um zu gefallen:

1. Wenn Bush sich auf seiner Ranch als Cowboy präsentiert, der sich in Auseinandersetzung mit der Wildnis selbst schafft, dann greift er zwar auf die um den Westen entstandene Mythenbildung zurück. Aber diese Inszenierung beruht zugleich auf einer Zerstörung der um den amerikanischen Traum entstandenen Bilderwelt. Denn wie Leslie Fiedler (1968) ausgeführt hat, war der die amerikanische Literatur prägende Mythos des Westens dadurch bestimmt, dass der WASP sich danach sehnte, die jenseits der Zivilisation gelegene Wildnis aufzusuchen, um sich durch die Verbindung mit dem »Indianer« in einen »neuen Menschen« zu verwandeln, der weder Weißer noch »Rothaut« wäre. Wenn dagegen Bush den Westerner imitiert, dann inszeniert er das sinnentleerte Sprachspiel eines Cowboys, der die menschenleeren Weiten des Westens nach der Vernichtung der indigenen Bevölkerung allein kontrolliert und seinen Landbesitz als Angehöriger der herrschenden Klasse genießt.

2. Wenn Bush sich als charismatischer Prediger inszeniert, der am 11. September 2001 das »Gesicht des Bösen« gesehen hat und das von Gott erwählte Volk zum Kampf gegen teuflische Mächte auffordert, dann setzt er auf das unsinnige Sprachspiel eines apokalyptischen Kampfes der christlichen Heerscharen gegen die Mächte Satans, eine Inszenierung, welche Millionen von fundamentalistischen Christen in Amerika beeindruckt. Doch der dramatische Schein dieser religiösen Selbstinszenierung täuscht über die Realität hinweg, dass Bush sich über das christliche Gebot der Nächstenliebe hinwegsetzt, wenn er Kriege führt, um die hegemonialen Interessen der Vereinigten Staaten im Nahen und Mittleren Osten zu verteidigen.

3. Wenn Bush erklärt, dass die amerikanischen Streitkräfte in Afghanistan und im Irak den von ihm beschworenen »Kampf der Kulturen« austragen, dann präsentiert er sich als Feldherr, der von seinen Soldatinnen und Soldaten bedingungslosen Einsatz verlangt und zugleich von seinem »Stolz« auf ihre Kampfbereitschaft redet. Doch wenn ihm die zynische Bemerkung unterläuft, er würde lieber amerikanische Soldaten opfern, als vor dem Untersuchungsausschuss des Kongresses auszusagen, dann

wird deutlich, dass auch die Selbstinszenierung als Feldherr für ihn nur
ein unverbindliches Sprachspiel ist, aufgrund dessen er sich als Oberbefehlshaber der amerikanischen Streitkräfte doch nicht ernsthaft seinen
Soldatinnen und Soldaten verpflichtet fühlt. Diese Einschätzung wird
auch dadurch bestätigt, wie Bush sich im Wahlkampf 2004 verhalten
hat: Es blieb »eigentlich nie wirklich Zeit dafür [...], über Politik zu
diskutieren« (Woodward 2006, S. 446). So wurde auch das Thema Irak
»nur durch die Wahlkampfbrille gesehen« (ebd.). »Kein einziges Mal
fragte Bush« Robert D. Blackwill, den Koordinator für die Irakpolitik,
»wie die Lage im Irak denn wirklich aussehe« (ebd., S. 447). Obwohl
die Gewalt im Irak vor dem Wahltag sprunghaft anstieg und es nach
Kriegsende »keine militärische Strategie« für das Zweistromland gab
(ebd.), konzentrierte Bush all seine Kräfte auf den Wahlsieg (ebd.). Die
»fehlende Strategie im Irak und die sich verschlechternde Lage vor Ort
wirkten sich im Grunde nie auf den Wahlkampf aus«, weil alle Daten
»unter Verschluss gehalten und vor den Wählern verheimlicht wurden«
(ebd., S. 448). Auch diese Gleichgültigkeit gegenüber den im besetzten
Irak herrschenden Missständen illustriert, dass das öffentliche Auftreten
als Oberbefehlshaber nicht bedeutet, dass Bush für die im Irak operierenden amerikanischen Truppen Verantwortung übernimmt. Vielmehr
handelt es sich auch in diesem Fall um ein schöne Bilder produzierendes
Sprachspiel, das nur dazu dient, seine Landsleute für den Präsidenten
einzunehmen.

4. Wenn Bush sich als charismatischer Politiker inszeniert, der sich Kindern
und Kindeskindern verpflichtet fühle, weil er durch den Krieg gegen
den Terrorismus eine friedlichere Welt schaffen wolle, dann arrangiert
er ebenso ein widersinniges Sprachspiel. Denn ein Staatsmann setzt auf
politische Verhandlungen, um die Interessen zwischen verschiedenen
sozialen Gruppen oder auch verschiedenen Staaten durch das Finden
eines Kompromisses auszugleichen. Ein demokratisch gewählter Politiker, der sich seinem Volk gegenüber verantwortlich fühlt, würde sich
im Unterschied dazu gegen einen Krieg aus machtstrategischen Gründen
aussprechen, um nicht gegen das Völkerrecht zu verstoßen und um nicht
unabsehbare destruktive Kräfte zu entfesseln, die verheerenden Folgen
haben könnten.

5. Und wenn Bush sich über Bildung (das Lesen von Büchern) lustig macht,

Grimassen schneidet, wenn jemand in seiner Anwesenheit einen Vortrag über die fatalen Folgen von Waldbränden hält, oder er sich über Feinde mit den Worten lustig macht, man werde im Krieg gegen Afghanistan schon nicht eine 10 Millionen Dollar Rakete einem Kamel in den Hintern jagen, dann setzt er auf ein clowneskes Sprachspiel, das alle anderen Inszenierungen relativiert.

Abb. 22: Indem Bush den Ernst der Lage, der durch das vorläufige Ende der Kampfhandlungen im Irakkrieg bestimmt wurde, in den Spaß auflöst, lachend einen Kampfpiloten zu spielen, der an den militärischen Operationen aktiv teilgenommen haben könnte, bedient er das postmoderne Lebensgefühl, dass es weniger auf den Sinn des Geschehens, als vielmehr auf schöne Bilder ankommt, die das Publikum amüsieren sollen. Foto: David Stuff, http://www.davidstuff.com/usa/lincoln/bush-pilot.jpg

Exemplarisch lässt sich das anhand von Abb. 22 zeigen: Wie schon ausgeführt wurde, versuchte Bush seine Landsleute nach dem Ende der Kampfhandlungen im Irak zu beeindrucken, indem er auf einem Flugzeugträger landete. Diese Inszenierung legte den – falschen – Eindruck nahe, als wenn der Präsident das zweisitzige U-Boot-Jagdflugzeug gesteuert hätte. Auf dem vorliegenden

Foto überquert Bush in Fliegerkombination forsch den Hangar, wobei er den Pilotenhelm in der rechten Hand festhält. Zugleich lacht er in die Kamera und hält Zeige- und Mittelfinger der linken Hand zum Victory-Zeichen hoch. Hierbei handelt es sich um eine Geste, die durch den britischen Premierminister Winston Churchill berühmt geworden ist, der derart seine Zuversicht zum Ausdruck brachte, dass die Alliierten schon Nazideutschland besiegen würden.

Das bedeutet aber, dass dieses Bild szenische Elemente aus vier Kontexten kompiliert, die einander widersprechen oder sich ausschließen:

1. *Das politische Sprachspiel*: Durch die zum Victory-Zeichen erhobene Hand setzt sich Bush als ein Staatsmann in Szene, der auf den Spuren Churchills der Weltöffentlichkeit signalisiert, dass der Sieg über den Irak so wichtig sei wie der Sieg über den Faschismus.

2. *Das militärische Sprachspiel*: Das Auftreten in Uniform auf dem Flugzeugträger offenbart, dass Bush seinen Landsleuten als Oberbefehlshaber der amerikanischen Streitkräfte erklärt, dass die Kampfhandlungen des Irakkrieges beendet seien.

3. *Das Sprachspiel des Kriegshelden*: Das jungenhafte Lachen auf dem Gesicht von Bush verrät, dass es ihm Spaß macht, den Eindruck zu erwecken, als ob er ein Kriegsheld wäre, der ja noch vor wenigen Tagen im Persischen Golf U-Boote gejagt haben könnte. Derart hätte Bush auf eine scherzhafte Weise nachgeholt, was er im Unterschied zu seinem hoch dekorierten Vater nie gewesen ist, weil er sich durch den Dienst bei der Nationalgarde vor einem Einsatz im Vietnamkrieg gedrückt hat.

4. *Die Inszenierung des Vater-Sohn-Konfliktes*: Wenn man diese Szene im Kontext seiner Lebensgeschichte betrachtet, dann könnte man vermuten, dass Bush mit der zum Victory-Zeichen erhobenen Hand auch über den Vater triumphiert. Denn im Unterschied zum Vater, der Hussein lediglich in die Schranken wies und die amerikanischen Truppen vor Bagdad halten ließ, stellt der Sohn seine männliche Aggressivität und Stärke dadurch unter Beweis, dass er keine Scheu hatte, Bagdad zu bombardieren und zu besetzen, um Saddam Husseins Regime einfach zu stürzen. So illustriert Abb. 22 beispielhaft, wie Bush in einer postmodernen Manier mit einander widersprechenden Sprachspielen spielt, die beliebig kombinierbar erscheinen, weil der schöne Glanz der Bilder sich ein Stück weit von der Bedeutung ablöst, die sie eigentlich transportieren: Denn

schon die Selbstinszenierung als demokratisch gewählter Staatsmann, der kluge politische Entscheidungen zu fällen sucht, widerspricht dem Auftritt als Oberbefehlshaber, der auf das militärische Kalkül setzt. Und dieser Selbstpräsentation widerspricht wiederum die Selbstdarstellung als Kriegsheld, der an den Kampfhandlungen angeblich teil genommen hat. Überboten werden diese szenischen Arrangements nur noch dadurch, dass sich diese Selbstinszenierung auch als das Austragen einer persönlichen Abrechnung mit dem Vater verstehen lässt.

Wenn Bush sich aber des Irakkrieges als einer Bühne bedient, um sich auf der manifesten Bedeutungsebene der Bilder als ein Kampfpilot zu inszenieren, der an Bord eines Flugzeugträgers Spaß daran hat, vor laufender Kamera in Fliegermontur über den Hangar zu schreiten, dann wird der Ernst des im Zweistromland geführten Krieges – der zahlreiche Irakerinnen und Iraker das Leben gekostet, verletzt und verstümmelt, sie durch Bomben- und Raketenangriffe in Angst und Schrecken versetzt und viele Gebäude, Straßen und Versorgungseinrichtungen in den Städten verwüstet hat – auf die latente Bedeutungsebene einer unterhaltsamen Show verbannt, bei welcher nicht die siegreichen Soldatinnen und Soldaten, sondern der den Kampfpiloten spielende Präsident im Rampenlicht steht. Wenn aber Bushs clowneske Einlagen das Gegenstück zu seinen Selbstinszenierungen als Westerner, als Prediger, Feldherr und Staatsmann bilden, dann heißt das auch, dass diese bunten Sprachspiele nur zu einem Ziel inszeniert werden. Es geht darum, jedes Mittel einzusetzen, um Amerikanerinnen und Amerikaner für den Präsidenten einzunehmen, der ihnen durch seine Späße augenzwinkernd versichert, dass das Ganze nicht ganz so ernst gemeint ist, obgleich es um Leben und Tod geht.

Zusammenfassend heißt das aber, dass sich in Bushs öffentlichen Auftritten gerade dadurch ein postmodernes Lebensgefühl reproduziert, dass er eine Vielzahl von Sprachspielen miteinander kombiniert, die miteinander konkurrieren und sich gegenseitig destruieren: Die Bilder von einem die Wildnis allein durchstreifenden Cowboy, der nicht redet, sondern handelt, widersprechen den Selbstinszenierungen als Prediger, der den Glauben an Gott bemüht, um das Unheil des 11. September abzuwenden. Die christlichen Inszenierungen kollidieren mit der Selbstpräsentation als Feldherr, dem fadenscheinige Gründe reichen, um gegen Afghanistan und den Irak die gigantische Kriegsmaschinerie der einzigen Supermacht einzusetzen. Die militärischen Selbstinszenierungen widersetzen sich der Selbstpräsentation als charismatischer Staatsmann, der auf politische Verhandlungen setzt, um für künftige Generationen eine freiere und friedlichere Welt zu schaffen. Und alle diese sich gegenseitig desymbolisierenden Inszenierungen werden noch durch die clownesken Einlagen überboten, die darauf hinauslaufen, dass der Präsident seine Landsleute gut unterhalten will, damit sie seinen Krieg gegen den Terrorismus unterstützen, mit dem allein es ihm ernst ist. Zweifellos bedient Bush so ein postmodernes Lebensgefühl des »anything goes«, wenn er in seinen Reden und öffentlichen Auftritten auf eine Pluralität heterogener Sprachspiele setzt, die auch unterschiedliche Gruppen von Landsleuten ansprechen. Zweifellos kann man mit Welsch ergänzen, dass Bush auf eine »pseudo-postmoderne« Weise ein »Fassadenwesen« von bunten Inszenierungen arrangiert, das hinter kritische Impulse der Postmoderne zurückfällt (Welsch 1988, S. 21). Doch wichtiger ist, dass der Präsident auf einen postmodernen Autoritarismus setzt, weil er das postmoderne Klima medialer Unterhaltungsshows aufgreift und mit der ernsten Aufforderung verknüpft, dass das Publikum sich seinem autoritären Willen bedingungslos unterwerfen soll. Denn durch seine Inszenierungen als charismatischer Führer wirbt er für den Weltanschauungskrieg gegen den internationalen Terrorismus, den Bush zur Wurzel allen Übels auf Erden stilisiert. Wie spielerisch und unterhaltsam die öffentlichen Auftritte des Präsidenten im kulturellen Klima der Postmoderne auch insgesamt erscheinen, die einzelnen Inszenierungen verfehlen ihre Wirkung nicht, weil sie die durch den 11. September 2001 geweckten Affekte der Angst, der Schuld und Scham, der Wut und des Hasses aufgreifen und sie auf eine autoritäre Weise im Dienste der von Bush propagierten Weltanschauung funktionalisieren.

So konvergiert die kulturkritische Diagnose mit der tiefenhermeneutischen Sekundäranalyse von Justin Franks psychoanalytischer Studie zu Bush (vgl. Kapitel III): Wie seine Lebensgeschichte illustriert, hat Bush infolge einer narzisstischen Störung einen Widerwillen dagegen, sich ernsthaft mit einer Sache auseinander zu setzen, und tut das, was getan werden muss, daher nur auf eine sehr oberflächliche Weise. Aufgrund einer autoritären Persönlichkeit ist Bush zudem sein Leben lang dem Beispiel seines Vaters gefolgt, hat aber zugleich immer gegen ihn rebelliert. Denn der Sohn versuchte aufgrund der narzisstischen Variante einer autoritären Persönlichkeitsstruktur stets zu beweisen, dass er wie der Vater alles schaffen kann, ohne sich dabei ernsthaft anstrengen zu müssen. So ist aus Bush ein Hochstapler geworden, der die perverse Lust genießt, lange nicht so viel wie der Vater gearbeitet, es aber trotzdem weiter gebracht zu haben. Denn er verfügt über die Fähigkeit eines politischen Führers, die Affekte der Menschen anzusprechen und sie ihren eigentlichen Interessen entgegen für das politische Programm der wirtschaftlich und politisch Mächtigen einzunehmen, die Bushs Wahlkampf zum Einzug ins Weiße Haus und den zweiten Wahlkampf zu seiner Wiederwahl finanziert haben. So entspricht dem Genuss einzigartiger Macht und Größe das Aufgreifen eines postmodernen Lebensgefühls, das alles möglich sei und man die Welt neu schaffen könne, wenn man nur den Mut aufbringe, das, was ist, zu zerstören. Wenn aber Bush durch Steuersenkungen die Reichen reicher und die Armen ärmer macht, wenn er eine enorme Staatsverschuldung und eine zunehmende Belastung der Umwelt so billigend in Kauf nimmt, wie er durch die Verletzung internationaler Verträge weltpolitische Konflikte schürt und durch die in Afghanistan und im Irak geführten Kriege die Lage im Nahen und Mittleren Osten destabilisiert, dann wird er damit mit einem »spielerischem Zynismus« fertig, dem entsprechend ihm ganz im Sinne eines postmodernen Lebensgefühls, dem das Leben auf diesem Planeten ohnehin sinnlos erscheint und daher gleichgültig ist, »ein fröhlicher Tanz auf dem Vulkan« gelingt (Kemper 1988, S. 8).

3   Postscriptum

Wie sehr Bush die postmoderne Herausforderung genießt, auf einem Vulkan zu tanzen, zeigt sich erneut im Oktober 2007: Nachdem deutlich geworden ist, dass der Afghanistankrieg und der Irakkrieg so in eine Sackgasse geraten sind, wie auch der Konflikt zwischen Israelis und Palästinensern ungelöst bleibt, spielt der Präsident mit einem neuen Krieg gegen eine weitere Nation aus der »Achse des Bösen«. Die Gelegenheit dazu hat ihm der iranische Präsident Mahmud Ahmadinedschad geliefert, der seine Landsleute im Rückgriff auf die antisemitische Weltanschauung mobilisiert. So besteht Ahmadinedschad nicht nur auf der Fortsetzung seines Atomprogramms, sondern droht auch mit einer Vernichtung Israels. Zwar ist es unverzichtbar, dass sich die westliche Welt dieser von Ahmadinedschad konstruierten Bedrohungslage durch entsprechende politische Gegenmaßnahmen stellt. Doch wenn Bush sich sogleich als kampfbereiter Präsident inszeniert, der öffentlich einen Krieg gegen den Iran in Erwägung zieht, um die Gefahr eines »dritten Weltkrieges« abzuwenden (*Der Spiegel*, 22. 10. 07, S. 156), dann weckt er schon wieder archaische Vernichtungsängste, um seine Landsleute zu einer bedingungslosen Unterordnung unter sein Kommando und zu einer autoritären Wendung ihrer ohnmächtigen Wut gegen den von ihm benannten Feind aufzufordern. So bedient er sich erneut des postmodernen Autoritarismus, um seine Landsleute für »chirurgische Schläge« gegen die Quartiere der 125 000 Mann starken Truppe der Revolutionswächter im Iran einzunehmen, die der US-Senat erst kürzlich zu einer »terroristischen Vereinigung« erklärt hat (vgl. ebd., S. 157). Bushs neuer Tanz auf einem Vulkan besteht in der Gefahr, dass, wie es Bruce Riedel, ein ehemaliger CIA-Mitarbeiter und Nahost-Experte, formuliert hat, »ein Schlachtfeld« entsteht, »das vom Mittelmeer bis zum indischen Subkontinent reicht« (ebd., S. 158).

Die manifeste Botschaft des Präsidenten, einen dritten Weltkrieg verhindern zu wollen, verdeckt so den latenten Sinn, dass Bush von einem dritten Weltkrieg träumt, um sein Versagen, weder zur Lösung der innen- noch der außenpolitischen Probleme der Vereinigten Staaten beigetragen zu haben, dadurch zu überdecken, dass er noch einmal Amerikas gigantische Militärmaschinerie bemüht, um doch noch als erfolgreicher Kriegspräsident in die Geschichte Amerikas einzugehen. Die Doppelbödigkeit seiner Worte offenbart, dass Bush ein »Wolf in Schafspelz« bleibt, der zum wiederholten Male »Freiheit« und »Demokratie« beschwört, um im Namen des fanatisch geführten Krieges gegen den Terrorismus auch das iranische Volk durch Bombardements und Flammenteppiche in Angst und Schrecken zu versetzen. Und wenn nun Präsident Wladimir Putin eine »grandiose Aufrüstung« seines Landes mit neuen Atomraketen ankündigt, weil er den von Amerika in Osteuropa und damit vor den Toren Russland geplanten Raketenschutzschild als eine militärische Provokation betrachtet, die er mit der Kubakrise vergleicht – in der sich die Vereinigten Staaten durch die Atomraketen provoziert fühlten, welche die Sowjetunion auf Kuba stationieren wollte – dann wird deutlich, dass Bushs Tanz auf dem Vulkan so erfolgreich ist, dass ein neuer kalter Krieg droht. Ob das verhindert werden kann, hängt wohl nur noch davon ab, ob die demokratische Opposition im Kongress und in der Öffentlichkeit endlich eine Mehrheit aufbringt, um neue Kriegspläne des Präsidenten und seiner militanten MitarbeiterInnen zu verhindern.

Anmerkungen

1 So wollte Horkheimer (1932) erforschen, wie es möglich ist, dass »das Handeln numerisch bedeutender sozialer Schichten nicht durch Erkenntnis, sondern durch eine das Bewusstsein verfälschende Triebmotorik bestimmt« wird (S. 59). Während zunächst Erich Fromm (1929, 1936) und späterhin Theodor W. Adorno u. a. (1950) die für antidemokratische Propaganda anfällige autoritäre Persönlichkeit untersuchten, analysierte Leo Löwenthal (1949) die Propagandatricks faschistischer Agitatoren, die rationale Überlegungen durch den Appell an irrationale und unbewusste Wünsche unterlaufen. Und Horkheimer und Adorno (1947) rekonstruierten in der *Dialektik der Aufklärung* die Eigenart der antisemitischen Weltanschauung, die wahnhafte, religiöse und autoritär-nationalistische Versatzstücke miteinander verschmilzt.

2 Wenn in dieser Weise von unbewussten und symbolischen Interaktionsformen gesprochen wird, dann handelt es sich allerdings um eine idealtypische Konstruktion, die davon abstrahiert, dass die gesellschaftlichen Widersprüche sich in einer Sozialisationspraxis reproduzieren, die Individuationsprozesse nicht nur ermöglicht, sondern sie auch punktuell beschädigt: So, wie die von René Spitz (1965, S. 289ff.) beschriebenen Hospitalismus-Fälle ein extremes Beispiel dafür sind, wie bereits die Bildung der unbewussten Interaktionsformen aufgrund der zwischen Mutter und Kind scheiternden Einigung gestört werden kann, so liegt der narzisstischen Verkürzung der Erlebnisfähigkeit, die sich auch in der Verkümmerung der Fantasie manifestiert, die mangelnde Ausbildung sinnlich symbolischer Interaktionsformen zugrunde. Und die neurotische Symptombildung lässt sich darauf zurückzuführen, dass sich der Wunsch, dem aufgrund seiner sozialen Anstößigkeit wieder die sprachliche Lizenz entzogen wird, für seine Verdrängung rächt, indem er sich hinter dem Rücken des Ichs auf eine bewusstlos-gewaltsame Weise einen gesellschaftlichen Ausdruck verschafft.

3 Dabei ist zu beachten, dass die auf den folgenden Seiten beschriebenen Regeln nicht immer nacheinander angewandt werden, sondern eine Haltung des Interpretierens umreißen, der entsprechend mehrere Regeln zugleich umgesetzt werden.

4 Wie ich erst jetzt durch meinen Freund Seth erfahren habe, wurden die Körperteile von Alan Beaven im Cockpit der in Pennsylvania abgestürzten Maschine gefunden. Das spricht dafür, dass er den Kampf der Passagiere gegen die Entführer mit angeführt hat. Seine Ehefrau, die das Band der letzten Minuten vor dem Absturz abhören konnte, erkannte seine Stimme

wieder. Er soll noch beim Kampf gegen die Terroristen dazu aufgerufen haben, doch den Flug der Maschine wieder zu stabilisieren.

Als sein Büro geräumt wurde, so berichtete mir Seth, fand man eine handgeschriebene Notiz, die lautete »Fear – who cares?«

5 Der knappe Wahlsieg beim Einzug ins Weiße Haus war sicherlich auch darauf zurückzuführen, dass die von Bush propagierte Politik der militärischen Stärke viele Wähler nicht überzeugt hatte. Schließlich schien es nach dem Ende des Kalten Krieges für die einzig verbliebene Supermacht keine bedrohlichen Feinde mehr zu geben, gegen die man weiterhin Freiheit und Demokratie hätte verteidigen müssen. Mit dem weit verbreiteten Unbehagen über die von Bush propagierte Politik der Stärke ging zudem ein Unmut darüber einher, dass Zweifel an der Qualifikation des Präsidenten laut wurden. So lenkten die Medien immer wieder die Aufmerksamkeit darauf, dass Bush bei öffentlichen Auftritten häufig Gekicher auslösende sprachliche Entgleisungen unterliefen – er äußerte Platituden, »verwechselte beispielsweise Slowenien mit der Slowakei« (Baldauf 2002, S. 85), versprach sich und ließ in seinen Sätzen Worte aus, die seinem Gedanken einen ganz anderen Sinn gaben. Das satirische Online-Magazins *Slate* machte sich über die Ausrutscher des Präsidenten lustig, indem es auf seinen Internet-Seiten täglich den »Bushism of the Day« präsentierte (vgl. Widman 2001, S. 138 und S. 148).

6 Ganz in diesem Sinne meinte der englische Journalist Martin Amis (2001), dass die Terroristen mit dem Flugzeug und dem Wolkenkratzer die beiden Statussymbole Amerikas genommen und sie »aneinander zerrieben« hätten (S. 52).

7 Dass Bush mit diesen Worten die Intention von bin Laden genau erfasst hat, verrät eine Bemerkung des Terroristenführers, durch die er sein Wunschdenken zum Ausdruck bringt, dass Amerika nach dem 11. September »voll Angst von Norden nach Süden, von Westen nach Osten« sei (bin Laden 2001, S. 138).

8 Wie Bundeskanzler Gerhard Schröder (2001) von der Notwendigkeit der »Bekämpfung des Terrorismus« redete (S. 126), so sprachen der französische Premierminister Jospin (2001, S. 134), der britische Premierminister Tony Blair (2001, S. 137) und der russische Präsident Wladimir W. Putin (2001, S. 128) von dem zu führenden »Kampf gegen den Terrorismus«.

9 Wie erfolgreich diese Geschichtsfälschung gewesen ist, dokumentiert das Beispiel, das Herbert von Borch (1981) liefert, der über die Gründerzeit Folgendes schreibt: »Wenn auch die Beweggründe der Siedler oft sehr handgreiflich und nicht immer edel waren, so ist doch die Mehrzahl derjenigen, die das Alte freiwillig zugunsten eines ungezähmten, wilden Kontinents aufgaben, durch die verwirklichte Utopie angezogen worden, die man den Amerikanischen Traum [...] zu nennen pflegt. Dieser Traum, der Magnet für die Besiedlung der leeren Räume, war auch das beherrschende Strukturelement Amerikas« (S. 17). Von Borchs Worte sind lehrreich, weil sie verdeutlichen, wie einem sich mit Amerika auseinandersetzenden Europäer die Verdrängung des Völkermordes entgehen kann. Denn er teilt die Vorstellung, dass die Siedler »leere Räume« in Besitz genommen haben. Auch der Grund dafür, weshalb der Autor das Tabu übernimmt, ist durchsichtig: Er will daran festhalten, dass der amerikanische Traum von der Freiheit und vom Glück jedes Einzelnen in den Vereinigten Staaten Wirklichkeit geworden ist.

10 Zwar hatte bin Laden nach den Attentaten vom 11. September die Terrorwelle als »eine

legitime Reaktion auf die Politik der USA« begrüßt, jedoch jegliche Verantwortung zurückgewiesen (Chronik aktuell 2001, S. 57). Nach Einschätzung von Kermani (2001) wäre es für bin Laden trotz der in der arabisch-islamischen Welt herrschenden Sympathie gleich nach dem 11. September »aussichtslos gewesen, breitere Bevölkerungsschichten anzusprechen, da keine Aussicht bestand, die Rolle des Aggressors abzuschütteln« (S. 41).

11 Wie Gernot Rotter (2002) feststellt, werden in der arabischen Welt immer wieder kritische Fragen gestellt: »Warum wird Israel, obwohl es Dutzende von UN-Resolutionen – selbst solche, die die USA nicht durch ihr Veto verhindert haben – missachtet hat, nicht zur Rechenschaft gezogen wie jeder andere Staat in der Welt, im Extremfall auch mit militärischen Mitteln? Warum fordert der Westen die Einführung demokratischer Strukturen im Nahen Osten und brandmarkt mehrere Staaten wegen angeblicher Unterstützung terroristischer Aktivitäten zu ›Schurkenstaaten‹, während etwa Saudi-Arabien, das bislang nicht der Hauch einer Demokratisierung gestreift hat und massiv extremistische Terrorbewegungen unterstützt hat – wie zum Beispiel (in Zusammenarbeit mit der CIA!) die Taliban –, aus durchsichtigen wirtschaftlichen Interessen gehätschelt und gepflegt wird?« (ebd., S. 35f.)

12 Die mit dem Dschihad verbundene Aufgabe einer moralischen »Selbstbezwingung« besteht für Islamisten »in der Selbstaufgabe, und zwar in Form des Märtyrertodes, vorzugsweise als Kamikaze-Aktion für die Sache« (Pohly/Durán 2001, S. 41). Dieser Dschihadismus, der antiamerikanisch ist und die »weltweit dominierende westliche Denk- und Lebensweise« ablehnt (ebd., S. 42), zielt auf die »Errichtung islamischer Weltherrschaft« und bekämpft alle Mächte, »die diesem Herrschaftsanspruch im Wege stehen« (ebd., S. 41).

13 Ein weiteres Beispiel dafür, wie der politische Feind das den eigenen Diskurs beherrschende Verhältnis von Manifestem und Latentem auf den Kopf stellt, ist der von Bush und Saddam Hussein auf der Grundlage weltanschaulicher Agitation ausgetragene Kampf der Kulturen: Was Bush als das für seine Einschätzung der politischen Lage entscheidende Manifeste betrachtet (»die Attentate als Anschlag auf Freiheit und Demokratie«), wischt sein Widersacher Hussein beiseite, indem er dem amerikanischen Präsidenten das von ihm verleugnete Latente vorhält: »Die amerikanischen Cowboys ernten die Früchte ihrer Verbrechen gegen die Menschlichkeit« (Chronik aktuell 2001, S. 57). Und was Hussein als manifeste Motive für die Entstehung des islamistischen Terrorismus anführt (»Die USA schmecken die Niederlage für ihre schrecklichen Verbrechen und ihre Vergehen gegen den Willen von Völkern, die nach einem freien und ehrlichen Leben streben«), das ignoriert Bush, weil es nur der Beschönigung des uneingestandenen Latenten diene (die vom Terrornetzwerk al-Qaida zu verantwortenden Verbrechen und die aggressiven Ziele Husseins).

14 Der Begriff der Weltanschauung wird für eine totalitäre Ideologie wie den Nationalsozialismus reserviert, um sie von den klassischen Ideologien vergangener Jahrhunderte zu unterscheiden. Während diese Manifestation eines »gesellschaftlich notwendigen falschen Bewusstseins« waren, das in seiner »Unwahrheit, als Ausdruck solcher Notwendigkeit […] auch ein Stück Wahrheit« war (Adorno 1961, S.161), an dem die Kritik sich abarbeiten konnte, zeichnen sich »totalitäre Ideologien« dadurch aus, dass »in solchem so genannten ›Gedankengut‹ […] kein objektiver Geist sich« widerspiegelt, »sondern es ist manipulativ ausgedacht, bloßes Herrschaftsmittel« (Adorno 1956, S. 169). Schnädelbach (1969) präzisiert diesen qualitativen Unterschied zwischen Ideologien und Weltanschauungen, die nach einer

sozialpsychologischen Untersuchung verlangen, folgendermaßen: »Ohne Zweifel haben auch die klassischen Ideologien psychische Bedürfnisse befriedigt«, jedoch in einer »sublimeren« und »indirekteren« Weise, weil sie »Resultate rationaler Anstrengung« »psychisch gesunder Menschen« waren (S. 89f.). Politische Wahnsysteme wie der Nationalsozialismus befriedigen hingegen die »elementaren psychischen Bedürfnisse« jener Individuen, die sich aufgrund der schwindenden Fähigkeit, »die gesellschaftliche Totalität zu durchschauen«, als ohnmächtig und orientierungslos erleben und in historischen Krisensituationen zu »irrationalen Reaktionen« neigen (ebd., S. 90).

15 Nun spüre ich nicht nur Trauer angesichts der Opfer der Terroranschläge, sondern empfinde auch Mitgefühl für die Opfer der amerikanischen Bombardierungen im Irak und in Afghanistan. Ein Gefühl von Angst spüre ich nicht allein bei der Vorstellung, dass islamistische Terroristen wieder Anschläge verüben könnten. Vielmehr stellt sich ein Gefühl der Angst auch bei dem Gedanken daran ein, dass der amerikanische Präsident Bush durch seine Politik der militärischen Konfrontation »eine Art intellektuelles und politisches Cowboytum« praktiziert, »das die Welt physisch und geistig verachtet und letztendlich nur jenen Kräften dient, die Demokratie, Gesetz und Menschenrechte bekämpfen« (Adonis 2002, S. 194).

16 Da Frank die Auffassung vertritt, dass Bush unter beiden Störungen gelitten habe, wäre es eigentlich angemessener, von ADHS zu sprechen, womit das Gesamtsyndrom der »Aufmerksamkeitsdefizit-Hyperaktivitätsstörung« gemeint ist.

17 Zu der Frage, wie die Tiefenhermeneutik als Methode der Gruppeninterpretation verfährt, vergleiche König (1993).

18 Bushs Rede zum 11. September 2006 wird auf den folgenden Seiten zitiert, indem der jeweilige Abschnitt (AS 1 bis AS 21) genannt wird.

19 Im Unterschied zur Theologie der evangelischen und katholischen Kirche, die sich in ihrem wissenschaftlichen Umgang mit der Bibel um eine historisch-kritische Auslegung bemüht und die Texte der Heiligen Schrift symbolisch interpretiert, fassen die Evangelikalen die Worte der Bibel wörtlich auf. So wie es in der Bibel zu lesen ist, so habe es sich auch in Wirklichkeit zugetragen.

20 Würde jede Nation sich das Recht herausnehmen, zum Schutz des eigenen Territoriums einen Präventivschlag zu führen, auch wenn sie nicht angegriffen wird, dann könnte dieses Argument jederzeit als Vorwand zur Verschleierung eigener Machtinteressen verwandt werden, die durch die Sorge ausgelöst werden könnte, dass angesichts »der Konkurrenz um knappe Ressourcen [...] andere uns etwas wegnehmen« (Singer 2004, S. 198). Damit aber würden die Staaten, die ihre ökonomischen, sozialen und politischen Interessengegensätze mit Hilfe der Vereinten Nationen auf diplomatischem Weg austragen können, wieder in den von Hobbes so bezeichneten »Krieg aller gegen alle« zurückfallen (vgl. ebd.).

21 Wie Peter Singer (2004) festhält, hatte der Kongress den Präsidenten im Oktober 2002 nur unter der Bedingung zum Krieg ermächtigt, dass die »nationale Sicherheit der Vereinigten Staaten« durch den Irak bedroht wäre (S. 183).

22 Wenn in Bezug auf diese Folterer allein die männliche Form benutzt wird, obgleich auch eine Militärpolizistin beteiligt war, dann geschieht das deshalb, weil diese perversen Rituale Ausdruck eines Sadismus sind, der mit der traditionellen Geschlechtsrolle des Mannes einhergeht, der durch Aggressivität und Stärke seine Virilität unter Beweis zu stellen sucht.

23 Es sei nur am Rande erwähnt, dass sich dieser »Krieg der Bilder« (*Der Spiegel*, 20. 2. 2006, S. 92) im Februar 2006 fortsetzte, als ein australischer Sender, der bei einer Recherche in Amerika auf neues Material gestoßen war, die Weltöffentlichkeit mit neuen Folterbildern aus Abu Ghuraib schockierte: »Da wird ein Häftling zwischen zwei Tragen gequetscht wie in einer perversen Cheeseburger-Werbung; ein anderer stolpert, über und über beschmiert, wie irre an der Welt geworden, über einen Gefängnisflur [...]. Ein amerikanischer Soldat kniet auf dem Rücken eines entblößten Häftlings, eine Blutlache weist auf begangene Grausamkeiten. Ein anderer amerikanischer Armee-Angehöriger lässt seinen Häftling in tief gebückter Haltung Diener spielen« (ebd., S. 92f.).

Ein weiterer Gefangener in roter Häftlingskleidung kniet auf dem Fußboden, die Hände hat man ihm auf den Rücken gefesselt. Eine Hand breit vor seinem Kopf, über den eine schwarze Kapuze gezogen worden ist, ist die Schnauze eines wütend kläffenden großen Hundes sichtbar, der sich im nächsten Augenblick auf das Opfer stürzen könnte (vgl. ebd., S. 91). Und eine Militärpolizistin hält eine Hundeleine in der Hand, an der sie einen Iraker führt (ebd., S. 98).

24 Dass somit ganz im Sinne Freuds verfahren wurde, verdeutlicht einer seiner Ratschläge für das psychoanalytische Interpretieren: »Es ist nicht gut, einen Fall wissenschaftlich zu bearbeiten, solange seine Behandlung noch nicht abgeschlossen ist, seinen Aufbau zusammenzusetzen, seinen Fortgang erraten zu wollen, von Zeit zu Zeit Aufnahmen des gegenwärtigen Status zu machen, wie das wissenschaftliche Interesse es fordern würde. Der Erfolg leidet in solchen Fällen, die man von vornherein der wissenschaftlichen Verwertung bestimmt und nach deren Bedürfnissen behandelt; dagegen gelingen jene Fälle am besten, bei denen man wie absichtslos verfährt, sich von jeder Wendung überraschen lässt, und denen man immer wieder unbefangen und voraussetzungslos entgegentritt. Das richtige Verhalten für den Analytiker wird darin bestehen, sich aus der einen psychischen Einstellung nach Bedarf in die andere zu schwingen, zu spekulieren und zu grübeln, solange er analysiert, und erst dann das gewonnene Material der synthetischen Denkarbeit zu unterziehen, nachdem die Analyse abgeschlossen ist« (Freud 1912, S. 174).

25 Schon Zbigniew Brezinkski, der in den Vereinigten Staaten Politologie lehrt und unter Präsident Jimmy Carter Sicherheitsberater war, war aufgefallen, dass es sich beim Krieg gegen den Terrorismus um »eine nichts sagende Formel« (*Der Spiegel*, 19. 4. 2004, S. 130) handelt, weil es sich beim Terror um »eine Technik« handelt und es im übrigen auf der Welt verschiedenste Gruppen von Terroristen gibt, die der amerikanische Präsident nicht meint (ebd.). Denn Bush wendet sich nicht gegen Terroristen in Nordirland oder in Spanien, in Lateinamerika oder in Kaschmir. Vielmehr geht es ihm um den Kampf gegen eine bestimmte Gruppe von Terroristen, vor allem um den Sieg über die Akteure des Terrornetzwerks al-Qaida, welche die Attentate vom 11. September geplant und organisiert haben.

26 Zwar entstammt die Rede vom Kampf zwischen dem Guten und dem Bösen dem apokalyptischem Christentum, das die »Wiederkunft Christi« vom »Auftreten des Antichrist« abhängig machte, »des Statthalters Satans, über den aber die Streiter Gottes triumphieren«, um »das Gottesreich auf Erden« zu errichten (Singer 2004, S. 218). Wie Singer bemerkt, entspricht die Lesart, »die Welt als Schauplatz eines Kampfes zwischen den Mächten des Guten und des Bösen zu sehen, [...] nicht der überlieferten christlichen Auffassung, sondern

gehört zur manichäischen Ketzerei. Sie wurde von Augustinus wütend angegriffen, weil er eine Verschleierung der Sündhaftigkeit des einzelnen darin sah, eine Art böser Macht für alles Böse in der Welt verantwortlich zu machen« (ebd., S. 219).

27 Eben deshalb hat »seit den Anschlägen vom 11. September [...] die Apokalypse des Johannes, das Buch der Offenbarung, wieder einmal Hochkonjunktur bei den fundamentalistischen Kirchen Amerikas« (*Der Spiegel*, 17. 2. 2003, S. 98).

Literatur

Adonis (2001): In einem Krieg siegt niemand. In: Stein, G. & Windfuhr, V. (Hg.), S. 188–196.

Adorno, T. W.; Frenkel-Brunswik, E.; Levinson, D. H. & Sanford, R. N. (1950): The Authoritarian Personality. Studies in Prejudice. hg. von Horkheimer, M. & Flowerman, S. H. New York (Harper & Row).

Adorno, T. W. (1950): Studien zum autoritären Charakter. Frankfurt a. M. (Suhrkamp) 1973.

Adorno, T. W. (1951): Die Freudsche Theorie und die Struktur der faschistischen Propaganda. In: Adorno, T. W.: Kritik. Kleine Schriften zur Gesellschaft. Frankfurt a. M. (Suhrkamp) 1971, S. 34–66.

Adorno, T. W. (1956): Ideologie. In: Soziologische Exkurse. hg. vom Institut für Sozialforschung, Frankfurt a. M./Köln (Europäische Verlagsanstalt), S.162–181.

Adorno, T. W. (1961): Meinung, Wahn, Gesellschaft. In: Adorno, T. W.: Eingriffe. Neun kritische Modelle. Frankfurt a. M. (Suhrkamp) 1971, S. 147–172.

Adorno, T. W. (1957): Soziologie und empirische Forschung, GS Bd. 8. Frankfurt a. M. (Suhrkamp), S. 196–216.

Adorno, T. W. (1961): Über Statik und Dynamik als soziologische Kategorien. GS Bd. 8. Frankfurt a. M. (Suhrkamp), S. 217–237.

Akhtar, S. (2006): Deskriptive Merkmale und Differenzialdiagnose der Narzisstischen Persönlichkeitsstörung. In: Kernberg, O. F. & Hartmann, H.-P. (Hg.): Narzissmus. Grundlagen – Störungsbilder – Therapie. Stuttgart (Schattauer), S. 231–262.

Amis, M. (2001): Wir befinden uns noch im ersten Kreis. In: Dienstag 11. September 2001. Reinbek bei Hamburg (Rowohlt), S. 49–55.

Anders, G. (1956): Die Antiquiertheit des Menschen. Band I. Über die Seele im Zeitalter der zweiten industriellen Revolution. München (Beck) 1983.

Anders, G. (1972): Die atomare Drohung. München (Beck) 1983.

Armbruster, J. (2002): Warum Mustafa bin Laden gut findet. Reaktionen auf den 11. September in der arabischen Welt. In: Stein, G. & Windfuhr, V. (Hg.), S. 91–103.

Aust, S.; Schnibben C. (Hg.) (2002): 11. September. Geschichte eines Terrorangriffs. Stuttgart/München (Deutsche Verlagsanstalt).

Auster, P. (2001): Jetzt beginnt das 21. Jahrhundert. Wir alle wussten, dass dies geschehen könnte. Nun ist es viel schlimmer. In: Dienstag 11. September 2001. Reinbek bei Hamburg (Rowohlt), S. 13–15.

Bach, S. (1977): On the narcissistic state of consciousness. I. J. Psycho-Anal. 58, 209–233.

Baldauf, M. (2002): Wahlkampf im Web. Eine Untersuchung der offiziellen Webseiten von George W. Bush und Al Gore im US-Präsidentschaftswahlkampf 2000. Wiesbaden (Deutscher Universitäts-Verlag).

Barthes, R. (1957): Mythen des Alltags. Frankfurt a. M. (Suhrkamp) 1970.

Belgrad, J.; Görlich, B.; König, H. D. & Schmid Noerr, G. (Hg.) (1987): Zur Idee einer psychoanalytischen Sozialforschung. Dimensionen szenischen Verstehens. Frankfurt a. M. (Fischer).

Belgrad, J. (Hg.) (1997): Politisches szenisch entschlüsseln. Tiefenhermeneutik als Verfahren politischer Analyse. Politisches Lernen, 15. Jg., Heft 3/4.

Biegert, C. (1976): Seit 200 Jahren ohne Verfassung: USA: Indianer im Widerstand. Reinbek (Rowohlt) 1979.

bin Laden, O. (1998): Heiliger Krieg gegen Juden und Kreuzfahrer. Erklärung der weltweiten Islamischen Front vom 23. Februar. In: Chronik aktuell, Gütersloh/ München 2001 (Chronik Verlag), S. 118.

bin Laden, O. (2001): Amerika ist von Gott getroffen, an seiner empfindlichsten Stelle. In: Der 11. September 2001. Gütersloh/München (Chronik Verlag) 2001, S. 138.

bin Laden-Tape vom 9. 11. 2001. In: Aust, S. & Schnibben, C. (Hg.): 11. September. Geschichte eines Terrorangriffs. Stuttgart/ München (Deutsche Verlags-Anstalt) 2002, S. 282–288.

Blair, T. (2001): Wir sind pausenlos auf diplomatischer, humanitärer und militärischer Ebene aktiv. In: Der 11. September 2001, Chronik aktuell. Gütersloh/München (Chronik Verlag) 2001, S. 135–137.

Bonß, W. (1983): Empirie und Dechiffrierung von Wirklichkeit. Zur Methodologie bei Adorno. In: v. Friedeburg, L. & Habermas, J. (Hg.): Adorno-Konferenz. Frankfurt a. M. (Suhrkamp), S. 201–225.

Borch, H. von (1981): Amerika. Dekadenz und Größe. Frankfurt a. M. (Fischer) 1983.

Bourdieu, P. (1979): Die feinen Unterschiede. Kritik der gesellschaftlichen Urteilskraft. Frankfurt a. M. (Suhrkamp) 1987.

Brinkbäumer, K. v.; Ilsemann, S. v.; Mascolo, G. & Spörl, G. (2004): Die rechte Revolution. Der Spiegel, 8. 11. 2004, 128–145.

Brown, D. (1970): Begrabt mein Herz an der Biegung des Flusses, München/Zürich (Knaur) o. J.

Bruhn, J. (1983): Schlachtfeld Europa oder Amerikas letztes Gefecht. Gewalt und Wirtschaftsimperialismus in der US-Außenpolitik seit 1840. Berlin/Bonn (Dietz).

Busch, H. J.; Leuzinger-Bohleber, M. & Prokop, M. U. (Hg.) (2003): Sprache, Sinn und Unbewusstes. Zum 80. Geburtstag von Alfred Lorenzer. Tübingen (edition diskord).

Bush, G. W. (1999): A Charge to Keep. New York (William Morrow and Company).

Bush, G. W. (2001a): Heute hat unsere Nation das Böse gesehen. Niemand wird diesen Tag je vergessen. Fernsehansprache an die Nation am 11. September. In: Chronik aktuell. Gütersloh/München (Chronik Verlag) 2001, S. 122.

Bush, G. W. (2001b): Ich bin stolz auf die Arbeit des FBI. Am 25. September gehaltene Dankesrede vor Mitarbeitern des FBI in der Washingtoner Zentrale. In: Chronik aktuell. Gütersloh/München (Chronik Verlag), S. 129.

Bush, G. W. (2001c): Am 7. Oktober gehaltene Rede zum Vergeltungsschlag gegen die Taliban und Osama bin Laden. Spiegel online.

Bush, G. W. (2001d): Nun werden die Taliban den Preis zahlen. Radioansprache vom 13. Oktober an die Nation. In: Chronik aktuell. Gütersloh/München (Chronik Verlag), S. 141.

Bush, G. W. (2003): »Armeen der Barmherzigkeit«. Mit Gott fürs Vaterland. Aus Bushs Rede über »im Glauben wurzelnde Initiativen« am 10. Februar in Nashville. Der Spiegel, 17. 2. 2003, 96.

Bush, G. W. (2006): Gedenken an den 11. September. In: http://www.us-botschaft. de/germany-ger/bush_911rede.html [Stand: 13. 9. 2006].

Büttner, F. & Hamzawy, A. (2002): Die arabische Welt und der Westen nach dem 11. September. In: Stein, G. & Windfuhr, V. (Hg.), S. 197–220.

Chasseguet-Smirgel, J. (1984): Kreativität und Perversion. Frankfurt a. M. (Nexus) 1986.

Chronik aktuell (2001): Der 11. September 2001. Gütersloh/München (Chronik Verlag).

Corn, D. (2003): Die Lügen des George W. Bush. München (Heyne) 2004.

Dienstag, 11. September 2001. Reinbek bei Hamburg (Rowohlt).

Dische, I. (2001): Als wir noch Kinder waren. Eine New Yorker Utopie – mitten in der Katastrophe. In: Dienstag 11. September 2001. Reinbek bei Hamburg, S. 24–32.

Dornes, M. (1992): Der kompetente Säugling. Die präverbale Entwicklung des Menschen. Frankfurt a. M (Fischer).

El-Gawhary, K. (2002): Der Zwiespalt der Machtlosen. Die Araber und der Westen. In: Stein, G. & Windfuhr, V. (Hg.), S. 104–114.

Elter, A. (2005): Die Kriegsverkäufer. Geschichte der US-Propaganda 1917–2005. Frankfurt a. M. (Suhrkamp).

Erikson, E. H. (1968): Jugend und Krise. Die Psychodynamik im sozialen Wandel. München (dtv) 1988.

Erikson, E. H. (1974): Dimensionen einer neuen Identität. Frankfurt a. M. (Suhrkamp) 1975.

Fiedler, L. (1968): Die Rückkehr des verschwundenen Amerikaners. Die Wiedergeburt des Indianers im Bewusstsein des Neuen Westens. Reinbek bei Hamburg (rororo) 1986.

Fleischhauer, J.; Schäfer, U. (2001): Alle Macht dem Markt. Nach Clintons Wohlfühl-Ökonomie setzt Bush nun auf den Rückzug des Staates. *Der Spiegel* Nr. 17, 23. 4. 2001, 140f.

Flick, U. (2000): Triangulation in der qualitativen Forschung. In: Flick, U.; v. Kardoff, E. & Steinke, I. (Hg.): Qualitative Forschung: Ein Handbuch. Reinbek bei Hamburg (rororo), S. 309–318.

Follath, E.; Mascolo, G. & Spörl, G. (2006): Der Alptraum-Präsident. Der Spiegel, 9. 10. 2006, 130–148.

Frank, J. A. (2004): Bush auf der Couch. Wie denkt und fühlt George W. Bush? Gießen (Psychosozial-Verlag).

Freud, S. (1900): Die Traumdeutung. Studienausgabe Bd. II. Frankfurt a. M. (Fischer) 1972.

Freud, S. (1912): Ratschläge für den Arzt bei der psychoanalytischen Behandlung. Studienausgabe, Erg. Bd., Frankfurt a. M. (Fischer) 1975, S. 169–180.

Freud, S. (1920): Jenseits des Lustprinzips. Studienausgabe, Bd. III. Frankfurt a. M. (Fischer) 1975, S. 213–272.

Freud, S. (1921): Massenpsychologie und Ich-Analyse, in: Freud, S.: Studienausgabe, Bd. IX. Frankfurt a. M. (Fischer) 1974, S. 61–134.

Freud, S. (1924): Der Untergang des Ödipuskomplexes. In: Freud, S.: Studienausgabe, Bd. V. Frankfurt a. M. (Fischer) 1972, S. 243–251.

Fromm, E., (1929): Arbeiter und Angestellte am Vorabend des Dritten Reiches. Eine sozialpsychologische Untersuchung. Stuttgart (dtv) 1983.

Fromm, E. (1936): Sozialpsychologischer Teil. In: Horkheimer, M. (Hg.): Studien über Autorität und Familie. Forschungsberichte aus dem Institut für Sozialforschung, 2 Bde. Paris (Alcan), S. 77–135.

Georg-Lauer, J. (1988): Das »postmoderne Wissen« und die Dissens-Theorie von Jean-Francois Lyotard. In: Kemper (Hg.), S. 189–206.

Gore, A. (2006): Eine unbequeme Wahrheit. Die drohende Klimakatastrophe und was wir dagegen tun können. München (Riemann).

Habermas, J. (1968): Erkenntnis und Interesse. Frankfurt a. M. (Suhrkamp) 1973.

Hafez, K. (2002): Die irrationale Fehlwahrnehmung des »anderen«. Deutsche und arabische Öffentlichkeitsreaktionen auf den 11. September. In: Stein, G. & Windfuhr, V. (Hg.), S. 21–246.

Hage, V., M. Wolf (2001): Die Bilder in uns. Wie die Schreckensvisionen amerikanischer Filme und Romane unser kollektives Unterbewusstsein prägen – und wie sie von der Wirklichkeit überholt wurden. Kulturmagazin des Spiegel, Oktober, Hamburg, S. 14-17.

Hamp, V.; Stenzel, M. (1997): Das Alte Testament. Augsburg 1998.

Herzinger, R. (2001): Angriff auf das neue Babylon. Das antizivilisatorische Motiv des Terrors. In: Dienstag 11. September 2001. Reinbek bei Hamburg, S. 87–96.

Hohmann, L. (2006): Verlaufsprotokoll der zweiten Sitzung vom 18. 10. 2006 des Proseminars von H.-D. König: George W. Bushs Medieninszenierungen im Wintersemester 2006/2007. Typoskript.

Horkheimer, M. (1932): Geschichte und Psychologie. Gesammelte Schriften Bd. 3, Frankfurt a. M. (Fischer) 1988, S. 48–69.

Horkheimer, M.; Adorno, T. W. (1947): Dialektik der Aufklärung. Gesammelte Schriften Bd. 5, hg von G. Schmid Noerr. Frankfurt a. M. (Fischer) 1987, S. 11–290.

Hoyng, H.; Spörl, G. (2003): Krieg aus Nächstenliebe. Der Spiegel, 17. 2. 2003, 90–99.

Huntington, S. P. (1996): Kampf der Kulturen. Die Neugestaltung der Weltpolitik im 21. Jahrhundert. München/Wien (Siedler) 1998.

Jacobs, P.; Landau, S. & Pell, E. (1971): Brüder, sollen wir uns unterwerfen? Die verleugnete Geschichte Amerikas. München (dtv) 1975.

Jospin, L. (2001): Frankreich hat den Anti-Terror-Plan umgesetzt. In: Chronik aktuell 2001, S. 134.

Jung, T.; Müller-Doohm, S. (1993): »Wirklichkeit« im Deutungsprozess. Verstehen und Methoden in den Kultur- und Sozialwissenschaften. Frankfurt a. M. (Suhrkamp).

Kemper, Peter (Hg.) (1988): »Postmoderne« oder Der Kampf um die Zukunft. Frankfurt a. M. (Fischer).

Kepel, G. (1991): Die Rache Gottes. Radikale Moslems, Christen und Juden auf dem Vormarsch. München (Piper) 2001.

Kermani, N. (2001): Gläubige und Ungläubige. Über Osama bin Laden. In: Stein, G. & Windfuhr, V. (Hg.), S. 38–42.

Kernberg, O. F. (1978): Borderline-Störungen und pathologischer Narzissmus. Frankfurt a. M. (Suhrkamp).

Kernberg, O. F. (1991): Die Psychopathologie des Hasses. In: Forum Psa., Bd. 7, 251–270.

Kernberg, O. F. (1992): Wut und Hass. Über die Bedeutung von Aggression bei Persönlichkeitsstörungen und sexuellen Perversionen. Stuttgart (Klett-Cotta) 1997.

Kilian, M. (1979): Die Genesis des Amerikanismus. Zum Verhältnis von amerikanischer Ideologie und amerikanischer Praxis 1630–1789. Frankfurt a. M. 1979.

Klein, M. (1962): Das Seelenleben des Kleinkindes und andere Beiträge zur Psychoanalyse. Reinbek bei Hamburg (Rororo) 1976.

Knüpfer, U.; Berke, W. (Hg.) (2001): Der 11. September. Die Täter. Die Opfer. Die Folgen. Wie die WAZ und ihre Leser die Terroranschläge erlebten. Eine Dokumentation der WAZ. Essen (Klartext Verlag).

Kohut, H. (1971): Überlegungen zum Narzissmus und zur narzisstischen Wut. In: Kohut, H.: Die Zukunft der Psychoanalyse. Frankfurt a. M. (Suhrkamp), S. 205–251.

Kohut, H. (1977): Die Heilung des Selbst. Frankfurt a. M. (Suhrkamp) 1981.

König, H.-D. (1984): Die Geburt eines Helden. Reagans Selbstinszenierung nach dem Attentat von 1981. Psyche 38. Jg., 152–174.

König, H.-D. (1989): Das Eldorado der Bombardierung libyscher Städte. Eine Alternative zur psychologistischen Reagan-Interpretation von Lloyd de Mause. In: Busch, H.-J. & Krovoza, A. (Hg.): Subjektivität und Geschichte. Perspektiven politischer Psychologie. Frankfurt a. M. (Nexus), S. 156–194.

König, H.-D. (1993): Die Methode der tiefenhermeneutischen Kultursoziologie. In: Jung, T. & Müller-Doohm, S. (Hg.): »Wirklichkeit« im Deutungsprozeß. Verstehen und Methoden in den Kultur- und Sozialwissenschaften. Frankfurt a. M. (Suhrkamp), S. 190–222.

König, H.-D. (1996a): Methodologie und Methode der tiefenhermeneutischen Kultursoziologie in der Perspektive von Adornos Verständnis kritischer Sozialforschung. In: König, H.-D. (Hg.): Neue Versuche, Becketts Endspiel zu verstehen. Sozialwissenschaftliches Interpretieren nach Adorno. Frankfurt a. M. (Suhrkamp), S. 314–387.

König, H.-D. (Hg.) (1996b): Neue Versuche, Becketts Endspiel zu verstehen. Sozialwissenschaftliches Interpretieren nach Adorno. Frankfurt a. M. (Suhrkamp).

König, H.-D. (1997): Tiefenhermeneutik als Methode kultursoziologischer Forschung. In: Hitzler, R. & Honer, A. (Hg.): Sozialwissenschaftliche Hermeneutik. Leverkusen. (UTB Leske + Budrich), S. 213–241.

König, H.-D. (Hg.) (1998): Sozialpsychologie des Rechtsextremismus. Frankfurt a. M. (Suhrkamp).

König, H.-D. (2000a): Adornos psychoanalytische Kulturkritik und die Tiefenhermeneutik. Zugleich eine Sekundäranalyse des 24. Aphorismus der Minima Moralia. In: Zeitschrift für kritische Theorie 6. Jg., Heft 10, 7–26.

König, H.-D. (2000b): Tiefenhermeneutik. In: Flick, U.; v. Kardoff, E. & Steinke, I. (Hg.): Qualitative Forschung: Ein Handbuch. Reinbek bei Hamburg (rororo), S. 556–568.

König, H.-D. (2001): Tiefenhermeneutik als Methode psychoanalytischer Kulturforschung. In: Appelsmeyer, H. & Billmann-Mahecha, E. (Hg.): Kulturwissenschaft,. Felder einer prozessorientierten wissenschaftlichen Praxis. Weilerswist (Velbrück), S. 168–194

König, H.-D. (2006): Rechtsextremismus in Fernsehdokumentationen. Psychoanalytische Rekonstruktion ihrer Wirkungsweise. Gießen (Psychosozial-Verlag).

Kürzinger, J. (1997): Das Neue Testament. Augsburg 1998.

Langer, S. (1942): Philosophie auf neuem Wege. Das Symbol im Denken, im Ritus und in der Kunst. Frankfurt a. M. (Fischer) 1984.

Leyendecker, H. (2004): Die Lügen des Weißen Hauses. Warum Amerika einen Neuanfang braucht. Reinbek bei Hamburg (Rowohlt).

Löwenthal, L. (1949): Falsche Propheten. Studien zur faschistischen Agitation. In: Schriften Bd. 3, 11–159. Frankfurt a. M. (Suhrkamp).

Lorenzer, A. (1970): Sprachzerstörung und Rekonstruktion. Frankfurt a. M. (Suhrkamp).

Lorenzer, A. (1971): Symbol, Interaktion und Praxis. In: Lorenzer, A. et al..: Psychoanalyse als Sozialwissenschaft. Frankfurt a. M. (Suhrkamp).

Lorenzer, A. (1972): Zur Begründung einer materialistischen Sozialisationstheorie. Frankfurt a. M. (Suhrkamp) 1984.

Lorenzer, A. (1974): Die Wahrheit der psychoanalytischen Erkenntnis. Ein historisch-materialistischer Entwurf. Frankfurt a. M. (Suhrkamp).

Lorenzer, A. (1981): Das Konzil der Buchhalter. Die Zerstörung der Sinnlichkeit. Eine Religionskritik. Frankfurt a. M. (Europäische Verlagsanstalt).

Lorenzer, A. (1986): Tiefenhermeneutische Kulturanalyse. In: König, H.-D.; Lorenzer, A. et. al.: Kultur-Analysen. Psychoanalytische Studien zur Kultur, Frankfurt a. M. (Fischer), S. 11–98.

Lorenzer, A. (1990): Verführung zur Selbstpreisgabe – psychoanalytisch-tiefenhermeneutische Analyse des Gedichtes von Rudolf Alexander Schröder. In: Kulturanalysen 2. Jg., 261–277.

Lyotard, J. F. (1982): Das postmoderne Wissen. Ein Bericht. Wien (Passagen-Verlag) 1994.

Marcuse, H. (1964): Der eindimensionale Mensch. Studien zur Ideologie der fortgeschrittenen Industriegesellschaft. Neuwied und Berlin (Luchterhand) 1972.

Marcuse, H. (1969): Versuch über die Befreiung. Frankfurt a. M. (Suhrkamp) 1972.

Marcuse, H. (1972): Konterrevolution und Revolte. Frankfurt a. M. (Suhrkamp) 1973.

Massarrat, M. (2002): Der Kampf ums Öl, der Afghanistankrieg und die Außenpolitik der USA. In: Stein, G. & Windfuhr, V. (Hg.), S. 56–81.

Mead, G. H. (1934): Geist, Identität und Gesellschaft. Frankfurt a. M. (Suhrkamp) 1973.

Mohr, R.; Saltzwedel, J.; Schmitter, E. & Schreiber, M. (2001): Die unverschleierte Würde des Westens. Der Spiegel Nr. 52, 22. 12. 2001, 50–66.

Naumann, M. (1983): Amerika liegt in Kalifornien. Wo Reagans Macht herkommt. Reinbek (Rowohlt).

Nirumand, B. (2001): In welcher Welt wir leben. In: Dienstag 11. September 2001. Reinbek bei Hamburg, S. 113–122.

Olden, C. (1946): Headline intelligence. Psychoanalytic Study of the Child 2, 263–269.

O'Nan, S. (2001): Man muss uns sagen, wer unsere Feinde sind. Der Himmel über dem Pentagon, die Zuschauer zu Idioten geschrumpft: Von Washington über New York nach Hartford, Connecticut. In: Dienstag 11. September 2001. Reinbek bei Hamburg, S. 41–48.

Peirce, C. S. (1903): Pragmatizismus und Abduktion. In: Peirce, C. S.: Schriften II. Vom Pragmatismus zum Pragmatizismus. Frankfurt a. M. (Suhrkamp) 1970.

Piaget, J. (1945): Nachahmung, Spiel und Traum. Die Entwicklung der Symbolfunktion beim Kinde. Gesammelte Werke Bd. 5. Stuttgart (Klett).

Pinzler, P.; Wessel, G. (2001): George W. Bush – Wende in Amerika. Reinbek bei Hamburg (rororo).

Pohly, M.; Durán, K. (2001): Osama bin Laden und der internationale Terrorismus. München (Ullstein).

Putin, W. (2001): Auch in Russland kamen Hunderte ums Leben. In: Hg: Chronik aktuell 2001, S. 128.

Reichertz, J. (1993): Abduktives Schlußfolgern und Typen(re)konstruktion. In: Jung,

T. & Müller-Doohm, S. (1993): »Wirklichkeit« im Deutungsprozeß. Verstehen und Methoden in den Kultur- und Sozialwissenschaften. Frankfurt a. M. (Suhrkamp), S. 258–282.

Riesebrodt, M. (2000): Die Rückkehr der Religionen. Fundamentalismus und der »Kampf der Kulturen«. München (Beck) 2001.

Rotter, G. (2001): Woher kommt der Hass? In: Stein, G. & Windfuhr, V. (Hg.), S. 30–37

Roy, Arundhati (2001): Ein Kontinent brennt – Warum der Terrorismus nur ein Symptom ist. FAZ 28. 9. 2001.

Saksuk, M. H. (2002): Über den Abbau von Vorurteilen. In: Stein, G. & Windfuhr, V. (Hg.), S. 257–260.

Schmid Noerr (1991): Aspekte der Bildlichkeit. Eine pragmatische Reformulierung der Theorie der ›präsentativen Symbolik‹. Typoskript.

Schnädelbach, H. (1969): Was ist Ideologie? In: Argument Nr. 50, 10. Jg., 71–92.

Schröder, G. (2001): Dies ist nicht nur ein Krieg gegen die USA, dies ist ein Krieg gegen die zivilisierte Welt. In: Chronik aktuell 2001, S. 125–127.

Sennett, R. (2004): Wie den Amerikanern das eigene Land unheimlich wird. Droht den USA ein sanfter Faschismus? In: www.jungeautoren.de [Stand: 8. 11. 2004].

Simmel, E. (1946): Antisemitismus und Massen-Psychopathologie. In: Simmel, E. (Hg.): Antisemitismus. Frankfurt a. M. (Fischer) 1993, S. 58–100.

Simons, S. (2001): Reagans Erbe tritt an. Der Spiegel Nr. 4, 22. 1. 2001, S. 134–136.

Singer, P. (2004): Der Präsident des Guten und Bösen. Die Ethik George W. Bushs. Erlangen (Harald Fischer Verlag).

Sontag, S. (2001): Feige waren die Mörder nicht. In: Dienstag 11. September 2001. Reinbek bei Hamburg, S. 33–35.

Spatz, J. (1969): Hollywood in Fiction. Some Versions of the American Myth. The Hague, Paris.

Spitz, R. (1965): Vom Säugling zum Kleinkind. Naturgeschichte der Mutter-Kind-Beziehungen im ersten Lebensjahr. Stuttgart (Klett).

Stein, G.; Windfuhr, V. (Hg.) (2002): Ein Tag im September. 11. 9. 2001. Hintergründe – Folgen – Perspektiven. Heidelberg (Palmyra).

Steinbach, U. (2002): Islam, Menschenrechte und Gewalt. In: Stein, G. & Windfuhr, V. (Hg.), S. 115–149.

Stoller, R. J. (1975): Perversion. Die erotische Form von Hass. Gießen (Psychosozial-Verlag) 1998.

Strauss, A. (1968): Spiegel und Masken. Die Suche nach Identität. Frankfurt a. M. (Suhrkamp).

Turner, R. (1962): Role-taking: process versus conformity. In: Rose, A. M. (Hg.):

Human Behavior and Social Processes. London, S. 20–40.

Waldmann, P. (2002): Was war neu an den Anschlägen vom 11. September? In: Stein, G. & Windfuhr, V. (Hg.): Ein Tag im September. 11. 9. 2001. Hintergründe – Folgen – Perspektiven. Heidelberg (Palmyra), S. 19–29.

Weber, M. (1922a): Die drei Typen der legitimen Herrschaft. In: Weber, M.: Soziologie. Universalgeschichtliche Analysen. Politik. Stuttgart (Kröner) 1973, S. 151–166..

Weber, M. (1922b): Wirtschaft und Gesellschaft. Tübingen (J. C. B. Mohr) 1980.

Weisberg, J. (2001): George W. Bushisms. The Slate Book of the Accidental Wit and Wisdom of our 43rd President. New York/ London/Toronto/Sydney (Fireside/ Simon & Schuster).

Weisberg, J. (2003a): Voll daneben, Mr. President! Wahre Worte von George W. Bush. Reinbek bei Hamburg (rororo).

Weisberg, J. (2003b): Schon wieder voll daneben, Mr. President! Noch mehr wahre Worte von George W. Bush. Reinbek bei Hamburg (rororo).

Wellmer, A. (1985): Zur Dialektik von Moderne und Postmoderne. Vernunftkritik nach Adorno. Frankfurt a. M. (Suhrkamp) 1985.

Welsch, W. (1988): »Postmoderne«. Genealogie und Bedeutung eines umstrittenen Begriffs. In: Kemper, P. (Hg.): »Postmoderne« oder Der Kampf um die Zukunft. Frankfurt a. M., S. 9–36.

Widman, C. (2001): Leichtgewicht, fest im Sattel. Der Spiegel Nr. 17, 23. 4. 2001, 136–150.

Wild, S. (2002): Wie liberal ist der Islam? Der 11. September und die »Erfolge« von Osama bin Laden. In: Stein, G. & Windfuhr, V. (Hg.), S. 150–162.

Windfuhr, V. (2002): Der Islamismus und Osama Bin Laden. In: G. Stein, V. Windfuhr (Hg.): Ein Tag im September. 11. 9. 2001. Hintergründe – Folgen – Perspektiven. Heidelberg (Palmyra), S. 261–274.

Wirth, H.-J. (2002): Narzissmus und Macht. Zur Psychoanalyse seelischer Störungen in der Politik. Gießen (Psychosozial-Verlag).

Wirth, H.-J. (2006): Pathologischer Narzissmus und Machtmissbrauch in der Politik. In: Kernberg, O. F. & Hartmann, H.-P. (Hg.): Narzissmus. Grundlagen-Störungsbilder-Therapie. Stuttgart (Schattauer), S. 158–170.

Woodward, B. (2004): Der Angriff. Plan of Attack. München (Deutsche Verlags-Anstalt).

Woodward, B. (2006): Die Macht der Verdrängung. George W. Bush, das Weiße Haus und der Irak. State of Denial. München (Deutsche Verlags-Anstalt).

Hans-Jürgen Wirth

Narzissmus und Macht

Zur Psychoanalyse seelischer Störungen in der Politik

Justin A. Frank

Bush auf der Couch

Wie denkt und fühlt George W. Bush?

2002 · 439 Seiten · gebunden
ISBN 978-3-89806-044-8

2004 · 270 Seiten · gebunden
ISBN 978-3-89806-405-7

Gesellschaftliche Macht übt eine unwiderstehliche Anziehungskraft auf Personen aus, die an einer narzisstischen Persönlichkeitsstörung leiden. Die Möglichkeit, politische oder ökonomische Macht auszuüben, nährt Größen- und Allmachtsfantasien. Umgekehrt bahnen Karrierestreben und Rücksichtslosigkeit den Weg zu den Schaltzentralen der Macht.

In detaillierten Fallstudien – u. a. über Ministerpräsident Uwe Barschel, Ex-Bundeskanzler Helmut Kohl, Ex-Sponti und Außenminister Joschka Fischer und Serbenführer Slobodan Milosevic – analysiert der Autor die Verflechtungen zwischen Persönlichkeitsmerkmalen, individueller Psychopathologie und den ethnischen, religiösen und kulturellen Identitätskonflikten der jeweiligen Bezugsgruppe und denen der Gesellschaft.

Justin Frank, angesehener Washingtoner Psychoanalytiker und Professor für Psychiatrie, erstellt mit Hilfe der Angewandten Psychoanalyse – der Disziplin zur Analyse öffentlicher und historischer Persönlichkeiten, deren Pionier Sigmund Freud ist – ein umfassendes psychologisches Profil von George W. Bush. Kenntnisreich, leicht zugänglich, mutig und kontrovers wirft Frank ein neues Licht auf die derzeitige Regierung und die labile Psyche des Mannes an ihrer Spitze: Ist Bush psychisch überhaupt in der Lage, die USA zu führen?

»Ein hervorragender und mutiger Psychotherapeut liefert uns eine scharfsinnige Beschreibung der psychischen Veranlagung des mächtigsten Mannes der Welt. Sie ist fesselnd und überzeugend und absolut beängstigend.« *Irvin Yalom, Prof. em. für Psychiatrie, Universität Stanford*

P🏛V
Psychosozial-Verlag

Goethestr. 29 · 35390 Gießen · Tel. 06 41/9716903 · Fax 77742
bestellung@psychosozial-verlag.de
www.psychosozial-verlag.de

2007 · ca. 320 Seiten · gebunden
ISBN 978-3-89806-550-4

2006 · 185 Seiten · Broschur
ISBN 978-3-89806-497-2

Diese Biografie des amerikanischen Präsidenten Thomas Woodrow Wilson beruht auf Berichten von Weggefährten und Zeitzeugen, vor allem Bullit selbst, sowie auf Sigmund Freuds Beobachtungen und Analysen. William C. Bullitt und Freud enthüllen in bestechender Klarheit, welch tief greifende Störung Wilson hatte und wie sich seine inneren Konflikte auf eines der wichtigsten Kapitel der jüngeren Geschichte auswirkten. Die Analyse fokussiert die wichtigsten Aspekte seines Lebens sowie seine Karriere als Politiker. Einen zentralen Stellenwert nimmt die Analyse von Wilsons folgenreicher Verhandlungsführung in Versailles ein, die einen Grundstein für den 2. Weltkrieg legte. Diese psychoanalytische Studie über Wilsons Leben wirft neues Licht auf die Persönlichkeit des Mannes, der versuchte, »eine sichere Welt für die Demokratie zu schaffen« – und daran scheiterte.

Fromm weist die seiner Meinung nach wichtigsten Entdeckungen Freuds im Einzelnen auf. Er zeigt, wo und in welcher Weise das für Freud charakteristische bürgerliche Denken seine Entdeckungen eingeschränkt und manchmal wieder verdeckt hat. Diese wissenschaftstheoretisch brisante Auseinandersetzung Fromms mit Freud zeigt die Tragweite der psychoanalytischen Entdeckungen und würdigt gerade darin die Psychoanalyse. Zugleich ist sie eine hervorragende Einführung in Fromms eigenes psychoanalytisches Denken.

P🖳V
Psychosozial-Verlag

Goethestr. 29 · 35390 Gießen · Tel. 0641/9716903 · Fax 77742
bestellung@psychosozial-verlag.de
www.psychosozial-verlag.de

Rotraut De Clerck (Hg.)

Trauma und Paranoia

Individuelle und kollektive Angst im politischen Kontext

Michael Enßlen

Zur Logik des modernen Krieges

Politische Strukturen und verborgene Motive

2006 · 147 Seiten · Broschur
ISBN 978-3-89806-510-8

2006 · 178 Seiten · Broschur
ISBN 978-3-89806-475-0

Auf der Ebene des traumatisierten Individuums sind es unbestimmte imaginäre Feinde, die es angreifen und ihm auflauern, auf der Ebene der Politik sind es Parteien oder Institutionen, auf der Ebene der Gesellschaft sind es andere Völker und Staaten. Über diese Linie von der Mikrohin zur Makroebene machen die Beiträger dieses Bandes den Zusammenhang von Trauma und Paranoia im Falle kriegerischer Auseinandersetzungen verstehbar und loten seine Relevanz für Gesellschaftsanalysen aus.

Warum wurde der Irakkrieg geführt? Wegen der angeblichen Massenvernichtungswaffen? Hinter den offiziellen Rechtfertigungen verbergern sich fast immer psychologische Mechanismen, die zum Verständnis der Dynamiken kriegerischer Auseinandersetzungen ebenso wichtig sind wie die politischen und geostrategischen Fakten. Gewalt ist dabei das Mittel, Erfahrung mit sich selbst im Spiegel des Anderen zu vereiteln.

Ein vertieftes Verständnis gewaltsamer internationaler Konflikte ist nur möglich, wenn man die verborgenen psychosozialen Motivationen und die verheimlichten ökonomischen und politischen Interessen dahinter versteht. Namhafte Beiträger bis hin zu Noam Chomsky stellen dazu in diesem Buch in verständlicher Weise aktuelle, neue und originale Ansätze vor.

P⊞V
Psychosozial-Verlag

Goethestr. 29 · 35390 Gießen · Tel. 06 41/ 9716903 · Fax 77742
bestellung@psychosozial-verlag.de
www.psychosozial-verlag.de

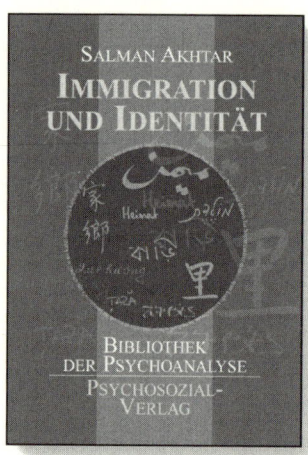

2007 · 229 Seiten · Broschur
ISBN 978-3-89806-590-7

2005 · 421 Seiten · Broschur
ISBN 978-3-89806-291-6

Salman Akhtar untersucht die Auswirkungen, die eine Immigration auf die Identität eines Individuums haben kann. Gleichzeitig gibt er Psychoanalytikern und Therapeuten wertvolle Hilfestellungen für den Umgang mit eingewanderten Patienten und forciert eine größere Anerkennung dieses Teilbereichs der Psychoanalyse.

Volkan analysiert das Verhalten von Großgruppen und ihren Führern in Krisenzeiten, z.B. in Israel, Ägypten, Jugoslawien, Kosovo, Kuwait, Ost- und West-Berlin und der ehemaligen Sowjetunion. Er entwickelt daraus neue, auf tiefenpsychologischen Erkenntnissen basierende Konfliktlösungsstrategien. Ergänzend untersucht er die Phänomene »Religion« und »Fundamentalismus«.

Die vielleicht bedeutendste Erweiterung der psychoanalytischen Gruppenpsychologie seit Freuds Pionierleistung auf diesem Gebiet.

P🗐V
Psychosozial-Verlag

Goethestr. 29 · 35390 Gießen · Tel. 0641/9716903 · Fax 77742
bestellung@psychosozial-verlag.de
www.psychosozial-verlag.de